中國古代史學叢書

漢書補注

拾

[漢] 班固 撰 [清] 王先謙 補注
上海師範大學古籍整理研究所 整理

雋疏于薛平彭傳第四十一

雋不疑字曼倩，勃海人也。〔一〕治春秋，爲郡文學，進退必以禮，〔二〕名聞州郡。

〔一〕師古曰：雋音字兗反，又辭兗反。【補注】宋祁曰：昭紀中師古亦兩音，景本只音徂兗反。

〔二〕【補注】宋祁曰：邵本無「必」字。

武帝末，郡國盜賊羣起，暴勝之爲直指使者，〔一〕衣繡衣，持斧，逐捕盜賊，督課郡國，〔二〕東至海，以軍興誅不從命者，〔三〕威振州郡。勝之素聞不疑賢，至勃海，遣吏請與相見。不疑冠進賢冠，帶櫑具劍，〔四〕佩環玦，〔五〕褒衣博帶，〔六〕盛服至門上謁。〔七〕門下欲使解劍，不疑曰：「劍者君子武備，〔八〕所以衛身，不可解。請退。」吏白勝之。勝之開閤延請，〔九〕望見不疑容貌尊嚴，衣冠甚偉，勝之躧履起迎。〔一〇〕登堂坐定，不疑據地曰：〔一一〕「竊伏海瀕，聞暴公子威名舊矣，〔一二〕今乃承顔接辭。〔一三〕凡爲吏，太剛則折，〔一四〕太柔則廢，威行施之以恩，然後樹功揚名，永終天禄。」〔一五〕勝之知不疑非庸人，〔一六〕敬納其戒，深接以禮意，問當世所施行。〔一七〕門下諸從事皆州郡選吏，〔一八〕側聽不疑，莫不驚駭。至昏夜，罷去。勝之遂表薦不疑，徵詣公車，拜爲青州刺史。

〔一〕【補注】齊召南曰：按此天漢二年事也。勝之，河東人，以光禄大夫出爲直指使者，至太始三年爲御史大夫。

〔二〕師古曰：督謂察視之。

〔三〕師古曰：有所追捕及行誅罰，皆依興軍之制。

〔四〕應劭曰：櫑具，木摽首之劍，櫑落壯大也。晉灼曰：古長劍首以玉作井鹿盧形，上刻木作山形，如蓮花初生未敷時。今大劍木首，其狀似此。師古曰：晉説是也。櫑音磊。摽音匹遥反。【補注】先謙曰：官本「如」下有「似」字，「摽」作「標」。引宋祁曰「注文浙本有『似』字，疑其意重複，當删去『似』字」。

〔五〕師古曰：環，玉環也。玦即玉珮之玦也。帶環而又著玉佩也。禮記曰「孔子佩象環」也。

〔六〕師古曰：褒，大裾也。言著褒大之衣，廣博之帶也。而説者乃以爲朝服垂褒之衣，非也。

〔七〕師古曰：上謁，若今通名也。

〔八〕【補注】沈欽韓曰：初學記二十二，賈子曰：「古者天子二十而冠，帶劍；諸侯三十而冠，帶劍；大夫四十而冠，帶劍；庶人無事，不得帶劍。」

〔九〕【補注】先謙曰：官本「閤」作「閣」。

〔一〇〕文穎曰：躧音纚。師古曰：履不著跟曰躧。躧謂納履未正，曳之而行，言其遽也。躧音山爾反。

〔一一〕【補注】周壽昌曰：據地，以手下據。古人席地而坐，不疑因進戒辭，故先據地以示敬。王文彬曰：禮玉藻鄭注，據，按也。

〔一二〕師古曰：瀕，厓也。公子，勝之字也。舊，久也。瀕音頻，又音賓。【補注】先謙曰：官本「厓」作「涯」。

〔一三〕【補注】宋祁曰：南本、浙本作「乃今」字。

〔一四〕【補注】沈欽韓曰：説苑敬慎篇，桓公曰：「金剛則折，革剛則裂，人君剛則國家滅，人臣剛則交友絶。」

〔一五〕師古曰：樹，立也。
〔一六〕師古曰：庸，常也。
〔一七〕【補注】宋祁曰：「意」南本作「適」。
〔一八〕師古曰：選州郡吏之最者乃得爲從事。

久之，武帝崩，昭帝即位，而齊孝王孫劉澤交結郡國豪傑謀反，〔一〕欲先殺青州刺史。不疑發覺，收捕，〔二〕皆伏其辜。擢爲京兆尹，賜錢百萬。京師吏民敬其威信。每行縣録囚徒還，〔三〕其母輒問不疑：「有所平反，活幾何人？」〔四〕即不疑多有所平反，母喜笑，爲飲食語言異於他時；或亡所出，母怒，爲之不食。〔五〕故不疑爲吏，嚴而不殘。

〔一〕【補注】先謙曰：孝王，齊悼惠王肥子也。澤與燕王旦及中山靖王勝孫長結謀。
〔二〕【補注】先謙曰：因菑川靖子缾侯成告知，發覺。
〔三〕師古曰：省録之，知其情狀有冤滯與不也。今云慮囚，本録聲之去者耳，音力具反。而近俗不曉其意，訛其文遂爲思慮之慮，失其源矣。行音下更反。
〔四〕如淳曰：反音幡。幡，奏使從輕也。師古曰：幾音居起反。【補注】先謙曰：通鑑胡注，平反，理正幽枉也。
〔五〕【補注】先謙曰：官本同，引宋祁曰，南本「不食」字上有「之」字。先謙案，宋所見本蓋無，故云然。

始元五年，有一男子乘黄犢車，建黄旐，〔一〕衣黄襜褕，著黄冒，〔二〕詣北闕，〔三〕自謂衛太子。〔四〕公車以聞，〔五〕詔使公卿將軍中二千石雜識視。〔六〕長安中吏民聚觀者數萬人。右將軍勒兵闕下，以備非常。〔七〕丞相御史中二千石至者立莫敢發言。〔八〕京兆尹不疑後到，叱從吏收縛。或曰：「是非未可知，且安之。」〔九〕不疑曰：「諸君何患於衛太子！昔蒯聵違命出奔，輒距而不納，春秋是之。〔一〇〕衛太子得罪先帝，亡不即死，〔一一〕今來自詣，此罪人也。」遂送詔獄。

〔一〕師古曰：旐，旌旗之屬，畫龜蛇曰旐。

〔二〕師古曰：襜褕，直裾襌衣。襜音昌瞻反。褕音踰。冒所以覆冒其首，即今之下裙冒也。【補注】錢大昕曰：冒即今帽字。說文「小兒蠻夷頭衣也」。此傳作「冒」，乃通用字，後人又加巾旁。先謙曰：官本注「裙」作「裾」，是。

〔三〕【補注】先謙曰：未央宮北闕也。上書奏事謁見者皆詣北闕。公車司馬在焉。

〔四〕師古曰：戾太子。

〔五〕師古曰：公車，主受章奏者。

〔六〕師古曰：雜，共也。有素識之者，令視知其是非也。

〔七〕【補注】沈欽韓曰：是時衛尉王莽爲右將軍。

〔八〕【補注】王念孫曰：治要引此同。案，「立」字於義無取，「立」當爲「並」。並，皆也。謂丞相以下皆莫敢發言也。漢紀孝昭紀作「並不敢言」是其證。先謙曰：通鑑亦作「並」。

〔九〕師古曰：安猶徐也。

〔一〇〕師古曰：蒯聵，衛靈公太子。輒，蒯聵子也。蒯聵得罪於靈公而出奔晉。及靈公卒，使輒嗣位，而晉趙鞅納蒯聵於戚，欲求入衛。魯哀公三年春，齊國夏、衛石曼姑帥師圍戚。公羊傳曰：「曼姑受命於靈公而立輒，曼姑之義固可以距蒯聵也。輒之義可以立乎？曰可。奈何不以父命辭王父命也。」【補注】宋祁曰：注文「奈何」字上浙本有「其」字。先謙曰：官本「輒」作「輙」。

〔一二〕【補注】先謙曰：胡注，即，就也。

天子與大將軍霍光聞而嘉之，曰：「公卿大臣當用經術明於大誼。」〔一〕繇是名聲重於朝廷，〔二〕在位者皆自以不及也。大將軍光欲以女妻之，不疑固辭，不肯當。久之，以病免，終於家。京師紀之。後趙廣漢爲京兆尹，言「我禁姦止邪，行於吏民，至於朝廷事，不及不疑遠甚」。廷尉驗治何人，竟得姦詐。〔三〕本夏陽人，〔四〕姓成名方遂，居湖，〔五〕以卜筮爲事。有故太子舍人嘗從方遂卜，謂曰：「子狀貌甚似衞太子。」方遂心利其言，幾得以富貴，〔六〕即詐自稱詣闕。廷尉逮召鄉里識知者張宗禄等，方遂坐誣罔不道，要斬東市。一姓張名延年。〔七〕

〔一〕【補注】先謙曰：句似未了，疑有奪文。通鑑作「當用有經術明於大誼者」，漢紀作「當用經術士方明於大義」。

〔二〕師古曰：繇讀與由同。

〔三〕師古曰：凡不知姓名及所從來者，皆曰何人。他皆類此。【補注】王文彬曰：竟，究也。謂窮究。先謙曰：官本注「人」下有「也」字。

〔四〕【補注】錢大昭曰：故昭紀謂之夏陽男子。

〔五〕師古曰：湖，縣名。

〔六〕師古曰：幾讀曰冀。

〔七〕師古曰：故昭紀謂之張延年。【補注】王念孫曰：案「一」下本有「云」字。上言姓成名方遂，此言一云姓張名延年，所謂傳聞異辭也。脱去「云」字則文義不明。漢紀正作「一云姓張名延年」。

疏廣字仲翁，東海蘭陵人也。〔一〕少好學，明春秋，家居教授，學者自遠方至。徵爲博士太中大夫。地節三年，立皇太子，選丙吉爲太傅，廣爲少傅。數月，吉遷御史大夫，廣徙爲太傅，廣兄子受字公子，亦以賢良舉爲太子家令。受好禮恭謹，敏而有辭。〔二〕宣帝幸太子宮，受迎謁應對，及置酒宴，奉觴上壽，辭禮閑雅，上甚讙説。〔三〕頃之，拜受爲少傅。

〔一〕【補注】先謙曰：今兗州府嶧縣東五十里。于欽齊乘「二疏宅在嶧州東四十里羅滕城，墓亦在焉。城周五六里，土人指以爲宅」。

〔二〕師古曰：敏謂所見捷利。

〔三〕師古曰：説讀曰悦。

太子外祖父特進平恩侯許伯〔一〕以爲太子少，白使其弟中郎將舜監護太子家。上以問廣，廣對曰：「太子，國儲副君，師友必於天下英俊，不宜獨親外家許氏。且太子自有太傅少傅，官屬已備，今復使舜護太子家，視陋，非所以廣太子德於天下也。」〔二〕上善其言，以語丞相魏相，相免冠謝曰：「此非臣等所能及。」廣繇是見器重，數受賞賜。〔三〕太子每朝，因進見，太傅在前，少傅在後。父子並爲師傅，〔四〕朝廷以爲榮。

〔一〕【補注】先謙曰：胡注「伯即廣漢，稱伯者，蓋尊之也」。先謙案，伯蓋其字，非謂尊之。

〔二〕師古曰：視讀曰示。言獨親外家，示天下以淺陋。

〔三〕師古曰：繇讀與由同。

〔四〕【補注】周壽昌曰：漢時從父從子稱父子。

在位五歲，皇太子年十二，通論語、孝經。廣謂受曰：「吾聞『知足不辱，知止不殆』，『功遂身退，天之道』也。〔一〕今仕宦至二千石，〔二〕宦成名立，如此不去，懼有後悔，豈如父子相隨出關，歸老故鄉，以壽命終，不亦善乎？」受叩頭曰：「從大人議。」即日父子俱移病。〔三〕滿三月賜告，廣遂稱篤，上疏乞骸骨。上以其年篤老，皆許之，加賜黄金二十斤，皇太子贈以五十斤。公卿大夫故人邑子設祖道，供張東都門外，〔四〕送者車數百兩，辭決而去。及道路觀者皆曰：「賢哉二大夫！」或歎息爲之下泣。

〔一〕師古曰：此皆老子之言，廣引之。殆，危也。遂，成也。

〔二〕【補注】先謙曰：官本「宦」作「官」，引宋祁曰，「官」字謝本作「宦」字。

〔三〕師古曰：移病即移書言病也。一曰以病而移居。【補注】先謙曰：一説非。

〔四〕蘇林曰：長安東郭門也。師古曰：祖道，餞行也，解在景十三王及劉屈氂傳。供音居共反。張音竹亮反。【補注】王念孫曰：案，「設」上脱「爲」字。爲，于僞反。文選西征賦注、别賦注、張協詠史詩注、藝文類聚人部十二、御覽人事部百三十引此皆有「爲」字。先謙曰：漢紀作「爲祖道」，通鑑作「設祖道」，設即爲也，似不必定加「爲」字。

廣既歸鄉里，日令家共具設酒食，〔一〕請族人故舊賓客，與相娱樂。數問其家金餘尚有幾所，趣賣以共具。〔二〕居歲餘，廣子孫竊謂其昆弟老人廣所愛信者曰：「子孫幾及君時頗立産業基阯，〔三〕今日飲食廢且盡。〔四〕宜從丈人所，勸説君買田宅。」〔五〕老人即以閒暇時爲廣言此計，〔六〕廣曰：「我豈老誖不念子孫哉？〔七〕顧自有舊田廬，〔八〕令子孫勤力其中，足以共衣食，與凡人齊。今復增益之以爲贏餘，但教子孫怠墯耳。賢而多財，則損其志；愚而多財，則益其過。且夫富者，衆人之怨也；〔九〕吾既亡以教化子孫，不欲益其過而生怨。〔一〇〕又此金者，聖主所以惠養老臣也，故樂與鄉黨宗族共饗其賜，以盡吾餘日，不亦可乎！」於是族人説服。〔一一〕皆以壽終。

〔一〕師古曰：日日設之也。共讀曰供。其他類此。【補注】宋祁曰：「日」字下疑更有「日」字。

〔二〕師古曰：幾所猶言幾許也。趣讀曰促。

〔三〕師古曰：幾讀曰冀。

〔四〕【補注】先謙曰：官本「廢」作「費」，是。

〔五〕鄧展曰：宜令意自從丈人所出，無泄吾言也。師古曰：丈人，莊嚴之稱也，故親而老者皆稱焉。【補注】周壽昌曰：案易「師貞丈人」，吉注「嚴莊之稱也」，即師古説所本。先謙曰：官本注「吾」作「我」，「莊嚴」作「嚴莊」。

〔六〕師古曰：閒即閑字也。

〔七〕師古曰：誖，惑也，音布内反。

〔八〕師古曰：顧，思念也。

〔九〕【補注】沈欽韓曰：韓詩外傳李克曰「富者則貧者惡之」。先謙曰：官本無「人」字，引宋祁曰，「衆」字下疑有「人」字。

〔一〇〕【補注】宋祁曰：南本、浙本「生」字下有「其」字。王念孫曰：通鑑漢紀十七無「其」字。案南本、浙本是也。益其過生其怨，兩「其」字皆指子孫言之，少一「其」字則語意不完。漢紀孝宣紀正作「生其怨」。

〔一〕師古曰：説讀曰悦。

于定國字曼倩，東海郯人也。〔一〕其父于公爲縣獄史，郡決曹，決獄平，羅文法者于公所決皆不恨。〔二〕郡中爲之生立祠，號曰于公祠。〔三〕

〔一〕師古曰：郯音談。【補注】先謙曰：今沂州府郯城縣西南三十里。

〔二〕師古曰：羅，罹也，遭也。

〔三〕【補注】周壽昌曰：後世立生祠始此。

東海有孝婦，少寡，亡子，養姑甚謹，姑欲嫁之，終不肯。姑謂鄰人曰：「孝婦事我勤苦，〔一〕哀其亡子守寡。我老，久絫丁壯，柰何？」〔二〕其後姑自經死，〔三〕姑女告吏：「婦殺我母。」吏捕孝婦，孝婦辭不殺姑。吏驗治，孝婦自誣服。具獄上府，〔四〕于公以爲此婦養姑十餘年，以孝聞，必不殺也。太守不聽，于公爭之，弗能得，乃抱其具獄，哭於府上，〔五〕因辭疾去。太守竟論殺孝婦。郡中枯旱三年。後太守至，卜筮其故，于公曰：「孝婦不當死，前太守彊斷之，咎黨在是乎？」〔六〕於是太守殺牛自祭孝婦冢，〔七〕因表其墓，天立大雨，〔八〕歲孰。郡中以此大敬重于公。

〔一〕【補注】宋祁曰：南本、浙本作「事養我勤苦」，又一本作「養我」。

〔二〕師古曰：絫，古累字也，音力瑞反。【補注】周壽昌曰：女亦以丁口算，故云少婦爲丁壯。

〔三〕師古曰：不欲累婦，故自殺。【補注】宋祁曰：景德本作「經死」，他本作「縊死」。
〔四〕師古曰：府，郡之曹府也。上音時掌反。
〔五〕師古曰：具獄者，獄案已成，其文備具也。
〔六〕師古曰：黨音他朗反。【補注】宋祁曰：「前太守」南本作「故」，浙本作「前」。錢大昭曰：黨，古儻字。伍被言「黨可以徼幸」，揚雄傳「此非人力之所能，黨鬼神可也」，皆作「黨」。
〔七〕【補注】先謙曰：官本無「太守」二字。
〔八〕【補注】沈欽韓曰：搜神記「于公辨東海孝婦之冤而天大雨。長老相傳云孝婦名周青。青將死，車載十丈竹竿以懸五旛，立誓於衆曰：『青若有罪而殺，血當順下；青若枉死，血當逆流。』既行刑已，其血青黄，緣幡竹而上，極標，又緣旛而下」。

定國少學法于父，父死，後定國亦爲獄史，郡決曹，補廷尉史，以選與御史中丞從事〔一〕治反者獄，以材高舉侍御史，遷御史中丞。會昭帝崩，昌邑王徵即位，行淫亂，定國上書諫。後王廢，宣帝立，〔二〕大將軍光領尚書事，條奏羣臣諫昌邑王者皆超遷，定國繇是爲光禄大夫，〔三〕平尚書事，甚見任用。數年，遷水衡都尉，超爲廷尉。

〔一〕【補注】宋祁曰：「與」南本作「爲」，浙本作「與」。王文彬曰：與讀曰預，而師古無注，則所見本當亦作「爲」。
〔二〕【補注】宋祁曰：「宣帝立」浙本作「宣帝即位」。
〔三〕師古曰：繇與由同。

定國乃迎師學春秋，身執經，北面備弟子禮。〔一〕爲人謙恭，尤重經術士，雖卑賤徒步往過，定國皆與鈞禮，〔二〕恩敬甚備，學士咸聲焉。〔三〕其決疑平法，務在哀鰥寡，罪疑從輕，加審慎之心。朝廷稱之曰：「張釋之爲廷尉，天下無冤民；〔四〕于定國爲廷尉，民自以不冤。」〔五〕定國食酒至數石不亂，〔六〕冬月請治讞，飲酒益精明。〔七〕爲廷尉十八歲，〔八〕遷御史大夫。

〔一〕【補注】何焯曰：黄霸、于定國皆晚嚮經術，故起獄吏致宰相而無曹人「維鵜」之刺。如丙吉，則尤能施於有政者。

〔二〕師古曰：鈞禮猶言亢禮。

〔三〕【補注】錢大昭曰：「聲」當作「稱」。南監本、閩本不誤。先謙曰：官本作「稱」。

〔四〕師古曰：言決罪皆當。

〔五〕師古曰：言知其寬平，皆無冤枉之慮。

〔六〕如淳曰：食酒猶言喜酒也。師古曰：若依如氏之説，食字當音嗜，此説非也。下敍定國子永乃言嗜酒耳。食酒者，謂能多飲，費盡其酒，猶云食言焉。今流俗書本輒改食字作飲字，失其真也。【補注】劉攽曰：論語云「沽酒市脯不食」，然則，酒自可云食也。然此下則云飲酒益精明。共説一事耳，兩字不同，疑當作「飲」爲真。王念孫曰：劉説是也。上下文皆作「飲酒」。如本上飲字偶誤爲食，遂以食酒爲喜酒，顔又以爲費盡其酒，皆非也。北堂書鈔酒食部八、藝文類聚食物部、白帖十五、四十六、御覽刑罰部五飲食部一引此並作「飲酒至數石」。漢紀同。

〔七〕師古曰：讞，平議也，音魚列反。【補注】何焯曰：冬月請讞似今之秋審。先謙曰：「請治讞」官本作「治請讞」。

〔八〕【補注】齊召南曰：定國以地節元年爲廷尉，至甘露三年遷御史大夫。公卿表作「爲廷尉十七年」，蓋從爲廷尉之次年實數，故與傳不同也。

甘露中，代黄霸爲丞相，封西平侯。三年，宣帝崩，元帝立，以定國任職舊臣，敬重之。

時陳萬年爲御史大夫，與定國並位八年，論議無所拂。〔一〕後貢禹代爲御史大夫，數處駁議，〔二〕定國明習政事，率常丞相議可。〔三〕然上始即位，關東連年被災害，民流入關，言事者歸咎於大臣。〔四〕上於是數以朝日引見丞相、御史，〔五〕入受詔，條責以職事，曰：「惡吏負賊，妄意良民，〔六〕至亡辜死。或盜賊發，吏不亟追而反繫亡家，〔七〕後不敢復告，以故寖廣。〔八〕民多冤結，州郡不理，連上書者交於闕廷。〔九〕二千石選舉不實，是以在位多不任職。〔一〇〕民田有災害，吏不肯除，收趣其租，以故重困。〔一一〕關東流民飢寒疾疫，已詔吏轉漕，虛倉廩開府臧相振救，賜寒者衣，至春猶恐不贍。〔一二〕今丞相、御史將欲何施以塞此咎？〔一三〕悉意條狀，陳朕過失。」〔一四〕定國上書謝罪。

〔一〕師古曰：言不相違戾也。拂音佛。
〔二〕師古曰：言與定國不同。
〔三〕師古曰：言事者可定國所言。【補注】先謙曰：上可定國所議，與言事者何涉？官本「言事者」作「天子皆」三字，是也。此，涉下「言事者」而誤。
〔四〕師古曰：言事者，謂上書陳事也。
〔五〕師古曰：五日一聽朝，故云朝日也。
〔六〕師古曰：賊發不得，恐負其殿，故妄疑善人，致其罪也。
〔七〕師古曰：亟，急也。不急追賊，反禁繫失物之家。
〔八〕師古曰：寖，漸也。

〔九〕【補注】宋祁曰：「連」字南本、浙本並作「遠」。王念孫曰：案，「遠」字是。
〔一〇〕師古曰：謂令長丞尉。
〔一一〕師古曰：趣讀曰促。重音直用反。
〔一二〕師古曰：贍，足也。
〔一三〕師古曰：塞，補也。
〔一四〕師古曰：悉，盡也。

永光元年，春霜夏寒，日青亡光，上復以詔條責曰：「郎有從東方來者，言民父子相棄。〔一〕丞相、御史案事之吏匿不言邪？將從東方來者加增之也？何以錯繆至是？〔二〕欲知其實。方今年歲未可預知也，即有水旱，其憂不細。公卿有可以防其未然，救其已然者不？各以誠對，〔三〕毋有所諱。」定國惶恐，上書自劾，歸侯印，乞骸骨。上報曰：「君相朕躬，不敢怠息，〔四〕萬方之事，大録于君。〔五〕能毋過者，其唯聖人。方今承周秦之敝，俗化陵夷，〔六〕民寡禮誼，陰陽不調，災咎之發，不爲一端而作，自聖人推類以記，〔七〕不敢專也，況於非聖者乎！〔八〕日夜惟思所以，未能盡明。〔九〕經曰：『萬方有罪，罪在朕躬。』〔一〇〕君雖任職，何必顓焉？〔一一〕其勉察郡國守相郡牧，非其人者毋令久賊民。〔一二〕永執綱紀，務悉聰明，强食慎疾。」〔一三〕定國遂稱篤，固辭。上乃賜安車駟馬、黄金六十斤，罷就第。數歲，七十餘薨，謚曰安侯。

〔一〕師古曰：以遭飢饉不能相養。
〔二〕師古曰：錯，互也。繆，違也。謂吏及東方人言不相同也。

〔三〕師古曰：言能防救已不，宜各以實對。【補注】先謙曰：「不」字斷句，與「否」同。

〔四〕師古曰：息謂自休息。

〔五〕師古曰：大録，總録也。【補注】先謙曰：顧炎武云「今所傳王肅注舜典『納于大麓』云，麓，録也。納舜使大録萬機之政。蓋西京時有此解，故詔書用之」。沈欽韓云，論衡正説篇：「尚書説曰，言大麓，三公之位也，居一公(任)〔位〕，大總録二公之事。」蔡邕楊秉碑「統大録之重」。案，此今文尚書之説，王肅及僞孔傳從之。魏晉後，録尚書事者，謂之録公，本此。

〔六〕師古曰：言頹替也。

〔七〕【補注】周壽昌曰：推類以記，皆緯書所言。此已開東漢信緯之漸。

〔八〕師古曰：非聖者謂常人。

〔九〕師古曰：所以，所由也。言何由致此災。

〔一〇〕師古曰：此論語堯曰篇載殷湯伐桀告天之辭。【補注】沈欽韓曰：稱經者，古文尚書也。孔安國堯曰注：「此伐桀告天文。墨子引湯誓其辭若此。」案，周語内史過曰：「其在湯誓：『余一人有罪，無以萬夫；萬夫有罪，在予一人。』」韋注：「湯誓，商書伐桀之誓也。今湯誓無此言，則已散亡矣。」然則，西京時真古文應有之。孔安國親傳古文，何用引墨子？故近人疑論語孔注亦非真本也。

〔一一〕師古曰：顓與專同。事不專由君也。

〔一二〕【補注】先謙曰：上言郡國下不得復言郡牧。官本「郡」作「羣」，是。

〔一三〕師古曰：悉，盡也。

子永嗣。少時，耆酒多過失，〔一〕年且三十，乃折節修行，以父任爲侍中中郎將、長水校尉。定國死，居喪如禮，孝行聞。〔二〕由是以列侯爲散騎光禄勳，至御史大夫。尚館陶公主施。施者，宣帝長女，成帝姑也，賢有行，永以選尚焉。上方欲相之，會永薨。子恬嗣。恬不肖，薄於行。〔三〕

〔一〕師古曰：耆讀曰嗜。

〔二〕【補注】宋祁曰：南本「孝」字上有「以」字。

〔三〕【補注】先謙曰：恩澤表，恬嗣侯四十三年，更始元年絶。

始定國父于公，其閭門壞，父老方共治之。〔一〕于公謂曰：「少高大閭門，〔二〕令容駟馬高蓋車。我治獄多陰德，未嘗有所冤，子孫必有興者。」至定國爲丞相，永爲御史大夫，封侯傳世云。

〔一〕師古曰：閭門，里門也。

〔二〕【補注】先謙曰：官本作「門閭」。

薛廣德字長卿，沛郡相人也。〔一〕以魯詩教授楚國，龔勝、舍師事焉。〔二〕蕭望之爲御史大夫，除廣德爲屬，數與論議，器之，〔三〕薦廣德經行宜充本朝。〔四〕爲博士，論石渠，〔五〕遷諫大夫，代貢禹爲長信少府、御史大夫。〔六〕

〔一〕【補注】先謙曰：官本考證云，唐書宰相世系表：「薛公獻策滅黥布，封千户侯，生瑑。瑑生茂宣，茂宣生懷則，懷則生引孫，引孫生廣德。」

〔三〕【補注】先謙曰：列傳所謂楚二龔。

〔三〕師古曰：以爲大器也。

〔四〕師古曰：經明行修，宜於本朝任職也。

〔五〕張晏曰：石渠，閣名也。

〔六〕【補注】錢大昭曰：二職俱代貢禹。

廣德爲人温雅有醖藉。〔一〕及爲三公，直言諫爭。始拜旬日間，上幸甘泉，郊泰畤，禮畢，因留射獵。〔二〕廣德上書曰：「竊見關東困極，人民流離。陛下日撞亡秦之鐘，聽鄭衛之樂，〔三〕臣誠悼之。今士卒暴露，從官勞倦，願陛下亟反宫，〔四〕思與百姓同憂樂，天下幸甚。」上即日還。其秋，上酎祭宗廟，出便門，〔五〕欲御樓船，廣德當乘輿車，免冠頓首曰：「宜從橋。」詔曰：「大夫冠。」廣德曰：「陛下不聽臣，臣自刎，以血汙車輪，陛下不得入廟矣！」〔六〕上不說。〔七〕先敺光禄大夫張猛進曰：〔八〕「臣聞主聖臣直。乘船危，就橋安，聖主不乘危。御史大夫言可聽。」上曰：「曉人不當如是邪！」〔九〕乃從橋。

〔一〕服虔曰：寬博有餘也。師古曰：醖言如醖釀也。藉，有所薦藉也。醖音於問反。藉，才夜反。【補注】錢大昭曰：聘禮鄭注「藉謂繅也，繅所以縕藉也」。匡張孔馬傳贊曰「其醖藉可也」。醖、縕同。亦作「温藉」。義縱傳「少温藉」，師古曰「言無所含容也」。史記作「蘊藉」。王念孫曰：服説及顔注義縱傳是也。温藉者，含蓄有餘之意。或作醖藉，又作藴藉，不必分醖爲醖釀、藉爲薦藉也。小雅小宛篇「飲酒温克」，鄭箋「飲酒雖醉，猶能温藉自持以勝」。

禮器「故禮有擯詔，樂有相步，温之至也」，鄭注「皆爲温藉重禮也」。含蓄謂之温藉，故和柔亦謂之温藉。内則「柔色以温之」，鄭注「温藉也」。轉之則爲慰藉矣。

〔二〕【補注】先謙曰：事在永光元年。

〔三〕師古曰：撞音丈江反。

〔四〕師古曰：亟，急也。

〔五〕師古曰：長安城南面西頭第一門。

〔六〕師古曰：言不以理，終不得立廟也。一曰以見死傷，犯於齊絜，不得入廟祠也。【補注】劉攽曰：一説是也。時上方入廟。陽夏公曰：以杜牧論諫書考之當作「陛下不廟矣」。若本有「得入」二字，小顔不應費辭如此。先謙曰：官本注「理」作「禮」。

〔七〕師古曰：説讀曰悦。

〔八〕師古曰：先敺，導乘輿也。敺與驅同。猛，張騫之孫。【補注】先謙曰：猛事詳劉向傳。

〔九〕師古曰：謂諫爭之言，當如猛之詳善也。【補注】先謙曰：言當如猛之得體。

後月餘，以歲惡民流，〔一〕與丞相定國、大司馬車騎將軍史高俱乞骸骨，皆賜安車駟馬、黄金六十斤，罷。廣德爲御史大夫，凡十月免。東歸沛，太守迎之界上。沛以爲榮，縣其安車傳子孫。〔二〕

〔一〕師古曰：歲惡，年穀不熟也。

〔二〕師古曰：縣其所賜安車以示榮也。致仕縣車，蓋亦古法。韋孟詩云「縣車之義，以洎小臣」也。【補注】劉攽曰：致仕縣車言休息不出也，故韋孟云薛廣德自縣其安車也。案「故」下文義有誤。沈欽韓曰：白虎通致仕篇，縣車示不用也。先謙曰：官本注「榮」下有「幸」字。

平當字子思，祖父以訾百萬，自下邑徙平陵。〔一〕當少爲大行治禮丞，〔二〕功次補大鴻臚文學，察廉爲順陽長，栒邑令，〔三〕以明經爲博士，〔四〕公卿薦當論議通明，給事中。每有災異，當輒傅經術，言得失。〔五〕文雅雖不能及蕭望之、匡衡，然指意略同。

〔一〕師古曰：下邑，梁國之縣也。
〔二〕【補注】先謙曰：續志，大行令有丞一人、治禮郎四十七人。據此，丞亦以治禮名也。
〔三〕師古曰：栒音詢。
〔四〕【補注】周壽昌曰：當治尚書，學於太子太傅林尊。
〔五〕師古曰：傅讀曰附。

自元帝時，韋玄成爲丞相，奏罷太上皇寢廟園，當上書言：「臣聞孔子曰：『如有王者，必世而後仁。』〔一〕三十年之間，道德和洽，制禮興樂，災害不生，禍亂不作。今聖漢受命而王，繼體承業二百餘年，孜孜不怠，政令清矣。然風俗未和，陰陽未調，災害數見，意者大本有不立與？〔二〕何德化休徵不應之久也！禍福不虛，必有因而至者焉。宜深迹其道而務修其本。〔三〕昔者帝堯南面而治，先『克明俊德，以親九族』，而化及萬國。〔四〕孝經曰：『天地之性人爲貴，人之行莫大於孝，孝莫大於嚴父，嚴父莫大於配天，則周公其人也。』〔五〕夫孝子善述人之志，周公既成文武之業而制作禮樂，修嚴父配天之事，知文王不欲以子臨父，故推而序之，上極於后稷而以配天。〔六〕此聖人之德，亡以加於孝也。高皇帝聖德受命，有天下，尊太上皇，猶周文武之追王太王、王季也。此漢之始祖，後嗣所宜尊奉以廣盛德，孝之至也。〔七〕書云：『正稽古建功立事，可以永年，傳於亡窮。』〔八〕上納其言，下詔復太上皇寢廟園。〔九〕

〔一〕師古曰：論語載孔子之言也。言治天下者，三十年然後仁道成著也。

〔二〕師古曰：與讀曰歟。

〔三〕師古曰：迹謂求其蹤迹也。

〔四〕師古曰：虞書堯典序堯之德曰：「克明俊德，以親九族。九族既睦，平章百姓。百姓昭明，協和萬邦。」故云然也。

〔五〕師古曰：言嚴謂尊嚴。【補注】先謙曰：「言」字疑衍。

〔六〕師古曰：言文王始受命，宜爲周之始祖。乃追王太王、王季，以及后稷，是不以卑臨尊。

〔七〕【補注】何焯曰：此臨川新安廟議所本，然后稷始封之君有粒民之功，太王肇基王迹，王季其勤王家，太上皇未可援此爲比。孟子但言以天下養，非文王之聖，周公亦不敢以配天也。

〔八〕師古曰：今文泰誓之辭。言能正考古道以立功立事，則可長年享國。【補注】齊召南曰：案，此文西京所行僞泰誓辭也。郊祀志亦引此文，云「正稽古立功立事，可以永年，丕天之大律」。然則，「傳於無窮」四字當所自撰，以結引書之意也。

〔九〕【補注】先謙曰：事在成帝河平元年。

頃之，使行流民幽州，〔一〕舉奏刺史二千石勞倈有意者，〔二〕言勃海鹽池可且勿禁，以救民急。〔三〕所過見稱，奉使者十一人爲最，〔四〕遷丞相司直。坐法，左遷朔方刺史，〔五〕復徵入爲太中大夫給事中，絫遷長信少府、大鴻臚、光禄勳。〔六〕

〔一〕師古曰：行音下更反。

〔二〕師古曰：勞倈，謂勸勉也。勞者，恤其勤勞也。倈者，以恩招倈也。勞音盧到反。倈音盧代反。

〔三〕師古曰：恣民煑鹽，官不專也。【補注】何焯曰：弛鹽禁亦救荒一法，不假轉饋賑濟之勞。勃海亦可謂之鹽池。今人獨以稱解鹽。沈欽韓曰：清水注「清河又東逕漂榆邑故城南。魏土地記曰，高城縣東北百里北盡漂榆，錐指云漂榆城在今靜海縣北。東臨巨海，民咸煑海水藉鹽爲業，即其地也」。

〔四〕【補注】先謙曰：官本「稱」下有「舉」字，引宋祁曰「『奉』字景德本作『奏』。刊誤謂當削『舉』，改『奏』作『奉』，直云『所過見稱，奉使者十一人爲最』」。今景祐本、越本無『舉』字。

〔五〕師古曰：武帝初置朔方郡，别令刺史監之，不在十三州之限。

〔六〕師古曰：絫，古累字。

先是太后姊子衛尉淳于長白言昌陵不可成，下有司議。當以爲作治連年，可遂就。〔一〕上既罷昌陵，以長首建忠策，復下公卿議封長。當又以爲長雖有善言，不應封爵之科。坐前議不正，左遷鉅鹿太守。〔二〕後上遂封長。當以經明禹貢，使行河〔三〕，爲騎都尉，領河隄。

〔一〕師古曰：就亦成也。

〔二〕師古曰：前議謂罷昌陵。

〔三〕師古曰：尚書禹貢載禹治水次第，山川高下，當明此經，故使行河也。行音下更反。

哀帝即位，徵當爲光禄大夫諸吏散騎，復爲光禄勳，御史大夫，至丞相。以冬月，賜爵關内侯。明年春，上使使者召，欲封當。〔一〕當病篤，不應召。室家或謂當：「不可强起受侯印爲子孫邪？」當曰：「吾居大位，已負素餐之責矣，起受侯印，還臥而死，死有餘罪。今不起者，所以爲子孫也。」遂上書乞骸骨。上報曰：「朕選於衆，以君爲相，視事日寡，輔政未久，陰陽不調，冬無大雪，旱氣爲災，朕之不德，何必君罪？君何疑而上書乞骸骨，歸關内侯爵邑？使尚書令譚賜君養牛一，上尊酒十石。〔二〕君其勉致醫藥以自持。」後月餘，卒。子晏以明經歷位大司徒，封防鄉侯。漢興，唯韋、平父子至宰相。〔三〕

〔一〕如淳曰：漢儀注御史大夫爲丞相，更春乃封，故先賜爵關内侯。李奇曰：一以冬月非封侯時，故且先賜爵關内侯也。師古曰：李説是也。【補注】先謙曰：官本如注末有「也」字，李注無「一」字。

〔二〕如淳曰：律，稻米一斗得酒一斗爲上尊，稷米一斗得酒一斗爲中尊，粟米一斗得酒一斗爲下尊。師古曰：稷即粟也。中尊者宜爲黍米，不當言稷。且作酒自有澆醇之異爲上中下耳，非必繫之米。【補注】沈欽韓曰：如注引漢律自是實事。師古駮之，非也。造酒法詳齊民要術，稻、粱、穄、黍、粟各有釀法，其厚薄之齊即爲上、中、下尊之差。

〔三〕師古曰：韋謂韋賢也。【補注】齊召南曰：此但言由布衣以文學升庸者耳。不然，絳侯、條侯輔佐文帝，非父子宰相邪？周壽昌曰：晏爲大司徒在平帝末年。莽始建國元年，晏爲就德侯，已不用漢之防鄉封矣。後事詳莽傳。

彭宣字子佩，淮陽陽夏人也。〔一〕治易，事張禹，舉爲博士，遷東平太傅。〔二〕禹以帝師見尊信，薦宣經明有威重，可任政事，繇是入爲右扶風，〔三〕遷廷尉，以王國人出爲太原太守。〔四〕數年，復入爲大司農、光禄勳、右將軍。哀帝即位，徙爲左將軍。歲餘，上欲令丁、傅處爪牙官，乃策宣曰：「有司數奏言諸侯國人不得宿衞，將軍不宜典兵馬，處大位。朕唯將軍任漢將之重，而子又前取淮陽王女，婚姻不絕，非國之制。使光禄大夫曼賜將軍黃金五十斤、安車駟馬，其上左將軍印綬，以關内侯歸家。」

〔一〕師古曰：夏音假。

〔二〕【補注】宋祁曰：「太傅」淳化本作「太守」，刊誤據史館本作「傅」。

〔三〕師古曰：繇讀與由同。

〔四〕李奇曰：初，漢制王國人不得在京師。【補注】周壽昌曰：李注「在」當作「仕」。

宣罷數歲，諫大夫鮑宣數薦宣。會元壽元年正月朔日蝕，鮑宣復上言，乃召宣爲光禄大夫，〔一〕遷御史大夫，轉爲大司空，〔二〕封長平侯。

〔一〕【補注】先謙曰：官本作「言上」，「上」字屬下讀。

〔二〕【補注】周壽昌曰：成紀綏和元年夏四月，罷御史大夫爲大司空，封列侯。哀紀建平二年，罷大司空，復御史大夫。元壽二年正月，三公官分職，御史大夫宣爲大司空。百官表云元壽二年復爲大司空。是大司空即御史大夫更名。此云「轉爲大司空」，似未合。

會哀帝崩，新都侯王莽爲大司馬，秉政專權。宣上書言：「三公鼎足承君，一足不任，則覆亂美實。〔一〕臣資性淺薄，年齒老眊，〔二〕數伏疾病，昏亂遺忘，願上大司空、長平侯印綬，乞骸骨歸鄉里，俟寘溝壑。」〔三〕莽白太后，策宣曰：「惟君視事日寡，功德未效，迫于老眊昏亂，非所以輔國家，綏海内也。使光禄勳豐册詔君，其上大司空印綬，便就國。」莽恨宣求退，故不賜黄金安車駟馬。宣居國數年，薨，謚曰頃侯。傳子至孫，王莽敗，乃絶。

〔一〕師古曰：美實，謂鼎中之實也。易鼎卦九四爻辭曰：「鼎折足，覆公餗。」餗，食也。故宣引以爲言。覆音芳目反。

〔二〕師古曰：眊與耄同。

〔三〕師古曰：竢，古俟字。【補注】先謙曰：「寘」當作「窴」。

贊曰：雋不疑學以從政，臨事不惑，遂立名跡，終始可述。疏廣行止足之計，免辱殆之絫，〔一〕亦其次也。于定國父子哀鰥哲獄，爲任職臣。〔二〕薛廣德保縣車之榮，平當逡遁有恥，彭宣見險而止，〔三〕異乎「苟患失之」者矣。〔四〕

〔一〕師古曰：絫音力瑞反。

〔二〕應劭曰：哲，智也。鄭氏曰：當言折獄。師古曰：哀鰥，哀恤鰥寡也。哲獄，知獄情也。【補注】劉奉世曰：詩何草不黄云「何人不矜」，則「鰥」字也。然則，古文鰥、矜音字蓋通用。班氏特用古字。此乃哀矜折獄爾。如顔説則哀鰥哲獄皆不成辭。于丞相傳又云「務在哀鰥寡」，此亦後人不曉矜字妄增之爾。凡決疑平法豈獨鰥寡乃哀之哉！甫刑之言鰥寡，洪範之言煢獨，意義自不同也。吴仁傑曰：書大傳引孔子曰「聽獄者雖得其情，必哀矜之。書曰『哀矜哲獄』」，又曰「古之聽民者，察貧窮，哀孤獨矜寡」，及贊文皆出於此。然「哀鰥哲獄」刊誤讀爲哀矜固合於大傳孔子之言；至所謂「務在哀鰥寡」，以大傳「哀孤獨矜寡」等語推之，疑班氏本文如此，非後人所增也。蓋大傳前後文自設兩意，孟堅因之耳。鰥、矜古字雖通，而鴻鴈之詩曰「爰及矜人，哀此鰥寡」，鄭箋謂矜人爲可憐之人，則矜、鰥又自各義。

〔三〕師古曰：遁讀與巡同。【補注】先謙曰：官本注在「有恥」下。「與」上有「讀」字。

〔四〕師古曰：論語稱孔子曰：「鄙夫不可與事君。其未得之，患得之；既得之，患失之。苟患失之，無所不至矣。」謂其患於失位而爲傾邪也。贊言當、宣二人立操有異於此矣。【補注】何焯曰：贊并廣德言之，讀序傳可見。

王貢兩龔鮑傳第四十二

昔武王伐紂，遷九鼎於雒邑，〔一〕伯夷、叔齊薄之，〔二〕餓于首陽，不食其禄，〔三〕周猶稱盛德焉。然孔子賢此二人，以爲「不降其志，不辱其身」也。〔四〕而孟子亦云：「聞伯夷之風者，貪夫廉，懦夫有立志；」〔五〕「奮乎百世之上，行乎百世之下〔六〕莫不興起，非賢人而能若是乎！」

〔一〕師古曰：九鼎，即夏禹所鑄者也。遷謂從紂都遷之以來。春秋左氏傳曰：「夏之方有德也，遠方圖物，貢金九牧以鑄鼎象物。桀有昏德，鼎遷于商，載祀六百。商紂暴虐，鼎遷于周。」

〔二〕師古曰：夷、齊以武王父死不葬而用干戈爲不孝，以臣伐君爲不忠。【補注】吳仁傑曰：山谷夷齊廟記以諫武王不用去而餓死爲疑，又載謝景平之言曰二子之事凡孔孟所不言，無取也。其初蓋出於莊周，空無事實，後司馬遷作列傳，韓愈作頌事傳，三人而空言成實。竊謂山谷以諫武王不用餓死爲疑，則猶有説。諫武王非伐商，乃遷鼎耳。左傳武王遷九鼎於洛邑，義士猶或非之。杜征南謂義士伯夷之屬是也。餓於首陽，謂不食其禄，非不食周粟也。莊書所言亦見呂氏春秋，故史公采以爲傳。孟堅之書，顔用史記語實之，大非本指。

〔三〕師古曰：馬融云首陽山在河東蒲阪華山之北，河曲之中。高誘則云在雒陽東北。阮籍詠懷詩亦以爲然。今此二山並有夷齊祠耳，而曹大家注幽通賦云隴西首陽縣是也。今隴西亦有首陽山。許慎又云首陽山在遼西。諸説不同，致有疑惑，而伯夷歌云「登彼西山」，則當隴西者近爲是也。【補注】先謙曰：官本「于」作「死」。

〔四〕師古曰：事見論語。

〔五〕師古曰：懦，柔弱也，音乃唤反，又音儒。

〔六〕【補注】先謙曰：官本無「行乎」二字，引宋祁曰，浙本多二字，作「行乎百世之下」。

漢興有園公、綺里季、夏黄公、角里先生，〔一〕此四人者，當秦之世，避而入商雒深山，〔二〕以待天下之定也。自高祖聞而召之，不至。其後呂后用留侯計，使皇太子卑辭束帛致禮，安車迎而致之。四人既至，從太子見，高祖客而敬焉，太子得以爲重，遂用自安。語在留侯傳。

〔一〕師古曰：四皓稱號，本起於此，更無姓名可稱知。此蓋隱居之人，匿迹遠害，不自標顯，祕其氏族，故史傳無得而詳。至於後代皇甫謐、圈稱之徒，及諸地理書説，競爲四人施安姓字，自相錯互，語又不經，班氏不載於書。諸家皆臆説，今並棄略，一無取焉。【補注】宋祁曰：「季」字下當有「公」字。「用」不成字，當作「角」。齊召南曰：田汝成云「四皓名字當讀爲綺里季夏，而後人誤讀爲夏黄公，亦猶欒正裘牧仲之誤耳」。召南案，杜甫詩「黄綺終辭漢」以黄、綺並稱，即知唐人讀本不誤。又案，甪里「甪」字，宋史儒林傳「崔偓佺爲直講，太宗顧謂曰：『李覺嘗奏朕云四皓中一先生姓或言用字加撇，或云加點，爾知否？』偓佺對曰：『臣聞刀用爲角，音榷。兩點爲甪，音鹿。用上一撇、一點俱不成字。』」據偓佺此論，則俗本作「角」字者亦非也。宋云「用不成字，當作甪」，俗本又誤「甪」作「角」，蓋緣不知崔偓佺之論耳。

〔二〕師古曰：即今之商州商雒縣山也。

其後谷口有鄭子真，〔一〕蜀有嚴君平，〔二〕皆修身自保，非其服弗服，非其食弗食。成帝時，元舅大將軍王鳳以禮聘子真，子真遂不詘而終。〔三〕君平卜筮於成都市，以爲「卜筮者賤業，而可以惠衆人。有邪惡非正之問，則依蓍龜爲言利害。與人子言依於孝，與人弟言依於順，與人臣言依於忠，各因勢導之以善，〔四〕從吾言者，已過半矣」。裁日閱數人，〔五〕得百錢足自養，則閉肆下簾而授老子。〔六〕博覽亡不通，依老子、嚴周之指著書十餘萬言。〔七〕楊雄少時從遊學，以而仕京師顯名，數爲朝廷在位賢者稱君平德。〔八〕杜陵李彊素善雄，久之爲益州牧，喜謂雄曰：「吾真得嚴君平矣。」雄曰：「君備禮以待之，彼人可見而不可得詘也。」彊心以爲不然。及至蜀，致禮與相見，卒不敢言以爲從事，乃歎曰：「楊子雲誠知人！」君平年九十餘，遂以其業終，蜀人愛敬，至今稱焉。及雄著書言當世士，稱此二人。其論曰：「或問：君子疾没世而名不稱，〔九〕盍埶諸名卿可幾？曰：君子德名爲幾。〔一〇〕梁、齊、楚、趙之君非不富且貴也，〔一一〕惡虖成其名！〔一二〕谷口鄭子真不詘其志，耕於巖石之下，名震於京師，豈其卿？豈其卿？楚兩龔之絜，其清矣乎！蜀嚴湛冥，〔一三〕不作苟見，不治苟得，〔一四〕久幽而不改其操，雖隨、和何以加諸？〔一五〕舉茲以旃，不亦寶乎！」〔一六〕

〔一〕【補注】先謙曰：谷口，馮翊縣。

〔二〕師古曰：地理志謂君平爲嚴遵。三輔決録云子真名樸，君平名尊，則君平、子真皆其字也。【補注】沈欽韓曰：高士傳：「蜀有富人羅沖者問君平曰：『君何以不仕？』君平曰：『無以自發。』沖爲君平具車馬衣糧。君平曰：『吾病耳，非不足也。我前宿子家，人定而役未息，晝夜汲汲，未嘗有足。今我以卜爲業，不下床而錢自至，猶餘數百，塵埃厚寸不知所用。此非我有餘而子不足耶？』沖大慚。君平歎曰：『益我貨者損我神，生我名者殺我身。』竟不仕。」

〔三〕【補注】先謙曰：遂猶竟也。下同。

〔四〕【補注】何焯曰：易不可以占險，斯正理也。

〔五〕師古曰：裁與才同。閱，歷也。

〔六〕師古曰：肆者，市也，列所坐之處也。

〔七〕師古曰：嚴周即莊周。【補注】沈欽韓曰：君平作老子指歸。先謙曰：官本作「十萬餘言」。

〔八〕【補注】先謙曰：以與已同。

〔九〕師古曰：以身没而無名爲病。

〔一〇〕孟康曰：盍，何不也，言何不因名卿之埶以求名。韋昭曰：言有勢之名卿，庶幾可不朽。楊子以爲不然，唯有德者可以有名。師古曰：或人以事有權力之卿，用自表顯，則其名可庶幾而立。楊雄以爲自蓄其德，則有名也。【補注】蘇輿曰：案荀子正名篇云「無埶列之位，而可以養名」，楊注「埶列，班列也」。此「埶」字與彼同義，言何不取富貴班列名卿之位，則名可庶幾也。法言李注訓埶爲親，義亦未當。下言二人以隱獲名而云「豈其卿」，言不必貴爲卿相，非謂因親事名卿而取名也。班復申言黄、綺等以未嘗仕而樹風聲，是此以仕隱對舉，尤其明證。顔注未晰。

〔一一〕師古曰：謂當時諸侯王也。

〔一二〕師古曰：惡，於何也。惡音烏。

〔一三〕孟康曰：蜀郡嚴君平湛深玄默無欲也。師古曰：湛讀曰沈。

〔一四〕師古曰：不爲苟顯之行，不事苟得之業。

〔一五〕師古曰：隨，隨侯珠也。和，和氏璧也。諸，之也。

〔一六〕師古曰：旃亦之也。言舉此人而用之，不亦國之寶乎！自此以上皆楊雄之言也。【補注】何焯曰：以諸人事迹不備，故總序之於傳首，蓋亦傳也。以此爲論者，未讀序傳耳。體與後牽連薛、方、郭、蔣諸人例同。蘇輿曰：自「或問」至「豈其卿」見法言問神篇。「楚兩龔」以下見問明篇。先謙曰：官本注「以」作「已」，引宋祁曰，注文「已」字疑作「以」。

自園公、綺里季、夏黄公、用里先生、鄭子真、嚴君平皆未嘗仕，然其風聲足以激貪厲俗，近古之逸民也。若王吉、貢禹、兩龔之屬皆以禮讓進退云。

王吉字子陽，琅玡皋虞人也。〔一〕少時學明經，〔二〕以郡吏舉孝廉爲郎，補若盧右丞，〔三〕遷雲陽令。舉賢良爲昌邑中尉，而王好遊獵，驅馳國中，動作亡節，吉上疏諫曰：

〔一〕【補注】齊召南曰：吉爲琅邪王氏之祖。唐書宰相世系表「秦將王離子元避亂遷琅邪，後徙臨沂。四世孫吉始家皋虞，後徙臨沂都鄉南仁里」。先謙曰：皋虞在今萊州府即墨縣東北五十里。

〔二〕【補注】先謙曰：官本「時」作「好」，是。

〔三〕師古曰：少府之屬官有若盧令丞。漢書儀以爲主治庫兵者。

臣聞古者師日行三十里，吉行五十里。詩云：「匪風發兮，匪車揭兮，顧瞻周道，中心怛兮。」〔一〕説曰：是非古之風也，發發者；是非古之車也，揭揭者。蓋傷之也。〔二〕今者大王幸方與，〔三〕曾不半日而馳二百里，百姓頗廢耕桑，治道牽馬，臣愚以爲民不可數變也。〔四〕昔召公述職，〔五〕當民事時，舍於棠下而聽斷焉。〔六〕是時人皆得其所，後世思其仁恩，至虖不伐甘棠。甘棠之詩是也。〔七〕

〔一〕師古曰：檜國匪風之篇。發發，飄風貌。揭揭，疾驅貌。怛，古怛字，傷也。言見此飄風及疾驅，則顧念哀傷，思周道也。揭音丘列反。【補注】宋祁曰：注文「怛」字下疑有「怛」字。先謙曰：毛詩「揭」作「偈」，「怛」作「怛」。據儒林傳吉學韓詩，故與毛異。

〔二〕師古曰：今之發發然者非古有道之風也，今之揭揭然者非古有道之車也，故傷之。【補注】劉攽曰：案文及注當云「發發者，是非古之風也；揭揭者，是非古之車也；怛怛者，蓋傷之也」。今皆誤矣。陽夏公云「倒文取新，古蓋多如此，不爲誤」。

〔三〕師古曰：縣名也，音房預。【補注】宋祁曰：注文「音」字上當有「方與」。先謙曰：通鑑胡注「方與縣本屬山陽郡。武帝以山陽爲昌邑王國，方與縣屬焉」。

〔四〕師古曰：數音所角反。【補注】宋祁曰：一本無「也」字。

〔五〕師古曰：召讀曰邵。邵公名奭。自陜以西邵公主之。

〔六〕師古曰：舍，止息。

〔七〕師古曰：邵南之詩也。其詩曰：「蔽芾甘棠，勿翦勿伐，邵伯所茇。」蔽芾，小樹貌也。甘棠，杜也。茇，舍也。蔽音必二反。芾音方味反。茇音步末反。【補注】先謙曰：官本注「芾」作「芾」，字同。「杜」下有「梨」字。

大王不好書術而樂逸游，馮式撙銜，〔一〕馳騁不止，口倦乎叱咤，〔二〕手苦於箠轡，〔三〕

身勞虖車輿，朝則冒霧露，晝則被塵埃，〔四〕夏則爲大暑之所暴炙，冬則爲風寒之所匽薄。〔五〕數以耎脆之玉體犯勤勞之煩毒，〔六〕非所以全壽命之宗也，〔七〕又非所以進仁義之隆也。〔八〕

〔一〕臣瓚曰：撙，促也。師古曰：撙，挫也，音子本反。【補注】先謙曰：式與軾同。銜，馬勒也。胡注，馮讀曰憑。

〔二〕師古曰：咤亦吒字也，音竹駕反。

〔三〕師古曰：箠，馬策，音止桀反。【補注】先謙曰：官本「桀」作「蘂」。

〔四〕師古曰：冒，犯也，音莫克反。【補注】宋祁曰：「克」景作「克」，校作「報」。浙本作「克」。

〔五〕師古曰：匽與偃同，言遇疾風則偃靡也。薄，迫也。

〔六〕師古曰：耎，柔也，音而兖反。

〔七〕師古曰：宗，尊也。【補注】何焯曰：宗，本也。

〔八〕師古曰：隆，高也。

夫廣夏之下，細旃之上，〔一〕明師居前，勸誦在後，上論唐虞之際，下及殷周之盛，考仁聖之風，習治國之道，訢訢焉發憤忘食，日新厥德，〔二〕其樂豈徒銜橛之間哉！〔三〕休則俛仰詘信以利形，〔四〕進退步趨以實下，〔五〕吸新吐故以練臧，專意積精以適神，〔六〕於以養生，豈不長哉！大王誠留意如此，則心有堯舜之志，體有喬松之壽，〔七〕美聲廣譽登而上聞，〔八〕則福禄其輳而社稷安矣。〔九〕

〔一〕師古曰：廣夏，大屋也。旃與氈同。【補注】沈欽韓曰：韓詩外傳「天子居廣廈之下，帷帳之內，旃茵之上」。
〔二〕師古曰：訢，古欣字。
〔三〕師古曰：銜，馬銜也。橛，車鉤心也。張揖以橛爲馬之長銜，非也。橛音其月反。
〔四〕師古曰：形，體也。信讀曰伸。
〔五〕如淳曰：今人不行，則郄已下虛弱不實。
〔六〕師古曰：臧，五臧也。練，練其氣也。適，和也。
〔七〕師古曰：喬松，仙人伯喬及赤松子也。
〔八〕【補注】宋祁曰：「登」疑作「發」。
〔九〕師古曰：轃與臻同。臻，至也。【補注】先謙曰：官本注「至」上無「臻」字。

皇帝仁聖，至今思慕未怠，〔一〕於宮館囿池弋獵之樂未有所幸，大王宜夙夜念此，以承聖意。諸侯骨肉，莫親大王，大王於屬則子也，〔二〕於位則臣也，一身而二任之責加焉，恩愛行義孅介有不具者，於以上聞，非饗國之福也。臣吉愚戇，願大王察之。

〔一〕師古曰：皇帝謂昭帝也。言武帝晏駕未久，故尚思慕。
〔二〕【補注】先謙曰：兄弟之子猶子也。疏廣與兄子受稱父子，見廣傳。

王賀雖不遵道，然猶知敬禮吉，乃下令曰：「寡人造行不能無惰，〔一〕中尉甚忠，〔二〕數輔吾過。使謁者千秋賜中尉牛肉五百斤，酒五石，脯五束。」其後復放從自若。〔三〕吉輒諫爭，甚得輔弼之義，雖不治民，〔四〕國中莫不敬重焉。

〔一〕【補注】宋祁曰：「惰」疑作「愭」。類篇，渠伊反，畏也，敬也。先謙曰：通鑑與此同。造行，謂所作所行。此自責之詞，宋説不根。
〔二〕【補注】先謙曰：官本「慰」作「尉」，是。
〔三〕師古曰：從音子用反。
〔四〕【補注】先謙曰：百官表，王國中尉掌武職，内史治國民。成帝後省内史，令相治民。

久之，昭帝崩，亡嗣。大將軍霍光秉政，遣大鴻臚宗正迎昌邑王。吉即奏書戒王曰：「臣聞高宗諒闇，三年不言。〔一〕今大王以喪事徵，宜日夜哭泣悲哀而已，慎毋有所發。〔二〕且何獨喪事，凡南面之君何言哉？天不言，四時行焉，百物生焉，〔三〕願大王察之。大將軍仁愛勇智，忠信之德天下莫不聞，事孝武皇帝二十餘年未嘗有過。先帝棄羣臣，屬以天下，寄幼孤焉，〔四〕大將軍抱持幼君襁緥之中，〔五〕布政施教，海内晏然，雖周公、伊尹亡以加也。今帝崩亡嗣，大將軍惟思可以奉宗廟者，攀援而立大王，〔六〕其仁厚豈有量哉！〔七〕臣願大王事之敬之，政事壹聽之，大王垂拱南面而已。願留意，常以爲念。」〔八〕

〔一〕師古曰：已解於上。
〔二〕師古曰：發謂興舉衆事。【補注】宋祁曰：南本、浙本「毋有所發」句上有「毋有所言」一句。一本「發」作「言」。王念孫曰：發謂發言也。上文云「高宗諒闇，三年不言」，下文云「南面之君何言哉」，則「毋有所發」即指發號施令而言。師古以爲興舉衆事，非也。別本或加「毋有所言」一句，或改「發」爲「言」，皆非。
〔三〕師古曰：論語稱孔子曰：「天何言哉？四時行焉，百物生焉。天何言哉？」故吉引之。

〔四〕師古曰：屬音之欲反。

〔五〕【補注】先謙曰：官本「緑」作「祿」。

〔六〕師古曰：援，引也，音爰。

〔七〕師古曰：言其深多也。量音力向反。

〔八〕【補注】先謙曰：官本「嘗」作「常」，是。

王既到，即位二十餘日以行淫亂廢。昌邑羣臣坐在國時不舉奏王罪過，令漢朝不聞知，又不能輔道，陷王大惡，〔一〕皆下獄誅。唯吉與郎中令龔遂以忠直數諫正得減死，髡爲城旦。

〔一〕師古曰：道讀曰導。

起家復爲益州刺史，病去官，復徵爲博士諫大夫。是時宣帝頗修武帝故事，宫室車服盛於昭帝。時外戚許、史、王氏貴寵，而上躬親政事，任用能吏。吉上疏言得失，曰：

陛下躬聖質，總萬方，帝王圖籍日陳于前，惟思世務，將興太平。詔書每下，民欣然若更生。臣伏而思之，可謂至恩，未可謂本務也。〔一〕

〔一〕師古曰：言天子如此，雖於百姓爲至恩，然未盡政務之本也。

欲治之主不世出，〔一〕公卿幸得遭遇其時，言聽諫從，然未有建萬世之長策，舉明主於三代之隆者也。〔二〕其務在於期會簿書，斷獄聽訟而已，此非太平之基也。

〔一〕師古曰：言有時遇之不常也。【補注】沈欽韓曰：文子上德篇「欲治之主不世出，可與治之臣不萬一」。先謙曰：官本注作「不常值」，引宋祁曰，注文「不」字下疑有「可」字。

〔二〕師古曰：三代，夏、殷、周。

臣聞聖王宣德流化，必自近始。朝廷不備，難以言治；左右不正，難以化遠。民者，弱而不可勝，愚而不可欺也。聖主獨行於深宮，得則天下稱誦之，失則天下咸言之。行發於近，必見於遠，故謹選左右，審擇所使；左右所以正身也，所使所以宣德也。詩云：「濟濟多士，文王以寧。」〔一〕此其本也。

〔一〕師古曰：大雅文王之詩。【補注】先謙曰：官本注末有「也」字。

春秋所以大一統者，六合同風，九州共貫也。〔一〕今俗吏所以牧民者，非有禮義科指可世世通行者也，獨設刑法以守之。其欲治者，不知所繇，〔二〕以意穿鑿，各取一切，權譎自在，〔三〕故一變之後不可復修也。〔四〕是以百里不同風，千里不同俗，户異政，人殊服，詐偽萌生，刑罰亡極，〔五〕質樸日銷，〔六〕恩愛寖薄。〔七〕孔子曰「安上治民，莫善於禮」，〔八〕非空言也。王者未制禮之時，引先王禮宜於今者而用之。臣願陛下承天心，發大業，與公卿大臣延及儒生，述舊禮，明王制，敺一世之民濟之仁壽之域，〔九〕則俗何以不若成康，壽何以不若高宗？〔一〇〕竊見當世趨務不合於道者，謹條奏，〔一一〕唯陛下財擇焉。〔一二〕

〔一〕師古曰：解在董仲舒傳。

〔二〕師古曰：繇與由同。

〔三〕【補注】王念孫曰：張晏注翟方進傳曰「一切，權時也」。案，「自在」二字於義無取。「在」當爲「任」之誤，言事不師古而自任權譎也。

〔四〕師古曰：言其敝深難久行。

〔五〕師古曰：萌生，言其爭出，如草木之初生。

〔六〕【補注】先謙曰：官本「銷」作「消」。

〔七〕師古曰：寖，漸也。

〔八〕師古曰：孝經載孔子之言。

〔九〕師古曰：以仁撫下，則羣生安逸而壽考。【補注】先謙曰：官本「濟」作「躋」。通鑑同。胡注「此以仁壽並言，仁者不鄙詐，壽者不夭折也」。

〔一〇〕師古曰：高宗，殷王武丁也，享國百年。

〔一一〕師古曰：趨讀曰趣，向也。

〔一二〕師古曰：財與裁同。【補注】王念孫曰：財猶少也。言惟陛下少擇之。

吉意以爲「夫婦，人倫大綱，夭壽之萌也。〔一〕世俗嫁娶太早，未知爲人父母之道而有子，是以教化不明而民多夭。聘妻送女亡節，則貧人不及，故不舉子。又漢家列侯尚公主，諸侯則國人承翁主，〔二〕使男事女，夫詘於婦，逆陰陽之位，故多女亂。古者衣服車馬貴賤有章，以褒有德而別尊卑，今上下僭差，人人自制，〔三〕是以貪財趨利，〔四〕不畏死亡。周之所以能致治，刑措而不用者，以其禁邪於冥冥，絶惡於未萌也」。〔五〕又言「舜、湯不用三公九卿之世而舉皋陶、伊尹，〔六〕不仁者遠。〔七〕今使俗吏得任子弟，〔八〕率多驕驁，不通古今。〔九〕至於積功治人，亡益於民，此伐檀所爲作也。〔一〇〕宜明選求賢，除任子之令。〔一一〕外家及故人可厚以財，不宜居位。去角抵，減樂府，省尚方，〔一二〕明視天下以儉。〔一三〕古者工不造琱瑑，商不通侈靡，〔一四〕非工商之獨賢，政教使之然也。民見儉則歸本，本立而末成。」其指如此，上以其言迂闊，不甚寵異也。〔一五〕吉遂謝病歸琅邪。

〔一〕師古曰：由之而生故云萌。【補注】先謙曰：官本考證引真德秀云，「吉意」以下，史家撮其大旨如此。

〔二〕晉灼曰：娶天子女則曰尚公主。國人娶諸侯女曰承翁主。尚承皆卑下之名也。師古曰：翁主者，言其父自主婚也。解具在高紀。

〔三〕師古曰：言無節度。

〔四〕【補注】先謙曰：官本作「誅利」，引宋祁曰，南本、浙本作「趨利」。先謙案：通鑑亦作「誅」。胡注，誅，責也。求也。

〔五〕師古曰：冥冥，言未有端緒。

〔六〕李奇曰：不繼世而爵也。言皋陶、伊尹非三公九卿之世。

〔七〕師古曰：任用賢人，放黜讒佞。

〔八〕張晏曰：子弟以父兄任爲郎。【補注】宋祁曰：南本、浙本無「俗」字。王念孫曰：案南本、浙本是也。子弟以父兄得官，則多驕驁而不通古今，非獨俗吏之子弟爲然也。「俗」字涉上文「今俗吏」而衍。通鑑漢紀十八有「俗」字，則所見本已誤。治要及御覽治道部九引此皆無「俗」字。通典選舉一同。

〔九〕師古曰：驁與傲同。

〔一〇〕師古曰：伐檀，詩篇名，刺不用賢也，在魏國風也。【補注】先謙曰：官本「刺」下作「在位貪鄙無功而受禄」九字，引宋祁曰，注文一本「刺不用賢也，在魏國風也」。

〔一一〕【補注】王念孫曰：「子」下脱「弟」字。治要、御覽、通鑑有。周壽昌曰：哀帝即位，始除任子令，距王吉時已更四帝矣。

〔一二〕師古曰：尚方主巧作。

〔一三〕師古曰：視讀曰示。

〔一四〕師古曰：瑑者，刻鏤爲文。瑑音篆。

〔一五〕師古曰：迂，遠也，音于。

始吉少時學問，居長安。東家有大棗樹垂吉庭中，吉婦取棗以啖吉。〔一〕吉後知之，乃去婦。東家聞而欲伐其樹，鄰里共止之，因固請吉令還婦。里中爲之語曰：「東家有樹，王陽婦去；東家棗完，去婦復還。」其厲志如此。

〔一〕師古曰：啖謂使食之，音徒濫反。啖亦啗字耳。此義與高紀「啗以利」同。

吉與貢禹爲友，世稱「王陽在位，貢公彈冠」，〔一〕言其取舍同也。〔二〕元帝初即位，遣使者徵貢禹與吉。吉年老，道病卒，上悼之，復遣使者弔祠云。〔三〕

〔一〕師古曰：彈冠者，且入仕也。【補注】先謙曰：官本「且」作「言」。

〔二〕師古曰：取，進趣也。舍，止息也。

〔三〕【補注】何焯曰：弔祠，即後兩龔傳中韓福故事。

初，吉兼通五經，能爲騶氏春秋，〔一〕以詩、論語教授，好梁丘賀説易，令子駿受焉。〔二〕駿以孝廉爲郎。左曹陳咸薦駿賢父子，〔三〕經明行修，宜顯以厲俗。光禄勳匡衡亦舉駿有專對材。〔四〕遷諫大夫，使責淮陽憲王。〔五〕遷趙内史。吉坐昌邑王被刑後，戒子孫毋爲王國吏，故駿道病，免官歸。起家復爲幽州刺史，遷司隸校尉，奏免丞相匡衡，〔六〕遷少府。八歲，成帝欲大用之，出駿爲京兆尹，試以政事。先是京兆有趙廣漢、張敞、王尊、王章，至駿皆有能名，故京師稱曰：「前有趙、張，後有三王。」而薛宣從左馮翊代駿爲少府，會御史大夫缺，谷永奏言：「聖王不以名譽加於實效。〔七〕考績用人之法，〔八〕薛宣政事已試。」〔九〕上然其議。宣爲少府月餘，遂超御史大夫，至丞相。駿乃代宣爲御史大夫，並居位。六歲病卒，翟方進代駿爲大夫。數月，薛宣免，遂代爲丞相。衆人爲駿恨不得封侯。駿爲少府時，妻死，因不復娶，或問之，駿曰：「德非曾參，子非華、元，〔一〇〕亦何敢娶？」

〔一〕【補注】何焯曰：騶氏春秋至班史時已成絶學，有録無書，故於「兼通五經」之下復特著之。

〔二〕【補注】周壽昌曰：駿不及梁丘賀時，實受易學於賀之子臨。

〔三〕【補注】齊召南曰：案賢父子，猶云賢父之子。

〔四〕師古曰：專對謂見問即對，無所疑也。論語稱孔子曰：「使於四方，不能專對，雖多亦奚以爲？」

〔五〕師古曰：以其有口辭。【補注】先謙曰：詳憲王欽傳。

〔六〕【補注】先謙曰：詳衡傳。

〔七〕師古曰：言不聽虚名。

〔八〕師古曰：言用人之法，皆須考以功績。

〔九〕師古曰：言有效也。

〔一〇〕如淳曰：華與元，曾參之二子也。韓詩外傳曰曾參喪妻不更娶，人問其故，曾子曰：「以華、元善人也。」一曰曾參之子字華元。師古曰：二子是也。【補注】先謙曰：盧文弨云，大戴禮曾子疾病篇「曾元抑首，曾華抱足」。盧辯注，元、華，二子。說苑敬慎篇同。「抑首」作「抱首」。檀弓「曾子寢疾，病，曾元、曾申坐於足」。申與華，殆即一人。

駿子崇以父任爲郎，歷刺史、郡守，治有能名。建平三年，以河南太守徵入爲御史大夫數月。是時成帝舅安成恭侯夫人放寡居，共養長信宮，〔一〕坐祝詛下獄，崇奏封事，爲放言。放外家解氏與崇爲昏，〔二〕哀帝以崇爲不忠誠，策詔崇曰：「朕以君有累世之美，故踰列次。〔三〕在位以來，忠誠匡國未聞所繇，〔四〕反懷詐諼之辭，〔五〕欲以攀救舊姻之家，大逆之辜，舉錯專恣，〔六〕不遵法度，亡以示百僚。」左遷爲大司農，後徙衛尉左將軍。平帝即位，王莽秉政，大司空彭宣乞骸骨罷，崇代爲大司空，封扶平侯。歲餘，崇復謝病乞骸骨，皆避王莽，莽遣就國。歲餘，爲傅婢所毒，薨，國除。〔七〕

〔一〕師古曰：放者，夫人之名也。共音居用反。養音弋亮反。【補注】先謙曰：安成恭侯王崇，太后母弟，建始二年薨。放寡居，故得共養太后。

〔二〕師古曰：婚姻之家。

〔三〕師古曰：謂自祖及身皆有名也。【補注】先謙曰：官本注在「之美」下。以太守超御史大夫，是踰列次也。

〔四〕師古曰：繇與由同。由，從也。

〔五〕師古曰：謾，詐言也，音虛袁反。

〔六〕師古曰：錯，置也。

〔七〕師古曰：凡言傳婢者，謂傳相其衣服衽席之事。一説傳曰附，謂近幸也。【補注】周壽昌曰：不能正終，故除其國。先謙曰：官本注「説」作「讀」，是。

自吉至崇，世名清廉，然材器名稱稍不能及父，而祿位彌隆。皆好車馬衣服，其自奉養極爲鮮明，而亡金銀錦繡之物。及遷徙去處，所載不過囊衣，〔一〕不畜積餘財。〔二〕去位家居，亦布衣疏食。天下服其廉而怪其奢，故俗傳「王陽能作黄金」。〔三〕

〔一〕師古曰：一囊之衣也。有底曰囊，無底曰槖。

〔二〕師古曰：畜讀曰蓄。

〔三〕師古曰：以其無所求取，不營産業而車服鮮明，故謂自作黄金以給用。【補注】沈欽韓曰：風俗通正失篇語曰：「金不可作，世不可度。王陽居官食祿，雖爲車馬衣服，亦能幾何？何足怪之，乃傳俗説。班固之論，陋於是矣。」

貢禹字少翁，琅邪人也。以明經絜行著聞，徵爲博士，涼州刺史，病去官。復舉賢良爲河南令。歲餘，以職事爲府官所責，〔一〕免冠謝。禹曰：「冠壹免，安復可冠也！」遂去官。

〔一〕師古曰：太守之府。

元帝初即位，徵禹爲諫大夫，〔一〕數虛己問以政事。〔二〕是時年歲不登，郡國多困，禹奏言：

〔一〕【補注】先謙曰：爲石顯所薦。詳佞幸傳。

〔二〕師古曰：虛己謂聽受其言也。

古者宮室有制，宮女不過九人，秣馬不過八匹；〔一〕牆塗而不琱，木摩而不刻，〔二〕車輿器物皆不文畫，苑囿不過數十里，與民共之；任賢使能，什一而稅，亡它賦斂繇戍之役，使民歲不過三日，〔三〕千里之內自給，千里之外各置貢職而已。〔四〕故天下家給人足，頌聲並作。

〔一〕師古曰：秣，養也，謂以粟米（飯）（飤）也。【補注】王先慎曰：宮女九人謂九嬪也。周禮匠人「內有九室，九嬪居之」。內宰、九嬪掌婦學之法，教九御。分居九室，故稱宮女。

〔二〕師古曰：琱字與彫同。彫，畫也。

〔三〕【補注】先謙曰：說詳賈山傳。

〔四〕師古曰：言天子以畿內賦斂自供，千里之外令其以時入貢，不欲煩勞也。

至高祖、孝文、孝景皇帝，循古節儉，宮女不過十餘，廄馬百餘匹。〔一〕孝文皇帝衣綈，履革，〔二〕器亡琱文金銀之飾。後世爭爲奢侈，轉轉益盛，〔三〕臣下亦相放效，〔四〕衣服履絝刀劍亂於主上，〔五〕主上時臨朝入廟，衆人不能別異，甚非其宜。然非自知奢僭也，

猶魯昭公曰：「吾何僭矣？」〔六〕

〔一〕【補注】王念孫曰：「十餘」下脱「人」字，則文義不全，且與下句不對。漢紀孝元紀、通鑑皆有「人」字。上文亦云「宫女不過九人，秣馬不過八匹」。

〔二〕師古曰：綈，厚繒，音徒奚反。

〔三〕【補注】先謙曰：官本「盛」作「甚」。通鑑同。

〔四〕師古曰：放音甫往反。其下亦同。

〔五〕師古曰：綺，古袴字。【補注】先謙曰：亂謂近似。

〔六〕【補注】沈欽韓曰：公羊昭二十五年傳，昭公語子家駒曰：「吾何僭哉？」

今大夫僭諸侯，諸侯僭天子，天子過天道，其日久矣。承衰救亂，矯復古化，在於陛下。〔一〕臣愚以爲盡如太古難，宜少放古以自節焉。論語曰：「君子樂節禮樂。」〔二〕方今宫室已定，亡可奈何矣，其餘盡可減損。故時齊三服官輸物不過十笥，〔三〕方今齊三服官作工各數千人，一歲費數鉅萬。蜀廣漢主金銀器，歲各用五百萬。三工官官費五千萬，〔四〕東西織室亦然。〔五〕廄馬食粟將萬匹。臣禹嘗從之東宫，〔六〕見賜杯案，盡文畫金銀飾，非當所以賜食臣下也。〔七〕東宫之費亦不可勝計。天下之民所爲大飢餓死者，是也。今民大飢而死，死又不葬，爲犬豬所食。〔八〕人至相食，而廄馬食粟，苦其大肥，氣盛怒至，乃日步作之。〔九〕王者受命於天，爲民父母，固當若此乎！天不見邪？武帝時，又多取好女至數千人，以填後宮。〔一〇〕及棄天下，昭帝幼弱，霍光專事，不知禮正，妄多臧金錢財物，鳥獸魚鼈牛馬虎豹生禽，凡百九十物，盡瘞臧之，又皆以後宮女置於園陵，〔一一〕大失禮，逆天心，又未必稱武帝意也。昭帝晏駕，光復行之。至孝宣皇帝時，陛下烏有所言，〔一二〕羣臣亦隨故事，甚可痛也！故使天下承化，取女皆大過度，〔一三〕諸侯妻妾或至數百人，豪富吏民畜歌者至數十人，是以内多怨女，外多曠夫。〔一四〕及衆庶葬埋，皆虚地上以實地下。〔一五〕其過自上生，〔一六〕皆在大臣循故事之辠也。

〔一〕師古曰：正曲曰矯。復音方目反。

〔二〕師古曰：論語稱孔子曰「益者三樂，樂節禮樂，樂道人之善，樂多賢友」也。

〔三〕師古曰：三服官主作天子之服，在齊地。笥，盛衣竹器，音先嗣反。【補注】先謙曰：齊三服官解詳元紀。

〔四〕如淳曰：地理志河内懷、蜀郡成都、廣漢皆有工官。工官，主作漆器物者也。師古曰：如説非也。三工官，謂少府之屬官，考工室也，右工室也，東園匠也。上已言蜀漢主金銀器，是不入三工之數也。【補注】錢大昭曰：三工官當謂考工室之一令二丞也。百官表少府有若盧、考工室令丞屬焉。表不言員數，是爲一令一丞矣。然王吉傳云「補若盧右丞」，有右必有左。若盧既有二丞，考工室亦宜有二丞。如以地理志懷、成都、廣漢之工官爲三工，殊不知志言工官者尚有河南、陽翟、宛、東平陵、太山郡、奉高、雒七處，豈得單舉三者以當之！顔以爲考工室、右工室、東園匠。攷右工室不見於表，東園匠則專作園陵器物。觀下文「見賜杯案」云云，則非東園匠所作明矣。顔説誤。先謙曰：官本注「漆」作「銀」。

〔五〕【補注】先謙曰：百官表有東織西織令丞，成帝時省東織，更名西織爲織室。

〔六〕師古曰：從天子往太后宮。

〔七〕師古曰：食讀曰飤。

〔八〕師古曰：食人之骸骨。【補注】宋祁曰：浙本無「所」字。

〔九〕師古曰：日日行步而動作之，以散充溢之氣。【補注】沈欽韓曰：廣韻「步馬，習馬」。孫愐案，左傳「左師見夫人之步馬」。案：周禮瘦人「職教駣，攻駒」，注「教駣，始乘習之也」。今俗謂之溜馬，亦曰壓馬。

〔一〇〕師古曰：此填字讀與寘同。

〔一一〕【補注】宋祁曰：「以」字疑作「取」字。何焯曰：宮人奉陵自孝武茂陵始。昭、宣循之，遂爲故事。

〔一二〕師古曰：不能自言減省之事。【補注】何焯曰：諒闇不言也。先謙曰：官本「烏」作「惡」。胡注「惡有所言者，惡以天下儉其親。此語承上園陵事」。

〔一三〕師古曰：取讀曰娶。

〔一四〕師古曰：曠，空也。室家空也。

〔一五〕【補注】王文彬曰：厚葬者爲虛擲地上之物。

〔一六〕師古曰：自，從也。上謂天子也。

唯陛下深察古道，從其儉者，大減損乘輿服御器物，三分去二。子産多少有命，審察後宮，擇其賢者留二十人，餘悉歸之。〔一〕及諸陵園女亡子者，宜悉遣。獨杜陵宮人數百，誠可哀憐也。〔二〕廄馬可亡過數十匹。獨舍長安城南苑地以爲田獵之囿，〔三〕自城西南至山西至鄠皆復其田，以與貧民。〔四〕方今天下飢饉，可亡大自損減以救之，稱天意乎？天生聖人，蓋爲萬民，非獨使自娛樂而已也。故詩曰：「天難諶斯，不易惟王；」「上帝臨女，毋貳爾心。」〔五〕「當仁不讓」，〔六〕獨可以聖心參諸天地，揆之往古，〔七〕不可與

臣下議也。若其阿意順指，隨君上下，〔八〕臣禹不勝拳拳，不敢不盡愚心。〔九〕

〔一〕師古曰：言人産子多少自有定命，非由廣妄媵也，故請止留二十人。

〔二〕【補注】何焯曰：獨杜陵一處，已有數百，茂陵、平陵不言者，已多老死也。

〔三〕師古曰：舍，置也。獨留置之，其餘皆廢去。

〔四〕師古曰：復音方目反。【補注】何焯曰：即武帝所起上林苑地。

〔五〕師古曰：大雅大明之詩也。諶，誠也。上帝亦天也。言承天之意，此誠難也。王者之命不妄改易，天常降監，信可畏也，毋貳爾心，機事易失，勿猶豫也。【補注】先謙曰：官本注「難」下「也」作「矣」，「監」作「鑒」。

〔六〕師古曰：論語稱孔子曰「當仁不讓於師」，故引之。

〔七〕師古曰：揆，度也。

〔八〕師古曰：上下猶言高下，謂苟順從也。上音時掌反。

〔九〕師古曰：拳拳，解在劉向傳。下鮑宣傳倦倦音義亦同。【補注】先謙曰：官本注「倦倦」作「惓惓」，是。

天子納善其忠，乃下詔令太僕減食穀馬，水衡減食肉獸，省宜春下苑以與貧民，又罷角抵諸戲及齊三服官。遷禹爲光禄大夫。〔一〕

〔一〕【補注】周壽昌曰：此孝元初元五年事。是歲十二月，禹卒。時以光禄大夫月餘遷長信少府，旋遷御史大夫，數月而卒，適八十一歲。

頃之，禹上書曰：「臣禹年老貧窮，家訾不滿萬錢，妻子穅豆不贍，裋褐不完。〔一〕有田百三十畝，陛下過意徵臣，〔二〕臣賣田百畝以供車馬。至，拜爲諫大夫，秩八百石，奉錢月九千二百。〔三〕廩食太官，〔四〕又蒙賞賜四時雜繒綿絮衣服酒肉諸果物，德厚甚深。疾病侍醫臨治，〔五〕賴陛下神靈，不死而活。又拜爲光禄大夫，秩二千石，奉錢月萬二千。〔六〕禄賜愈多，家日以益富，身日以益尊，誠非屮茅愚臣所當蒙也。〔七〕伏自念終亡以報厚恩，〔八〕日夜慚愧而已。臣禹犬馬之齒八十一，血氣衰竭，耳目不聰明，非復能有補益，所謂素餐尸禄洿朝之臣也。〔九〕自痛去家三千里，凡有一子，年十二，非有在家爲臣具棺槨者也。誠恐一旦蹎仆氣竭，不復自還，〔一〇〕洿席薦於宫室，骸骨棄捐，孤魂不歸。不勝私願，願乞骸骨，及身生歸鄉里，〔一一〕死亡所恨。」

〔一〕師古曰：裋者，謂僮豎所著布長襦也。褐，毛布之衣也。裋音豎。

〔二〕師古曰：過猶誤也。

〔三〕師古曰：奉音扶用反。其下亦同。【補注】周壽昌曰：百官表「諫大夫比八百石」。此脱「比」字。考表注及後書，百官領奉例無八百石、比八百石兩等。時僅有諫大夫一官及左右庶長爵是八百石。至成帝時除八百石就六百石，故奉錢無可考，賴此猶存其數。若以十斛抵千錢，則校千石轉多二斛，蓋千石奉月九十斛也。

〔四〕師古曰：謂太官給其食。

〔五〕師古曰：侍醫，天子之醫也。

〔六〕【補注】周壽昌曰：百官表「光禄大夫秩比二千石」。此亦脱「比」字。二千石奉月百二十斛。若以十斛抵一千，恰如其數。而續志云凡諸受奉皆半錢半穀，則未知何算也。

〔七〕師古曰：屮，古草字。

〔八〕【補注】先謙曰：官本「恩」作「德」。

〔九〕師古曰：洿與污同，音一故反。

〔一〇〕師古曰：蹎音顛，蹶蹎也。仆音赴。仆，頓也。不自還者，遂死也。還讀曰旋。

〔一一〕師古曰：及身生，謂及未死之前。

天子報曰：「朕以生有伯夷之廉，史魚之直，〔一〕守經據古，不阿當世，孳孳於民，俗之所寡，〔二〕故親近生，幾參國政。〔三〕今未得久聞生之奇論也，而云欲退，意豈有所恨與？〔四〕將在位者與生殊乎？〔五〕往者嘗令金敞語生，欲及生時禄生之子，既已諭矣，今復云子少。夫以王命辨護生家，雖百子何以加？〔六〕傳曰亡懷土，〔七〕何必思故鄉！生其强飯慎疾以自輔。」後月餘，以禹爲長信少府。會御史大夫陳萬年卒，禹代爲御史大夫，列於三公。

〔一〕師古曰：生謂先生也。史魚，衞大夫史䲡也。論語稱孔子曰「直哉史魚，邦有道如矢，邦無道如矢」，言其壹志。

〔二〕師古曰：孶與孜同。孜孜，不怠也。寡，少也，言少有此人。

〔三〕師古曰：幾讀曰冀。

〔四〕師古曰：與讀曰歟。

〔五〕師古曰：言志趣不同。

〔六〕【補注】先謙曰：辨與辦同。

〔七〕師古曰：論語孔子曰：「君子懷德，小人懷土。」

自禹在位，數言得失，書數十上。禹以爲古民亡賦算口錢，起武帝征伐四夷，重賦於民，民産子三歲則出口錢，故民重困，〔一〕至於生子輒殺，甚可悲痛。宜令兒七歲去齒乃出口錢，年二十乃算。

〔一〕師古曰：重音直用反。【補注】王鳴盛曰：食貨志田租口賦二十倍於古。漢取民所以比古若是之重者，半由增加口賦故也。若古之制，孟子言布縷粟米力役之征盡之，安有口賦？周禮太宰「九賦」鄭康成注：「賦，口率出泉也。今之算泉，民或謂之賦，此其舊名與？」疏引漢法，民年二十五已上至六十出口賦錢，人百二十以算其實。康成意不過因漢謂口錢爲口賦，故援以解賦字之義，見此九賦亦錢穀並出，非謂口錢三代已有也。口錢實始於漢耳。

又言古者不以金錢爲幣，專意於農，故一夫不耕，必有受其飢者。今漢家鑄錢，及諸鐵官皆置吏卒徒，攻山取銅鐵，一歲功十萬人已上，〔一〕中農食七人，是七十萬人常受其飢也。鑿地數百丈，銷陰氣之精，地臧空虛，不能含氣出雲，斬伐林木亡有時禁，水旱之災未必不繇此也。〔二〕自五銖錢起已來七十餘年，民坐盜鑄錢被刑者衆，富人積錢滿室，猶亡猒足。民心搖動，〔三〕商賈求利，東西南北各用智巧，好衣美食，歲有十二之利，〔四〕而不出租稅。農夫父子暴露中野，不避寒暑，捽屮杷土，手足胼胝，〔五〕已奉穀租，又出稾稅，〔六〕鄉部私求，不可勝供。〔七〕故民棄本逐末，耕者不能半。貧民雖賜之田，猶賤賣以賈，〔八〕窮則起爲盜賊。何者？末利深而惑於錢也。是以姦邪不可禁，其原皆起於錢也。疾其末者絶其本，宜罷採珠玉金銀鑄錢之官，亡復以爲幣。市井勿得販賣，〔九〕除其租銖之律，〔一〇〕租稅禄賜皆以布帛及穀。使百姓壹歸於農，復古道便。〔一一〕

〔一〕【補注】宋祁曰：「已」當作「以」。
〔二〕師古曰：繇讀與由同。
〔三〕【補注】先謙曰：官本作「動搖」。
〔四〕師古曰：若有萬錢爲賈，則獲二千之利。
〔五〕師古曰：捽，拔取也。屮，古草字也。杷，手掊之也。胼，併也。胝，繭也。捽音才兀反。杷音蒲巴反，其字從木。胼音步千反。胝音竹尸反。掊音蒲交反。
〔六〕師古曰：稾，禾稈也。
〔七〕師古曰：言鄉部之吏又私有所求，不能供之。
〔八〕師古曰：賣田與人而更爲商賈之業。
〔九〕師古曰：賤買貴賣曰販。
〔一〇〕師古曰：租稅之法皆依田畝，不得雜計百物之銖兩。
〔一一〕師古曰：追遵古法，於事便也。復音扶目反。

又言諸離宮及長樂宮衛可減其太半，以寬繇役。〔一〕又諸官奴婢十萬餘人戲遊亡事，稅良民以給之，歲費五六鉅萬，宜免爲庶人，稟食，〔二〕令代關東戍卒，乘北邊亭塞候望。〔三〕

〔一〕師古曰：繇讀曰傜。【補注】周壽昌曰：元紀初元二年六月，詔罷甘泉、建章宮衛令就農，百官各省費。其長樂衛屬太后，自不能省也。百官表「初元五年六月，少府貢禹爲御史大夫，十二月卒」，與紀、傳俱合，是宮衛罷已三年。當是禹爲諫大夫時所奏，故上文以自禹在位統言之。
〔二〕師古曰：給其食。【補注】先謙曰：官本「稟」作「廩」，注「其」作「以」。

又欲令近臣自諸曹侍中以上，家亡得私販賣，與民爭利，犯者輒免官削爵，不得仕宦。

〔三〕師古曰：乘，登也。

禹又言：孝文皇帝時，貴廉絜，賤貪汙，賈人、贅婿及吏坐贓者皆禁錮不得爲吏，〔一〕賞善罰惡，不阿親戚，罪白者伏其誅，〔二〕疑者以與民，〔三〕亡贖罪之法，故令行禁止，海内大化，〔四〕天下斷獄四百，與刑錯亡異。武帝始臨天下，尊賢用士，闢地廣境數千里，自見功大威行，遂從耆欲，〔五〕用度不足，乃行壹切之變，〔六〕使犯法者贖罪，入穀者補吏，是以天下奢侈，官亂民貧，〔七〕盜賊並起，亡命者衆。郡國恐伏其誅，則擇便巧史書習於計簿能欺上府者，以爲右職；〔八〕姦軌不勝，〔九〕則取勇猛能操切百姓者，以苛暴威服下者，使居大位。〔一〇〕故亡義而有財者顯於世，欺謾而善書者尊於朝，〔一一〕誖逆而勇猛者貴於官。〔一二〕故俗皆曰：「何以孝弟爲？財多而光榮。何以禮義爲？史書而仕宦。何以謹慎爲？勇猛而臨官。」故黥劓而髡鉗者猶復攘臂爲政於世，行雖犬彘，家富埶足，目指氣使，是爲賢耳。〔一三〕故謂居官而置富者爲雄桀，〔一四〕處姦而得利者爲壯士，兄勸其弟，父勉其子，俗之壞敗，乃至於是！察其所以然者，皆以犯法得贖罪，求士不得真賢，相守崇財利，〔一五〕誅不行之所致也。

〔一〕【補注】先謙曰：官本「贓」作「臧」。

〔二〕師古曰：白，明也。

〔三〕師古曰：罪疑從輕也。【補注】王文彬曰：禮王制：「疑獄，汜與衆共之；衆疑，赦之。」又周禮小司寇：「以三刺斷庶民獄訟之中。一曰訊羣臣，二曰訊羣吏，三曰訊萬民。聽民之所刺宥，以施上服下服之刑。」鄭注「民言殺，殺之；言寬，寬之」。此言與民，亦當如禮所云，示天下以大公也。顔注似未審。

〔四〕【補注】何焯曰：孝文寬而有制，所以異於仁柔。

〔五〕師古曰：從讀曰縱。耆讀曰嗜。

〔六〕【補注】先謙曰：謂權時之變法也。

〔七〕【補注】先謙曰：漢紀「官」作「國」。

〔八〕師古曰：上府謂所屬之府。右職，高職也。【補注】朱一新曰：監本無「於」字，是。

〔九〕【補注】先謙曰：軌，宄之借字。

〔一〇〕師古曰：操，持也。切，刻也。操音千高反。【補注】劉攽曰：「百姓」下多「者」字。宋祁曰：去「者」字。

〔一一〕師古曰：謾，誑也。謾音慢，又音武連反。

〔一二〕師古曰：誖，亂也，音布内反。

〔一三〕師古曰：動目以指物，出氣以使人。【補注】沈欽韓曰：以上語與新書時變篇同。彼正言孝文時風俗如此。

〔一四〕【補注】先謙曰：漢紀「置」作「致」。置、致同字。

〔一五〕師古曰：相，諸侯相也。守，郡守也。崇，尚也。

今欲興至治，致太平，宜除贖罪之法。相守選舉不以實，及有臧者，輒行其誅，亡但免官，〔一〕則爭盡力爲善，貴孝弟，賤賈人，進真賢，舉實廉，而天下治矣。孔子，匹夫之人耳，以樂道正身不解之故，〔三〕四海之内，天下之君，微孔子之言亡所折中。〔三〕況乎以漢地之廣，陛下之德，處南面之尊，秉萬乘之權，因天地之助，其於變世易俗，調和陰陽，陶冶萬物，化正天下，易於決流抑隊。〔四〕自成康以來，幾且千歲，〔五〕欲爲治者甚衆，然而太平不復興者，何也？以其舍法度而任私意，奢侈行而仁義廢也。

〔一〕師古曰：不止免官而已。

〔二〕師古曰：解讀曰懈。

〔三〕師古曰：微亦無也。折，斷也。非孔子之言則無以爲中也，音竹仲反。斷音丁煥反。【補注】周壽昌曰：顔音訓俱失。史記孔子世家贊「言六藝者折中於孔子」。索隱注，引離騷曰「明五帝以折中」，王叔師云「折中，正也」。是訓中爲正，知當讀本音。亦作「折衷」。衷，中心也，音義同。

〔四〕師古曰：決欲流之水，抑將隊之物，言其便易。

〔五〕師古曰：幾音鉅依反。

陛下誠深念高祖之苦，〔一〕醇法太宗之治，正己以先下，選賢以自輔，開進忠正，致誅姦臣，遠放諂佞，〔二〕放出園陵之女，罷倡樂，絶鄭聲，去甲乙之帳，退僞薄之物，修節儉之化，驅天下之民皆歸於農，如此不解，〔三〕則三王可侔，五帝可及。唯陛下留意省察，天下幸甚。

〔一〕師古曰：言取天下艱難也。

〔二〕師古曰：遠，離也，音于萬反。謞，古詬字。

〔三〕師古曰：解讀曰懈。

天子下其議，令民產子七歲乃出口錢，自此始。又罷上林宮館希幸御者，及省建章、甘泉宮衛卒，減諸侯王廟衛卒省其半。餘雖未盡從，然嘉其質直之意。禹又奏欲罷郡國廟，定漢宗廟迭毀之禮，皆未施行。〔一〕

〔一〕師古曰：迭，互也。親盡則毀，故曰迭毀。迭音大結反。

爲御史大夫數月卒，天子賜錢百萬，以其子爲郎，官至東郡都尉。禹卒後，上追思其議，竟下詔罷郡國廟，定迭毀之禮。語在韋玄成傳。〔一〕

〔一〕【補注】先謙曰：「禮」下官本有「然通儒或非之」六字，引宋祁曰「『然通儒或非之』，江南、兩浙本無此六字」。錢大昭云，閩本有六字。

兩龔皆楚人也，〔一〕勝字君賓，舍字君倩。〔二〕二人相友，並著名節，故世謂之楚兩龔。少皆好學明經，勝爲郡吏，舍不仕。

〔一〕【補注】先謙曰：據下文勝，彭城人；舍，武原人：並隸楚國。

〔二〕師古曰：倩音千見反。

久之，楚王入朝，聞舍高明，〔一〕聘舍爲常侍，不得已隨王，歸國固辭，〔二〕願卒學，復至長安。〔三〕而勝爲郡吏，三舉孝廉，以王國人不得宿衛。補吏，〔四〕再爲尉，壹爲丞，勝輒至官乃去。州舉茂材，爲重泉令，〔五〕病去官。大司空何武、執金吾閻崇〔六〕薦勝，哀帝自爲定陶王固已聞其名，徵爲諫大夫。引見，勝薦龔舍及亢父甯壽、濟陰侯嘉，〔七〕有詔皆徵。勝曰：「竊見國家徵醫巫，常爲駕，徵賢者宜駕。」上曰：「大夫乘私車來邪？」勝曰：「唯唯。」〔八〕有詔爲駕。〔九〕龔舍、侯嘉至，皆爲諫大夫。甯壽稱疾不至。

〔一〕【補注】先謙曰：官本作「名」，是。

〔二〕【補注】沈欽韓曰：梁元帝金樓子：「龔舍初仕楚王，非其所欲。見飛蟲觸蜘蛛網而死，嘆曰：『仕宦亦人之羅網也。』遂挂冠而退。時人謂之蜘蛛隱。」

〔三〕師古曰：卒，終也，終其經業。

〔四〕【補注】宋祁曰：「補」字上疑有「出」字。

〔五〕師古曰：重泉，左馮翊縣也。【補注】先謙曰：今同州府蒲城縣東南五十里。

〔六〕【補注】錢大昕曰：公卿表作「閻宗」。

〔七〕師古曰：亢音抗。父音甫。【補注】先謙曰：亢父，東平縣，今濟甯州南五十里。濟陰郡，今曹州府定陶縣西北四里。

〔八〕師古曰：唯唯，恭應之詞也，音戈癸反。【補注】先謙曰：官本「戈」作「弋」。

〔九〕【補注】周壽昌曰：若今之馳驛。

勝居諫官，數上書求見，言百姓貧，盜賊多，吏不良，風俗薄，災異數見，不可不憂。制度泰奢，刑罰泰深，賦斂泰重，宜以儉約先下。其言祖述王吉、貢禹之意。爲大夫二歲餘，遷丞相司直，徙光禄大夫，守右扶風。數月，上知勝非撥煩吏，乃復還勝光禄大夫〔一〕諸吏給事中。勝言董賢亂制度，繇是逆上指。〔二〕

〔一〕師古曰：依舊官。

〔二〕師古曰：繇讀與由同。

後歲餘，丞相王嘉上書薦故廷尉梁相等，尚書劾奏嘉「言事恣意，迷國罔上，不道」。下將軍中朝者議，左將軍公孫禄、司隸鮑宣、光禄大夫孔光等十四人皆以爲嘉應迷國不道法。勝獨書議曰：「嘉資性邪僻，所舉多貪殘吏。位列三公，陰陽不和，諸事並廢，咎皆繇嘉，〔一〕迷國不疑，〔二〕今舉相等，過微薄。」日暮議者罷。明旦復會，左將軍禄問勝：「君議亡所據，今奏當上，宜何從？」〔三〕勝曰：「將軍以勝議不可者，通劾之。」〔四〕博士夏侯常見勝應禄不和，起至勝前謂曰：「宜如奏所言。」〔五〕勝以手推常曰：「去！」

〔一〕師古曰：繇讀與由同。

〔二〕文穎曰：信必迷國，不疑也。

〔三〕師古曰：今欲奏此事，君定從何議也？

〔四〕師古曰：并劾勝。

〔五〕師古曰：謂如尚書所劾奏也。

後數日，復會議可復孝惠、孝景廟不，議者皆曰宜復。勝曰：「當如禮。」常復謂勝：「禮有變。」勝疾言曰：「去！是時之變。」〔一〕常恚，謂勝曰：「我視君何若，〔二〕君欲小與衆異，外以采名，君乃申徒狄屬耳！」〔三〕

〔一〕師古曰：疾，急也。言時人意自變耳，禮不變也。

〔二〕師古曰：何若，言無所似也。

〔三〕服虔曰：殷之末世介士也，自沈於河者。

先是常又爲勝道高陵有子殺母者。勝白之，尚書問：「誰受？」〔一〕對曰：「受夏侯常。」尚書使勝問常，常連恨勝，〔二〕即應曰：「聞之白衣，戒君勿言也。〔三〕奏事不詳，妄作觸罪。」〔四〕勝窮，亡以對尚書，即自劾奏與常爭言，洿辱朝廷。事下御史中丞，召詰問，劾奏「勝吏二千石，常位大夫，皆幸得給事中，與論議，〔五〕不崇禮義，而居公門下相非恨，疾言辯訟，婧謾亡狀，〔六〕皆不敬」。制曰：「貶秩各一等。」勝謝罪，乞骸骨。上乃復加賞賜，以子博爲侍郎，出勝爲渤海太守。勝謝病不任之官，積六月免歸。

〔一〕師古曰：言於誰聞之也。

〔二〕師古曰：連恨，謂再被謂去。【補注】先謙曰：官本下「謂」作「譖」。王念孫云，恨讀爲很。很者，相爭訟也。謂常屢與勝相爭訟也。下文「相非恨」義同。曲禮「很毋求勝」，鄭注：「很，鬩也。謂爭訟也。」詩小雅「兄弟鬩于牆」，毛傳「閱，很也」。爾雅「閱，恨也」，孫炎本作「很」，云相很戾也。作「恨」者，借字耳。説詳劉向傳。

〔三〕服虔曰：聞之白衣耳，戒君勿言之，如何便上之邪？師古曰：白衣，給官府趨走賤人，若今諸司亭長、掌固之屬。【補注】沈欽韓曰：白衣謂庶人。道路之言耳，何必以官府給使爲白衣。韓昌黎詩「白衣長衫紫領巾，差科未動是閒人」。亭長、掌固，舊唐書職官志，檢校省門户倉庫聽事陳設之事。

〔四〕師古曰：言奏事不審，妄有發作自觸罪。【補注】先謙曰：官本注末有「也」字。

〔五〕師古曰：與讀曰豫。【補注】劉奉世曰：前云博士，後云位大夫，然博士非中朝臣，疑言博士者，誤也。錢大昕曰：常前稱博士，此稱大夫，劉疑之，是也。至以博士非中朝臣，疑稱博士爲誤，則失之未攷。漢時博士多加給事中，如韋賢、申咸、炔欽之倫皆是也。博士非中朝臣，加給事中即中朝矣。陳咸舉方正對策，拜光禄大夫給事中。翟方進奏咸前爲九卿坐爲貪邪免，不當蒙方正舉備内朝臣。此給事中在中朝之明證也。

〔六〕師古曰：疾，急也。婧，古惰字。謾讀與慢同。亡狀，無善狀也。

上復徵爲光禄大夫。勝常稱疾臥，數使子上書乞骸骨，會哀帝崩。

初，琅邪邴漢亦以清行徵用，至京兆尹，後爲太中大夫。〔一〕王莽秉政，勝與漢俱乞骸骨。自昭帝時，涿郡韓福以德行徵至京師，賜策書束帛遣歸。詔曰：「朕閔勞以官職之事，其務修孝弟以教鄉里。行道舍傳舍，〔二〕縣次具酒肉，食從者及馬。〔三〕長吏以時存問，常以歲八月賜羊一頭，酒二斛。不幸死者，賜複衾一，祠以中牢。」〔四〕於是王莽依故事，白遣勝、漢。策曰：「惟元始二年六月庚寅，光禄大夫、太中大夫耆艾二人以老病罷。太皇太后使謁者僕射策詔之曰：蓋聞古者有司年至則致仕，所以恭讓而不盡其力也。今大夫年至矣，朕愍以官職之事煩大夫，其上子若孫若同産、同産子一人。〔五〕大夫其修身守道，以終高年。賜帛及行道舍宿，歲時羊酒衣衾，皆如韓福故事。所上子男皆除爲郎。」〔六〕於是勝、漢遂歸老于鄉里。漢兄子曼容〔七〕亦養志自修，爲官不肯過六百石，輒自免去，其名過出於漢。

〔一〕【補注】周壽昌曰：漢字游君，綏和二年以光禄大夫遷京兆尹，數月病，爲太中大夫。見百官表。

〔二〕師古曰：於傳舍止宿，若今官人行得過驛也。

〔三〕師古曰：道次給酒肉，並飤其從者及馬也。食讀曰飤。

〔四〕【補注】齊召南曰：韓福事，昭紀作「郡縣常以正月賜羊酒」。紀係録詔書原文，疑此「八月」當爲「正月」之訛。又案，「羊壹頭」，「壹」字應作「二」，各本俱誤耳。先謙曰：此本作「二」，齊偶不照。

〔五〕師古曰：同産，兄弟也。同産子，即兄弟子也。【補注】沈欽韓曰：宋致仕蔭補之法同此。

〔六〕【補注】先謙曰：官本攷證引孔武仲云「龔勝、邴漢乞骸骨，詔謂之耆艾二人而不名。時勝爲光禄大夫，漢爲太中大夫，特詔行道舍傳舍。傳舍，如今驛舍也。漢得入驛如此之嚴也」。

〔七〕【補注】何焯曰：曼容名丹，見儒林傳。

初，龔舍以龔勝薦，徵爲諫大夫，病免。復徵爲博士，又病去。頃之，哀帝遣使者即楚拜舍爲太山太守。〔一〕舍家居在武原，〔二〕使者至縣請舍，欲令至廷拜授印綬。〔三〕舍曰：「王者以天下爲家，何必縣官？」〔四〕遂於家受詔，便道之官。既至數月，上書乞骸骨。上徵舍至京兆東湖界，〔五〕固稱病篤。天子使使者收印綬，拜舍爲光禄大夫。數賜告，舍終不肯起，乃遣歸。

〔一〕師古曰：即猶就也。
〔二〕【補注】先謙曰：楚國縣，在今徐州府邳州西北八十里。
〔三〕師古曰：廷謂縣之庭内。
〔四〕【補注】先謙曰：官謂官舍也。
〔五〕師古曰：湖，縣也，時屬京兆。【補注】先謙曰：今陝州閿鄉縣東。

舍亦通五經，以魯詩教授。〔一〕舍、勝既歸鄉里，郡二千石長吏初到官皆至其家，如師弟子之禮。舍年六十八，王莽居攝中卒。

〔一〕【補注】周壽昌曰：承其師薛廣德之傳。

莽既篡國，遣五威將帥行天下風俗，將帥親奉羊酒存問勝。明年，莽遣使者即拜勝爲講學祭酒，〔一〕勝稱疾不應徵。後二年，莽復遣使者奉璽書，太子師友祭酒印綬，安車駟馬迎勝，即拜，〔二〕秩上卿，先賜六月禄直以辦裝，〔三〕使者與郡太守、縣長吏、三老官屬、行義諸生千人以上入勝里致詔。〔四〕使者欲令勝起迎，久立門外。勝稱病篤，爲牀室中户西南牖下，〔五〕東首加朝服拕紳。〔六〕使者入户，西行南面立，致詔付璽書，遷延再拜奉印綬，内安車駟馬，進謂勝曰：「聖朝未嘗忘君，制作未定，待君爲政，思聞所欲施行，以安海内。」勝對曰：「素愚，加以年老被病，命在朝夕，隨使君上道，必死道路，〔七〕無益萬分。」使者要説，〔八〕至以印綬就加勝身，勝輒推不受。使者即上言：「方盛夏暑熱，勝病少氣，可須秋涼乃發。」〔九〕有詔許。

使者五日壹與太守俱問起居，〔一〇〕爲勝兩子及門人高暉等言：「朝廷虚心待君以茅土之封，雖疾病，宜動移至傳舍，示有行意，必爲子孫遺大業。」暉等白使者語，勝自知不見聽，即謂暉等：「吾受漢家厚恩，亡以報，今年老矣，旦暮入地，誼豈以一身事二姓，下見故主哉？」勝因敕以棺斂喪事：〔一一〕「衣周於身，棺周於衣。勿隨俗動吾冢，種柏，作祠堂。」〔一二〕語畢，遂不復開口飲食，積十四日死，死時七十九矣。使者、太守臨斂，賜複衾祭祠如法。門人衰経治喪者百數。有老父來弔，哭甚哀，既而曰：「嗟虖！薰以香自燒，膏以明自銷。〔一三〕龔生竟夭天年，〔一四〕非吾徒也。」遂趨而出，莫知其誰。勝居彭城廉里，後世刻石表其里門。

〔一〕師古曰：即，就也。就其家而拜之。

〔二〕師古曰：就家迎之，因拜官。

〔三〕【補注】先謙曰：「辦」官本作「辧」，字同。

〔四〕師古曰：行義謂鄉邑有行義之人也。諸生謂學徒也。行音下更反。

〔五〕師古曰：牖，窗也。於户之西室之南牖下也。

〔六〕師古曰：拕，引也。臥著朝衣，故云加引大帶於體也。論語稱孔子「疾，君視之，東首加朝服拕紳」，故放之也。拕音土賀反。

〔七〕師古曰：示若尊敬使者，故謂之使君。

〔八〕師古曰：要音一遥反。説音式鋭反。【補注】周壽昌曰：要猶挾也。使者挾莽威勢以説之。

〔九〕師古曰：須，待也。

〔一〇〕【補注】先謙曰：官本「壹」作「一」。
〔一一〕師古曰：棺音工煥反。斂音力贍反。
〔一二〕師古曰：若葬多設器備，則恐被掘，故云動吾冢也。亦不得種柏及作祠堂，皆不隨俗。【補注】劉攽曰：勝意一葬之後更不得隨俗動冢土，種柏，作祠堂。先謙曰：顧炎武云「古人族葬，勝必已自有墓。若隨俗人之意，更於家上種柏，作祠堂，則是動吾冢也。蓋以朝代遷革，一切飾終之禮俱不欲用」。
〔一三〕師古曰：薰，芳草。【補注】沈欽韓曰：莊子人間世：「山木自寇也，膏火自煎也。」御覽引蘇子曰「蘭以芳自燒，膏以明自焫」。
〔一四〕【補注】周壽昌曰：七十九死而謂之夭，悲其不能隱去，致不令終也。

鮑宣字子都，渤海高城人也。〔一〕好學明經，爲縣鄉嗇夫，守束州丞。〔二〕後爲都尉太守功曹，舉孝廉爲郎，病去官，復爲州從事。大司馬衞將軍王商辟宣，薦爲議郎，後以病去。哀帝初，大司空何武除宣爲西曹掾，甚敬重焉，薦宣爲諫大夫，遷豫州牧。歲餘，丞相司直郭欽奏「宣舉錯煩苛，代二千石署吏聽訟，所察過詔條。〔三〕行部乘傳去法駕，〔四〕駕一馬，〔五〕舍宿鄉亭，爲衆所非。」〔六〕宣坐免。歸家數月，復徵爲諫大夫。

〔一〕【補注】先謙曰：官本考證「『高城』地理志作『高成』」。先謙案，在今天津府鹽山縣東南。
〔二〕師古曰：束州，渤海之縣也。【補注】先謙曰：在今河間府河間縣東北四十里，俗名如林鄉。
〔三〕師古曰：出六條之外。
〔四〕師古曰：行音下更反。傳音張戀反。

〔五〕師古曰：言其單率不依典制也。【補注】沈欽韓曰：一馬則軺車，庶人所乘也。

〔六〕【補注】周壽昌曰：景紀中五年五月特詔：「車駕衣服宜稱。不如法令者，皆上丞相御史請之。」張敞傳：「敞無威儀，時罷朝會，使御吏驅，自以便面拊馬，終以此不得大位。」宣領豫州牧，位甚尊，而行部簡略，故郭欽以違制劾奏。後書，謝夷吾爲鉅鹿太守，「以行春乘柴車，從兩吏，冀州刺史上其儀序失中，有損國令，左轉下邳令」。蓋其制至後漢猶然也。

宣每居位，常上書諫爭，其言少文多實。是時帝祖母傅太后欲與成帝母俱稱尊號，封爵親屬，丞相孔光、大司空師丹、何武、大司馬傅喜始執正議，失傅太后指，皆免官。丁、傅子弟並進，董賢貴幸，宣以諫大夫從其後，上書諫曰：

竊見孝成皇帝時，外親持權，人人牽引所私以充塞朝廷，〔一〕妨賢人路，濁亂天下，奢泰亡度，窮困百姓，是以日蝕且十，彗星四起。危亡之徵，陛下所親見也，今奈何反覆劇於前乎！〔二〕朝臣亡有大儒骨鯁，白首耆艾，魁壘之士，〔三〕論議通古今，喟然動衆心，〔四〕憂國如飢渴者，臣未見也。敦外親小童及幸臣董賢等在公門省户下，〔五〕陛下欲與此共承天地，安海内，甚難。〔六〕今世俗謂不智者爲能，謂智者爲不能。昔堯放四罪而天下服，〔七〕今除一吏而衆皆惑；古刑人尚服，今賞人反惑。〔八〕請寄爲姦，〔九〕羣小日進。國家空虛，用度不足。民流亡，去城郭，盜賊並起，吏爲殘賊，歲增於前。

〔一〕師古曰：塞，滿也。

〔二〕【補注】先謙曰：胡注「覆」當作「復」。劇，增也，甚也。
〔三〕服虔曰：魁壘，壯貌也。師古曰：魁音口賄反。壘音磊。
〔四〕師古曰：喟然，歎息貌，音丘位反。
〔五〕師古曰：敦謂厚重也。【補注】先謙曰：漢紀「敦」作「厚」，謂親厚之。顏注未晰。
〔六〕師古曰：共讀曰恭。【補注】劉奉世曰：共讀如字。先謙曰：官本「恭」作「供」。
〔七〕師古曰：四罪，流共工于幽州，放驩兜于崇山，竄三苗于三危，殛鯀于羽山也。
〔八〕鄧展曰：不得其人使之，天下惑也。【補注】先謙曰：官本注無「之」字，是。
〔九〕師古曰：請寄，謂以事私相託也。

凡民有七亡：〔一〕陰陽不和，水旱爲災，一亡也；縣官重責更賦税租，二亡也；〔二〕貪吏並公，受取不已，三亡也；〔三〕豪强大姓蠶食亡厭，四亡也；〔四〕苛吏繇役，失農桑時，五亡也；部落鼓鳴，男女遮迣，六亡也；〔五〕盜賊劫略，取民財物，七亡也。七亡尚可，又有七死：酷吏毆殺，一死也；〔六〕治獄深刻，二死也；冤陷亡辜，三死也；盜賊橫發，四死也；〔七〕怨讎相殘，五死也；歲惡飢餓，六死也；時氣疾疫，七死也。民有七亡而無一得，欲望國安，誠難；民有七死而無一生，欲望刑措，誠難。此非公卿守相貪殘成化之所致邪？〔八〕羣臣幸得居尊官，食重祿，豈有肯加惻隱於細民，助陛下流教化者邪？〔九〕志但在營私家，稱賓客，爲姦利而已。〔一〇〕以苟容曲從爲賢，以供默尸祿爲智，〔一一〕謂如臣宣等爲愚。陛下擢臣巖穴，誠冀有益豪毛，豈徒欲使臣美食大官，重高

門之地哉！〔一二〕

〔一〕師古曰：亡謂失其作業也。

〔二〕師古曰：更謂爲更卒也，音工行反。【補注】先謙曰：「税租」，官本作「租税」。

〔三〕師古曰：並，依也，音步浪反。【補注】先謙曰：並與傍同。所謂因緣爲姦也。

〔四〕【補注】宋祁曰：「大姓」下疑有「家」字。

〔五〕晉灼曰：迣，古列字也。師古曰：言聞桴鼓之聲以爲有盜賊，皆當遮列而追捕。【補注】先謙曰：官本注無「當」字。通鑑有「當」字。「迣」作「列」。漢紀同。

〔六〕師古曰：毆，擊也，音一口反。

〔七〕師古曰：横音胡孟反。

〔八〕師古曰：守，郡守也。相，諸侯相也。

〔九〕師古曰：惻隱，皆痛也。

〔一〇〕師古曰：務稱賓客所求也。稱音尺孕反。

〔一一〕師古曰：尸，主也。不憂其職，但主食禄而已。【補注】先謙曰：官本「供」作「拱」，是。胡注「拱默，拱手而默然不言也」。

〔一二〕晉灼曰：高門，殿名也。師古曰：在未央宫中。【補注】先謙曰：宣蓋言徒知養賢爲朝廷之重，而不計其有益於時與否。百官表，少府有太官令，主膳食。

天下乃皇天之天下也，陛下上爲皇天子，下爲黎庶父母，爲天牧養元元，視之當如一，合尸鳩之詩。〔一〕今貧民菜食不厭，衣又穿空，〔二〕父子夫婦不能相保，誠可爲酸鼻。陛下不救，將安所歸命乎？〔三〕奈何獨私養外親與幸臣董賢，多賞賜以大萬數，使奴從賓客漿酒霍肉，〔四〕蒼頭廬兒皆用致富！非天意也。〔五〕及汝昌侯傅商亡功而封。夫官爵非陛下之官爵，乃天下之官爵也。陛下取非其官，官非其人，〔六〕而望天說民服，豈不難哉！〔七〕

〔一〕師古曰：尸鳩，曹國風之篇也。其詩云：「尸鳩在桑，其子七兮；淑人君子，其儀一兮。」言尸鳩之鳥養其子七，平均如一，善人君子布德施惠，亦當然也。尸鳩，拮掬也。拮音居黠反。【補注】宋祁曰：浙本無「之詩」二字。

〔二〕師古曰：厭，飽足也。空，孔也。【補注】先謙曰：官本無「厭飽足也」四字。

〔三〕師古曰：安，焉也。

〔四〕劉德曰：視酒如漿，視肉如霍也。師古曰：霍，豆葉也。貧人茹之也。

〔五〕孟康曰：黎民、黔首，黎、黔皆黑也。下民陰類，故以黑爲號。漢名奴爲蒼頭，非純黑，以別於良人也。諸給殿中者所居爲廬，蒼頭侍從因呼爲廬兒。臣瓚曰：漢儀注官如給書計，從侍中已下爲蒼頭青幘。【補注】沈欽韓曰：蒼頭廬兒，守舍兒也。孫子注所謂家子。漢舊儀掖庭有廬監。續志注，風俗通曰「尚書、御史臺皆以官倉頭爲史，主賦舍，守門户」。先謙曰：官本注「如」作「奴」，是。通鑑引同。

〔六〕師古曰：此官不當加於此人，此人不當受於此官也。

〔七〕師古曰：說讀曰悅。

方陽侯孫寵、宜陵侯息夫躬辯足以移衆，彊可用獨立，〔一〕姦人之雄，或世尤劇者也，〔二〕宜以時罷退。及外親幼童未通經術者，皆宜令休就師傅。急徵故大司馬傅喜使領外親。故大司空何武、師丹、故丞相孔光、故左將軍彭宣，經皆更博士，位皆歷三公，〔三〕智謀威信，可與建教化，圖安危。〔四〕龔勝爲司直，郡國皆慎選舉，〔五〕三輔委輸官不敢爲姦，〔六〕可大委任也。陛下前以小不忍退武等，海内失望。〔七〕陛下尚能容亡功德者甚衆，曾不能忍武等邪！治天下者當用天下之心爲心，不得自專快意而已也。上之皇天見譴，下之黎庶怨恨，次有諫爭之臣，陛下苟欲自薄而厚惡臣，天下猶不聽也。臣雖愚戇，獨不知多受禄賜，美食太官，〔八〕廣田宅，厚妻子，不與惡人結讎怨以安身邪？誠迫大義，官以諫爭爲職，不敢不竭愚。惟陛下少留神明，覽五經之文，原聖人之至意，深思天地之戒。臣宣呐鈍於辭，〔九〕不勝惓惓，盡死節而已。

上以宣名儒，優容之。

〔一〕【補注】蘇輿曰：以、用同。
〔二〕【補注】先謙曰：或與惑同。
〔三〕師古曰：更亦歷也，音工衡反。【補注】先謙曰：胡注，言經學有師法也。
〔四〕師古曰：建，立也。圖，謀也。
〔五〕【補注】先謙曰：胡注「司直掌佐丞相，舉不法。勝守正不阿，郡國懼爲所舉奏，故皆慎於選舉」。
〔六〕師古曰：委輸謂輸委積者也。委音迂僞反。輸音式喻反。【補注】宋祁曰：注文「輸」景本作「式俞反」。
〔七〕師古曰：小有不快於心，不能忍之也。
〔八〕【補注】先謙曰：官本「太」作「大」。
〔九〕師古曰：呐亦訥字也。

是時郡國地震，民訛言行籌，明年正月朔日蝕，上乃徵孔光，免孫寵、息夫躬，罷侍中諸曹黄門郎數十人。宣復上書言：

陛下父事天，母事地，子養黎民，即位已來，父虧明，母震動，子訛言相驚恐。今日蝕於三始，〔一〕誠可畏懼。小民正月朔日尚恐毀敗器物，〔二〕何況於日虧乎！陛下深内自責，避正殿，舉直言，求過失，罷退外親及旁仄素餐之人，〔三〕徵拜孔光爲光禄大夫，發覺孫寵、息夫躬過惡，免官遣就國，衆庶歙然，莫不説喜。〔四〕天人同心，人心説則天意解矣。乃二月丙戌，白虹虷日，連陰不雨，〔五〕此天有憂結未解，民有怨望未塞者也。

〔一〕如淳曰：正月一日爲歲之朝，月之朝，日之朝。始猶朝也。
〔二〕【補注】先謙曰：今時民俗猶然，足徵古今人情不相遠也。
〔三〕師古曰：仄，古側字也。
〔四〕師古曰：歙音翕。説音悦。次亦同也。
〔五〕師古曰：虷音干。【補注】王念孫曰：虷字從虫無義，蓋字本作「干」。干，犯也，因虹字而誤加虫。顔望文爲音也。説文、玉篇皆無虷字。莊子秋水篇「還虷蟹與科斗」，釋文「虷音寒，井中赤蟲也」，亦與干日之義無涉。廣韻虷字有寒音而無干音。集韻「虷音寒，井中赤蟲。又音干，蟲名。一曰犯也」。蓋爲師古注所惑。先謙曰：通鑑作「干」。胡注，犯也。不用顔説。

侍中駙馬都尉董賢本無葭莩之親，〔一〕但以令色諛言自進，〔二〕賞賜亡度，竭盡府藏，并合三第尚以爲小，復壞暴室。〔三〕賢父子坐使天子使者將作治第，〔四〕行夜吏卒皆得賞賜。〔五〕上冢有會，輒太官爲供。〔六〕海内貢獻當養一君，今反盡之賢家，豈天意與民意邪！天下可久負，〔七〕厚之如此，反所以害之也。誠欲哀賢，宜爲謝過天地，解讎海内，免遣就國，收乘輿器物，還之縣官。〔八〕如此，可以父子終其性命；不者，海内之所讎，未有得久安者也。

〔一〕師古曰：葭音工遐反。莩音孚。葭莩，喻輕薄而附著也，解在景十三王傳。

〔二〕師古曰：令，善也。諛，諂也。

〔三〕師古曰：時以三第總爲一第賜賢，猶嫌陿小，復取暴室之地以增益之也。【補注】先謙曰：許廣漢爲暴室嗇夫。見外戚傳。

〔四〕【補注】先謙曰：將作大匠掌治宫室，使爲之治第。

〔五〕師古曰：爲賢第上持時行夜者。音下更反。【補注】先謙曰：官本「音」上有「行」字。

〔六〕【補注】先謙曰：胡注，爲之供具也。

〔七〕【補注】先謙曰：「下」字誤，官本作「不」。胡注「暴殄天物以私嬖幸，是謂負天」。

〔八〕【補注】蘇輿曰：縣官謂天子。東平王傳「縣官年少」，霍光傳「縣官非我家將軍不得至」，是皆此義也。後書劉盆子傳尚云：「當爲縣官，何故爲賊？」

孫寵、息夫躬不宜居國，可皆免以視天下。〔一〕復徵何武、師丹、彭宣、傅喜，曠然使民易視，以應天心，〔二〕建立大政，以興太平之端。

〔一〕師古曰：視讀曰示。

〔二〕師古曰：易，改也。

高門去省户數十步，求見出入，二年未省，〔一〕欲使海瀕仄陋自通，遠矣！〔二〕願賜數刻之間，〔三〕極竭毣毣之思，〔四〕退入三泉，死亡所恨。〔五〕

〔一〕師古曰：不被省視也。

〔二〕師古曰：瀕，涯也，音頻，又音賓。

〔三〕師古曰：刻，漏刻也。間，空隙。

〔四〕師古曰：毣音沐。沐猶蒙蒙也。如淳曰：謹願之貌也。【補注】宋祁曰：浙本無「竭」字。沈欽韓曰：方言「純、毣，好也」，郭云「毣毣，小好皃」。先謙曰：官本注「沐沐」下再有「沐」字，是。

〔五〕師古曰：三重之泉，言其深也。

上感大異，納宣言，徵何武、彭宣，旬月皆復爲三公。拜宣爲司隸。時哀帝改司隸校尉但爲司隸，官比司直。

丞相孔光四時行園陵，〔一〕官屬以令行馳道中，〔二〕宣出逢之，使吏鉤止丞相掾史，〔三〕没入其車馬，摧辱宰相。事下御史〔四〕中丞，侍御史至司隸官，〔五〕欲捕從事，閉門不肯内。〔六〕宣坐距閉使者，亡人臣禮，大不敬，不道，〔七〕下廷尉獄。博士弟子濟南王咸舉幡太學下，曰：「欲救鮑司隸者會此下。」諸生會者千餘人。朝日，遮丞相孔光自言，〔八〕丞相車不得行，又守闕上書。上遂抵宣罪減死一等，髡鉗。宣既被刑，乃徙之上黨，以爲其地宜田牧，又少豪俊，

易長雄，〔九〕遂家于長子。〔一〇〕

〔一〕師古曰：行音下更反。

〔二〕如淳曰：令諸使有制得行馳道中者，行旁道，無得行中央三丈也。

〔三〕師古曰：鉤，留也。

〔四〕【補注】王念孫曰：案「摧辱」上原有「以」字，言哀帝以宣摧辱宰相，遂下其事於御史也。今本脱去「以」字，則文義不明。通典職官十四無「以」字，亦後人依誤本漢書删之。御覽職官部四十八引此正作「以摧辱宰相事下御史」。漢紀作「宣坐摧辱宰相事下御史」，文異而義同也。

〔五〕【補注】周壽昌曰：官，官舍也。禮玉藻「在官不俟屨」，注「朝廷治事處曰官」。先謙曰：至司隸官，止言官，不言官舍，猶之下吏止言吏，不言吏獄也。

〔六〕師古曰：御史欲捕從事，而司隸閉門不得入也。

〔七〕【補注】宋祁曰：南本無「不道」二字。

〔八〕師古曰：朝日謂早旦欲入朝也。

〔九〕師古曰：長，爲之長帥也。雄，爲之雄豪。【補注】沈欽韓曰：褚先生田仁傳「任安以爲武功小邑，無豪，易高」，即此意。先謙曰：官本注末有「也」字，是。

〔一〇〕師古曰：上黨之縣也。長讀如本字。

平帝即位，王莽秉政，陰有篡國之心，乃風州郡以辠法案誅諸豪桀，〔一〕及漢忠直臣不附己者，宣及何武等皆死。〔二〕時名捕隴西辛興，〔三〕興與宣女婿許紺俱過宣，一飯去，〔四〕宣不知情，〔五〕坐繫獄，自殺。

〔一〕師古曰：風讀曰諷。

〔二〕【補注】宋祁曰：「武」字下疑有「與宣女壻」字。

〔三〕師古曰：詔顯其名而捕之。

〔四〕師古曰：飯音扶晚反。

〔五〕【補注】宋祁曰：「情」字上疑有「其」字。錢大昕曰：案，後書孔融傳「漢律，與罪人交關三日已上皆應知情」，知情者應坐罪，不知情者不坐，故揚雄傳云「雄不知情，有詔勿問」。宋疑「情」上當有「其」字，蓋未攷漢律也。

自成帝至王莽時，清名之士，琅邪又有紀逡王思，齊則薛方子容，太原則郇越臣仲、郇相稚賓，沛郡則唐林子高、唐尊伯高，〔一〕皆以明經飭行顯名於世。〔二〕

〔一〕師古曰：并列其人本土及姓名字也。後皆類此。逡音千旬反。郇音荀，又音胡頑反。今荀郇二姓並有之，俱稱周武王之後也。【補注】周壽昌曰：林師事許商。商號其弟子爲四科，林爲德行。見儒林傳。莽傳云尊字子虞，與此作伯高異。

〔二〕師古曰：飭，謹也，讀與敕同。

紀逡、兩唐皆仕王莽，封侯貴重，歷公卿位。唐林數上疏諫正，有忠直節。唐尊衣敝履空，〔一〕以瓦器飲食，又以歷遺公卿，〔二〕被虚僞名。〔三〕

〔一〕服虔曰：履猶屨也。師古曰：衣音於既反。著敝衣躡空履也。空，穿也。

〔二〕服虔曰：以瓦器遺之。【補注】先謙曰：官本注末有「也」字。

〔三〕師古曰：被音皮義反。

郇越，相同族昆弟也，並舉州郡孝廉茂材，數病，去官。越散其先人訾千餘萬，以分施九族州里，志節尤高。相王莽時徵爲太子四友，病死，莽太子遣使裞以衣衾，〔一〕其子攀棺不聽，曰：「死父遺言，師友之送勿有所受，今於皇太子得託友官，故不受也。」京師稱之。

〔一〕師古曰：贈喪衣服曰裞。裞音式芮反，其字從衣。

薛方嘗爲郡掾祭酒，嘗徵不至，及莽以安車迎方，方因使者辭謝曰：「堯舜在上，下有巢由，今明主方隆唐虞之德，小臣欲守箕山之節也。」〔一〕使者以聞，莽説其言，不强致。〔二〕方居家以經教授，喜屬文，〔三〕著詩賦數十篇。

〔一〕張晏曰：許由隱於箕山，在陽城，有許由祠。【補注】宋祁曰：「由」字案注并贊注及江浙本作「許」字。今字上疑有「亦猶」二字。王念孫曰：案「小臣」上原有「亦猶」二字，言小臣之慕巢由亦猶明主之慕唐虞也。後人不解其意而刪去「亦猶」二字，謬矣。通鑑無「亦猶」二字，則所見漢書本已然。文選薦譙元彦表注、逸民傳論注、御覽逸民部一引此皆有「亦猶」二字。漢紀同。

〔二〕師古曰：説讀曰悦。

〔三〕師古曰：喜音許吏反。屬音之欲反。

始隃麋郭欽，哀帝時爲丞相司直，〔一〕奏免豫州牧鮑宣、京兆尹薛修等，又奏董賢，左遷盧奴令，平帝時遷南郡太守。而杜陵蔣詡元卿爲兗州刺史，亦以廉直爲名。王莽居攝，欽、詡皆以病免官，歸鄉里，臥不出户，卒於家。〔二〕

〔一〕師古曰：隃麋，扶風之縣也。隃音踰也。【補注】先謙曰：官本末無「也」字。

〔三〕【補注】沈欽韓曰：初學記十八三輔決録曰「蔣詡舍中三徑，惟羊仲、求仲從之遊。二仲皆推廉逃名」。羣輔録，羊仲、求仲二人皆治車爲業，推廉逃名。蔣元卿之去兗州，還杜陵，荆棘塞門，舍中有三徑，不出，惟二人從之游。見嵇康高士傳。周壽昌曰：渭水注「汧水又東南逕隃麋縣故城南，昔郭歙恥王莽之徵而遯跡於斯」，此郭歙疑即郭欽，歙與欽字近而譌也。莽傳戊己校尉郭欽又别一人。北堂書鈔引三輔決録云，王邑爲從弟奇求蔣詡女，盛服送之，詡女辭不取，但衣青布曰：「受公命不敢違。」邑乃歎曰：「所以與賢者婚，欲爲此也。」魏志荀彧傳注「昔蔣詡姻於王氏無損清高之操」，正指此事。邑在莽時爲大司空。

齊栗融客卿、北海禽慶子夏、蘇章游卿、山陽曹竟子期皆儒生，去官不仕於莽。〔一〕莽死，漢更始徵竟以爲丞相，封侯，欲視致賢人，銷寇賊。〔二〕竟不受侯爵。會赤眉入長安，欲降竟，竟手劍格死。

〔一〕【補注】齊召南曰：宣傳特附薛方諸人，皆不仕莽世清節著名者。據後書卓茂傳，茂與孔休、蔡勳、劉宣、龔勝、鮑宣六人同志。又申徒剛、宣秉、王丹、王良、郭丹、蔡茂及陳寵之曾祖咸各見本傳，而儒林傳載高詡、包咸，獨行傳載譙玄、李業、王皓、王嘉、劉茂，逸民傳載向長、逢萌、王君公、周黨、譚賢、殷謨、王霸、戴遵皆立志較然，不污新室爵命，宜與薛方諸賢牽連書之。

〔二〕師古曰：視讀曰示。

世祖即位，徵薛方，道病卒。兩龔、鮑宣子孫皆見褒表，至大官。〔一〕

〔一〕【補注】齊召南曰：案兩龔子孫後書無傳。鮑宣子永孫昱三世司隷，後書有傳，而宣妻桓少君在列女傳。

贊曰：易稱「君子之道，或出或處，或默或語」，〔一〕言其各得道之一節，譬諸草木，區以別矣。〔二〕故曰山林之士往而不能反，朝廷之士入而不能出，二者各有所短。春秋列國卿大夫及至漢興將相名臣，懷祿耽寵以失其世者多矣！〔三〕是故清節之士於是爲貴，然大率多能自治而不能治人。王、貢之材，優於龔、鮑。守死善道，勝實蹈焉。〔四〕貞而不諒，薛方近之。〔五〕郭欽、蔣詡好遯不汙，絶紀、唐矣！〔六〕

〔一〕師古曰：上繫辭也。謂發跡雖異，同歸於道。

〔二〕師古曰：言蘭桂異類而各芬馨也。【補注】先謙曰：官本注末無「也」字。

〔三〕師古曰：懷，思也，言不能去。【補注】蘇輿曰：言或得罪見誅滅也。

〔四〕師古曰：論語稱孔子曰：「篤信好學，守死善道，危邦不入，亂邦不居。」今龔勝不受莽官，蹈斯之迹也。【補注】宋祁曰：注文「之」字當删。何焯曰：言見幾先去，爲莽所迫，卒又死之，合於孔子之經也。

〔五〕師古曰：論語稱孔子曰「君子貞而不諒」，謂君子之人正其道耳，言不必信也。薛方志避亂朝，詭引巢許爲喻，近此義也。

〔六〕師古曰：欽、詡不仕於莽，遯逃濁亂，不汙其節，殊於紀逡及兩唐。【補注】蘇輿曰：絶謂相懸遠。

韋賢傳第四十三

漢書七十三

韋賢字長孺，魯國鄒人也。其先韋孟，家本彭城，爲楚元王傅，傅子夷王及孫王戊。〔一〕戊荒淫不遵道，孟作詩風諫。後遂去位，徙家於鄒，又作一篇。其諫詩曰：〔二〕

〔一〕師古曰：官爲楚王傅而歷相三王也。

〔二〕【補注】先謙曰：官本與下連文，是。

肅肅我祖，國自豕韋，〔一〕黼衣朱紱，四牡龍旂。〔二〕彤弓斯征，撫寧遐荒，〔三〕總齊羣邦，以翼大商，〔四〕迭彼大彭，勳績惟光。〔五〕至于有周，歷世會同。〔六〕王赧聽譖，寔絶我邦。〔七〕我邦既絶，厥政斯逸，〔八〕賞罰之行，非繇王室。〔九〕庶尹羣后，靡扶靡衛，五服崩離，宗周以隊。〔一〇〕我祖斯微，遷于彭城，〔一一〕在予小子，勤誒厥生，〔一二〕阸此嫚秦，耒耜以耕。〔一三〕悠悠嫚秦，上天不寧，乃眷南顧，授漢于京。〔一四〕

〔一〕應劭曰：在商爲豕韋氏也。

〔二〕師古曰：黼衣畫爲斧形，而白與黑爲彩也。朱紱爲朱裳畫爲亞文也。亞，古弗字也，故因謂之。紱字又作韍，其音同聲。【補注】宋祁曰：注「黼衣」字下當更有「衣」字。「爲彩」當作「謂彩」。「亞」字當作「亞」。「其音同聲」當作「同耳」。錢大昕曰：「亞」當作「亞」，兩己相背也，與亞次字音義全別。此朱紱，諸侯之服，當訓爲韠，不當作黼黻解。顏注誤。

〔三〕師古曰：言受彤弓之賜，於此得專征伐也。

〔四〕師古曰：翼，佐助也。

〔五〕應劭曰：國語曰「大彭、豕韋爲商伯」。師古曰：迭，互也。自言豕韋氏與大彭互爲伯於殷商也。迭音徒結反。

〔六〕師古曰：繼爲諸侯預盟會之事也。【補注】齊召南曰：唐書宰相世系表「韋氏出自風姓。顓頊孫大彭爲夏諸侯，少康封其別孫元哲於豕韋，其地滑州韋城也。豕韋大彭迭爲商伯，周赧王時始失國，徙居彭城，以國爲氏」。其說即本此詩。然豕韋顯名夏商，國語、左傳有明文，至周以後，書傳未見，若春秋戰國數百年中，則諸書並無有國名豕韋者。韋孟謂「歷世會同」，豈可信哉？漢初人去古未遠，其自譜世系即已荒略如此，宜無怪乎楊子雲之自敘多誤也。

〔七〕應劭曰：王赧，周末王，聽讒受譖，絶豕韋氏也。

〔八〕應劭曰：言自絶豕韋氏之後，政教逸漏，不由王者也。臣瓚曰：逸，放也。管仲曰「令而不行謂之放」。師古曰：瓚說是也。【補注】劉攽曰：予謂王赧時詎有豕韋哉？有豕韋亦非王赧所能絶也。又云「我邦既絶，厥政斯逸」。周之逸政久矣，不由赧也。孟此詩爲不曉其祖者。齊召南曰：案孟詩已不可解，應劭又從而實之，愈誤。劉論確矣。但詩中尚有可疑者。漢以高祖諱邦爲國，此句及下文「寤其外邦」「於異他邦」凡三用「邦」字，倘所謂臨文不諱者耶？沈欽韓曰：洪邁容齋四筆所論亦同。案紀年夏桀二十八年商師取韋，則商頌所云「韋顧既伐」也。又武丁五年征豕韋，克之，則左傳所云「在商爲豕韋氏」。自後不復有豕韋氏矣。

〔九〕師古曰：繇與由同也。【補注】宋祁曰：注文「也」字當刪。

〔一〇〕應劭曰：五服謂甸服、侯服、綏服、要服、荒服也。師古曰：庶尹，衆官之長也。羣后，諸侯也。隊，失也，音直類反。【補注】王文彬曰：周之五服，侯、甸、男、采、衞，見周禮。不當引夏書爲注。

〔一一〕師古曰：言我之先祖於此遂微也。褼，古遷字。其下並同。

〔一二〕師古曰：誒，歎聲，音許其反。【補注】宋祁曰：「誒」浙本作「唉」。先謙曰：官本攷證「楊慎云，方言『楚謂然曰誒』，説文『誒，譍也』，離騷云『欸，秋冬之緒風』。説文欸、譍二字音義並同，實一字耳，皆楚語也」。先謙案，文選作「勤唉」，善注引方言「唉，歎詞也」。勤誒猶勤然。

〔一三〕師古曰：言遭秦暴嫚，無有列位，躬耕於野。【補注】先謙曰：文選「以」作「斯」。

〔一四〕師古曰：高祖起在豐沛，於秦爲南，故曰南顧。言以秦之京邑，授與漢也。【補注】劉奉世曰：秦視沛猶在東北，安得云南！孟意以漢興於巴蜀，故云爾。王念孫曰：沛在秦之東南，故秦始皇曰東南有天子氣，非在東北也。高祖起於沛，非起於巴蜀也。劉説殊憒憒。

於赫有漢，四方是征，〔一〕靡適不懷，萬國逌平。〔二〕乃命厥弟，建侯於楚，俾我小臣，惟傅是輔。兢兢元王，恭儉淨壹，〔三〕惠此黎民，納彼輔弼。饗國漸世，垂烈于後。〔四〕乃及夷王，克奉厥緒。咨命不永，唯王統祀，〔五〕左右陪臣，此惟皇士。〔六〕

〔一〕師古曰：於讀曰烏。烏，歎辭也。赫，明貌。凡此詩中諸歎辭稱於者，其音皆同。

〔二〕師古曰：懷，思也，來也。逌，古攸字。攸，所也。言漢兵所往之處，人皆思附而來，萬國所以平也。

〔三〕師古曰：兢兢，謹戒也。【補注】先謙曰：文選「兢兢」作「矜矜」，「壹」作「一」。

〔四〕師古曰：元王立二十七年而薨，垂遺業於後嗣也。【補注】先謙曰：文選注，漸，没也。

〔五〕師古曰：咨，嗟也。永，長也。夷王立四年而薨，戊乃嗣位，故言不永也。

〔六〕師古曰：爾雅云：「皇，正也。」【補注】先謙曰：文選「此」作「斯」。

如何我王，不思守保，不惟履冰，以繼祖考！〔一〕邦事是廢，逸游是娛，犬馬繇繇，是放是驅。〔二〕務彼鳥獸，忽此稼苗，丞民以匱，我王以媮。〔三〕所弘非德，所親非俊，唯囿是恢，唯諛是信。〔四〕睮睮諂夫，咢咢黄髮，〔五〕如何我王，曾不是察！既藐下臣，追欲從逸，〔六〕嫚彼顯祖，輕茲削黜。

〔一〕師古曰：惟亦思也。言不思念敬慎如履薄冰之義，用繼其祖考之業也。

〔二〕師古曰：繇與悠同。悠悠，行貌。放，放犬也。驅，驅馬也。

〔三〕師古曰：媮與愉同，樂也。言衆人失此稼穡，以致困匱，而王反以爲樂也。【補注】先謙曰：官本「丞」作「烝」。

〔四〕師古曰：恢，大也。諛，諂言也。

〔五〕如淳曰：睮睮，自媚貌也。師古曰：咢咢，直言也。睮音踰。咢音五各反。【補注】沈欽韓曰：説文、玉篇俱無睮字。説文「盱，張目也」，玉篇「舉眼也」，集韻依此注，收入十虞。其實盱、睮字同。

〔六〕應劭曰：藐，遠也。言疏遠忠賢之輔，追情欲，從逸遊也。臣瓚曰：藐，陵藐也。師古曰：藐與邈同。應説是也。下臣，孟自謂也。從讀曰縱。

嗟嗟我王，漢之睦親，〔一〕曾不夙夜，以休令聞！〔二〕穆穆天子，臨爾下土，〔三〕明明羣司，執憲靡顧。〔四〕正遐繇近，殆其怙茲，〔五〕嗟嗟我王，曷不此思！

〔一〕師古曰：睦，密也，言服屬近。

〔二〕師古曰：休，美也。令，善也。聞，聲名也。

〔三〕【補注】先謙曰：文選「臨爾」作「照臨」。

〔四〕師古曰：靡，無也。言執天子之法，無所顧望也。顧讀如古，協韻。

〔五〕師古曰：言欲正遠人，先從近始，而王怙恃與漢戚屬，不自勗慎，以致危殆也。繇讀與由同。【補注】先謙曰：官本注「近」下有「親」字。文選「怙茲」作「茲怙」。案下與思韻，作「怙茲」是也。文選誤倒。

非思非鑒，嗣其罔則，〔一〕彌彌其失，岌岌其國。〔二〕致冰匪霜，致隊靡嫚，瞻惟我王，昔靡不練。〔三〕興國救顛，孰違悔過，追思黃髮，秦繆以霸。〔四〕歲月其徂，年其逮耇，〔五〕於昔君子，庶顯于後。〔六〕我王如何，曾不斯覽！〔七〕黃髮不近，胡不時監！〔八〕

〔一〕師古曰：不思鑒戒之義，是令後嗣無所法則也。

〔二〕應劭曰：彌彌猶稍稍也，罪過茲甚也。岌岌，欲毀壞也。師古曰：岌岌，危動貌，音五合反。【補注】先謙曰：文選「失」作「逸」。案，失與佚同，與逸通。

〔三〕師古曰：言堅冰之成起於微霜，隕隊之咎由於怠嫚也。練猶閱歷之，言往昔之事，皆在王心，無所不閱也。【補注】先謙曰：文選「昔」作「時」。善注「時，是也。練，委也。言王於上所言之事無不委練也」。所見與顏注本異。王文彬云：作「時」是也。時，古作旹，與昔形近而誤。顏望文生訓耳。

〔四〕師古曰：言興復邦國，救止顛隊之道，無如能自悔其過惡。秦穆公伐鄭，爲晉所敗而歸，乃作秦誓曰：「雖則員然，尚猶詢茲黃髮，則罔所愆。」謂雖有員然之失，庶幾以道謀於黃髮之賢，則行無所過矣。黃髮，老壽之人也，謂髮落更生黃者也。員與云同。【補注】劉奉世曰：老人髮白久而變黃色，非謂更生而黃也。

〔五〕師古曰：逮，及也。耇者，老人面色如垢也。言歲月驟往，年將及耇，不可殆忽。

〔六〕師古曰：於，歎辭也。言昔之君子，庶幾善道，所以能光顯於後世也。【補注】宋祁曰：「昔」一作「赫」。先謙曰：

文選作「赫」。

〔七〕師古曰：覽，視也，叶韻音濫。

〔八〕師古曰：黄髮不近者，斥遠耇老之人也。近音其靳反。【補注】先謙曰：官本「斥」作「言」，引宋祁曰，注文「言」字姚改作「斥」。

其在鄒詩曰：〔一〕

〔一〕【補注】先謙曰：官本與下連文，是。

微微小子，既耇且陋，〔一〕豈不牽位，穢我王朝。〔二〕王朝肅清，唯俊之庭，顧瞻余躬，懼穢此征。〔三〕

〔一〕師古曰：自言年老，材質鄙陋也。

〔二〕應劭曰：言豈不戀此爵位乎？以王朝汙穢不肅清故也。師古曰：此説非也。恐己穢王朝，所以去耳，故下又言「懼穢此征」也。【補注】宋祁曰：「牽」一作「幸」。淳化本作「幸」。刊誤據史館本改作「幸」。

〔三〕李奇曰：於此便行也。師古曰：此皆孟已去遜辭，不欲顯王之過惡也。【補注】宋祁曰：注文「便行」字下疑有「去」字。

我之退征，請于天子，天子我恤，矜我髮齒。赫赫天子，明悊且仁，懸車之義，以洎小臣。〔一〕嗟我小子，豈不懷土？庶我王寤，越還于魯。〔二〕

〔一〕應劭曰：古者七十縣車致仕。洎，及也。天子以縣車之義及我也。師古曰：洎音鉅異反。【補注】沈欽韓曰：公羊桓五年傳疏云：「舊説日在縣輿，一日之暮，人年七十，一世之暮，而致其政事於君，故曰縣輿致仕。」案，淮南天文訓：「至於悲泉，爰息其馬，是謂縣車。」先謙曰：官本注「異」作「冀」。

〔三〕應劭曰：言豈不懷土乎？庶幾王之寤覺，欲還輔相之，相近居魯也。【補注】宋祁曰：「遷」當作「覂」。後「遷絶」同。

既去禰祖，惟懷惟顧，〔一〕祁祁我徒，戴負盈路。〔二〕爰戾于鄒，翦茅作堂，〔三〕我徒我環，築室于牆。〔四〕

〔一〕師古曰：父廟曰禰。言去其父祖舊居，所以懷顧也。禰音乃禮反。

〔二〕師古曰：祁祁，衆貌。一曰祁祁，徐行也。徒謂學徒也。戴負者，謂隨其徙居也。

〔三〕師古曰：戾，至也。翦字與剪同。

〔四〕師古曰：環，遶也。

我既覂逝，心存我舊，夢我瀆上，立于王朝。〔一〕其夢如何？夢爭王室。其爭如何？夢王我弼。〔二〕寤其外邦，歎其喟然，〔三〕念我祖考，泣涕其漣。〔四〕微微老夫，咨既遷絶，〔五〕洋洋仲尼，視我遺烈。〔六〕濟濟鄒魯，禮義唯恭，誦習弦歌，于異他邦。〔七〕我雖鄙耇，心其好而，我徒侃爾，樂亦在而。〔八〕

〔一〕應劭曰：瀆上，孟所居彭城東里名曰。猶不忘本也。【補注】何焯曰：易曰「再三瀆」，言夢中猶諫之也。上謂王。先謙曰：何説是也。官本「名」下「曰」作「也」，是。

〔二〕師古曰：弻，戾也。言夢爭王室之事，王違戾我言也。【補注】宋祁曰：注文「之事」字下疑有「而」字。「言」字下疑有「故怨之」三字。先謙曰：官本「王我」作「我王」，未合。

〔三〕師古曰：夢在王朝，及寐之寤，乃在鄒也。寤，覺也。喟音丘位反。覺音工效反。【補注】宋祁曰：「外邦」字疑爲「異邦」。

〔四〕師古曰：漣漣，泣下貌，音連。

〔五〕師古曰：咨，嗟也。絶謂與舊居絶也。

〔六〕師古曰：洋洋，美盛也。烈，業也。視讀曰示。孔子，鄒人，故言示我遺業也。洋音祥，又音羊。

〔七〕師古曰：言禮樂之教，不同餘土也。【補注】王文彬曰：釋詁「于，曰也」。

〔八〕師古曰：而者，句端之辭。侃，和樂貌，音口旦反。【補注】先謙曰：官本注「端」作「絶」，引宋祁曰，景德本「絶」作「端」。

孟卒于鄒。或曰其子孫好事，述先人之志而作是詩也。

自孟至賢五世。賢爲人質樸少欲，篤志於學，〔一〕兼通禮、尚書，以詩教授，號稱鄒魯大儒。〔二〕徵爲博士，給事中，進授昭帝詩，稍遷光禄大夫詹事，至大鴻臚。昭帝崩，無嗣，大將軍霍光與公卿共尊立孝宣帝。帝初即位，賢以與謀議，安宗廟，賜爵關内侯，食邑。〔三〕徙爲長信少府。〔四〕以先帝師，甚見尊重。本始三年，代蔡義爲丞相，封扶陽侯，〔五〕食邑七百户。時賢七十餘，爲相五歲，地節三年，以老病乞骸骨，賜黄金百斤，罷歸，加賜弟一區。〔六〕丞相致仕自賢始。年八十二薨，謚曰節侯。

〔一〕師古曰：篤，厚也。

〔二〕【補注】周壽昌曰：自孟至賢五世，皆習魯詩。迨玄孫賞猶以明詩稱。儒林傳稱詩有韋氏學。漢執金吾丞武榮碑有云「治魯詩經韋君章句」，則似韋有章句矣。榮去韋時未遠，碑語當不妄。或謂魯詩亡於西晉，并此章句亦亡之，然七略、藝文志均未録，何也？

〔三〕師古曰：與讀曰豫。

〔四〕師古曰：長信者，太后宫名，爲太后官屬也。

〔五〕孟康曰：屬沛郡。

〔六〕【補注】先謙曰：官本「弟」作「第」。

賢四子：長子方山爲高寢令，早終；次子弘，至東海太守；次子舜，留魯守墳墓；少子玄成，復以明經歷位至丞相。故鄒魯諺曰：「遺子黄金滿籝，不如一經。」〔一〕

〔一〕如淳曰：籝，竹器，受三四斗。今陳留俗有此器。蔡謨曰：滿籝者，言其多耳，非器名也。若論陳留之俗，則我陳人也，不聞有此器。師古曰：許慎説文解字云「籝，笭也」，楊雄方言云「陳、楚、宋、魏之間謂筲爲籝」，然則筐籠之屬是也。今書本籝字或作盈，又是盈滿之義，蓋兩通也。【補注】先謙曰：官本注「筲」作「箭」，引宋祁曰：「『籝』浙本不從竹，詳蔡注，不從竹爲是。注文『吾陳』字下疑有『留』字。『箭』字疑作『筲』」。吴仁傑云：「方言『嬴，儋也。齊、楚、陳、宋之間謂之嬴』。滿嬴之義非他，直謂其滿儋耳。史文傳寫誤加偏傍，諸家遂以竹器名之。淮南書『蘇秦嬴蓋』，項羽贊『嬴糧』並同此義。而儋字復多異説。蒯通傳『守儋石之禄』，應劭曰『齊人名小甕爲儋』。貨殖傳『漿千儋』，孟康曰『儋，罌也』，師古曰『儋，人儋之也』。要之，人所負皆可謂之儋，不必有罌甕之拘。」沈欽韓云：「管子山國軌篇『勝籝屑糗』，證諸方言則籝爲受飯之器審矣。論語鄭注『筲，竹器也，受斗二升』。方言『陳、楚、宋、衛之間謂之筲，或謂之籝』。吳據訛本方言强以爲嬴儋，一何淺陋也。」

玄成字少翁，以父任爲郎，常侍騎。少好學，修父業，尤謙遜下士。〔一〕出遇知識步行，輒下從者，與載送之，〔二〕以爲常。其接人，貧賤者益加敬，繇是名譽日廣。〔三〕以明經擢爲諫大夫，遷大河都尉。〔四〕

〔一〕師古曰：下音胡亞反。

〔二〕師古曰：輟從者之車馬也。【補注】宋祁曰：「與」疑作「輿」。先謙曰：顧炎武云「『下』字如爰盎傳『下趙談』之『下』。與之共載，復送至其家也」。

〔三〕師古曰：繇與由同。

〔四〕服虔曰：今東平郡也。本爲濟東國，後王國除，爲大河郡。【補注】周壽昌曰：濟東國武帝元鼎元年除爲郡，名大河，凡六十五年，至宣帝甘露二年爲東平國，故本書地理志無大河名也。大河改爲東平正玄成由太常免侯廢居之時。

初玄成兄弘爲太常丞，〔一〕職奉宗廟，典諸陵邑，煩劇多罪過。父賢以弘當爲嗣，故敕令自免。〔二〕弘懷謙，不去官。〔三〕及賢病篤，弘竟坐宗廟事繫獄，罪未決。室家問賢當爲後者，〔四〕賢恚恨不肯言。於是賢門下生博士義倩等與宗家計議，〔五〕共矯賢令，〔六〕使家丞上書言大行，〔七〕以大河都尉玄成爲後。賢薨，玄成在官聞喪，〔八〕又言當爲嗣，玄成深知其非賢雅意，即陽爲病狂，臥便利，妄笑語昏亂。〔九〕徵至長安，既葬，當襲爵，以病狂不應召。大鴻臚奉狀，〔一〇〕章下丞相御史案驗。玄成素有名聲，士大夫多疑其欲讓爵辟兄者。〔一一〕案事丞相史乃與玄成書〔一二〕曰：「古之辭讓，必有文義可觀，故能垂榮於後。今子獨壞容貌，蒙恥辱，爲狂癡，光曜晻而不宣。〔一三〕微哉！子之所託名也。〔一四〕僕素愚陋，過爲宰相執事，〔一五〕願少聞風聲。〔一六〕不然，恐子傷高而僕爲小人也。」〔一七〕玄成友人侍郎章亦上疏言：「聖王貴以禮讓爲國，宜優養玄成，勿枉其志，〔一八〕使得自安衡門之下。」〔一九〕而丞相御史遂以玄成實不病，劾奏之。有詔勿劾，引拜。玄成不得已受爵。〔二〇〕宣帝高其節，以玄成爲河南太守。兄弘太山都尉，遷東海太守。

〔一〕【補注】先謙曰：百官表「奉常有丞」，續志「比千石，掌凡行禮及祭祀小事，總署曹事」。

〔二〕師古曰：恐其有罪見黜，妨爲繼嗣，故令以病去官也。

〔三〕師古曰：謂若欲代父爲侯，故避嫌不肯也。【補注】周壽昌曰：疑唐時本「懷謙」作「懷嫌」。玄成詩云「惟我俊兄，是讓是形」，則作「謙」爲是。

〔四〕【補注】周壽昌曰：「室」蓋「宗」之誤。

〔五〕師古曰：博士姓義名倩也。宗家，賢之同族也。倩音千見反。【補注】何焯曰：漢去古未遠，韋氏世傳經業，宜有宗法，則宗家者其宗子也，非師古所云同族之謂。

〔六〕師古曰：矯，託也。

〔七〕師古曰：爲文書於大行，以言其事也。【補注】先謙曰：下言「大鴻臚奏狀」，則此大行是大鴻臚之屬官，武帝時由行人更名者也。

〔八〕【補注】宋祁曰：越本及别本作「在官」，或作「任官」。
〔九〕師古曰：便利，大小便。【補注】宋祁曰：「笑」作「咲」。注文「大小便」下有「也」字。
〔一〇〕【補注】先謙曰：官本「奉」作「奏」，是。
〔一一〕師古曰：辟讀曰避。
〔一二〕師古曰：即案驗玄成事者。
〔一三〕師古曰：晻讀與暗同。
〔一四〕李奇曰：名，聲名也。
〔一五〕師古曰：過猶謬也。
〔一六〕【補注】先謙曰：使微聞外間疑議，自知改悔。
〔一七〕【補注】宋祁曰：「子」字下疑有「之」字。先謙曰：欲高蹈而被劾，是傷高。發其不病之實，是爲小人也。
〔一八〕師古曰：枉，屈也。
〔一九〕師古曰：衡門，謂横一木於門上，貧者之所居也。
〔二〇〕【補注】宋祁曰：「受」字下疑有「侯」字。

數歲，玄成徵爲未央衛尉，遷太常。坐與故平通侯楊惲厚善，惲誅，黨友皆免官。後以列侯侍祀孝惠廟，當晨入廟，天雨淖，〔一〕不駕駟馬車而騎至廟下。有司劾奏，等輩數人皆削爵爲關内侯。〔二〕玄成自傷貶黜父爵，歎曰：「吾何面目以奉祭祀！」作詩自劾責，曰：

〔一〕師古曰：淖，泥也，音女教反。
〔二〕【補注】蘇輿曰：等輩，猶等夷。史記留侯世家索隱引如淳曰：「等夷，言等輩。」孔融薦禰衡表「若衡等輩，不可多得」，此以等夷爲義也。漢時稱同僚亦謂之等輩，如此傳及後書賈復傳「陵折等輩」、第五倫傳「等輩笑之」是也。先謙曰：據表傳魏相子弘、丙吉子顯即所謂等輩數人也。

赫矣我祖，侯于豕韋，賜命建伯，有殷以綏。〔一〕厥績既昭，車服有常，朝宗商邑，四牡翔翔。〔二〕德之令顯，慶流于裔，宗周至漢，羣后歷世。〔三〕

〔一〕師古曰：建，立也。立爲伯也。綏，安也。以有此伯，故天下安也。
〔二〕師古曰：翔翔，安舒貌。
〔三〕應劭曰：歷世有爵位。【補注】宋祁曰：注末當有「也」字。

肅肅楚傅，輔翼元、夷，〔一〕厥駟有庸，惟慎惟祗。〔二〕嗣王孔佚，越遷于鄒，〔三〕五世壙僚，至我節侯。〔四〕

〔一〕師古曰：元王、夷王也。
〔二〕孟康曰：駟，駟馬也。尚書「車服以庸」。庸，功也。師古曰：庸亦常也，即上「車服有常」同義也。祗，敬也。
〔三〕師古曰：孔，甚也。佚與逸同。
〔四〕應劭曰：自孟至賢五世無官。壙，空也。【補注】先謙曰：壙與曠同。亦見李夫人傳。元紀「衆僚久曠」。壙、曠皆借字。

惟我節侯，顯德遐聞，〔一〕左右昭、宣，五品以訓。〔二〕既耇致位，惟懿惟奐，〔三〕厥賜祁祁，百金洎館。〔四〕國彼扶陽，在京之東，惟帝是留，政謀是從。〔五〕繹繹六轡，是列是

理，〔六〕威儀濟濟，朝享天子。天子穆穆，是宗是師，〔七〕四方遐爾，〔八〕觀國之煇。〔九〕

〔一〕師古曰：聞，合韻音問。

〔二〕師古曰：左右，助也，言爲相也。五品，五教也。訓，理也。左讀曰佐，右讀曰佑。【補注】錢大昭曰：訓，古馴字，故與聞爲韻。周禮士訓鄭司農讀訓爲馴。殷本紀「帝舜命契曰：『百姓不親，五品不馴。』」後漢書引作「訓」。

〔三〕師古曰：言以年致仕也。懿，美也。奂，盛也。

〔四〕師古曰：祁祁，行來貌。洎，及也。【補注】錢大昭曰：謂賢乞骸骨，賜黄金百斤也。王念孫曰：祁祁，言賜予之衆多也。上文「祁祁我徒，戴負盈路」亦謂弟子之衆多也。豳風七月篇「采蘩祁祁」，商頌玄鳥篇「來假祁祁」，傳、箋竝曰「祁祁，衆多也」。大雅韓奕篇「諸娣從之，祁祁如雲」，義亦同也。

〔五〕【補注】先謙曰：不聽之國，備顧問也。

〔六〕師古曰：繹繹，和調之貌。

〔七〕師古曰：穆穆，天子之容也。宗，尊也。言天子尊之以爲師。

〔八〕【補注】錢大昭曰：爾與邇同。

〔九〕師古曰：煇，光也。

茅土之繼，在我俊兄，惟我俊兄，是讓是形。〔一〕於休厥德，於赫有聲，〔二〕致我小子，越留於京。〔三〕惟我小子，不肅會同，〔四〕媠彼車服，黜此附庸。〔五〕

〔一〕師古曰：形，見也。言其謙讓志節顯見也。

〔二〕師古曰：於，皆歎辭也。休，美也。

〔三〕師古曰：言致爵位於己身而留在京師，豫朝請。【補注】宋祁曰：注末當添「也」字。

〔四〕師古曰：肅，敬也。

〔五〕師古曰：婧，古惰字也。削爵爲關內侯，故云黜此附庸，言見黜而爲附庸也。

赫赫顯爵，自我隊之；微微附庸，自我招之。誰能忍媿，寄之我顏；誰將遐征，從之夷蠻。〔一〕於赫三事，匪俊匪作，於蔑小子，終焉其度。〔二〕誰謂華高，企其齊而；誰謂德難，厲其庶而。〔三〕嗟我小子，于貳其尤，〔四〕隊彼令聲，申此擇辭。〔五〕四方羣后，我監我視，威儀車服，唯肅是履！〔六〕

〔一〕師古曰：言己恥辱之甚，無所自措，故曰誰有能忍媿者，以我顏寄之；誰欲遠行去者，當與相從，適於蠻夷，不能見朝廷之士也。

〔二〕師古曰：於，歎辭也。三事，三公之位也。度，居也。言三公顯職，以賢俊爲之，我雖微蔑，方自勉厲，終當居此也。度音大各反。後並同。

〔三〕師古曰：華，華山也。華山雖高，企仰則能齊觀。道德不易，克厲然庶幾可及也。【補注】王念孫曰：庶與齊韻不相協。「庶」當作「幾」，與齊爲韻。幾亦庶也，故史記韓非傳索隱云「幾，庶也」。高注淮南要略云「幾，庶幾也」。「誰謂德難，厲其幾而」，言道德雖難，而自勉者可以庶幾也，故師古曰「道德不易，克厲然庶幾可及也」。今正文作「庶」者，即涉注文庶幾而誤。王文彬曰：上文隊、招非韻，疊之爲韻。此亦疊而爲韻，無庸改「庶」爲「幾」。

〔四〕師古曰：于，往也。尤，過也。自戒云，今以往勿貳其過。一曰，貳不一也，言心不專一，致此過也。【補注】先謙曰：官本「不一」上有「謂」字。

〔五〕師古曰：令，善也。擇，可擇之辭。一曰，擇謂創也。

〔六〕師古曰：戒他人。

初，宣帝寵姬張婕妤男淮陽憲王好政事，通法律，上奇其材，有意欲以爲嗣，然用太子起於細微，又早失母，故不忍也。久之，上欲感風憲王，輔以禮讓之臣，〔一〕乃召拜玄成爲淮陽中尉。〔二〕是時王未就國，玄成受詔，與太子太傅蕭望之及五經諸儒雜論同異於石渠閣，條奏其對。及元帝即位，以玄成爲少府，遷太子太傅，至御史大夫。永光中，代于定國爲丞相。貶黜十年之間，〔三〕遂繼父相位，封侯故國，榮當世焉。〔四〕玄成復作詩，自著復玷缺之囏難，〔五〕因以戒示子孫，曰：

〔一〕師古曰：風讀曰諷。

〔二〕【補注】先謙曰：以其曾讓國。

〔三〕【補注】周壽昌曰：據百官表玄成以太常免官在五鳳三年，至永光二年爲丞相。十五年。此云十年之間，約辭也。

〔四〕【補注】先謙曰：褚補史記云，韋賢「以讀書術爲吏，至大鴻臚。有相工相之，當至丞相。有男四人，使相工相之，至第二子，名玄成。曰：『此子貴，當封。』韋丞相言曰：『我即爲丞相，有長子，是安從得之？』後竟爲丞相，病死，長子不得嗣，而立玄成」。「其治容容，隨世俗浮沈，而見謂諂巧。而相工本謂之當爲侯代父，而後失之；復自游宦而起，至丞相」。

〔五〕師古曰：玉缺曰玷。復音房目反。囏，古艱字。玷音丁念反。

於肅君子，既令厥德，〔一〕儀服此恭，棣棣其則。〔二〕咨余小子，既德靡逮，〔三〕曾是車服，荒嫚以隊。〔四〕明明天子，俊德烈烈，不遂我遺，恤我九列。〔五〕我既茲恤，惟夙惟夜，〔六〕畏忌是申，供事靡惰。〔七〕天子我監，登我三事，〔八〕顧我傷隊，爵復我舊。

〔一〕師古曰：於，歎辭也。肅，敬也。令，善也。言君子之人，皆肅敬以善其德也。
〔二〕李奇曰：善威儀也。師古曰：詩邶柏舟曰：「威儀逮逮，不可選也。」逮逮，閑習之貌，音徒繼反。【補注】先謙曰：官本注並作「棣棣」，引宋祁曰「棣棣」疑作「逮逮」。王文彬云「韋氏世習魯詩，蓋魯作『逮逮』，與毛異。詳顏注所見本正作『逮逮』。官本作『棣棣』，乃後人依毛詩改之，故宋以爲疑」。
〔三〕師古曰：逮，及也，自言德不及也。
〔四〕師古曰：曾之言則也。
〔五〕師古曰：恤，安也。九列，卿之位，謂少府。【補注】宋祁曰：注末當有「也」字。
〔六〕師古曰：夙，早也。言早夜常自戒也。
〔七〕師古曰：申，言自約束也。惰，古惰字。
〔八〕師古曰：監，察也。三事，三公之位，謂丞相也。

我既此登，望我舊階，先后茲度，漣漣孔懷。〔一〕司直御事，我熙我盛；〔二〕羣公百僚，我嘉我慶。〔三〕于異卿士，非同我心，三事惟囏，莫我肯矜。〔四〕赫赫三事，力雖此畢，非吾所度，退其罔日。〔五〕昔我之隊，畏不此居，〔六〕今我度茲，戚戚其懼。〔七〕

〔一〕應劭曰：我既此登，爲丞相也。先后茲度，父所在也。臣瓚曰：案古文宅、度同。師古曰：先后即先君也。以父昔居此位，故泣涕而甚思之也。

〔二〕師古曰：司直，丞相司直也。御事，治事之吏也。言司直及治事之人助我興盛而爲職務也。【補注】蘇輿曰：釋詁「熙，興也」。顏注熙訓興是，而云「助我興盛」則非。此言司直輩以我復爵爲興盛門閭之事，而我方戚懼不皇也。與下「我嘉我慶」同一句例。

〔三〕【補注】先謙曰：官本「嘉」作「加」。

〔四〕師古曰：言己居尊位，懼不克勝，而羣公百官，皆來相慶，是與我心不同也。

〔五〕師古曰：我雖畢力於此，然懼非所居，貶退無日。【補注】先謙曰：官本「吾」作「我」。

〔六〕師古曰：居，合韻音基庶反。

〔七〕師古曰：度亦居也。

嗟我後人，命其靡常，靖享爾位，瞻仰靡荒。〔一〕慎爾會同，戒爾車服，無婧爾儀，以保爾域。〔二〕爾無我視，不慎不整；我之此復，惟禄之幸。〔三〕於戲後人，惟肅惟栗。〔四〕無忝顯祖，〔五〕以蕃漢室！

〔一〕師古曰：靖，謀也。享，當也。言天會無常，唯善是祐。謀當爾位，無荒怠也。【補注】先謙曰：官本注無「言」字，「會」作「命」，是。

〔二〕師古曰：婧亦古惰字也。域謂封邑也。

〔三〕師古曰：言我之得復此爵，乃蒙天之福幸而遇之，爾等不當視效而怠慢也。

〔四〕師古曰：於戲讀曰嗚乎。【補注】先謙曰：官本「乎」作「呼」。

〔五〕【補注】宋祁曰：「祖」一作「位」。

玄成爲相七年，守正持重不及父賢，而文采過之。建昭三年薨，謚曰共侯。初，賢以昭帝時徙平陵，玄成別徙杜陵，病且死，因使者自白曰：「不勝父子恩，願乞骸骨，歸葬父墓。」上許焉。

子頃侯寬嗣。薨，子僖侯育嗣。薨，子節侯沈嗣。自賢傳國至玄孫乃絶。玄成兄高寢令方山子安世歷郡守，大鴻臚，長樂衛尉，朝廷稱有宰相之器，會其病終。而東海太守弘子賞亦明詩。哀帝爲定陶王時，賞爲太傅。哀帝即位，賞以舊恩爲大司馬車騎將軍，列爲三公，〔一〕賜爵關内侯，食邑千户，亦年八十餘以壽終。〔二〕宗族至吏二千石者十餘人。

〔一〕【補注】宋祁曰：「爲」疑作「於」。

〔二〕【補注】先謙曰：公卿表，哀帝元壽元年十一月壬午諸吏光禄大夫韋賞爲大司馬車騎將軍，乙丑卒，在位止八日。

初，高祖時，令諸侯王都皆立太上皇廟。〔一〕至惠帝尊高帝廟爲太祖廟，景帝尊孝文廟爲太宗廟，〔二〕行所嘗幸郡國各立太祖、太宗廟。至宣帝本始二年，〔三〕復尊孝武廟爲世宗廟，行所巡狩亦立焉。凡祖宗廟在郡國六十八，合百六十七所。〔四〕而京師自高祖下至宣帝，與太上皇、悼皇考各自居陵旁立廟，〔五〕并爲百七十六。又園中各有寢、便殿。〔六〕日祭於寢，月祭於廟，時祭於便殿。寢，日四上食；廟，歲二十五祠；〔七〕便殿，歲四祠。又月一游衣冠。〔八〕而昭靈后、武哀王、昭哀后、孝文太后、孝昭太后、衛思后、戾太子、戾后各有寢園，〔九〕與諸帝合凡三十所。一歲祠，上食二萬四千四百五十五，用衛士四萬五千一百二十九人，祝宰樂人萬二千一百四十七人，養犧牲卒不在數中。

〔一〕【補注】先謙曰：官本「祖」作「帝」。

〔二〕【補注】先謙曰：官本「孝文」作「文帝」。

〔三〕【補注】宋祁曰：「三」，浙本作「二」，越本作「三」。

〔四〕師古曰：六十八者，郡國之數也。百六十七所，宗廟之數也。【補注】宋祁曰：注文「百六十七所」下當添「者」字。

〔五〕師古曰：悼皇考者，宣帝之父，即史皇孫。

〔六〕如淳曰：黄圖高廟有便殿，是中央正殿也。師古曰：如説非也。凡言便殿、便室者，皆非正大之處。寢者，陵上正殿，若平生露寢矣。便殿者，寢側之便殿耳。【補注】何焯曰：後書祭祀志云：「古不墓祭。漢諸陵皆有園寢，承秦所爲也。古宗廟前制廟，後制寢。秦始出寢起於墓側，漢因而弗改。」先謙曰：官本注「之」下「便」作「别」。

〔七〕如淳曰：月祭朔望，加臘月二十五。晉灼曰：漢儀注宗廟一歲十二祠。五月嘗麥。六月、七月三伏、立秋貙婁，又嘗粢。八月先夕饋飧，皆一太牢。酎祭用九太牢。十月嘗稻，又飲蒸，二太牢。十月嘗，十二月臘，二太牢。又每月一太牢，如閏加一祀，與此上十二爲二十五祠。師古曰：晉説是也。【補注】先謙曰：官本注「十月嘗」作「十一月嘗」。是。

〔八〕【補注】先謙曰：先帝衣冠月出游之。見叔孫通傳。

〔九〕【補注】先謙曰：昭靈后，高祖母，見高紀。武哀王，高祖兄伯。昭哀后，高祖姊，見吕后紀。衛思后，戾太子母。戾后，即史良娣，見宣紀、武五子傳。

至元帝時，貢禹奏言：「古者天子七廟，今孝惠、孝景廟皆親盡，宜毁。〔一〕及郡國廟不應古禮，宜正定。」天子是其議，未及施行而禹卒。永光四年，乃下詔先議罷郡國廟，曰：「朕聞明王之御世也，遭時爲法，因事制宜。〔一〕往者天下初定，遠方未賓，因嘗所親以立宗廟，〔二〕蓋建威銷萌，一民之至權也。〔三〕今賴天地之靈，〔四〕宗廟之福，四方同軌，蠻貊貢職，〔五〕久遵而不定，令疏遠卑賤共承尊祀，〔六〕殆非皇天祖宗之意，朕甚懼焉。傳不云乎？『吾不與祭，如不祭。』〔七〕其與將軍、列侯、中二千石、二千石、諸大夫、博士、議郎議。」〔八〕丞相玄成、御史大夫鄭弘、太子太傅嚴彭祖、少府歐陽地餘、諫大夫尹更始等七十人皆曰：「臣聞祭，非自外至者也，〔九〕繇中出，生於心也。〔一〇〕故唯聖人爲能饗帝，孝子爲能饗親。〔一一〕立廟京師之居，躬親承事，四海之內各以其職來助祭，〔一二〕尊親之大義，五帝三王所共，不易之道也。〔一三〕詩云：『有來雍雍，〔一四〕至止肅肅，相維辟公，天子穆穆。』〔一五〕春秋之義，父不祭於支庶之宅，〔一六〕君不祭於臣僕之家，王不祭於下土諸侯。〔一七〕臣等愚以爲宗廟在郡國，宜無修，臣請勿復修。」奏可。因罷昭靈后、武哀王、昭哀后、衞思后、戾太子、戾后園，皆不奉祠，裁置吏卒守焉。

〔一〕【補注】先謙曰：胡注，禹蓋以悼考廟足爲七廟。

〔二〕師古曰：言不必同也。

〔三〕師古曰：親謂親臨幸處也。

〔三〕師古曰：銷遏逆亂，使不得萌生。【補注】宋祁曰：浙本無「威」字。「一」字當作「壹」。

〔四〕【補注】宋祁曰：江、浙本並無「地」字。

〔五〕師古曰：同軌，言車轍皆同，示法制齊也。【補注】宋祁曰：注文「法制」越本作「教化」。

〔六〕師古曰：共讀曰恭。【補注】周壽昌曰：顏說非也。共字讀如本音，不得如他處作「恭」，文義自明。

〔七〕師古曰：論語載孔子之言。與讀曰預。

〔八〕【補注】先謙曰：官本無下「二千石」三字。

〔九〕【補注】宋祁曰：江南本無「也」字。浙本有。

〔一〇〕師古曰：繇讀與由同。

〔一一〕師古曰：言情禮皆備。

〔一二〕【補注】宋祁曰：浙本無「助」字。

〔一三〕師古曰：易，改也。

〔一四〕【補注】宋祁曰：「來」字疑作「徠」。

〔一五〕師古曰：此周頌雍篇祖太祖之詩也。雍雍，和也。肅肅，敬也。相，助也。辟，百辟卿士也。公，諸侯也。有來而和者，至而敬者，助王禘祭，是百辟諸侯也。天子是時則穆穆然承事也。【補注】先謙曰：官本注「篇」下「祖」字作「禘」，是。

〔一六〕【補注】沈欽韓曰：喪服小記「庶子不祭祖者，明其宗也」，正義：「適子、庶子，俱是人子，並宜供養，而適子蒸嘗庶子獨不祭者，正是推本崇嫡，明有所宗。」又云「庶子不祭禰」。正義：「此下士立廟於宗子之家，庶子共其牲物，宗子主其禮。」魯季氏有桓公廟，郊特牲云：「公廟之設於私家非禮也。由三桓始也。」

〔一七〕【補注】沈欽韓曰：周官「都宗人掌都宗祀之禮」，注云「王子弟則立其祖王之廟」。又「家宗人掌家祭祀之禮」，注「大夫采地之所祀與都同，若先王之子孫亦有祖廟」。文二年傳「宋祖帝乙，鄭祖厲王」，正義云「宋爲王者之後，得祀殷之先王帝乙之廟不毁者，蓋以爲其所出故特存。周制，王子有功德出封者，得廟祀所出之王。魯以周公之故，得立文王之廟。襄十二年傳稱『魯爲諸姬臨於周廟』。周廟，文王廟也。鄭之桓、武世有大功，故得立厲王之廟。昭十八年傳稱『鄭人救火，使祝史徙主祏於周廟』。周廟，厲王廟也」。郊特牲正義云：「匡衡説，支庶不敢薦其禰，下士諸侯不得專祖於王。古春秋左氏説，天子之子，以上德爲諸侯者，得祖所自出。魯以周公之故，立文王廟。左傳，凡邑有宗廟，先君之主曰都，以其有先君之主。公子爲大夫，所食采地亦自立所出宗廟。其立先公廟，準禮。公子得祖先君，公孫不得祖諸侯。許慎謹案，諸侯有得祖天子者，知大夫亦得祖諸侯。鄭氏無駁，與許慎同也。其王子母弟，食采畿内，賢於餘者，亦得采地之中立祖王廟，故都宗人、家宗人皆爲都、家祭所出祖王之廟也。」余案：經傳雖有祭祖王之文，然玄成等所説自是正禮。

罷郡國廟後月餘，復下詔曰：「蓋聞明王制禮，立親廟四，祖宗之廟，萬世不毁，所以明尊祖敬宗，著親親也。〔一〕朕獲承祖宗之重，惟大禮未備，戰栗恐懼，不敢自顓，〔二〕其與將軍、列侯、中二千石、二千石、諸大夫、博士議。」玄成等四十四人奏議曰：「禮，王者始受命，諸侯始封之君，皆爲太祖。以下，五廟而迭毁，〔三〕毁廟之主臧乎太祖，五年而再殷祭，言壹禘壹祫也。〔四〕祫祭者，毁廟與未毁廟之主皆合食於太祖，父爲昭，子爲穆，孫復爲昭，古之正禮也。〔五〕祭義曰：『王者禘其祖自出，〔六〕以其祖配之，而立四廟。』〔七〕言始受命而王，祭天以其祖配，而不爲立廟，親盡也。〔八〕立親廟四，親親也。親盡而迭毁，親疏之殺，示有終也。〔九〕周之所以七廟者，〔一〇〕以后稷始封，文王、武王受命而王，是以三廟不毁，與親廟四而七。非有后稷始封，文、武受命之功者，皆當親盡而毁。成王成二聖之業，〔一一〕制禮作樂，功德茂盛，廟猶不世，〔一二〕以行爲謚而已。〔一三〕禮，廟在大門之内，不敢遠親也。〔一四〕臣愚以爲高帝受命定天下，〔一五〕宜爲帝者太祖之廟，世世不毁，承後屬盡者宜毁。今宗廟異處，昭穆不序，宜入就太祖廟而序昭穆如禮。太上皇、孝惠、孝文、孝景廟皆親盡宜毀，〔一六〕皇考廟親未盡，如故。」〔一七〕大司馬車騎將軍許嘉等二十九人以爲孝文皇帝除誹謗，去肉刑，躬節儉，不受獻，罪人不帑，不私其利，〔一八〕出美人，重絶人類，賓賜長老，〔一九〕收恤孤獨，德厚侔天地，利澤施四海，宜爲帝者太宗之廟。廷尉忠以爲孝武皇帝改正朔，易服色，攘四夷，宜爲世宗之廟。〔二〇〕諫大夫尹更始等十八人以爲皇考廟上序於昭穆，非正禮，宜毀。

〔一〕師古曰：著亦明也。

〔二〕師古曰：顓與專同。

〔三〕師古曰：迭，互也。親盡則毀，故云迭也，音大結反。【補注】宋祁曰：「太祖」下疑有「繼太祖」三字。王念孫曰：宋說是也。通典禮七載此奏正作「繼太祖以下五廟而迭毀」。漢紀作「繼太祖五廟皆迭毀」。下文亦云「繼祖以下五廟而迭毀」。今本脱「繼太祖」三字，則文義不全。

〔四〕師古曰：殷，大也。禘，諦也。一，一祭之也。祫，合也。禘音大系反。祫音洽。【補注】先謙曰：官本注「一一祭之也」上「一」字作「壹」，是。

〔五〕師古曰：昭穆者，父子易其號序也。昭，明也。穆，美也。後以晉室諱昭，故學者改昭爲韶。【補注】宋祁曰：注末當有「字耳」兩字。

〔六〕師古曰：祖所從出者。【補注】錢大昭曰：此是喪服小記文，非祭義。

〔七〕【補注】周壽昌曰：劉攽云「『而立四廟』云天子立四廟，非也。此一句上有脱簡耳。當曰『諸侯及其太祖而立四廟』」。吳澄云「『而立四廟』四字無所系屬，義不可通。案，大傳『以其祖配之』之下有此六字，劉氏所謂有缺文者，是也。今從其說，而以大傳篇之文補之」。秦蕙田云「玄成他無所據，而引此闕文爲據，一誤；指立四廟爲王者之禮，雖有配天之祖，亦不得立廟，則天子止得四廟，比諸侯反殺其一，二誤；禮莫大於配天，既祭天以祖配矣，而乃不爲祖立廟，豈宗廟之禮反隆於配天之禮而乃靳之耶？三誤；配天以功德，不限定五世之祖，而曰『不爲立廟，親盡也』，四誤；小記之文，本言禘祭太祖所自出而以太祖配之，如商禘嚳而契配，周禘嚳而稷配，與祭天配天何與？而乃以禘爲祭天，以配爲配天，五誤。惟劉歆之論足以正韋之失」。壽昌竊謂「而立四廟」依鄭注亦自可解。古禮傳自高堂生，至戴聖始傳禮記，正當玄成時，不致有脱誤而反引之也。或此篇含意未申，大傳篇補申其説。後，至劉歆推闡愈密，而皆從玄成發之耳。

〔八〕【補注】宋祁曰：「配」字下疑有「之」字。

〔九〕師古曰：殺，漸降也，音所例反。

〔一〇〕【補注】王鳴盛曰：七廟始於周，夏商以前未有也。王制「天子七廟：三昭，三穆，與太祖之廟而七」。鄭云「此周制」。鄭據禮緯稽命徵及鉤命決云「唐虞五廟，親廟四，與始祖五。禹四廟，至子孫五。殷五廟，至子孫六。周六廟，至子孫七。故七廟獨周制爲然」。

〔一一〕師古曰：二聖，文王、武王也。

〔一二〕【補注】先謙曰：漢紀作「廟猶從毀」。

〔一三〕師古曰：謂之成王，則是以行表謚也。

〔一四〕師古曰：遠，離也，音于萬反。【補注】沈欽韓曰：小宗伯：「掌建國之神位，右社稷，左宗廟。」注云：「庫門内雉門外之左右。」聘禮：「公揖，賓入。每門每曲揖。及廟門，公揖，入。」疏云：「諸侯三門，皋、應、路。應門爲中門，入大門東行即至廟門。其間得有每門者，諸侯有五廟，太祖之廟居中，二昭居東，二穆居西，廟皆别門，門外兩邊皆有南北隔牆，隔牆中夾通門，若然，祖廟已西隔牆有三，則閤門固亦有三，東行經三門乃至太祖廟，門中則相逼，入門則相遠，是以每門皆有曲，有曲即相揖也。」又大行人：「朝位賓主之(門)(間)九十步。廟中將幣三享。」注：

「朝位，謂大門外賓下車及王車出迎所立處也。廟，受命祖之廟也。」疏云：「此謂行朝禮在朝訖，乃行三享。在廟，乃有此迎賓之法也。」案，是則廟皆在大門內。左昭十八年傳：「子太叔之廟在道南，其寢在道北。」正義：「廟當在宅內。以其居狹隘，故廟在道南，寢在道北，即游吉所居宅也。」此廟與宅異處，其偶然者也。

〔一五〕【補注】宋祁曰：「帝」字上疑有「皇」字。

〔一六〕【補注】齊召南曰：案，景帝初年詔即尊孝文爲太宗，是即百世不祧之廟，與高祖並崇矣，可因親盡而毀乎？宜許嘉等駮其議也。又悼考立廟非正，宜有尹更始之言。

〔一七〕張晏曰：悼皇考於元帝祖也。

〔一八〕師古曰：重罪之人不及妻子，是不私其利也。帑讀與孥同。【補注】王念孫曰：案，「不私其利」承上「不受獻」言之，非承「罪人不帑」言之。「除誹謗，去肉刑，罪人不帑」，稱其仁也；「躬節儉，不受獻，不私其利」，稱其廉也。「罪人不帑」三句別言之者，上以三字爲句，此以四字爲句，各從其類耳。景紀語曰「孝文皇帝除誹謗，去肉刑」，又曰「減耆欲，不受獻，不私其利也」。此即許嘉等奏議所本。

〔一九〕【補注】宋祁曰：「賓」字浙本作「賞」。王念孫曰：「賓賜」二字義不相屬，當依浙本作「賞賜」，字之誤也。景紀正作「賞賜長老」。

〔二〇〕師古曰：忠，尹忠也。攘，卻也。【補注】錢大昭曰：尹忠字子賓，魏郡人。

於是上重其事，〔二一〕依違者一年，〔二二〕乃下詔曰：「蓋聞王者祖有功而宗有德，尊尊之大義也；存親廟四，親親之至恩也。高皇帝爲天下誅暴除亂，受命而帝，功莫大焉。孝文皇帝國爲代王，諸呂作亂，海內搖動，然羣臣黎庶靡不壹意，北面而歸心，猶謙辭固讓而後即位，削亂秦之迹，興三代之風，是以百姓晏然，咸獲嘉福，德莫盛焉。高皇帝爲漢太祖，孝文皇帝爲太宗，世世承祀，傳之無窮，朕甚樂之。孝宣皇帝爲孝昭皇帝後，於義壹體。〔三〕孝景皇帝廟及皇考廟皆親盡，其正禮儀。」〔四〕玄成等奏曰：「祖宗之廟世世不毀，繼祖以下，五廟而迭毀。今高皇帝爲太祖，孝文皇帝爲太宗，孝景皇帝爲昭，孝武皇帝爲穆，孝昭皇帝與孝宣皇帝俱爲昭。皇考廟親未盡。太上、孝惠廟皆親盡，宜毀。太上廟主宜瘞園，孝惠皇帝爲穆，主遷於太祖廟，寢園皆無復修。」奏可。

〔一〕師古曰：重，難也。

〔二〕師古曰：依違者，不決也。

〔三〕師古曰：一體，謂俱爲昭也。禮，孫與祖俱爲昭。宣帝之於昭帝爲從孫，故云於義一體。【補注】劉攽曰：予謂此言壹體者，以孝宣爲昭帝後，臣子壹體也。尋其文自可見。何焯曰：於義一體，言不得復顧私親，以皇考廟上序於昭穆。

〔四〕【補注】何焯曰：此詔獨取許嘉、尹更始二議，得之。

議者又以爲清廟之詩言交神之禮無不清靜，〔一〕今衣冠出游，有車騎之衆，風雨之氣，非所謂清靜也。「祭不欲數，數則瀆，瀆則不敬。」〔二〕宜復古禮，四時祭於廟，諸寢園日月間祀皆可勿復修。〔三〕上亦不改也。明年，玄成復言：「古者制禮，別尊卑貴賤，〔四〕國君之母非適不得配食，則薦於寢，〔五〕身沒而已。陛下躬至孝，承天心，建祖宗，定迭毀，序昭穆，大禮既定，孝文太后、孝昭太后寢祠園宜如禮勿復修。」奏可。

〔一〕師古曰：清廟，周頌祀文王之詩。其詩云「於穆清廟，肅雍顯相」，又曰「對越在天，駿奔走在廟」。【補注】宋祁曰：注末疑有「是也」兩字。

〔二〕師古曰：此禮記祭法之言。瀆，煩汙也。數音所角反。【補注】王文彬曰：此祭義之文，「瀆」作「煩」。

〔三〕師古曰：間音工莧反。

〔四〕【補注】宋祁曰：「貴」字上疑有「明」字。

〔五〕師古曰：適讀曰嫡也。【補注】先謙曰：官本注末無「也」字。

後歲餘，玄成薨，匡衡爲丞相。上寢疾，夢祖宗譴罷郡國廟，上少弟楚孝王亦夢焉。上詔問衡，議欲復之，〔一〕衡深言不可。上疾久不平，衡惶恐，〔二〕禱高祖、孝文、孝武廟曰：「嗣曾孫皇帝〔三〕恭承洪業，夙夜不敢康寧，思育休烈，以章祖宗之盛功。〔四〕故動作接神，必因古聖之經。往者有司以爲前因所幸而立廟，將以繫海内之心，非爲尊祖嚴親也。今賴宗廟之靈，六合之内莫不附親，廟宜一居京師，天子親奉，郡國廟可止毋修。皇帝祗肅舊禮，尊重神明，即告于祖宗而不敢失。〔五〕今皇帝有疾不豫，乃夢祖宗見戒以廟，楚王夢亦有其序。〔六〕皇帝悼懼，即詔臣衡復修立。謹案上世帝王承祖禰之大義，〔七〕皆不敢不自親。郡國吏卑賤，不可使獨承。又祭祀之義以民爲本，間者歲數不登，百姓困乏，郡國廟無以修立。禮，凶年則歲事不舉，以祖禰之意爲不樂，是以不敢復。〔八〕如誠非禮義之中，違祖宗之心，咎盡在臣衡，〔九〕當受其殃，大被其疾，隊在溝瀆之中。皇帝至孝肅慎，宜蒙祐福。唯高皇帝、孝文皇帝、孝武皇帝省察，右饗皇帝之孝，〔一〇〕開賜皇帝眉壽亡疆，〔一一〕令所疾日瘳，平復反常，〔一二〕

永保宗廟，天下幸甚！」

〔一〕【補注】宋祁曰：「詔」字南本、浙本作「召」。

〔二〕【補注】宋祁曰：「恐」疑作「懼」字。

〔三〕【補注】周壽昌曰：此曾孫不以世次言。書武成云「惟有道曾孫周王發」。詩信南山「曾孫田之」。注「曾孫，主祭者之稱。曾，重也，自曾祖以至無窮皆得稱之」。續志注引漢儀云桓帝祠恭懷皇后祝文「孝曾孫皇帝志」，蝦辭云「於爾孝孫曾孫皇帝」蓋仿此。

〔四〕師古曰：育，養也。休，美也。烈，業也。

〔五〕師古曰：不敢失禮。

〔六〕師古曰：序，緒也，謂端緒也。

〔七〕【補注】宋祁曰：「義」越本作「禮」。錢大昭曰：閩本「義」作「禮」。

〔八〕師古曰：復音房目反。

〔九〕師古曰：如，若也。中音竹仲反。

〔一〇〕師古曰：右讀曰祐。

〔一一〕師古曰：眉壽言壽考而眉秀也。疆，竟也。【補注】先謙曰：官本「考」作「者」，末有「居良反」三字。

〔一二〕師古曰：反猶還也。

又告謝毀廟曰：「往者大臣以爲在昔帝王承祖宗之休典，取象於天地，〔一〕天序五行，人親五屬，〔二〕天子奉天，故率其意而尊其制。是以禘嘗之序，靡有過五。受命之君躬接于天，萬世不墮。繼烈以下，五廟而遷，〔三〕上陳太祖，間歲而祫，〔四〕其道應天，故福禄永終。太上皇非受命而屬盡，義則當遷。又以爲孝莫大於嚴父，故父之所尊子不敢不承，〔五〕父之所異子不敢同。禮，公子不得爲母信，爲後則於子祭，於孫止，〔六〕尊祖嚴父之義也。〔七〕寢日四上食，園廟間祠，皆可亡修。〔八〕皇帝思慕悼懼，未敢盡從。惟念高皇帝聖德茂盛，受命溥將，欽若稽古，承順天心，〔九〕子孫本支，陳錫亡疆。〔一〇〕誠以爲遷廟合祭，久長之策，高皇帝之意，乃敢不聽？·〔一一〕即以令日〔一二〕遷太上、孝惠廟，孝文太后、孝昭太后寢，將以昭祖宗之德，順天人之序，定無窮之業。今皇帝未受茲福，乃有不能共職之疾。〔一三〕皇帝願復修立承祀，臣衡等咸以爲禮不得。〔一四〕如不合高皇帝、孝惠皇帝、孝文皇帝、孝武皇帝、孝昭皇帝、孝宣皇帝、太上皇、孝文太后、孝昭太后之意，罪盡在臣衡等，當受其咎。今皇帝尚未平，詔中朝臣具復毀廟之文。〔一五〕臣衡中朝臣咸復以爲天子之祀義有所斷，禮有所承，違統背制，不可以奉先祖，皇天不祐，鬼神不饗。六藝所載，皆言不當，〔一六〕無所依緣，以作其文。事如失指，罪乃在臣衡，當深受其殃。皇帝宜厚蒙祉福，嘉氣日興，疾病平復，永保宗廟，與天亡極，羣生百神，有所歸息。」〔一七〕諸廟皆同文。

〔一〕師古曰：休，美也。典，法也。

〔二〕師古曰：五屬謂同族之五服：斬衰，齊衰，大功，小功，緦麻也。

〔三〕師古曰：墮，毀也。烈，業也。繼謂始嗣位者也。墮音火規反。【補注】先謙曰：官本注無「位」字。

〔四〕師古曰：間歲，隔一歲也。

〔五〕【補注】沈欽韓曰：喪服：「傳曰，繼母之配父，與因母同，故孝子不敢殊也。」

〔六〕李奇曰：不得信，尊其父也。公子去其所而爲大宗後，尚得私祭其母，爲孫則止，不得祭公子母也，明繼祖不得顧其私祖母也。師古曰：信讀曰伸。【補注】先謙曰：官本注「顧」上「得」作「復」。
〔七〕【補注】何焯曰：此指孝文太后、孝昭太后言。
〔八〕師古曰：閒音工莧反。【補注】先謙曰：官本「祠」作「祀」。
〔九〕師古曰：溥，廣也。將，大也。欽，敬也。若，善也。稽，考也。商頌烈祖之篇曰「我受命溥將」。虞書堯典曰「欽若昊天」，又曰「若稽古帝堯」。故衡總引之。【補注】先謙曰：官本注末有「也」字。
〔一〇〕師古曰：詩大雅文王之篇曰：「陳錫載周，侯文王孫子。文王孫子，本支百世。」陳，敷也。載，始也。本，本宗也。支，支子也。言子孫承受敷錫初始之福，故得永久無窮竟也。
〔一一〕師古曰：言不敢不從。
〔一二〕師古曰：令，善也。謂吉日也。
〔一三〕師古曰：共讀曰恭。
〔一四〕師古曰：於禮不合也。
〔一五〕【補注】宋祁曰：「廟」字下疑有「寢」字。
〔一六〕師古曰：六藝，之經也。【補注】先謙曰：官本「之」作「六」，是。
〔一七〕師古曰：息，止也。

久之，上疾連年，遂盡復諸所罷寢廟園，皆修祀如故。初，上定迭毁禮，獨尊孝文廟爲太宗，而孝武廟親未盡，故未毁。上於是乃復申明之，曰：「孝宣皇帝尊孝武廟曰世宗，損益之禮，不敢有與焉。〔一〕他皆如舊制。」唯郡國廟遂廢云。

〔一〕師古曰：與讀曰預。其下亦同。

元帝崩，衡奏言：「前以上體不平，故復諸所罷祠，卒不蒙福。〔一〕案衛思后、戾太子、戾后園，親未盡。〔二〕孝惠、孝景廟，親盡，宜毁。及太上皇、孝文、孝昭太后、昭靈后、昭哀后、武哀王祠，請悉罷，勿奉。」奏可。初，高后時患臣下妄非議先帝宗廟寢園官，故定著令，〔三〕敢有擅議者棄市。至元帝改制，蠲除此令。成帝時以無繼嗣，河平元年復復太上皇寢廟園，世世奉祠。昭靈后、武哀王、昭哀后并食於太上寢廟如故，又復擅議宗廟之命。〔四〕

〔一〕師古曰：卒，終也。

〔二〕師古曰：言不當毁也。

〔三〕【補注】周壽昌曰：漢制，上特定著令，則在律令之外，如高祖制詔御史長沙王忠其定著令是也。此則高后所定，猶今之欽定專條。

〔四〕師古曰：復音方目反。

成帝崩，哀帝即位。丞相孔光、大司空何武奏言：「永光五年制書，高皇帝爲漢太祖，孝文皇帝爲太宗。建昭五年制書，孝武皇帝爲世宗。損益之禮，不敢有與。臣愚以爲迭毁之次，當以時定，非令所爲擅議宗廟之意也。〔一〕臣請與羣臣雜議。」奏可。於是，光禄勳彭宣、詹事滿昌、博士左咸等五十三人皆以爲繼祖宗以下，五廟而迭毁，後雖有賢君，猶不得與祖宗並列。子孫雖欲褒大顯揚而立之，鬼神不饗也。孝武皇帝雖有功烈，親盡宜毁。

〔一〕【補注】宋祁曰：「所爲」疑作「所謂」。先謙曰：爲、謂通作字。

太僕王舜、中壘校尉劉歆議曰：「臣聞周室既衰，四夷並侵，獫狁最彊，於今匈奴是也。〔一〕至宣王而伐之，〔二〕詩人美而頌之曰『薄伐獫狁，至于太原』，〔三〕又曰『嘽嘽推推，如霆如雷，顯允方叔，征伐獫狁，荆蠻來威』，〔四〕故稱中興。及至幽王，犬戎來伐，殺幽王，取宗器。〔五〕自是之後，南夷與北夷交侵，中國不絕如綫。〔六〕春秋紀齊桓南伐楚，北伐山戎，孔子曰：『微管仲，吾其被髮左衽矣。』〔七〕是故棄桓之過而録其功，〔八〕以爲伯首。〔九〕及漢興，冒頓始彊，破東胡，禽月氏，〔一〇〕并其土地，地廣兵彊，爲中國害。南越尉佗總百粵，自稱帝。故中國雖平，猶有四夷之患，且無寧歲。一方有急，三面救之，是天下皆動而被其害也。孝文皇帝厚以貨賂，與結和親，猶侵暴無已。甚者，興師十餘萬衆，近屯京師及四邊，歲發屯備虜，其爲患久矣，非一世之漸也。諸侯郡守連匈奴及百粵以爲逆者非一人也。匈奴所殺郡守都尉，略取人民，不可勝數。孝武皇帝愍中國罷勞無安寧之時，〔一一〕乃遣大將軍、驃騎、伏波、樓船之屬，南滅百粵，起七郡；〔一二〕北攘匈奴，降昆邪十萬之衆，〔一三〕置五屬國，起朔方，以奪其肥饒之地；〔一四〕東伐朝鮮，起玄菟、樂浪，以斷匈奴之左臂；〔一五〕西伐大宛，並三十六國，結烏孫，起敦煌、酒泉、張掖，以鬲婼羌，裂匈奴之右肩。〔一六〕單于孤特，遠遁于幕北。四垂無事，〔一七〕斥地遠境，起十餘郡。〔一八〕功業既定，乃封丞相爲富民侯，以大安天下，富實百姓，其規橅可見。〔一九〕又招集天下賢俊，與協心同謀，興制度，改正朔，易服色，立天地之祠，建封禪，殊官號，存周後，定諸侯之制，永無逆爭之心，至今累世賴之。單于守藩，百蠻服從，萬世之基也，中興之功未有高焉者也。高帝建大業，爲太祖；孝文皇帝德至厚也，爲文太宗；

孝武皇帝功至著也，爲武世宗，此孝宣帝所以發德音也。禮記王制及春秋穀梁傳，天子七廟，諸侯五，大夫三，士二。天子七日而殯，七月而葬；諸侯五日而殯，五月而葬：此喪事尊卑之序也，與廟數相應。其文曰：『天子三昭三穆，與太祖之廟而七；諸侯二昭二穆，與太祖之廟而五。』〔二〇〕故德厚者流光，德薄者流卑。〔二一〕春秋左氏傳曰：〔二二〕『名位不同，禮亦異數。』自上以下，降殺以兩，禮也。〔二三〕七者，其正法數，可常數者也。宗不在此數中。宗，變也，〔二四〕苟有功德則宗之，不可預爲設數。故於殷，太甲爲太宗，大戊曰中宗，武丁曰高宗。〔二五〕周公爲毋逸之戒，舉殷三宗以勸成王。〔二六〕繇是言之，宗無數也，〔二七〕然則所以勸帝者之功德博矣。以七廟言之，孝武皇帝未宜毀；以所宗言之，則不可謂無功德。禮記祀典曰：『夫聖王之制祀也，功施於民則祀之，以勞定國則祀之，能救大災則祀之。』〔二八〕竊觀孝武皇帝功德皆兼而有焉。凡在於異姓，猶將特祀之，況于先祖？或說天子五廟無見文，又說中宗、高宗者，宗其道而毀其廟。名與實異，非尊德貴功之意也。〔二九〕詩云：『蔽芾甘棠，勿翦勿伐，邵伯所茇。』〔三〇〕思其人猶愛其樹，況宗其道而毀其廟乎？迭毀之禮自有常法，無殊功異德，固以親疏相推及。至祖宗之序，多少之數，經傳無明文，至尊至重，難以疑文虛說定也。孝宣皇帝舉公卿之議，用衆儒之謀，既以爲世宗之廟，建之萬世，宣布天下。臣愚以爲孝武皇帝功烈如彼，孝宣皇帝崇立之如此，不宜毀。」上覽其議而從之。制曰：「太僕舜、中壘校尉歆議可。」

〔一〕【補注】宋祁曰：「狁」浙本作「允」。王念孫曰：案說文無狁字，則浙本是也。凡經傳中作獫狁者，皆因獫字而誤。

衞青傳、匈奴傳、敘傳並作「獫允」，引詩亦作「獫允」。今詩作「玁狁」，「玁」字亦説文所無，當作「獫」。小雅采薇釋文云「玁」本或作「獫」，「狁」本亦作「允」。大雅韓奕箋「爲玁狁所逼」，釋文作「獫允」，是也。

〔二〕【補注】宋祁曰：「宣」字上景本有「周」字。

〔三〕師古曰：小雅六月之詩也。薄伐，言逐出之。

〔四〕師古曰：小雅采芑之詩也。嘽嘽，衆也。推推，盛也。顯，明也。允，信也。方叔，周之卿士，命爲將率也。言出師衆盛，有如雷霆。方叔又能信明其德，既伐獫狁，懲其侵暴，則南荆之蠻，亦畏威而來服也。嘽嘽音他丹反。推音他回反。【補注】宋祁曰：注文「嘽嘽」當删一「嘽」字。

〔五〕師古曰：宗器，宗廟之器也。

〔六〕師古曰：綫，縷也，音思薦反。【補注】沈欽韓曰：公羊僖四年傳之文。

〔七〕師古曰：論語載孔子之言也。微，無也。被髮左衽，戎狄之服。言無管仲佐齊桓公征討，則中夏皆將爲戎狄也。【補注】先謙曰：官本注爲下「戎」字作「夷」。

〔八〕【補注】沈欽韓曰：公羊十七年傳注「桓公繼絶存亡，足以除殺子糾、滅譚、遂項，覆終身之惡」。

〔九〕師古曰：伯讀曰霸。

〔一〇〕師古曰：氏讀曰支。

〔一一〕師古曰：罷讀曰疲。

〔一二〕【補注】先謙曰：「七」當爲「九」，詳賈捐之傳。

〔一三〕師古曰：昆音下門反。

〔一四〕【補注】何焯曰：此指朔方及開河西四郡。

〔一五〕師古曰：樂音來各反。浪音郎。

〔一六〕師古曰：婼音而遮反。【補注】錢大昭曰：鬲與隔同。先謙曰：官本「肩」作「臂」，引宋祁曰，景祐本、越本「臂」作「肩」。

〔一七〕【補注】宋祁曰：「四」疑作「西」。

〔一八〕師古曰：斥，開也。遠，廣也。

〔一九〕師古曰：橅讀曰摹，其字從木。

〔二〇〕【補注】何焯曰：匡衡五廟之說似尤深，然合陰陽五行數之，則可以七爲斷矣。

〔二一〕師古曰：流謂流風餘福。

〔二二〕【補注】周壽昌曰：西漢奏議内引左氏傳始見此及翟方進傳。

〔二三〕師古曰：殺音所例反。

〔二四〕師古曰：言非常數，故云變也。

〔二五〕師古曰：太甲，湯之孫，太丁之子也。太戊，太庚之子，雍己之弟也。武丁，小乙之子。【補注】宋祁曰：注文「太庚」景祐本作「康」，校作「庚」，刊誤據商紀改作「康」。先謙曰：此今文尚書說，與古文不同。史記殷本紀：「帝太甲脩德，諸侯咸歸殷，百姓以寧。伊尹嘉之，乃作太甲訓三篇，褒帝太甲，稱太宗。」段玉裁云：「隸釋所載漢石經殘碑『高宗之饗國百年』與『自時厥後』緊接，不隔一字。洪氏云：『此碑獨闕祖甲，計其字當在中宗之上，以傳序爲次也。』儻非尚書有『太宗』二字，司馬、王、劉不能臆造。賈誼云顧成之廟稱爲太宗。景帝元年，申屠嘉等議云高皇帝廟宜爲太祖之廟，孝文皇帝廟宜爲太宗之廟，實本尚書。其文之次當云昔在殷王太宗，其在中宗，其在高宗，否則，今文家末由倒易其次序也。」先謙案：段說是也。其後平帝時尊孝宣廟爲中宗，孝元廟爲高宗。王莽大誥云「尊中宗、高宗之號」，明莽用今文尚書說，仿殷三宗。東觀書章帝賜東平王蒼書云「此放三宗，誠有其美」，亦用今文說。是太宗、中宗、高宗，漢儒據尚書次序如此，不得執古文「祖甲」之文，將史記、石經末殺，歸之劉歆傳會也。

〔二六〕師古曰：毋逸，尚書篇名。戒以無逸豫也。

〔二七〕師古曰：繇與由同也。【補注】先謙曰：官本作「讀與由同」。

〔二八〕【補注】蘇輿曰：案，今見禮記祭法篇，或漢時一名祀典與？

〔二九〕【補注】先謙曰：案五經異義「詩魯説，丞相匡衡以爲殷中宗、周成、宣王皆以時毀。古文尚書説，經稱中宗，明其廟宗而不毀。許君案，春秋公羊，御史大夫貢禹説，王者宗有德，廟不毀，宗而復毀，非尊德之義。鄭因而不駁」。據此傳則古文尚書説即本之劉歆，歆又本之貢禹。又或説云云，乃今文尚書與三家詩説合也。

〔三〇〕師古曰：召南甘棠之詩也。解已在前。鬋字與翦同。茇音步葛反。

歆又以爲「禮，去事有殺，〔一〕故春秋外傳曰：『日祭，月祀，時享，歲貢，終王。』祖禰則日祭，曾高則月祀，二祧則時享，壇墠則歲貢，〔二〕大禘則終王。〔三〕德盛而游廣，親親之殺也；〔四〕彌遠則彌尊，故禘爲重矣。孫居王父之處，正昭穆，則孫常與祖相代，此遷廟之殺也。聖人於其祖，出於情矣，禮無所不順，故無毀廟。〔五〕自貢禹建迭毀之議，惠、景及太上寢園廢而爲虚，〔六〕失禮意矣。」

〔一〕師古曰：去，除也。殺，漸也。去音丘呂反。殺音所例反。其下並同也。【補注】宋祁曰：注末「也」字當刪。

〔二〕張晏曰：去祧爲壇。墠，掃地而祭也。師古曰：祧是遠祖也。築土爲壇，除地爲墠。祧音他堯反。墠音善。【補注】宋祁曰：注文「是」字刪。

〔三〕服虔曰：蠻夷，終王乃入助祭，各以其珍貢，以共大禘之祭也。師古曰：每一王終，新王即位，乃來助祭。【補注】

吴仁傑曰：案禮，不王不禘。王非謂天子，蓋所謂終王者。鄭康成、孔穎達以禘爲郊祭，謂非天子則不郊，殊不思下文「王者禘其祖之所自出」。諸侯及其太祖則是禘，非郊祭，而爲天子、諸侯之所通矣。韋玄成等議亦引祭義所云，乃謂始受命而王，祭天以其祖配。此鄭、孔之失所從起也。國語「荒服終王」，韋昭曰「終謂世終也。朝嗣王及即位而來見」，與顔注小異。夷考二説，昭爲近之。案國語，祭公諫王謂「今自大畢、伯士之終，犬戎氏以其職來王」，則是彼以即位而來見耳，非爲新王而來。顔説止及一事，而韋説乃兩事也。

〔四〕如淳曰：游亦流也。

〔五〕晉灼曰：以情推子，以子況祖，得人心，禮何所違，故無毁棄不禘之主也。謂下二廟廢而爲虚者也。

〔六〕師古曰：虚讀曰墟。【補注】宋祁曰：「惠景」字下疑有「廟」字。

至平帝元始中，〔一〕大司馬王莽奏：「本始元年丞相義等議，〔二〕謚孝宣皇帝親曰悼園，置邑三百家，至元康元年，丞相相等奏，〔三〕父爲士，子爲天子，祭以天子，悼園宜稱尊號曰『皇考』，立廟，益故奉園民滿千六百家，以爲縣。臣愚以爲皇考廟本不當立。累世奉之，非是。又孝文太后南陵、〔四〕孝昭太后雲陵園，雖前以禮不復修，陵名未正。謹與大司徒晏等百四十七人議，皆曰孝宣皇帝以兄孫繼統爲孝昭皇帝後，以數，故孝元世以孝景皇帝及皇考廟親未盡，不毁。此兩統貳父，〔五〕違於禮制。案義奏親謚曰『悼』，裁置奉邑，皆應經義。相奏悼園稱『皇考』，立廟，益民爲縣，違離祖統，乖繆本義。父爲士，子爲天子，祭以天子者，乃謂若虞舜、夏禹、殷湯、周文、漢之高祖受命而王者也，〔六〕非謂繼祖統爲後者也。臣請皇高祖考廟奉明園毁勿修，〔七〕罷南陵、雲陵爲縣。」〔八〕奏可。

〔一〕【補注】宋祁曰：越本無「至」字，校本添。
〔二〕師古曰：蔡義也。
〔三〕師古曰：魏相也。
〔四〕師古曰：在霸陵之南，故曰南陵。
〔五〕【補注】宋祁曰：「父」江南本、浙本作「文」。
〔六〕【補注】宋祁曰：「文」字下疑有「王」字。
〔七〕張晏曰：奉明園，悼皇考園也。
〔八〕【補注】何焯曰：此奏合禮，雖王莽爲丁、傅、衞氏發難，然不以人廢，與東京末董卓、蔡邕議和帝以下不應爲宗奏同。

司徒掾班彪曰：〔一〕漢承亡秦絶學之後，祖宗之制因時施宜。自元、成後學者番滋，〔二〕貢禹毁宗廟，匡衡改郊兆，何武定三公，後皆數復，故紛紛不定。〔三〕何者？禮文缺微，古今異制，各爲一家，未易可偏定也。考觀諸儒之議，劉歆博而篤矣。

〔一〕師古曰：漢書諸贊，皆固所爲。其有叔皮先論述者，謂固亦具顯以示後人，而或者固竊盗父名，觀此可以免矣。【補注】宋祁曰：注文「謂固亦具顯以示後人」越本「謂」字在後「或者」字下。劉敞曰：注「謂」字注在上，合在「或者」下。
〔二〕師古曰：蕃音扶元反。【補注】先謙曰：官本「番」作「蕃」，是。
〔三〕師古曰：數音所角反。復音扶目反。

魏相丙吉傳第四十四

魏相字弱翁，濟陰定陶人也，〔一〕徙平陵。少學易，爲郡卒史，舉賢良，以對策高第，爲茂陵令。〔二〕頃之，御史大夫桑弘羊客詐稱御史止傳，〔三〕丞不以時謁，客怒縛丞。相疑其有姦，收捕，案致其罪，論棄客市，〔四〕茂陵大治。

〔一〕師古曰：說者謂相即魏無知之後，蓋承淺近之書，爲妄深矣。

〔二〕【補注】齊召南曰：案相對策見韓延壽傳，但彼文云以文學對策，又祇舉褒崇節義一段，亦非全文也。

〔三〕師古曰：傳謂縣之傳舍。

〔四〕師古曰：殺之於市。

後遷河南太守，〔一〕禁止姦邪，豪彊畏服。會丞相車千秋死，先是千秋子爲雒陽武庫令，〔二〕自見失父，而相治郡嚴，恐久獲罪，〔三〕乃自免去。相使掾追呼之，遂不肯還。〔四〕相獨恨曰：「大將軍聞此令去官，必以爲我用丞相死不能遇其子。〔五〕使當世貴人非我，殆矣！」〔六〕武庫令西至長安，大將軍霍光果以責過相曰：「幼主新立，以爲函谷京師之固，武庫精兵所聚，故以丞相弟爲關都尉，子爲武庫令。今河南太守不深惟國家大策，〔七〕苟見丞相不在而斥逐其子，何淺薄也！」後人有告相賊殺不辜，事下有司。河南卒戍中都官者二三千人，〔八〕遮大將軍，自言願復留作一年以贖太守罪。河南老弱萬餘人守關欲入上書，關吏以聞。大將軍用武庫令事，遂下相廷尉獄。〔九〕久繫踰冬，會赦出。〔一〇〕復有詔守茂陵令，遷楊州刺史。〔一一〕考案郡國守相，多所貶退。相與丙吉相善，時吉爲光禄大夫，與相書曰：「朝廷已深知弱翁行治，〔一二〕方且大用矣。願少慎事自重，臧器于身。」〔一三〕相心善其言，爲霽威嚴。〔一四〕居部二歲，徵爲諫大夫，復爲河南太守。

〔一〕【補注】宋祁曰：浙本「遷」字下有「爲」字。

〔二〕【補注】周壽昌曰：案田千秋子順已嗣侯，此當是其次子。

〔三〕【補注】宋祁曰：「罪」字疑從「辠」書。

〔四〕【補注】先謙曰：遂，竟也。

〔五〕【補注】先謙曰：用亦以也。遇謂待遇。

〔六〕師古曰：殆，危也。

〔七〕師古曰：惟，思也。

〔八〕師古曰：來京師諸官府爲戍卒，若今衞士上番分守諸司。

〔九〕師古曰：光心以武庫令事嫌之，而下其賊殺不辜之獄也。【補注】先謙曰：官本注末無「也」字。

〔一〇〕【補注】宋祁曰：「繫」字下疑有「之」字。

〔一一〕【補注】先謙曰：官本「楊」作「揚」。

〔一二〕【補注】先謙曰：官本作「治行」，是。

〔一三〕師古曰：易下繫辭云：「君子藏器於身，待時而動。」言不顯見其材能。

〔一四〕蘇林曰：霽音限齊之齊。臣瓚曰：此雨霽字也。霽，止也。師古曰：二說皆是也。音才詣反，又音子詣反。

數年，宣帝即位，徵相入爲大司農，遷御史大夫。〔一〕四歲，大將軍霍光薨，上思其功德，以其子禹爲右將軍，兄子樂平侯山復領尚書事。〔二〕相因平恩侯許伯奏封事，〔三〕言：「春秋譏世卿，惡宋三世爲大夫，〔四〕及魯季孫之專權，皆危亂國家。自後元以來，祿去王室，政繇冢宰。〔五〕今光死子復爲大將軍，〔六〕兄子秉樞機，昆弟諸壻據權執，在兵官。〔七〕光夫人顯及諸女皆通籍長信宮，〔八〕或夜詔門出入，驕奢放縱，恐寖不制。〔九〕宜有以損奪其權，破散陰謀，以固萬世之基，全功臣之世。」又故事諸上書者皆爲二封，署其一曰副，領尚書者先發副封，所言不善，屏去不奏。相復因許伯白，去副封以防雍蔽。〔一〇〕宣帝善之，〔一一〕詔相給事中，皆從其議。〔一二〕霍氏殺許后之謀始得上聞。乃罷其三侯，令就第，〔一三〕親屬皆出補吏。〔一四〕於是韋賢以老病免，相遂代爲丞相。〔一五〕封高平侯，食邑八百户。及霍氏怨相，又憚之，謀矯太后詔，先召斬丞相，然後廢天子。事發覺，伏誅。宣帝始親萬機，厲精爲治，練羣臣，〔一六〕核名實，而相總領衆職，甚稱上意。

〔一〕【補注】周壽昌曰：本始二年徵爲大司農，三年，遷御史大夫。

〔二〕師古曰：山者去病之孫。今言兄子，此傳誤。【補注】齊召南曰：案依顔注當如張敞傳稱兄孫山，然下文魏相封事曰「兄子秉樞機」即説此事。蒙霍禹言之，可稱兄子。蕭望之傳亦曰「光薨，子禹復爲大司馬，兄子山領尚書」，與此文同，非誤也。

〔三〕【補注】何焯曰：因許伯乃得至帝前。其不因王史，而因許者，專欲發其弑許后之謀也。

〔四〕師古曰：解在五行志。【補注】先謙曰：公羊傳：「宋三世無大夫，三世内取也。」「爲」當作「無」。

〔五〕師古曰：繇與由同。【補注】周壽昌曰：光爲大將軍而稱冢宰。案論語「百官總己以聽於冢宰」，周書「惟周公位冢宰」，古昔總政者即爲冢宰，不必如周官冢宰之稱天官也。

〔六〕【補注】劉敞曰：禹不爲大將軍，字之誤也。何焯曰：「大」當作「右」。先謙曰：通鑑作「右」，足證爲後人傳寫之誤。

〔七〕【補注】先謙曰：「在」當作「任」。

〔八〕師古曰：通籍謂禁門之中皆有名籍，恣出入也。

〔九〕師古曰：寖，漸也。不制，不可制御也。

〔一〇〕師古曰：雍讀曰壅。

〔一一〕【補注】何焯曰：此一時制霍山之權計，後遂行之。

〔一二〕【補注】先謙曰：通鑑胡注，漢三公九卿皆外朝，今相給事中，則得入禁中預中朝之議。

〔一三〕師古曰：禹及雲、山也。

〔一四〕【補注】先謙曰：詳見霍光傳。

〔一五〕【補注】周壽昌曰：在地節三年。

〔一六〕【補注】周壽昌曰：禮月令「簡練桀俊」，本書禮樂志「練時日」注「練，選也」，言簡選羣臣也。

元康中，匈奴遣兵擊漢屯田車師者，不能下。〔一〕上與後將軍趙充國等議，欲因匈奴衰弱，出兵擊其右地，使不敢復擾西域。相上書諫曰：「臣聞之，救亂誅暴，謂之義兵，兵義者王；敵加於己，不得已而起者，謂之應兵，兵應者勝；爭恨小故，不忍憤怒者，謂之忿兵，〔二〕兵忿者敗；利人土地貨寶者，謂之貪兵，兵貪者破；恃國家之大，矜民人之衆，欲見威於敵者，謂之驕兵，兵驕者滅：〔三〕此五者，非但人事，乃天道也。閒者匈奴嘗有善意，所得漢民輒奉歸之，未有犯於邊境，雖爭屯田車師，〔四〕不足致意中。〔五〕今聞諸將軍欲興兵入其地，〔六〕臣愚不知此兵何名者也。今邊郡困乏，父子共犬羊之裘，食草萊之實，常恐不能自存，難以動兵。〔七〕『軍旅之後，必有凶年』，〔八〕言民以其愁苦之氣，傷陰陽之和也。出兵雖勝，猶有後憂，恐災害之變因此以生。今郡國守相多不實選，〔九〕風俗尤薄，水旱不時。案今年計，子弟殺父兄、妻殺夫者，凡二百二十二人，臣愚以爲此非小變也。今左右不憂此，〔一〇〕乃欲發兵報纖介之忿於遠夷，殆孔子所謂『吾恐季氏之憂不在顓臾而在蕭牆之內』也。〔一一〕願陛下與平昌侯、樂昌侯、平恩侯及有識者詳議乃可。」〔一二〕上從其言而止。〔一三〕

〔一〕【補注】先謙曰：不能下，謂不能勝匈奴也。時鄭吉往救，爲匈奴所圍。

〔二〕【補注】先謙曰：王念孫云，恨讀爲很，謂相爭鬭也。孟子言「好勇鬭很」，是很與爭鬭同義，故以「爭」、「很」連文。作「恨」者，借字耳。說詳劉向傳。

〔三〕【補注】沈欽韓曰：文子道德篇「義兵王，應兵勝，忿兵敗，貪兵死，驕兵滅」，相論本之。

〔四〕【補注】宋祁曰：浙本無「屯」字。
〔五〕【補注】周壽昌曰：致、置同。
〔六〕【補注】先謙曰：胡注，丞相不預中朝之議，故言聞諸將軍。大將軍、車騎將軍、前後左右將軍皆中朝官。
〔七〕師古曰：不可以兵事動之。
〔八〕師古曰：此引老子道經之言。【補注】先謙曰：官本「言」作「語」。
〔九〕師古曰：言不得其人。
〔一〇〕師古曰：左右，謂近臣在天子左右者。
〔一一〕師古曰：論語季氏將伐顓臾，孔子謂冉有、季路曰：「吾恐季孫之憂不在顓臾而在蕭牆之内。」故相引之。顓臾，魯附庸國。蕭牆，屏牆也，解在五行志。
〔一二〕師古曰：平昌侯王無故、樂昌侯王武，並帝之舅。平恩侯許伯，皇太子外祖父也。【補注】先謙曰：官本考證「蘇轍云，三人者非賢于趙充國也，然其與國同憂樂，無徼倖功名之心則過於充國遠甚」。
〔一三〕【補注】先謙曰：官本「其」作「相」。帝但遣常惠迎鄭吉徙車師國民居渠犁，以其故地與匈奴。

相明易經，有師法，好觀漢故事及便宜章奏，〔一〕以爲古今異制，方今務在奉行故事而已。數條漢興已來〔二〕國家便宜行事，及賢臣賈誼、朝錯、董仲舒等所言，奏請施行之，〔三〕曰：「臣聞明主在上，賢輔在下，則君安虞而民和睦。〔四〕臣相幸得備位，不能奉明法，廣教化，理四方，以宣聖德。民多背本趨末，〔五〕或有飢寒之色，爲陛下之憂，臣相罪當萬死。臣相知能淺薄，不明國家大體，時用之宜，惟民終始，未得所繇。〔六〕竊伏觀先帝聖德仁恩之厚，勤勞天下，垂意黎庶，憂水旱之災，爲民貧窮發倉廩，賑乏餧；〔七〕遣諫大夫博士巡行天下，〔八〕察風俗，舉賢良，平冤獄，冠蓋交道；〔九〕省諸用，寬租賦，弛山澤波池，〔一〇〕禁秣馬酤酒貯積；〔一一〕所以周急繼困，慰安元元，便利百姓之道甚備。臣相不能悉陳，昧死奏故事詔書凡二十三事。臣謹案王法必本於農而務積聚，量入制用以備凶災，〔一二〕亡六年之畜，尚謂之急。〔一三〕元鼎二年，平原、勃海、太山、東郡溥被災害，〔一四〕民餓死於道路。二千石不豫慮其難，使至於此，〔一五〕賴明詔振捄，乃得蒙更生。〔一六〕今歲不登，穀暴騰踊，〔一七〕臨秋收斂猶有乏者，至春恐甚，亡以相恤。西羌未平，師旅在外，兵革相乘，臣竊寒心，宜蚤圖其備。〔一八〕唯陛下留神元元，帥繇先帝盛德以撫海內。」〔一九〕上施行其策。

〔一〕師古曰：既觀國家故事，又觀前人所奏便宜之章也。

〔二〕【補注】宋祁曰：「已」字疑作「以」字。先謙曰：已、以字同。

〔三〕【補注】先謙曰：官本「朝」作「鼂」。

〔四〕師古曰：虞與娛同。【補注】錢大昭曰：案此「虞」字與匡衡傳「未有游虞弋射之晏」、揚雄傳長楊賦「反五帝之虞」同。孟子「驩虞如也」亦此意。

〔五〕師古曰：本，農業也。末，商賈也。趨讀曰趣。

〔六〕師古曰：惟，思也。繇讀與由同。由，從也，因也。

〔七〕師古曰：餧，餓也，音乃賄反。

〔八〕師古曰：行音下更反。

〔九〕師古曰：言其往來不絶也。

〔一〇〕師古曰：弛，放也，言不禁障之也。波音陂。【補注】宋祁曰：注文「音」字當作「讀曰」。
〔一一〕師古曰：秣，以粟米臥馬也。酤酒者，糜費深也。貯積者，滯米粟也。
〔一二〕師古曰：謂視年歲之豐儉。
〔一三〕師古曰：畜讀曰蓄。禮記王制云：「國無九年之蓄曰不足，無六年之蓄曰急，無三年之蓄曰國非其國也。」【補注】宋祁曰：「亡」字上疑有「故」字。
〔一四〕師古曰：溥與普同。【補注】宋祁曰：注文「溥」字下當有「讀」字。
〔一五〕師古曰：慮，思也。
〔一六〕師古曰：捄，古救字。
〔一七〕師古曰：價忽大貴也。
〔一八〕師古曰：蚤，古早字也。【補注】宋祁曰：注末「也」字當删。
〔一九〕師古曰：帥，循也。繇與由同。由，從也。【補注】宋祁曰：注文「繇」字下當有「讀」字。

又數表采易陰陽及明堂月令奏之，〔一〕曰：「臣相幸得備員，奉職不修，不能宣廣教化。陰陽未和，災害未息，咎在臣等。臣聞易曰：『天地以順動，故日月不過，四時不忒；聖王以順動，故刑罰清而民服。』〔二〕天地變化，必繇陰陽，〔三〕陰陽之分，以日爲紀。日冬夏至，則八風之序立，〔四〕萬物之性成，各有常職，不得相干。東方之神太昊，乘震執規司春；〔五〕南方之神炎帝，乘離執衡司夏；〔六〕西方之神少昊，乘兑執矩司秋；〔七〕北方之神顓頊，乘坎執權司冬；〔八〕中央之神黄帝，乘坤艮執繩司下土。〔九〕兹五帝所司，各有時也。〔一〇〕東方之卦不可以治西方，南方之卦不可以治北方。春興兑治則飢，秋興震治則華，冬興離治則泄，〔一一〕夏興坎治則雹。明王謹於尊天，慎于養人，故立羲和之官以乘四時，〔一二〕節授民事。〔一三〕君動靜以道，奉順陰陽，則日月光明，風雨時節，寒暑調和。三者得敘，則災害不生，五穀熟，絲麻遂，〔一四〕屮木茂，鳥獸蕃，〔一五〕民不夭疾，衣食有餘。若是，則君尊民説，上下亡怨，〔一六〕政教不違，禮讓可興。夫風雨不時，則傷農桑；農桑傷，則民飢寒；飢寒在身，則亡廉恥，寇賊姦宄所繇生也。〔一七〕臣愚以爲陰陽者，王事之本，羣生之命，自古賢聖未有不繇者也。天子之義，必純取法天地，而觀於先聖。高皇帝所述書天子所服第八〔一八〕曰：『大謁者臣章受詔長樂宮，曰：〔一九〕「令羣臣議天子所服，以安治天下。」相國臣何、御史大夫臣昌〔二〇〕謹與將軍臣陵、太子太傅臣通等議：〔二一〕「春夏秋冬天子所服，當法天地之數，中得人和。故自天子王侯有土之君，下及兆民，能法天地，順四時，以治國家，身亡禍殃，年壽永究，〔二二〕是奉宗廟安天下之大禮也。臣請法之。中謁者趙堯舉春，〔二三〕李舜舉夏，兒湯舉秋，貢禹舉冬，〔二四〕四人各職一時。」大謁者襄章奏，制曰：「可。」』孝文皇帝時，以二月施恩惠於天下，賜孝弟力田及罷軍卒，祠死事者，頗非時節。〔二五〕御史大夫朝錯時爲太子家令，奏言其狀。臣相伏念陛下恩澤甚厚，然而災氣未息，竊恐詔令有未合當時者也。願陛下選明經通知陰陽者四人，各主一時，時至明言所職，以和陰陽，天下幸甚！」相數陳便宜，上納用焉。

〔一〕師古曰：表爲標明之。采，撮取也。【補注】先謙曰：官本「爲」作「謂」，同。

〔二〕師古曰：豫卦象辭也。忒，差也。

〔三〕師古曰：繇與由同。【補注】宋祁曰：注文「繇」字下當有「讀」字。

〔四〕【補注】宋祁曰：江南本「紀」字下無「日」字。浙本有。沈欽韓曰：淮南天文訓：「條風至，則出輕繫，去稽留；明庶風至，則正封疆，修田疇；清明風至，則出幣帛，使諸侯；景風至，則爵有位，賞有功；涼風至，則報地德，祀四郊；案北郊以七月之說本於此。閶闔風至，則收縣垂，琴瑟不張；不周風至，則修宮室，繕邊城；廣莫風至，則閉關梁，決刑罰。」

〔五〕張晏曰：木爲仁，仁者生，生者圜，故爲規。

〔六〕張晏曰：火爲禮，禮者齊，齊者平，故爲衡。

〔七〕張晏曰：金爲義，義者成，成者方，故爲矩。

〔八〕張晏曰：水爲智，智者謀，謀者重，故爲權。

〔九〕張晏曰：土爲信，信者誠，誠者直，故爲繩。【補注】宋祁曰：浙本無「下」字。

〔一〇〕【補注】沈欽韓曰：天文訓「規生，矩殺，衡長，權藏，繩居中央，爲四時根」。

〔一一〕師古曰：天地之氣不閉密也。

〔一二〕師古曰：乘，治也。

〔一三〕師古曰：各依其節而授以事。

〔一四〕師古曰：遂，成也。

〔一五〕師古曰：屮，古草字。蕃，多也，音扶元反。

〔一六〕師古曰：説讀曰悦。

〔一七〕師古曰：亂在外爲姦，在内爲宄。繇與由同。其下類此。【補注】宋祁曰：注文「繇」字下當有「讀」字。「下」字下當有「皆」字。先謙曰：官本注「下」字上無「其」字。

〔一八〕如淳曰：第八，天子衣服之制也，於施行詔書第八。

〔一九〕【補注】周壽昌曰：章即襄章也。

〔二〇〕師古曰：蕭何、周昌也。

〔二一〕師古曰：陵，王陵。通，叔孫通。

〔二二〕師古曰：究，竟也。

〔二三〕應劭曰：四時各舉所施行政事。服虔曰：主一時衣服禮物朝祭百事也。師古曰：服説是也。【補注】齊召南曰：案此趙堯疑另是一人，必非江邑侯代周昌爲御史大夫者也。上文云相國臣何、御史大夫臣昌、將軍臣陵、太子太傅臣通，其事當在高帝十年之初。丞相之改稱相國，周昌之出爲趙相而趙堯之代爲御史大夫，叔孫通之由奉常徙爲太子太傅皆此年事也。據功臣表，江邑侯趙堯以漢五年爲御史，則未嘗爲中謁者矣。

〔二四〕師古曰：高帝時自有一貢禹也。兒音五奚反。

〔二五〕師古曰：罷軍卒，卒之疲於軍事者也。罷音疲。一曰新從軍而休罷者也，音薄蟹反。【補注】先謙曰：官本無「罷音疲」三字。引宋祁曰罷音疲。

相敕掾史案事郡國及休告從家還至府，輒白四方異聞，或有逆賊風雨災變，郡不上，相輒奏言之。時丙吉爲御史大夫，同心輔政，上皆重之。相爲人嚴毅，〔一〕不如吉寬。視事九歲，神爵三年薨，謚曰憲侯。子弘嗣，甘露中有罪削爵爲關内侯。〔二〕

〔一〕【補注】先謙曰：褚補史記：「相好武，令諸吏帶劍前奏事。或有不帶劍者，當入奏事，至乃借劍而後敢入。」

〔二〕師古曰：弘坐騎至宗廟下，大不敬也。【補注】周壽昌曰：表作「甘露元年騎至司馬門」，非宗廟下。云「不敬」，無「大」字。若大不敬，豈尚能降爲關内侯也！先謙曰：史記傳云「坐騎至廟，不敬」。

丙吉字少卿，魯國人也。治律令，爲魯獄史。積功勞，稍遷至廷尉右監。坐法失官，歸爲州從事。武帝末，巫蠱事起，吉以故廷尉監徵，〔一〕詔治巫蠱郡邸獄。時宣帝生數月，以皇曾孫坐衞太子事繫，吉見而憐之。又心知太子無事實，重哀曾孫無辜，〔二〕吉擇謹厚女徒，令保養曾孫，置閒燥處。〔三〕吉治巫蠱事，連歲不決。後元二年，武帝疾，往來長楊、五柞宫，〔四〕望氣者言長安獄中有天子氣，於是上遣使者分條中都官詔獄繫者，〔五〕亡輕重一切皆殺之。内謁者令郭穰夜到郡邸獄，吉閉門拒使者不納，〔六〕曰：「皇曾孫在。他人亡辜死者猶不可，〔七〕況親曾孫乎！」相守至天明不得入，穰還以聞，因劾奏吉。武帝亦寤，曰：「天使之也。」因赦天下。郡邸獄繫者獨賴吉得生，恩及四海矣。〔八〕曾孫病，幾不全者數焉，〔九〕吉數敕保養乳母加致醫藥，視遇甚有恩惠，以私財物給其衣食。

〔一〕師古曰：被召詣京師。

〔二〕師古曰：重音直用反。

〔三〕師古曰：閒讀曰閑。閑，寬淨之處也。燥，高敞也。

〔四〕師古曰：長楊、五柞宫並在盩厔，往來二宫之間。

〔五〕師古曰：條謂疏録之。

〔六〕【補注】宋祁曰：「納」字疑作「内」。
〔七〕【補注】宋祁云：浙本無「者」字。
〔八〕師古曰：吉拒閉使者，天子感寤，乃普赦天下。其郡邸繫獄者，既因吉得生，而赦宥之恩遂及四海也。
〔九〕師古曰：幾音鉅依反。數音所角反。次下亦同。【補注】周壽昌曰：宣帝名病已蓋以此。先謙曰：官本無二「音」字，引宋祁曰，注文「鉅」字、「所」字上疑皆有「音」字。

後吉爲車騎將軍軍市令，遷大將軍長史，霍光甚重之，入爲光禄大夫給事中。昭帝崩，亡嗣，大將軍光遣吉迎昌邑王賀。賀即位，以行淫亂廢，光與車騎將軍張安世諸大臣議所立，未定。吉奏記光曰：「將軍事孝武皇帝，受襁褓之屬，任天下之寄，〔一〕孝昭皇帝早崩亡嗣，海内憂懼，欲亟聞嗣主。〔二〕發喪之日以大誼立後，〔三〕所立非其人，復以大誼廢之，〔四〕天下莫不服焉。方今社稷宗廟羣生之命在將軍之壹舉。竊伏聽於衆庶，察其所言，諸侯宗室在列位者，〔五〕未有所聞於民間也。而遺詔所養武帝曾孫名病已在掖庭外家者，〔六〕吉前使居郡邸時見其幼少，至今十八九矣，通經術，有美材，行安而節和。願將軍詳大議，參以著龜，豈宜褒顯，先使入侍，〔七〕令天下昭然知之，然後決定大策，天下幸甚！」〔八〕光覽其議，〔九〕遂尊立皇曾孫，遣宗正劉德與吉迎曾孫於掖庭。宣帝初即位，賜吉爵關内侯。

〔一〕師古曰：屬音之欲反。【補注】先謙曰：官本無「音」字，引宋祁曰，注文「之」字上當有「音」字。
〔二〕師古曰：亟，急也，音居力反。
〔三〕師古曰：雖無嫡嗣，旁立支屬，令宗廟有奉，故云大誼。

〔四〕師古曰：恐危社稷，故廢黜之。
〔五〕【補注】先謙曰：官本作「位列」，引宋祁曰「『位列』浙本作『列位』」。
〔六〕蘇林曰：外家猶言外人民家，不在宮中。晉灼曰：出郡邸獄，歸在外家史氏，後入掖庭耳。師古曰：晉説是也。
〔七〕師古曰：侍太后。【補注】朱子文曰「豈宜褒顯」，「豈」字於文爲悖，恐是「直」字，當爲「直宜褒顯」。錢大昕曰：豈宜者，猶言宜也。古人語急，以豈不爲不，不可爲可，此當言豈不宜，亦語急而省文耳。朱疑當爲「直」字，非孟堅之旨。王念孫曰：案古人無謂豈不爲豈者，錢説亦未安。余謂豈猶其也。言曾孫有美材如此，其宜褒顯也。吳語「天王豈辱裁之」，燕策曰「將軍豈有意乎」，史記魏公子傳曰「我豈有所失哉」，豈字并與其同義。
〔八〕【補注】齊召南曰：此時定策，吉爲首功，不止從前保護曾孫有恩也。傳詳述其奏記云云，見杜延年等勸光立宣帝其功實在丙吉之下。
〔九〕師古曰：省納而用之。

吉爲人深厚，不伐善。自曾孫遭遇，吉絶口不道前恩，〔一〕故朝廷莫能明其功也。地節三年，立皇太子，吉爲太子太傅，數月，遷御史大夫。及霍氏誅，上躬親政，省尚書事。〔二〕是時，掖庭宮婢則令民夫上書，自陳嘗有阿保之功。〔三〕章下掖庭令考問，則辭引使者丙吉知狀。掖庭令將則詣御史府以視吉。〔四〕吉識，謂則曰：「汝嘗坐養皇曾孫不謹督笞，汝安得有功？〔五〕獨渭城胡組、淮陽郭徵卿有恩耳。」分别奏組等共養勞苦狀。〔六〕詔吉求組、徵卿，已死，有子孫，皆受厚賞。詔免則爲庶人，賜錢十萬。上親見問，然後知吉有舊恩，而終不言。上大賢之，制詔丞相：「朕微眇時，御史大夫吉與朕有舊恩，厥德茂焉。〔七〕詩不云虖？『亡德不報。』〔八〕其封吉爲博陽侯，邑千三百户。」〔九〕臨當封，吉疾病，上將使人加紼而封之，及其生存也。〔一〇〕上憂吉疾不起，太子太傅夏侯勝曰：「此未死也。臣聞有陰德者，必饗其樂〔一一〕以及子孫。今吉未獲報而疾甚，非其死疾也。」後病果瘉。〔一二〕吉上書固辭，自陳不宜以空名受賞。上報曰：「朕之封君，非空名也，而君上書歸侯印，是顯朕之不德也。方今天下少事，君其專精神，省思慮，近醫藥，以自持。」後五歲，代魏相爲丞相。〔一三〕

〔一〕師古曰：遭遇謂升大位也。

〔二〕【補注】宋祁曰：「親」字下疑有「治」字。

〔三〕師古曰：謂未爲宫婢時，有舊夫見在俗間者。【補注】錢大昭曰：則，宫婢名。

〔四〕師古曰：視讀曰示。

〔五〕師古曰：督謂視察之。【補注】沈欽韓曰：此「督」字當如陳咸傳作杖罰解。師古説非。隋書刑法志定八等之差，自免官加杖督一百至杖督一十，亦可謂之視察乎？

〔六〕師古曰：共音居用反。養音弋亮反。

〔七〕師古曰：茂，美也。

〔八〕師古曰：大雅抑之詩。【補注】宋祁曰：注末當有「也」字。

〔九〕【補注】先謙曰：官本考證案，表作「千三百三十户」。又案，此詔，宣帝紀元康三年，吉與史曾、史玄、許舜、許延壽及張賀子彭祖同日封。

〔一〇〕應劭曰：吉時病不能起，欲如君視疾，（如）〔加〕朝服拖紳，就封之也。師古曰：紼，繫印之組也，音弗也。【補注】先謙曰：官本注「病」作「疾」，末無「也」字。

〔一一〕【補注】沈欽韓曰：列女傳孫叔敖母曰「有陰德者陽報之」，文子上德篇「有陰德者必有陽報，有隱行者必有昭名」。

〔一二〕師古曰：瘉與愈同。

〔一三〕【補注】先謙曰：公卿表在神爵三年。褚補史記：「長安中有善相工田文者，與韋丞相、魏丞相、邴丞相微賤時會於客家。田文言曰：『今此三君，皆丞相也。』其後三人竟相代爲丞相。」

吉本起獄法小吏，後學詩、禮，皆通大義。及居相位，上寬大，好禮讓。掾史有罪臧，不稱職，輒予長休告，〔一〕終無所案驗。客或謂吉曰：「君侯爲漢相，姦吏成其私，然無所懲艾。」〔二〕吉曰：「夫以三公之府有案吏之名，吾竊陋焉。」〔三〕後人代吉，因以爲故事，公府不案吏，自吉始。〔四〕

〔一〕師古曰：長給休假，令其去職也。【補注】宋祁曰：「長休告」浙本無「休」字。

〔二〕師古曰：艾讀曰乂。【補注】王念孫曰：然猶乃也。言姦吏成其私，而君乃無所懲艾也。古者然與乃同義，說見釋詞。

〔三〕【補注】宋祁曰：「陋」疑作「陋」。

〔四〕【補注】何焯曰：因以爲故事，則姦吏遂無所懲艾矣。丙公當宣帝之朝，方練羣臣，核名實，不妨時有寬舍，可否相濟耳。

於官屬掾史，務掩過揚善。吉馭吏耆酒，數逋蕩，〔一〕嘗從吉出，醉歐丞相車上。〔二〕西曹主吏白欲斥之，〔三〕吉曰：「以醉飽之失去士，使此人將復何所容？〔四〕西曹地忍之，〔五〕此不過汙丞相車茵耳。」〔六〕遂不去也。此馭吏邊郡人，習知邊塞發犇命警備事，〔七〕嘗出，適見驛騎持赤白囊，邊郡發犇命書馳來至。〔八〕馭吏因隨驛騎至公車刺取，〔九〕知虜入雲中、代郡，遽歸府見吉白狀，〔一〇〕因曰：「恐虜所入邊郡，二千石長吏有老病不任兵馬者，宜可豫視。」〔一一〕吉善其言，召東曹案邊長吏，〔一二〕瑣科條其人。〔一三〕未已，詔召丞相、御史，問以虜所入郡吏，吉具對。御史大夫卒遽不能詳知，〔一四〕以得譴讓。〔一五〕而吉見謂憂邊思職，馭吏力也。吉乃歎曰：「士亡不可容，能各有所長。嚮使丞相不先聞馭吏言，何見勞勉之有？」掾史繇是益賢吉。〔十六〕

〔一〕師古曰：逋，亡也。蕩，放也。謂亡其所供之職而游放也。耆讀曰嗜。【補注】王文彬曰：逋謂常在外若逋逃然。顏謂亡其所供之職，則亡爲遺忘，與逋義隔。

〔二〕師古曰：歐，吐也，音一口反。【補注】王念孫曰：案「車」下有「茵」字，而今本脱之，則文義不明。後師古注「茵蓐也音因」五字本在此注內，因此文脱去「茵」字，校書者遂移入後注耳。御覽職官部二、人事部百三十八、車部五引此并作「醉歐丞相車茵上」，白帖四十八作「歐丞相車茵」，漢紀作「醉嘔吐吉車茵」，皆有「茵」字。

〔三〕師古曰：斥，弃逐。【補注】何焯曰：續志，西曹主府史署用。先謙曰：官本注無「逐」字，引宋祁曰，注末當添「也」字。

〔四〕師古曰：言無所容身也。

〔五〕李奇曰：地猶第也。師古曰：地亦但也，語聲之急也。【補注】周壽昌曰：地之爲第，並無義，不過音同而隨筆書之，後人不敢改古書，因望文生訓耳。外戚傳班倢伃傳「蛾而大幸之」，蛾即俄，亦猶是也。漢碑此類尤多。先謙曰：官本注「猶」作「由」，引宋祁曰，注文「由」字越本作「猶」，謝改作「由」，注末「也」字疑作「耳」。

〔六〕師古曰：茵，蓐也，音因。

〔七〕師古曰：犇，古奔字也。有命則奔赴之，言應速也。

〔八〕【補注】先謙曰：官本「犇」作「奔」，引宋祁曰，「奔」疑作「犇」。

〔九〕師古曰：刺謂探候之也。

〔一〇〕師古曰：遽，速也。

〔一一〕【補注】宋祁曰：「視」字下疑有「瑣」字。

〔一二〕【補注】何焯曰：續志，東曹主二千石長吏遷除及軍吏。

〔一三〕張晏曰：瑣，録也。欲科條其人老少及所經歷，知其本以文武進也。【補注】沈欽韓曰：詩傳瑣瑣小也。此爲細科別，不當解瑣爲録。

〔一四〕師古曰：卒讀曰猝。【補注】周壽昌曰：御史大夫黄霸也。

〔一五〕師古曰：讓，責也。

〔一六〕師古曰：繇與由同。【補注】宋祁曰：注文「與」字上當有「讀」字。

吉又嘗出，逢清道羣鬬者，死傷横道，〔一〕吉過之不問，掾史獨怪之。吉前行，逢人逐牛，牛喘吐舌。〔二〕吉止駐，〔三〕使騎吏問：「逐牛行幾里矣？」掾史獨謂丞相前後失問，或以譏吉。吉曰：「民鬬相殺傷，長安令、京兆尹職所當禁備逐捕，歲竟丞相課其殿最，奏行賞罰而已。宰相不親小事，非所當於道路問也。方春少陽用事，未可大熱，〔四〕恐牛近行，用暑故喘，此時氣失節，恐有所傷害也。三公典調和陰陽，職所當憂，是以問之。」掾史乃服，以吉知

大體。〔五〕

〔一〕李奇曰：清道時反羣鬭也。師古曰：清道謂天子當出，或有齋祠，先令道路清淨。【補注】沈欽韓曰：丞相出當清道，反有羣鬭者塞道也。師古謂天子出，非。宋史儀衛志「一品鹵簿中道，清道四人」，蓋漢世已然」。先謙曰：官本注「祠」作「祀」。

〔二〕師古曰：喘，急息，音昌兖反。【補注】宋祁曰：「逐」字下疑有「失」字。

〔三〕【補注】宋祁曰：「駐」字疑作「騎」。

〔四〕師古曰：少音式邵反。【補注】宋祁云：「大熱」浙本作「以熱」。王念孫曰：案浙本是也。以與已同。鄭注檀弓曰，以與已字本同。鄭注考工記云「已，太也，甚也」。後人不知以爲已之借字，故改「以熱」爲「大熱」耳。治要及舊本北堂書鈔設官部三、陳禹謨依俗本改「以」爲「大」。御覽職官部二、獸部十引此并作「未可以熱」。通典職官三同。漢紀作「未可以暑」，「暑」上亦是「以」字。

〔五〕【補注】先謙曰：官本無「所」字，引宋祁曰「當」字上疑有「所」字。王念孫云：治要及北堂書鈔設官部、御覽職官部、獸部引此皆有「所」字。漢紀、通典同。

五鳳三年春，吉病篤。上自臨問吉，曰：「君即有不諱，誰可以自代者？」〔一〕吉辭謝曰：「羣臣行能，明主所知，愚臣無所能識。」上固問，吉頓首曰：「西河太守杜延年明於法度，曉國家故事，前爲九卿十餘年，今在郡治有能名。廷尉于定國執憲詳平，天下自以不冤。太僕陳萬年事後母孝，惇厚備於行止。此三人能皆在臣右，唯上察之。」上以吉言皆是而許焉。及吉薨，御史大夫黄霸爲丞相，徵西河太守杜延年爲御史大夫，會其年老，乞骸骨，病免。以廷尉于定國代爲御史大夫。黄霸薨，而定國爲丞相，太僕陳萬年代定國爲御史大夫，居位皆稱職，上稱吉爲知人。

〔一〕師古曰：不諱，言死不可復言也。【補注】先謙曰：官本注下「言」作「諱」。

吉薨，謚曰定侯。子顯嗣，甘露中有罪削爵爲關内侯，官至衞尉、太僕。〔一〕始顯少爲諸曹，嘗從祠高廟，至夕牲日，乃使出取齋衣。〔二〕丞相吉大怒，謂其夫人曰：「宗廟至重，而顯不敬慎，亡吾爵者必顯也。」夫人爲言，然後乃已。〔三〕吉中子禹爲水衡都尉，少子高爲中壘校尉。

〔一〕【補注】先謙曰：公卿表，甘露三年爲太僕。一年，爲建章衞尉。此言衞尉、太僕，從其後復任次第之。

〔二〕師古曰：未祭一日，其夕展視牲具，謂之夕牲。【補注】沈欽韓曰：續輿服志，秦郊祀之服皆以袀玄。漢承秦故。祀宗廟諸祀則冠長冠。一曰齋冠。玉藻正義，鄭云：「四命以上齋、祭異冠者，諸侯玄冕祭，玄冠齋，孤則爵弁祭，亦玄冠齋，是齋、祭異冠也。其三命以下，大夫則朝服以祭，士則玄端以祭，皆玄冠也，玉藻云『玄冠綦組纓，士之齋冠』，是齋、祭同冠也。其天子之祭，玄冕祭則玄冠齋，絺冕祭則絺冕齋，以次差之可知也。若助祭於君，則齋、祭同冠。」雜記「大夫、士弁而祭於君，齋時服之，祭時亦服之」。以此傳「夕牲乃取齋衣」，則齋衣即祭服也。

〔三〕師古曰：免其罪罰也。

元帝時，長安士伍尊上書，〔一〕言「臣少時爲郡邸小吏，竊見孝宣皇帝以皇曾孫在郡邸獄。〔二〕是時治獄使者丙吉見皇曾孫遭離無辜，吉仁心感動，涕泣悽惻，選擇復作胡組養視皇孫，吉常從。臣尊日再侍臥庭上。〔三〕後遭條獄之詔，吉扞拒大難，不避嚴刑峻法。既遭大赦，吉謂守丞誰如，皇孫不當在官，〔四〕使誰如移書京兆尹，遣與胡組俱送京兆尹，不受，復還。及組日滿當去，皇孫思慕，吉以私錢顧組，令留與郭徵卿並養數月，乃遣組去。後少內嗇夫白吉曰：『食皇孫亡詔令。』〔五〕時吉得食米肉，月月以給皇孫。吉即時病，〔六〕輒使臣尊朝夕請問皇孫，視省席蓐燥溼。候伺組、徵卿，不得令晨夜去皇孫敖盪，〔七〕數奏甘毳食物。〔八〕所以擁全神靈，成育聖躬，功德已亡量矣。時豈豫知天下之福，而徼其報哉！〔九〕誠其仁恩內結於心也。雖介之推割肌以存君，不足比也。〔一〇〕孝宣皇帝時，臣上書言狀，幸得下吉，吉謙讓不敢自伐，刪去臣辭，〔一一〕專歸美於組、徵卿。組、徵卿皆以受田宅賜錢，吉封爲博陽侯。臣尊不得比組、徵卿。臣年老居貧，死在旦暮，欲終不言，恐使有功不著。吉子顯坐微文奪爵爲關內侯，臣愚以爲宜復其爵邑，〔一二〕以報先人功德。」先是顯爲太僕十餘年，〔一三〕與官屬大爲姦利，臧千餘萬，司隸校尉昌案劾，罪至不道，奏請逮捕。上曰：「故丞相吉有舊恩，朕不忍絕。」免顯官，奪邑四百戶。後復以爲城門校尉。顯卒，子昌嗣爵關內侯。

〔一〕師古曰：先嘗有爵，經奪免之，而與士卒爲伍，故稱士伍，其人名尊。

〔二〕【補注】宋祁曰：景祐本作「孝武」，無「以皇」字，淳化本作「孝武」，非。江浙本「曾孫」上無「皇」字。刊誤據衆本添「皇」字。

〔三〕師古曰：郡邸之庭也。侍謂参省之也。時皇孫孩弱，常在襁褓，故指言臥也。

〔四〕孟康曰：郡守丞也，來詣京師邸治獄，姓誰名如。言皇孫不當在獄官，宜屬郡縣也。文穎曰：不當在郡邸官也。師古曰：守丞者，守獄官之丞耳，非郡丞也。誰如者，其人名，不作譙字，言姓，又非也。【補注】劉奉世曰：守丞諸説皆非。蓋郡邸守邸之丞也，與朱買臣傳守丞同。沈欽韓曰：上云大赦，則曾孫已出獄在郡邸。劉謂此守邸之丞是也。先謙曰：官本注「不作」作「本作」。

〔五〕師古曰：少内，掖庭主府臧之官也。食讀曰飤。詔令無文，無從得其廩具也。【補注】宋祁曰：注文「廩」字疑作「稟」。

〔六〕師古曰：有病時也。

〔七〕師古曰：去，離也。敖，游戲也。盪，放也。盪讀與蕩同。

〔八〕師古曰：奏，進也。毳讀與脆同。

〔九〕師古曰：徼，要也，音工堯反。

〔一〇〕師古曰：韓詩外傳云：「晉公子重耳之亡也，過曹，里鳧須以從，因盜其資而逃。重耳無糧，餧不能行，介子推割其股肉以食重耳，然後能行也。」【補注】先謙曰：「比也」二字官本作「以比」。

〔一一〕師古曰：刪，削也。

〔一二〕師古曰：復音防目反。

〔一三〕【補注】先謙曰：公卿表，永光元年故建章衞尉丙顯爲太僕，十年，免。案免在竟寧元年。

成帝時，修廢功，以吉舊恩尤重，鴻嘉元年制詔丞相御史：「蓋聞襃功德，繼絶統，〔一〕所以重宗廟，廣賢聖之路也。故博陽侯吉以舊恩有功而封，今其祀絶，朕甚憐之。夫善善及子孫，古今之通誼也，其封吉孫中郎將關内侯昌爲博陽侯，奉吉後。」國絶三十二歲復續云。昌傳子至孫，王莽時乃絶。

〔一〕【補注】宋祁曰：浙本無「德」字，校本添。

贊曰：古之制名，必繇象類，〔一〕遠取諸物，近取諸身。故經謂君爲元首，臣爲股肱，〔二〕明其一體，相待而成也。是故君臣相配，古今常道，自然之埶也。近觀漢相，高祖開基，蕭、曹爲冠，〔三〕孝宣中興，丙、魏有聲。是時黜陟有序，衆職修理，公卿多稱其位，〔四〕海内興於禮讓。覽其行事，豈虚虖哉！〔五〕

〔一〕師古曰：繇與由同。

〔二〕師古曰：謂虞書益稷云「元首明哉，股肱良哉」也。【補注】先謙曰：官本注末無「也」字。

〔三〕師古曰：名位在衆臣之上。

〔四〕師古曰：稱，副也。

〔五〕師古曰：言君明臣賢，所以致治非徒然也。

眭兩夏侯京翼李傳第四十五

眭弘字孟，魯國蕃人也。〔一〕少時好俠，鬬雞走馬，長乃變節，從嬴公受春秋。〔二〕以明經爲議郎，至符節令。〔三〕

〔一〕師古曰：眭音息隨反。今河朔尚有此姓，音字皆然。而韋昭、應劭並云音桂，非也。今有炅姓，乃音桂耳。漢之決録又不作眭字，寧可混糅將爲一族？又近代學者旁引炅氏譜以相附著。私譜之文出於閭巷，家自爲說，事非經典，苟引先賢，妄相假託，無所取信，寧足據乎？蕃音皮。【補注】宋祁云：「決録」浙本作「炔欽」。沈欽韓曰：今鎮江府有眭姓，讀如雖。葉德輝曰：儒林傳許商門人有齊人炔欽，則作「決録」者，誤也。洪邁隸釋陳球碑跋云：「姓苑載炅氏兄弟各分一姓，曰炅、香、桂、炔，字皆九畫。」按隸書圭中直通連書，故云皆九畫，若眭則不止九畫矣。眭非炔姓可知。先謙曰：蕃，今兖州府滕縣治。

〔二〕師古曰：嬴，姓也。公，長老之號耳。【補注】宋祁曰：「俠」字上疑有「游」字。先謙曰：官本考證，儒林傳「嬴公，東平人，受公羊春秋於董仲舒」，故弘書稱「先師董仲舒」。

〔三〕【補注】先謙曰：百官表符節令屬少府。

孝昭元鳳三年正月，泰山萊蕪山南匈匈有數千人聲，民視之，有大石自立，高丈五尺，大四十八圍，入地深八尺，三石爲足。石立後，有白烏數千，下集其旁。是時昌邑有枯社木臥復生，〔一〕又上林苑中大柳樹斷枯臥地，亦自立生，有蟲食樹葉成文字曰：「公孫病已立。」孟推春秋之意，以爲「石柳皆陰類，下民之象，而泰山者岱宗之嶽，王者易姓告代之處。今大石自立，僵柳復起，〔二〕非人力所爲，此當有從匹夫爲天子者。枯社木復生，故廢之家公孫氏當復興者也」。孟意亦不知其所在，即說曰：「先師董仲舒有言，雖有繼體守文之君，不害聖人之受命。漢家堯後，〔三〕有傳國之運。漢帝宜誰差天下，求索賢人，〔四〕禪以帝位，〔五〕而退自封百里，如殷周二王後，以承順天命。」〔六〕孟使友人內官長賜上此書。〔七〕時昭帝幼，大將軍霍光秉政，惡之，下其書廷尉。奏賜、孟妄設袄言惑衆，大逆不道，皆伏誅。後五年，孝宣帝興於民間，即位，徵孟子爲郎。

〔一〕師古曰：社木，社主之樹也。【補注】先謙曰：此則昌邑嗣立之應。

〔二〕師古曰：僵，偃也，偃臥於地，音居羊反。【補注】先謙曰：官本無「而」字，引宋祁云：「象」字下疑有「而」字。葉德輝云，德藩本、閩本有「而」字。

〔三〕【補注】齊召南曰：案以漢爲堯後，始見此文。然則弘雖習公羊，亦兼通左氏矣。其後劉向父子申明其義，而新莽亦因以爲篡竊之本。葉德輝曰：後書賈逵傳，逵具奏曰：「又五經家皆無以證圖讖明劉氏爲堯後者，而左氏獨有明文。五經家皆言顓頊代黃帝，而堯不得爲火德。左氏以爲少昊代黃帝，即圖讖所謂帝宣也。如令堯不得爲火，則漢不得爲赤。其所發明，補益實多。」

〔四〕孟康曰：誰，問；差，擇也。問擇天下賢人。

〔五〕師古曰：禫，古禪字也。

〔六〕【補注】葉德輝曰：退封百里如二王後，亦公羊家新周故宋之説。

〔七〕師古曰：内官，署名。百官表云：「内官長丞，初屬少府，中屬主爵，後屬宗正。」賜者，其長之名。

夏侯始昌，魯人也。通五經，以齊詩、尚書教授。自董仲舒、韓嬰死後，武帝得始昌，甚重之。始昌明於陰陽，先言柏梁臺災日，至期日果災。〔一〕時昌邑王以少子愛，上爲選師，始昌爲太傅。年老，以壽終。族子勝亦以儒顯名。〔二〕

〔一〕【補注】蘇輿曰：據五行志，在太初元年十一月乙酉。下「日」字當衍。

〔二〕【補注】錢大昕曰：始昌習尚書，名已見儒林傳。其説災異祇有言柏梁臺災事，附見勝傳可矣。乃以「兩夏侯」題其篇目，何也？朱一新曰：班以「兩夏侯」標題，蓋謂勝及建爲大小夏侯氏學，故以此題其篇，並未數始昌也。今本提行皆後人分併，非復班舊。錢議過矣。先謙曰：朱説袒班，然失其敍次列傳微意。且下文勝上冠以夏侯，建上不冠夏侯，明本書勝傳提行，與始昌別傳，而建係帶敍，不當謂兩夏侯爲勝、建也。

夏侯勝〔一〕字長公。初，魯共王分魯西寧鄉〔二〕以封子節侯，别屬大河，大河後更名東平，故勝爲東平人。〔三〕勝少孤，好學，從始昌受尚書及洪範五行傳，説災異。後事蕳卿，〔四〕又從歐陽氏問。爲學精孰，所問非一師也。善説禮服。〔五〕徵爲博士、光禄大夫。會昭帝崩，昌邑王嗣立，數出。〔六〕勝當乘輿前諫曰：「天久陰而不雨，臣下有謀上者，陛下出欲何之？」〔七〕王怒，謂勝爲祆言，縛以屬吏。〔八〕吏白大將軍霍光，光不舉法。是時，光與車騎將軍張安世謀欲廢昌邑王。光讓安世以爲泄語，安世實不言。〔九〕乃召問勝，勝對言：「在鴻範傳曰『皇之不極，厥罰常陰，時則下人有伐上者』，〔一〇〕惡察察言，〔一一〕故云臣下有謀。」〔一二〕光、安世大驚，以此益重經術士。後十餘日，光卒與安世共白太后，〔一三〕廢昌邑王，尊立宣帝。光以爲羣臣奏事東宮，太后省政，〔一四〕宜知經術，白令勝用尚書授太后。遷長信少府，賜爵關內侯，以與謀廢立，〔一五〕定策安宗廟，益千户。〔一六〕

〔一〕【補注】宋祁曰：陸德明論語序釋文「夏户雅反，勝音升或式澄反，一作升澄反」。

〔二〕師古曰：共讀如恭。恭王名餘，景帝之子也。【補注】宋祁云：「王」字下疑有「時」字。

〔三〕【補注】錢大昕曰：案魯共王子寧陽侯恬、瑕邱侯政皆謚節侯，此傳所稱節侯蓋寧陽侯也。地理志，寧陽屬泰山郡，不屬東平，蓋宣帝建東平爲王國，復以寧陽屬它郡。

〔四〕師古曰：姓蕑，名卿。蕑音姦。【補注】錢大昭曰：蕑卿，勝同郡人，兒寬門人。蕑，姓，廣韻不收。淮南王有中尉蕑忌，小顏以爲从艸，不從竹。

〔五〕師古曰：禮之喪服也。

〔六〕師古曰：每出游戲也。

〔七〕師古曰：之，往也。【補注】宋祁曰：「輿」字下疑有「車」字。王念孫曰：宋説是也。後人以乘輿即是車，故删去「車」字，不知此乘輿謂天子也。乘輿車即天子車，蔡邕獨斷律曰「敢盜乘輿服御物」，謂天子所服食者也。天子至尊，不敢渫瀆言之，故託之於乘輿。百官表「奉車都尉掌御乘輿車」，周勃傳「滕公召乘輿車載少帝出」，武五子傳「騶奉乘輿車」，薛廣德傳「當乘輿車免冠頓首」，儒林傳「劒刃鄉乘輿車」，皆其證矣。通鑑漢紀十六無「車」字，則所見漢書本已誤。後漢書儒林傳注引此正作「乘輿車」。

〔八〕師古曰：屬，委也，音之欲反。

〔九〕【補注】宋祁曰：「言」字疑作「泄」。

〔一〇〕【補注】沈欽韓曰：洪範五行傳鄭注，夏侯勝説「伐」宜爲「代」。此勝語正宜爲「代」。

〔一一〕師古曰：惡謂忌諱也。察謂計謀不敢明顯言之也。五行志曰「不敢察察言」也。【補注】先謙曰：官本注下「謂」作「爲」，引宋祁曰，注文「爲」疑作「謂」。案爲、謂同字。

〔一二〕【補注】劉敞曰：傳本云「下人伐上」，而勝自以爲不欲分明道之，故改云「臣下有謀」爾。

〔一三〕師古曰：卒，終也。【補注】先謙曰：官本無「共」字，引宋祁曰「白」字上疑有「共」字。

〔一四〕師古曰：省，視也。【補注】先謙曰：上官太后也。

〔一五〕師古曰：與讀曰豫。

〔一六〕【補注】劉奉世曰：關内侯無國，云何言益？周壽昌曰：案漢初封關内侯食邑者多。申屠嘉傳云「孝文元年舉故以二千石從高祖者悉以爲關内侯食邑二十四人，而嘉食邑五百户」。婁敬傳云「乃封敬二千户，爲關内侯」。是關内侯食邑也，何不可益户乎？

宣帝初即位，欲褒先帝，詔丞相御史曰：「朕以眇身，蒙遺德，承聖業，奉宗廟，夙夜惟念。〔一〕孝武皇帝躬仁誼，厲威武，北征匈奴，單于遠遁，南平氐羌、〔二〕昆明、甌駱兩越，〔三〕東定薉、貉、朝鮮，〔四〕廓地斥境，立郡縣，百蠻率服，款塞自至，珍貢陳於宗廟，協音律，造樂歌，薦上帝，封太山，立明堂，改正朔，易服色；明開聖緒，尊賢顯功，興滅繼絶，褒周之後；〔五〕備天地之禮，廣道術之路。上天報況，〔六〕符瑞並應，寶鼎出，白麟獲，海效鉅魚，〔七〕神人並見，山稱萬歲。〔八〕功德茂盛，不能盡宣，而廟樂未稱，〔九〕朕甚悼焉。其與列侯、二千石、博士議。」於是羣臣大議廷中，皆曰：「宜如詔書。」長信少府勝獨曰：「武帝雖有攘四夷廣土斥境之功，然多殺士衆，竭民財力，奢泰亡度，天下虛耗，〔一〇〕百姓流離，物故者過半。〔一一〕蝗蟲大起，赤地數千里，〔一二〕或人民相食，畜積至今未復。〔一三〕亡德澤於民，不宜爲立廟樂。」公卿共難勝曰：「此詔書也。」勝曰：「詔書不可用也。人臣之誼，宜直言正論，非苟阿意順指。議已出口，雖死不悔。」於是丞相義、御史大夫廣明〔一四〕劾奏勝非議詔書，毀先帝，不道，及丞相長史黄霸阿縱勝，不舉劾，俱下獄。有司遂請尊孝武帝廟爲世宗廟，奏盛德、文始、五行之舞，天下世世獻納，以明盛德。武帝巡狩所幸郡國凡四十九，皆立廟，如高祖、太宗焉。

〔一〕師古曰：惟，思也。

〔二〕【補注】劉奉世曰：氐羌不在南，恐誤。

〔三〕師古曰：甌駱皆越號。

〔四〕張晏曰：薉也，貉也，在遼東之東。師古曰：薉字與穢同。貉音莫客反。

〔五〕【補注】宋祁曰：「周之後」越本、邵本無之。

〔六〕師古曰：況，賜也。

〔七〕師古曰：效，致也。鉅，大也。

〔八〕【補注】先謙曰：事並見武紀。又山稱萬歲，泰山、東萊兩見。

〔九〕師古曰：稱，副也。【補注】葉德輝曰：荀悦漢紀「本始二年夏四月，詔有司議孝武廟樂」。

〔一〇〕師古曰：耗，減也，音呼到反。

〔一一〕師古曰：物故謂死也。【補注】先謙曰：官本無「過」字，引宋祁曰「者」字下疑有「過」字。

〔一二〕師古曰：言無五穀之苗。

〔一三〕師古曰：畜讀曰蓄。

〔一四〕師古曰：蔡義、田廣明。

勝、霸既久繫，霸欲從勝受經，勝辭以罪死。霸曰：「『朝聞道，夕死可矣』。」〔一〕勝賢其言，遂授之。繫再更冬，講論不怠。〔二〕

〔一〕師古曰：論語稱孔子曰「朝聞道，夕死可矣」，故霸引之。【補注】先謙曰：官本注無「稱」字。

〔二〕師古曰：更，歷也，音工衡反。

至四年夏，關東四十九郡同日地動，或山崩，壞城郭室屋，殺六千餘人。上乃素服，避正殿，遣使者弔問吏民，賜死者棺錢。下詔曰：〔一〕「蓋災異者，天地之戒也。朕承洪業，託士民之上，未能和羣生。曩者地震北海、琅邪，壞祖宗廟，朕甚懼焉。〔二〕其與列侯、中二千石博問術士，有以應變，補朕之闕，毋有所諱。」因大赦，勝出爲諫大夫給事中，霸爲揚州刺史。

〔一〕【補注】錢大昭曰：此詔已見本紀，可不復載。

〔二〕【補注】宋祁曰：「曩」字疑作「乃」字。

勝爲人質樸守正，簡易亡威儀。見時謂上爲君，〔一〕誤相字於前，〔二〕上亦以是親信之。〔三〕嘗見，出道上語，〔四〕上聞而讓勝，〔五〕勝曰：「陛下所言善，臣故揚之。堯言布於天下，至今見誦。臣以爲可傳，故傳耳。」朝廷每有大議，上知勝素直，謂曰：「先生通正言，無懲前事。」〔六〕

〔一〕師古曰：見，見於天子。

〔二〕師古曰：前，天子之前也。君前臣名不當相呼字也。

〔三〕師古曰：知其質樸也。

〔四〕師古曰：入見天子而以其言爲外人道之。

〔五〕師古曰：讓，責也。

〔六〕師古曰：通謂陳道之也。懲，創也。前事謂坐議廟樂事。

勝復爲長信少府，遷太子太傅。受詔撰尚書、論語說，〔一〕賜黄金百斤。年九十卒官，賜冢塋，葬平陵。太后賜錢二百萬，爲勝素服五日，以報師傅之恩，儒者以爲榮。

〔一〕師古曰：解説其意，若今義疏也。【補注】葉德輝曰：藝文志尚書家有大小夏侯章句、大小夏侯解故，論語家無夏侯説。

始，勝每講授，常謂諸生曰：「士病不明經術；經術茍明，其取青紫如俛拾地芥耳。〔一〕學經不明，不如歸耕。」

〔一〕師古曰：地芥謂草芥之横在地上者。俛而拾之，言其易而必得也。青紫，卿大夫之服也。俛即俯字也。【補注】王鳴盛曰：葉夢得云：「漢丞相、太尉皆金印紫綬，御史大夫銀印青綬，此三府官之極崇者。勝云青紫謂此。顔據當時所見，誤以爲卿大夫之服。」漢卿大夫蓋未服青紫也，葉説是。揚雄傳「紆青拕紫」注云「青紫謂綬之色」，此注自相歧。

勝從父子建字長卿，〔一〕自師事勝及歐陽高，左右采獲，〔二〕又從五經諸儒問與尚書相出入者，牽引以次章句，具文飾説。勝非之曰：「建所謂章句小儒，破碎大道。」建亦非勝爲學疏略，難以應敵。建卒自顓門名經，〔三〕爲議郎博士，至太子少傅。勝子兼爲左曹太中大夫，孫堯至長信少府、司農、鴻臚，〔四〕曾孫蕃郡守、州牧、長樂少府。〔五〕勝同産弟子賞爲梁内史，梁内史子定國爲豫章太守。而建子千秋亦爲少府、太子少傅。〔六〕

〔一〕師古曰：從父昆弟之子，名建字長卿。
〔二〕師古曰：言於勝及高兩處采問疑義而得之。【補注】先謙曰：官本注末無「之」字，引宋祁曰，注末當有「之」字。
〔三〕師古曰：顓與專同。專門者，自别爲一家之學。【補注】宋祁曰：注「顓」字下當有「音專」字。
〔四〕【補注】錢大昕曰：公卿表，元帝永光元年、成帝元延三年俱有大司農堯，相距三十三年，恐非一人，未審誰是夏侯堯也。其爲大鴻臚則表失書。
〔五〕【補注】先謙曰：平帝元始四年更長信名長樂，見百官表。
〔六〕【補注】先謙曰：公卿表無千秋名，蓋長信少府。

京房字君明，東郡頓丘人也。〔一〕治易，事梁人焦延壽。〔二〕延壽字贛。〔三〕贛貧賤，以好學得幸梁王，王共其資用，〔四〕令極意學。既成，爲郡史，察舉補小黄令。〔五〕以候司先知姦邪，盜賊不得發。〔六〕愛養吏民，化行縣中。舉最當遷，〔七〕三老官屬上書願留贛，有詔許增秩留，〔八〕卒於小黄。贛常曰：「得我道以亡身者，必京生也。」其説長於災變，分六十四卦，更直日用事，〔九〕以風雨寒温爲候：〔一〇〕各有占驗。房用之尤精。好鍾律，知音聲。初元四年以孝廉爲郎。

〔一〕【補注】蘇輿曰：房與夏侯勝復於儒林中著小傳以明學派，此班氏刱例之精。
〔二〕【補注】沈欽韓曰：潛夫論讚學篇：「京君明經年不出户庭，鋭精其學。」先謙曰：通鑑胡注云：「洪适隸釋漢中黄門譙敏碑云『其先，故國師譙贛傳道與京君房』，以焦爲譙。左傳『楚師伐陳，取焦夷』，注謂，焦，今譙縣。若是，則焦、譙可通用。」後書律曆志：「房受學小黄令焦延壽六十律相生之法。」
〔三〕師古曰：贛音貢。
〔四〕師古曰：共讀曰恭。【補注】宋祁曰：「王」字上更有「梁」字。
〔五〕【補注】先謙曰：小黄，陳留縣，今開封府陳留縣東北。
〔六〕師古曰：以其常先知姦邪，故欲爲盜賊者，不敢起發。【補注】蘇輿曰：隋經籍志有京君明推偷盜書一卷，知此亦有術，京氏即傳師法也。又有太一飛鳥雜決捕盜賊法一卷，不著撰人，亦傳斯術者。京定課吏法，有盜賊三日不覺准罪之例，亦恃其術以難人耳。
〔七〕師古曰：以課最而被舉，故欲遷爲他官也。
〔八〕師古曰：依許留而增其秩。【補注】宋祁曰：注「許」字上疑有「請」字。

〔九〕【補注】沈欽韓曰：易緯稽覽圖：「甲子卦氣起中孚，六日八十分之七而從四時卦。」注云：「六以候也。八十分爲一日。之七者，一卦六日七分也。四時卦者，謂四正卦離、坎、震、兑，四時方伯之卦也。」乾坤鑿度亦立坎、離、震、兑四正卦。先謙曰：官本無「四」字，引宋祁曰，別本作「六十四卦」。

〔一〇〕孟康曰：分卦直日之法，一爻主一日，六十四卦爲三百六十日。餘四卦，震、離、兑、坎，爲方伯監司之官。所以用震、離、兑、坎者，是二至二分用事之日，又是四時各專王之氣。各卦主時，其占法各以其日觀其善惡也。師古曰：更音工衡反。【補注】葉德輝曰：王充論衡云：「易京氏布六十四卦於一歲中。六日七分，一卦用事。卦有陰陽，氣有升降，陽升則温，陰升則寒，寒温隨卦而至。」又樊毅修華嶽碑云「風雨應卦」，亦本京氏説也。先謙曰：官本注無「音」字。

永光、建昭間，西羌反，日蝕，又久青亡光，陰霧不精。〔一〕房數上疏，先言其將然，〔二〕近數月，遠一歲，所言屢中，天子説之。〔三〕數召見問，房對曰：「古帝王以功舉賢，則萬化成，瑞應著，〔四〕末世以毁譽取人，故功業廢而致災異。宜令百官各試其功，災異可息。」詔使房作其事，房奏考功課吏法。〔五〕上令公卿朝臣與房會議温室，〔六〕皆以房言煩碎，〔七〕令上下相司，〔八〕不可許。上意鄉之。〔九〕時部刺史奏事京師，〔一〇〕上召見諸刺史，令房曉以課事，刺史復以爲不可行。唯御史大夫鄭弘、光禄大夫周堪初言不可，後善之。

〔一〕師古曰：精謂日光清明也。【補注】錢大昭曰：古「晴」字作「精」，説文作「姓」。葉德輝曰：天文志「天暒而見景星」，孟康曰「暒，精明也」。按晴、暒、姓一字。開元占經日占五引京氏曰「日青益蝕，惟命是爭，誅。」又引春秋感精符曰「日將蝕，必先青黄，不卒至漸消也」。

〔二〕師古曰：言且欲有此事。

〔三〕師古曰：説讀曰悦。

〔四〕師古曰：萬化，萬機之事，施教化者也。一曰萬物之類也。

〔五〕晉灼曰：令丞尉治一縣，崇教化亡犯法者輒遷。有盜賊，滿三日不覺者則尉事也。令覺之，自除二，尉負其一。率相准如此法。【補注】先謙曰：官本注「率」上「二」作「皐」，是。

〔六〕師古曰：温室，殿名也。

〔七〕【補注】錢大昭曰：煩碎猶瑣小也。亦見黄霸、薛宣、王莽傳。

〔八〕【補注】蘇輿曰：司與伺同。

〔九〕師古曰：鄉讀曰嚮。

〔一〇〕【補注】先謙曰：胡注刺史各部一州，故曰部刺史。

是時中書令石顯顓權，〔一〕顯友人五鹿充宗爲尚書令，與房同經，論議相非。〔二〕二人用事，房嘗宴見，〔三〕問上曰：「幽厲之君何以危？所任者何人也？」上曰：「君不明，而所任者巧佞。」房曰：「知其巧佞而用之邪？將以爲賢也？」上曰：「賢之。」房曰：「然則今何以知其不賢也？」上曰：「以其時亂而君危知之。」房曰：「若是，任賢必治，任不肖必亂，必然之道也。幽厲何不覺寤而更求賢，曷爲卒任不肖以至於是？」〔四〕上曰：「臨亂之君各賢其臣，令皆覺寤，天下安得危亡之君？」房曰：「齊桓公、秦二世亦嘗聞此君而非笑之，〔五〕然則任豎刁、趙高，政治日亂，盜賊滿山，何不以幽厲卜之而覺寤乎？」上曰：「唯有道者能以往知來耳。」〔六〕房因免冠頓首，曰：「春秋紀二百四十二年災異，以視萬世之君。〔七〕今陛下即位已來，日月失明，星辰逆行，山崩泉涌，地震石隕，夏霜冬靁，〔八〕春凋秋榮，隕霜不殺，水旱螟蟲，民人飢疫，盗賊不禁，刑人滿市，春秋所記災異盡備。〔九〕陛下視今爲治邪？亂邪？」上曰：「亦極亂耳。尚何道！」房曰：「今所任用者誰與？」〔一〇〕上曰：「然幸其瘉於彼，又以爲不在此人也。」〔一一〕房曰：「夫前世之君亦皆然矣。臣恐後之視今，猶今之視前也。」上良久乃曰：「今爲亂者誰哉？」房曰：「明主宜自知之。」上曰：「不知也；如知之，何故用之？」〔一二〕房曰：「上最所信任，與圖事帷幄之中，進退天下之士者，是矣。」〔一三〕房指謂石顯，上亦知之，謂房曰：「已諭。」〔一四〕

〔一〕師古曰：顓與專同。

〔二〕【補注】蘇輿曰：充宗爲梁丘易，同經異師。又乘貴口辨，務欲陵抗諸家，匪獨師説異也。

〔三〕師古曰：以閒宴時而入見天子。

〔四〕師古曰：卒，終也。

〔五〕【補注】王念孫曰：「此君」本作「此二君」，二君謂幽厲也。今本脱「二」字，則文義不明。治要無「二」字，亦後人依誤本漢書删之。通鑑同。御覽治道部四引此有「二」字，漢紀同。

〔六〕【補注】宋祁曰：江南本云「能以性智求耳」，徐鍇改「往知來」，非是。王念孫曰：「以往知來」正對上文「以幽厲卜之」而言。江南本作「性智求」者，智與知同，古書知字多作智，説見管子法法篇。往性、來求則字形相似而誤耳。世説新語規箴篇注及治要、御覽引此并作「以往知來」，漢紀亦然，則楚金之改不誤。

〔七〕師古曰：視讀曰示。

〔八〕師古曰：靁，古雷字。

〔九〕師古曰：言今皆備有之。

〔一〇〕師古曰：與讀曰歟。【補注】齊召南曰：案通鑑考異云，故資政殿學士邵亢得兩浙錢王寫本漢書，無「亂邪」二字，有「上日亦極亂爾尚何道房曰今」十二字。據此，則古本無「亂邪」二字。王念孫曰：案景祐本作「陛下視今爲治邪亂邪所任用者誰與」，無「上曰」以下至「房曰今」十二字，是也。下文「上曰：『然幸其瘉於彼，又以爲不在此人也。』」云「幸其瘉於彼」是對上文「治邪亂邪」而言，云「不在此人」是對上文「所任用者誰」而言。故師古曰「言今之災異及政道猶幸勝於往日，又不由所任之人」也。若如今本云「亦極亂耳，尚何道」，則與下文「瘉於彼」之語相左。然則，「上曰」以下十二字，皆後人所加明矣。世說新語注、治要皆無此十二字，漢紀亦無。

〔一一〕師古曰：瘉與愈同，愈猶勝也。言今之災異及政道猶幸勝於往日，又不由所任之人。【補注】錢大昭曰：帝意謂我所用者幸其愈於豎刁、趙高之輩，且災異之來，不在此人。顔注疑誤。朱一新曰：説文無「愈」字，古衹用「瘉」爲之。先謙曰：錢説係依今本釋之，故以顔注爲誤。

〔一二〕師古曰：如，若也。【補注】先謙曰：官本「如知」下無「之」字。

〔一三〕師古曰：圖，謀也。

〔一四〕師古曰：言已曉此意。

房罷出，後上令房上弟子曉知考功課吏事者，〔一〕欲試用之。房上中郎任良、姚平，「願以爲刺史，試考功法，臣得通籍殿中，爲奏事，以防雍塞。」〔二〕石顯、五鹿充宗皆疾房，欲遠之，〔三〕建言宜試以房爲郡守。〔四〕元帝於是以房爲魏郡太守，秩八百石，〔五〕居得以考功法治郡。房自請，願無屬刺史，得除用它郡人，自第吏千石已下，〔六〕歲竟乘傳奏事。〔七〕天子許焉。

〔一〕【補注】周壽昌曰：令房上其弟子名籍也。

〔二〕師古曰：雍讀曰壅。

〔三〕師古曰：出之，令遠去。

〔四〕師古曰：立議云然也。

〔五〕【補注】周壽昌曰：漢制，郡太守秩二千石，增秩者中二千石。元帝建元二年益三河大郡太守秩。魏固大郡也，而其秩八百石者，考黄霸傳，霸守京兆尹以乏軍興等罪連貶秩以八百石，爲潁川太守。房爲郎，本六百石，出試爲守，未即真，特爲增損其秩，如宣帝時之制。又成帝時，除吏八百石，就六百石，此在元帝時尚存八百石秩也。

〔六〕如淳曰：令長屬縣，自課第殿最。

〔七〕師古曰：傳音張戀反。其下亦同。【補注】先謙曰：通鑑胡注，歲竟，歲終也。

房自知數以論議爲大臣所非，内與石顯、五鹿充宗有隙，不欲遠離左右，及爲太守，憂懼。房以建昭二年二月朔拜，上封事〔一〕曰：「辛酉以來，蒙氣衰去，太陽精明，臣獨欣然，以爲陛下有所定也。然少陰倍力而乘消息。〔二〕臣疑陛下雖行此道，猶不得如意，臣竊悼懼。守陽平侯鳳欲見未得，〔三〕至己卯，臣拜爲太守，此言上雖明下猶勝之效也。〔四〕臣出之後，恐必爲用事所蔽，身死而功不成，故願歲盡乘傳奏事，蒙哀見許。〔五〕乃辛巳，蒙氣復乘卦，太陽侵色，〔六〕此上大夫覆陽而上意疑也。〔七〕己卯、庚辰之間，必有欲隔絶臣令不得乘傳奏事者。」

〔一〕【補注】錢大昕曰：「二月」當作「三月」。以三統術推，是年正月甲午朔，二月甲子朔。房封事所稱辛酉者，正月二十八日也。己卯、庚辰、辛巳則二月之十六、十七、十八日也。張晏注，以辛巳蒙乘，卦爲晉卦、解卦。太陽侵色，爲大壯。攷卦氣圖，晉、解、大壯皆二月卦，則房上封事必在二月後矣。

〔二〕孟康曰：房以消息卦爲辟。辟，君也。息卦曰太陰，消卦曰太陽，其餘卦曰少陰少陽，謂臣下也。并力雜卦氣干消息也。【補注】宋祁曰：注文當作「息卦曰太陽，消卦曰太陰」。沈欽韓曰：稽覽圖注，太陰謂消也。從否卦至臨爲太陰，雜卦九三爲少陽之效。雜卦九三行於太陰之中，效微温一辰，其餘皆當隨太陰爲寒，其陰效也。太陽謂息也。從泰卦至遯爲太陽，雜卦六三案此下似脱「少陰之效」。行於太陽之中，效微寒一辰，其餘皆當隨太陽爲温。效盡六日七分也。孟注消息字互倒。葉德輝曰：説卦傳「數往者順，知來者逆」。虞翻注：「坤消從午至亥，上下故順也。乾息從子至巳，下上故逆也。」又九家注泰卦曰：「陽息而升，陰消而降。陽稱息者，起復終巽。陰言消者，起姤終乾。」據此則息爲陽，消爲陰，合之則爲辟。鄭氏注乾鑿度曰「辟，天子也」，即本京氏之學。

〔三〕【補注】先謙曰：守王鳳欲因以白見而未能。

〔四〕師古曰：言權臣蔽主之明，故己出爲郡守也。

〔五〕【補注】先謙曰：通鑑胡注，言蒙帝憐哀而許之。

〔六〕張晏曰：晉卦、解卦也。太陽侵色，謂大壯。【補注】劉攽曰：蒙氣起而太陽侵色，則太陽指日也。大壯、解卦可云太陽而非所侵色也。錢大昕曰：以三統術推，是年二月二十四日丁亥春分。其前六日辛巳，正當晉卦用事之始，而蒙氣乘之。春分後解卦用事。又六日七分而大壯乃用事。則三月癸巳朔也。大壯消息卦，晉、解皆雜卦。又曰：下文云「太陽色日月相薄」，則非大壯卦，劉氏所正是也。

〔七〕師古曰：覆，掩蔽也。【補注】沈欽韓曰：乾鑿度：「初爲元士，二爲大夫，三爲公，四爲諸侯，五爲天子，上爲宗廟。」郎顗傳「易中孚傳曰『陽感天，不旋日』」，鄭注「陽者，天子也」。此云覆陽，是以二乘五，大夫蒙蔽天子之象。「上」疑當作「二」。稽覽圖注：「邪臣謀覆冒其君，先霧從夜昏起，或從夜半，或從平旦，君不覺悟。日中不解，遂成蒙君，復不覺悟，下爲霧也。」

房未發，上令陽平侯鳳承制詔房，止無乘傳奏事。〔一〕房意愈恐，去至新豐，因郵上封事〔二〕曰：「臣以六月中言遯卦不効，〔三〕法曰：『道人始去，寒，涌水爲災。』〔四〕至其七月，涌水出。臣弟子姚平謂臣曰：『房可謂知道，未可謂信道也。房言災異，未嘗不中，今涌水已出，道人當逐死，尚復何言？』臣曰：『陛下至仁，於臣尤厚，雖言而死，臣猶言也。』〔五〕平又曰：『房可謂小忠，未可謂大忠也。〔六〕昔秦時趙高用事，有正先者，非刺高而死，〔七〕高威自此成，故秦之亂，正先趣之。』〔八〕今臣得出守郡，自詭效功，〔九〕恐未效而死。惟陛下毋使臣塞涌水之異，〔一〇〕當正先之死，爲姚平所笑。」

〔一〕【補注】王念孫曰：通鑑同。案「房止」當依漢紀作「止房」，今二字倒轉，則文義不順。

〔二〕師古曰：郵，行書者也，若今傳送文書矣。郵音尤。

〔三〕【補注】葉德輝曰：德藩本、監本、閩本「臣」下有「前」字。先謙曰：官本有「前」字。

〔四〕師古曰：道人，有道術之人也。天氣寒而又有水涌出也。【補注】葉德輝曰：易緯稽覽圖曰：「有實無貌，詘，道人也。有貌無實，佞人也。」鄭注云：「有寒温，無貌濁清靜，此賢者詘仕于不肖君也；有貌濁清靜，無寒温，此佞人以便巧仕于世也。」又郎顗上便宜七事引易傳曰：「有貌無實，佞人也；有實無貌，道人也。」寒温爲實，清濁爲貌。郎引易傳亦即易緯也。先謙曰：胡注，法者，房占候之法著之於書者也。

〔五〕師古曰：自云不避死也。

〔六〕【補注】先謙曰：胡注「小忠，謂以諫殺身，而無益於國。大忠，謂諫行言聽，而身與國同休也」。

〔七〕孟康曰：姓正名先，秦博士也。
〔八〕師古曰：趣讀曰促。
〔九〕師古曰：譴，責也。【補注】先謙曰：官本下有「自以爲憂責也」六字。
〔一〇〕師古曰：塞亦當也。

房至陝，復上封事〔一〕曰：「乃丙戌小雨，丁亥蒙氣去，〔二〕然少陰并力而乘消息，戊子益甚，到五十分，蒙氣復起。〔三〕此陛下欲正消息，雜卦之黨并力而爭，消息之氣不勝。彊弱安危之機不可不察。己丑夜，有還風，盡辛卯，〔四〕太陽復侵色，至癸巳，日月相薄，〔五〕此邪陰同力而太陽爲之疑也。臣前白九年不改，必有星亡之異。〔六〕臣願出任良試考功，臣得居内，星亡之異可去。議者知如此於身不利，臣不可蔽，〔七〕故云使弟子不若試師。〔八〕臣爲刺史又當奏事，故復云爲刺史恐太守不與同心，不若以爲太守，此其所以隔絶臣也。陛下不違其言而遂聽之，此乃蒙氣所以不解，太陽亡色者也。臣去朝稍遠，太陽侵色益甚，唯陛下毋難還臣而易逆天意。〔九〕邪説雖安于人，天氣必變，〔一〇〕故人可欺，天不可欺也。願陛下察焉。」房去月餘，竟徵下獄。

〔一〕師古曰：陝，弘農之縣也，音式冉反。
〔二〕【補注】錢大昕曰：丙戌，四月二十四日。其明日丁亥，直小滿，小畜卦用事，亦雜卦也。
〔三〕孟康曰：分一日爲八十分，分起夜半，是爲戊子之日日在巳西而蒙也。蒙常以晨夜，今向中而蒙起，是臣黨盛，君不勝也。

〔四〕孟康曰：諸卦氣以寒温不效後九十一日爲還風。還風，暴風也。風爲教令，言正令還也。【補注】錢大昕曰：己丑，四月二十七日。辛卯，二十九日。葉德輝曰：易緯稽覽圖云：「還風者，善令還也。」鄭注：「還，暴也。君出善令，君弱臣强，還而不行，陽氣逆積，不以時降，後得同類并下，故暴也。故曰令還也。」

〔五〕孟康曰：京房傳曰：「雖非日月同宿之時，陰道盛，猶上薄日光如此，但日無光不食也。」【補注】錢大昕曰：癸巳，五月二日，正當乾卦用事之始而有相薄之異，故云「邪陰同力而太陽爲之疑也」。

〔六〕張晏曰：九，陽數之極也。孟康曰：晝食爲既，夜食爲盡，而星亡爲星不見也。【補注】葉德輝曰：易緯稽覽圖云：「晝則爲蝕既，暮則爲星亡之蝕。」鄭注：「晝不蝕既，暮不星亡，不能成災，爲異而已矣。」

〔七〕【補注】先謙曰：議者謂顯等。房居內不可隔蔽，則於顯等不利。

〔八〕【補注】先謙曰：弟子謂良；師，房自謂。

〔九〕師古曰：易，輕也，音弋豉反。

〔一〇〕【補注】先謙曰：胡注，言人君雖安其邪説而不之覺，天氣必爲之變而失其常。

初，淮陽憲王舅張博從房受學，以女妻房。房與相親，每朝見，輒爲博道其語，〔一〕以爲上意欲用房議，而羣臣惡其害己，故爲衆所排。博曰：「淮陽王上親弟，敏達好政，欲爲國忠。〔二〕今欲令王上書求入朝，得佐助房。」房曰：「得無不可？」〔三〕博曰：「前楚王朝薦士，何爲不可？」房曰：「中書令石顯、尚書令五鹿君相與合同，巧佞之人也，事縣官十餘年；及丞相韋侯皆久亡補於民，可謂亡功矣。〔四〕此尤不欲行考功者也。淮陽王即朝見，勸上行考功，事善；〔五〕不然，但言丞相、中書令任事久而不治，可休丞相，以御史大夫鄭弘代之，遷中書令置他官，以鉤盾令徐立代之，〔六〕如此，房考功事得施行矣。」博具從房記諸所説災異事，因令房爲淮陽王作求朝奏草，〔七〕皆持東與淮陽王。〔八〕石顯微司具知之，以房親近，未敢言。及房出守郡，顯告房與張博通謀，非謗政治，歸惡天子，詿誤諸侯王，語在憲王傳。初，房見，道幽厲事，出爲御史大夫鄭弘言之。房、博皆棄市，弘坐免爲庶人。〔九〕房本姓李，推律自定爲京氏，〔一〇〕死時年四十一。〔一一〕

〔一〕師古曰：所與天子言，皆具説之。

〔二〕師古曰：爲音于僞反。

〔三〕師古曰：恐不可也。

〔四〕師古曰：韋玄成也。

〔五〕【補注】蘇輿曰：即猶若也。詳張敞傳。

〔六〕【補注】先謙曰：百官表，鉤盾令屬少府。續志，典諸近地苑囿游觀之處。

〔七〕【補注】葉德輝曰：德藩本、閩本「因」作「因」。先謙曰：官本「固」作「因」。

〔八〕【補注】宋祁曰：「與」疑作「予」。下文同。先謙曰：胡注，淮陽國在關東。

〔九〕【補注】先謙曰：通鑑考異云，元紀及荀紀，房死皆在建昭元年末。案，本傳二月末上封事，去月餘徵下獄。百官表八月癸亥，匡衡代鄭弘爲御史大夫。房死必不在歲末也。紀不知月日，故繫之歲末耳。

〔一〇〕【補注】沈欽韓曰：白虎通姓名篇：「古者聖人，吹律定姓，以紀其族。人含五常而生正，聲有五轉而相雜。五五二十五，轉生四時，異氣殊音，故姓有百也。」御覽三百六十二引易是類謀曰「黄帝吹律以定姓」。周語「司商協民姓」。韋昭云：「司商，掌賜族受姓之官。商金聲清，謂人姓吹律合定其姓名也。」葉德輝曰：合璧事類外集引古今姓纂云，李姓徵音，京姓角音。蓋徵、角微有清濁之別，故吹律重定之。

〔一一〕【補注】周壽昌曰：御覽五引謝承後漢書曰：「吳郡周敞師事京房。房爲石顯所譖，繫獄，謂敞曰：『吾死後四十日，客星必入天市，即吾無辜之驗也。』房死後果如房言。」案：五行志，元帝初平元年、二年俱有客星見。此在建昭以後，未書客星，豈志失載？抑謝承書未可信邪？

翼奉字少君，東海下邳人也。治齊詩，與蕭望之、匡衡同師。〔一〕三人經術皆明，衡爲後進，望之施之政事，而奉惇學不仕，好律曆陰陽之占。元帝初即位，諸儒薦之，徵待詔宦者署，〔二〕數言事宴見，天子敬焉。

〔一〕【補注】齊召南曰：案儒林傳其師東海后蒼也。

〔二〕【補注】先謙曰：百官表少府屬有宦者令丞。

時，平昌侯王臨以宣布外屬侍中，〔一〕稱詔欲從奉學其術。奉不肯與言，而上封事曰：「臣聞之於師，〔二〕治道要務，在知下之邪正。人誠鄉正，雖愚爲用；〔三〕若乃懷邪，知益爲害。〔四〕知下之術，在於六情十二律而已。〔五〕北方之情，好也；好行貪狼，申子主之。〔六〕東方之情，怒也；怒行陰賊，亥卯主之。〔七〕貪狼必待陰賊而後動，陰賊必待貪狼而後用，二陰並行，是以王者忌子卯也。禮經避之，春秋諱焉。〔八〕南方之情，惡也；惡行廉貞，寅午主之。〔九〕西方之情，喜也；喜行寬大，巳酉主之。〔一〇〕二陽並行，是以王者吉午酉也。〔一一〕詩曰：『吉日庚午。』〔一二〕上方之情，樂也；樂行姦邪，辰未主之。〔一三〕下方之情，哀也；哀行公正，戌丑主之。〔一四〕辰未屬陰，戌丑屬陽，萬物各以其類應。今陛下明聖虚静以待物至，萬事雖衆，何聞而不諭，〔一五〕豈況乎執十二律而御六情！〔一六〕於以知下參實，亦甚優矣，萬不失一，自然之道也。乃正月癸未日加申，有暴風從西南來。未主姦邪，申主貪狼，風以大陰下抵建前，是人主左右邪臣之氣也。〔一七〕平昌侯比三來見臣，皆以正辰加邪時。辰爲客，時爲主人。以律知人情，王者之祕道也，〔一八〕愚臣誠不敢以語邪人。」

〔一〕【補注】錢大昭曰：臨，宣帝舅王無故孫也。「布」乃「帝」字之譌。葉德輝曰：德藩本、閩本作「帝」。先謙曰：官本作「帝」。

〔二〕【補注】葉德輝曰：奉師后蒼。藝文志詩家有齊后氏故、后氏傳，則此下師説皆后蒼詩説也。

〔三〕師古曰：鄉讀曰嚮。

〔四〕【補注】宋祁曰：知當讀作去聲。

〔五〕【補注】沈欽韓曰：白虎通情性篇：「情所以六者何？人本含六律五行之氣而生，故内有五藏六府，此情性之所由出入也。」

〔六〕孟康曰：北方水，水生於申，盛於子。水性觸地而行，觸物而潤，多所好故，多好則貪而無厭，故爲貪狼也。【補注】宋祁曰：注文「故多好」字，「多」字可删。可添四字云「多所好，故爲好；多所好則貪而無厭，故爲貪狼」。沈欽韓曰：白虎通：「好在北方，北方陽氣始施，故好。」

〔七〕孟康曰：東方木，木生於亥，盛於卯。木性受水氣而生，貫地而出，故爲怒；以陰氣賊害土，故爲陰賊也。【補注】沈欽韓曰：白虎通：「怒在東方，東方萬物之生，故怒。」

〔八〕李奇曰：北方陰也，卯又陰賊，故爲二陰，王者忌之，不舉樂。春秋、禮記説皆同。賈氏説：「桀以乙卯亡，紂以甲子喪，惡以爲戒。」張晏曰：子刑卯，卯刑子，相刑之日，故以爲忌。而云夏以乙卯亡，殷以甲子亡，不推湯武以興，此説非也。師古曰：儒者以爲子卯夏殷亡日，大失之矣。何儒亮以爲學者雖駮云，只取夏殷亡日，不論殷周之興，以爲大失，不博考其義。且天人之際，其理相符，有德者昌，無德者亡。以桀紂之暴虐，又遇惡日，其理必亡。以湯武之德，固先天而天不違，所謂德能消殃矣，豈殃能消德也！【補注】劉攽曰：王者忌子卯。陰陽家言子卯相刑，午酉自刑，若相刑可忌，自刑不可忌邪？言夏殷亡日是也。此聖人戒後世，使自儆爾。故當其日，稷食菜羹爲戒也，非以其日凶也。何説湯武興及德勝殃乎！今桀以丙辰滅，紂以乙丑亡，亦用辰丑爲疾日爾。何焯曰：忌子卯，吉午酉，相對而言。翼氏專主二陰二陽，與賈氏所云夏殷興亡異義。葉德輝曰：禮玉藻「子卯稷食菜羹」，鄭注「忌日貶也」。鄭説又互見檀弓「子卯不樂」、士喪禮「朝夕哭不辟子卯」下。春秋左氏昭公九年傳：「辰在子卯謂之疾日，君徹宴樂，學人舍業，爲疾故也。」公羊莊二十二年傳「肆大眚」，何注「謂子卯日也。夏以卯日亡，殷以子日亡，先王常以此日省吉事，不忍舉」云云。忌子卯爲疾日，公穀無明文，此何暗襲左氏。禮記疏引鄭衆注曰「五行子卯自刑」。釋文引賈逵注曰：「桀以乙卯日死，紂以甲子日亡，故以爲戒。」按，逵注即李引賈説也。當以子卯相刑之説爲長。子卯有亡，午酉固無興也。張顔説皆非。

〔九〕孟康曰：南方火，火生於寅，盛於午。火性炎猛，無所加受，故爲惡；其氣精專嚴整，故爲廉貞。【補注】沈欽韓曰：白虎通：「惡在南方，南方陰氣始起，故惡。」先謙曰：官本注「加」作「容」，是。

〔一〇〕孟康曰：西方金，金生於巳，盛於酉。金之爲物，喜以利刃加於萬物，故爲喜；利刃所加，無不寬大，故曰寬大也。【補注】沈欽韓曰：白虎通：「喜在西方，西方萬物之成，故喜。」案此與董仲舒説「喜，春之答也；怒，秋之答也；樂，夏之答也；哀，冬之答也」又不同。

〔一一〕【補注】錢大昭曰：穆天子傳云「天子命吉日戊午」，又云「吉日辛酉，天子升於昆侖之丘」，與翼奉吉午酉之説合。

〔一二〕師古曰：小雅吉日之詩也。其詩曰「吉日庚午，既差我馬」，言以庚午之吉日簡擇車馬以出田也。

〔一三〕孟康曰：上方謂北與東也。陽氣所萌生，故爲上。辰，窮水也。未，窮木也。翼氏風角曰「木落歸本，水流歸末」，故木利在亥，水利在辰，盛衰各得其所，故樂也。水窮則無隙不入，木上出，窮則旁行，故爲姦邪。【補注】錢大昕曰：注「利」當作「刑」。木刑於亥，水刑於辰，火刑於午，金刑於酉，五行家所謂自刑也。亥爲木之生方故云本，辰爲水之生方故云末。葉德輝曰：孟注「木利在亥，水利在辰」當云「木刑在亥，水刑在辰」，蕭吉五行大義引翼氏説正如此。據風角「木落歸本」，亥、卯、未，木之本位，是歸本也。木亥、水辰皆自刑。

〔一四〕孟康曰：下方謂南與西也。陰氣所萌生，故爲下。戌，窮火也。丑，窮金也。翼氏風角曰「金剛火彊，各歸其鄉」，故火刑於午，金刑於酉。酉午，金火之盛也。盛時而受刑，至窮無所歸，故曰哀也。火性無所私，金性方剛，故曰公正。

〔一五〕師古曰：諭謂曉解之。

〔一六〕【補注】先謙曰：豈況，況也。

〔一七〕張晏曰：初元二年，歲在甲戌，正月二十二日癸未也，太陰在太歲後。孟康曰：時太陰在未，月建在寅，風從未下至寅南也。建爲主氣，太陰臣氣也，加主氣，是人主左右邪臣驗也。晉灼曰：癸未日風，未辰也，時加申。張説是也。【補注】吴仁傑曰：揚雄傳「招摇與太陰兮」，張晏曰「太陰，歲後二辰也」。案，奉初元二年奏封事云「今年太陰建於甲戌」，案是年甲戌歲也。四年上疏云「如因丙子孟夏，順太陰以東行」，案是年丙子歲也。以奉言推之，太陰即太歲，其説出淮南書。孟康乃云太陰在甲戌，則太歲在子，張晏亦曰丙子太陰在甲戌，是誤以太歲之外别有太陰，且并二年所上疏爲四年事也。漢紀又誤以四年所上疏并列於二年。王引之曰：此太陰謂太歲也。下文「大陰建於甲戌」指太歲言之，則此亦當然。奉上封事在初元元年，元年太歲在癸酉，酉在西方，未與申皆在西南。風從西南來，則在未申之交而當酉下，故曰太陰下也。孟康誤以歲後二辰之太陰説之，以爲是年太歲在酉，則太陰後二辰而在未。若然，則未即在西南，風從西南來，正當太陰，不得謂之太陰下矣。張晏又誤以元年事爲二年事，其意蓋謂太歲在戌，則太陰後二辰而在申，欲以牽合正文之日加申而竟忘奉上封事之在元年癸酉，其失不已甚乎！太歲亦名太陰，與歲後二辰之太陰迥異，説見下。

〔一八〕張晏曰：平昌侯欲依上來學，爲時邪也。風日加申，申知祕道也。孟康曰：謂乙丑之日也。丑爲正日，加未而來爲邪時。晉灼曰：奉以未爲邪時，占知平昌侯爲邪人，此當言「皆以邪辰加邪時」，字誤作「正」耳。下言「大邪之見」，「辰時俱邪」是也。翼氏曰「五行動爲五音，四刑散爲十二律」也。

上以奉爲中郎，召問奉：「來者以善日邪時，孰與邪日善時？」〔一〕奉對曰：「師法用辰不用日。〔二〕辰爲客，時爲主人。見於明主，侍者爲主人。〔三〕辰正時邪，見者正，侍者邪；辰邪時正，見者邪，侍者正。忠正之見，侍者雖邪，辰時俱正；〔四〕大邪之見，侍者雖正，辰時俱邪。〔五〕即以自知侍者之邪，而時邪辰正，見者反邪；〔六〕即以自知侍者之正，而時正辰邪，見者反正。〔七〕辰爲常事，時爲一行。〔八〕辰疏而時精，其效同功，必參五觀之，〔九〕然後可知。故曰：察其所繇，省其進退，〔一〇〕參之六合五行，則可以見人性，知人情。難用外察，從中甚明，故詩之爲學，情性而已。五性不相害，六情更興廢。〔一一〕觀性以曆，〔一二〕觀情以律，〔一三〕明主所宜獨用，難與二人共也。故曰：『顯諸仁，臧諸用。』〔一四〕露之則不神，獨行則自然矣，唯奉能用之，學者莫能行。」

〔一〕【補注】先謙曰：與猶如也。

〔二〕孟康曰：假令甲子日，子爲辰，甲爲日，用子不用甲也。

〔三〕張晏曰：禮，君燕見臣，則使臣爲主人，故侍者爲主人。

〔四〕孟康曰：大正厭小邪也。凡辰時屬南與西爲正，北與東爲邪。晉灼曰：以上占推之，南方巳午、西方酉戌、東北寅丑爲正，西南申未、北方亥子、東方辰卯爲邪。

〔五〕孟康曰：大邪厭小正也。

〔六〕孟康曰：凡占以見者爲本。今自知侍者邪，而時復邪，則邪無所施，故屬見者。晉灼曰：上言忠正客見，侍者雖邪，辰時俱正，然則小邪屬主人矣。何以知之？見者以大正來反我小邪故也。

〔七〕孟康曰：已自知侍者正，而時復正，則正無所施。辰雖邪，而見者更正也。晉灼曰：上言大邪客見，侍者雖正，辰時俱邪，然則小正屬主人矣。以此法占之，即以自知主人之正，而時正辰邪矣。何以知之？見者以大邪來反我小正故也。

〔八〕孟康曰：假令甲子日，則一日一夜爲子。時，十二時也。日加之，行過也。

〔九〕【補注】先謙曰：參五與參伍同。本書「伍」多作「五」。

〔一〇〕師古曰：繇與由同。

〔一一〕師古曰：更音工衡反。【補注】宋祁曰：「興」疑作「與」字。

〔一二〕張晏曰：性謂五行也。曆謂日也。晉灼曰：翼氏五性：肝性靜，靜行仁，甲巳主之；心性躁，躁行禮，丙辛主之；脾性力，力行信，戊癸主之；肺性堅，堅行義，乙庚主之；腎性智，智行敬，丁壬主之也。【補注】沈欽韓曰：白虎通「五藏，肝仁、肺義、心禮、腎智、脾信也」。其以日配之，素問天玄諸論詳之矣。葉德輝曰：禮中庸鄭注：「木神則仁，金神則義，火神則禮，水神則信，土神則智。」蕭吉五行大義云，詩緯同。白虎通二引春秋元命苞云：「肝者木之精，心者火之精，脾者土之精，肺者金之精，腎者水之精」，與鄭氏禮注及詩緯説異。按易乾鑿度云：「北方陰氣形盛，陽氣含閉，信之類也，故北方爲信。中央所以繩四方行也，智之決也，故中央爲智。」蓋緯書傳授不同，觀之以曆，則十幹相合，不可强配矣。先謙曰：官本注「戊」上「性」作「信」，是。

〔一三〕張晏曰：情謂六情，廉貞、寬大、公正、姦邪、陰賊、貪狼也。律，十二律也。【補注】葉德輝曰：初學記引樂緯云：「六律，黄鐘十一月、太蔟正月、姑洗三月、蕤賓五月、夷則七月、無射九月。六吕，大吕十二月、夾鐘二月、仲吕四月、林鐘六月、南吕八月、應鐘十月。陽爲律，陰爲吕，總謂之十二月律。」按，十二律即十二支，上云某方之情某支主之是也。先謙曰：官本注無「六情」二字。

〔一四〕師古曰：易上繫之辭也。道周萬物，故曰顯諸仁；日用不知，故曰藏諸用也。

是歲，關東大水，郡國十一飢，疫尤甚。上乃下詔江海陂湖園池屬少府者以假貧民，勿租税；損太官膳，減樂府員，省苑囿，〔一〕諸宫館稀御幸者勿繕治；太僕少府減食穀馬，水衡省食肉獸。明年二月戊午，地震。其夏，齊地人相食。七月己酉，地復震。〔二〕上曰：「蓋聞賢聖在位，陰陽和，風雨時，日月光，星辰静，黎庶康寧，考終厥命。今朕共承天地，託于公侯之上，明不能燭，德不能綏，災異並臻，連年不息。乃二月戊午，地大震於隴西郡，毁落太上廟殿壁木飾，〔三〕壞敗豲道縣〔四〕城郭官寺及民室屋，〔五〕厭殺人衆，山崩地裂，水泉涌出。一年地再動，天惟降災，震驚朕躬。〔六〕治有大虧，咎至於此。夙夜兢兢，不通大變，深懷鬱悼，未知其序。比年不登，元元困乏，不勝飢寒，以陷刑辟，朕甚閔焉，憯怛於心。〔七〕已詔吏虚倉廩，開府臧，振捄貧民。〔八〕羣司其茂思天地之戒，〔九〕有可蠲除減省以便萬姓者，各條奏。悉意陳朕過失，靡有所諱。」〔一〇〕因赦天下，舉直言極諫之士。〔一一〕奉奏封事曰：

〔一〕【補注】王念孫曰：景祐本「苑囿」作「苑馬」。案，景祐本是也。元紀云，初元元年六月「令大官損膳，減樂府員，省苑馬」是其證。

〔二〕【補注】錢大昕曰：以三統術推初元二年七月己未朔，無己酉日，恐是乙酉之誤。先謙曰：通鑑、漢紀皆作「己酉」。劉向傳云「冬，地復震」。

〔三〕【補注】先謙曰：此及元紀皆作「太上皇廟」。然隴西郡非諸侯王國都而有太上皇廟，與高紀、韋玄成傳不合，所當闕疑。

〔四〕師古曰：豲音完。【補注】劉奉世曰：有蠻夷曰道，稱道則不稱縣也，此「縣」字衍。陽夏公曰：案地理志，豲道乃天水部十六縣之一。表云列侯所食縣曰國，皇太后、公主所食曰邑，有蠻夷曰道。然則道、國、邑皆可謂之縣。先謙曰：官本「完」作「桓」。

〔五〕【補注】先謙曰：「壞」至此十三字爲句。顔誤讀。

〔六〕【補注】先謙曰：元紀作「朕師」，是也。不當專言朕躬，蓋字誤。

〔七〕師古曰：憯音千感反。【補注】先謙曰：元紀「憯」作「慘」，字同。

〔八〕師古曰：捄古救字。

〔九〕師古曰：茂，勉也。

〔一〇〕師古曰：悉，盡也。

〔一一〕【補注】錢大昕曰：元紀，初元二年三月「詔書舉茂材異等直言極諫之士」，文與此略同。其七月又有詔書，卻無舉直言極諫事。此傳誤合兩詔爲一，因添「二年地再動」之語。先謙曰：錢説合兩詔爲一，是也。「二年中地再動」乃後詔語，非班所增。

臣聞之於師曰，天地設位，懸日月，布星辰，分陰陽，定四時，列五行，以視聖人，名之曰道。〔一〕聖人見道，然後知王治之象，故畫州土，建君臣，立律曆，陳成敗，以視賢者，名之曰經。賢者見經，然後知人道之務，則詩、書、易、春秋、禮、樂是也。易有陰陽，詩有五際，〔二〕春秋有災異，皆列終始，推得失，考天心，以言王道之安危。〔三〕至秦乃不説，傷之以法，〔四〕是以大道不通，至於滅亡。今陛下明聖，深懷要道，燭臨萬方，〔五〕布德流惠，靡有闕遺。罷省不急之用，振救困貧，賦醫藥，賜棺錢，〔六〕恩澤甚厚。又舉直言，求過失，盛德純備，天下幸甚。

〔一〕師古曰：視讀曰示。下亦類此。【補注】先謙曰：官本無「亦」字。

〔二〕應劭曰：君臣、父子、兄弟、夫婦、朋友也。孟康曰：詩内傳曰：「五際，卯、酉、午、戌、亥也。陰陽終始際會之歲，於此則有變改之政也。」【補注】齊召南曰：案孔穎達詩疏云，鄭玄六藝論引春秋緯孔演圖曰「詩含五際、六情」。

〔三〕【補注】葉德輝曰：列終始，謂列其事之終始。推得失，謂推其事之得失。五行志言春秋某災應某事皆是。則又左氏家説也。奉諸奏言春秋或主左傳，以其師后蒼傳左氏學故也。

〔四〕師古曰：説音悦。言不悦詩、書而以文法傷文學之人也。

〔五〕師古曰：燭，照也。

〔六〕師古曰：賦謂分給之。

臣奉竊學齊詩，聞五際之要十月之交篇，〔一〕知日蝕地震之效昭然可明，猶巢居知風，穴處知雨，〔二〕亦不足多，適所習耳。〔三〕臣聞人氣内逆，則感動天地；天變見於星氣日蝕，地變見於奇物震動。所以然者，陽用其精，陰用其形，猶人之有五臧六體，五臧象天，六體象地。故臧病則氣色發於面，體病則欠申動於貌。〔四〕今年太陰建於甲戌，〔五〕律以庚寅初用事，曆以甲午從春。〔六〕曆中甲庚，律得參陽，性中仁義，情得公正貞廉，〔七〕百年之精歲也。正以精歲，本首王位，〔八〕日臨中時接律而地大震，其後連月久陰，雖有大令，猶不能復，〔九〕陰氣盛矣。古者朝廷必有同姓以明親親，必有異姓以明賢賢，此聖王之所以大通天下也。同姓親而易進，異姓疏而難通，故同姓一，異姓五，乃爲平均。今左右亡同姓，獨以舅后之家爲親，異姓之臣又疏。〔一〇〕二后之黨滿朝，非特處位，埶尤奢僭過度，吕、霍、上官足以卜之，甚非愛人之道，又非後嗣之長策也。陰氣之盛，不亦宜乎！

〔一〕師古曰：小雅篇名也。【補注】沈欽韓曰：郎顗傳「詩氾歷樞曰：『卯酉爲革政，午亥爲革命，神在天門，出入候聽。』」宋均曰：「天門，戌亥之間。」周禮保章氏疏引服虔云：「龍度天門。龍，歲星也。（大）〔天〕門在戌。」案乾坤鑿度云：「乾爲天門，乾位西北方也。」注又引氾歷樞曰：「凡推其數皆從亥之仲起，此天地所定位，陰陽氣周而復始，萬物死而復蘇，大統之始。」詩正義引氾歷樞曰：「卯，天保也；酉，祈父也；午，采芑也；亥，大明也。然則亥爲革命，一際也；辰又爲天門，出入候聽，二際也；卯爲陰陽交際，三際也；午爲陽謝陰興，四際也；酉爲陰盛陽微，五際也。」案翼奉所陳五際，連十月之交言之，蓋據卯爲陰陽交際也。鄭箋云：「八月朔日，日月交會而日食，陰侵陽，臣侵君之象。日辰之義，日爲君，辰爲臣。辛，金也；卯，木也。又以卯侵辛，故甚惡之。」正義引推度災曰：「辛者，正秋之王氣；卯者，正春之臣位。日爲君，辰爲臣。八月之日，交卯食辛。辛之爲君，幼弱而不明，卯之爲臣，秉權而爲政，故辛之言新，陰氣盛而陽微生，其君幼弱而任卯臣也。」此鄭所據釋此詩爲周之十月，與翼奉言卯行陰賊正合。蘇輿曰：初元二年，歲在甲戌，後人因據此以十月之交篇爲戌際。其詩云「日有食之」，又曰「百川沸騰，山冢崒崩」，故下云「知日蝕地震之效」。

〔二〕師古曰：巢居，烏鵲之屬也。穴處，狐貍之類也。【補注】沈欽韓曰：爰居知風見魯語。詩傳「將陰雨，則穴處先知之矣」。

〔三〕【補注】蘇輿曰：言術易知，不足爲重，但偶習此耳。

〔四〕【補注】先謙曰：荀紀作「伸屈見於形」。

〔五〕【補注】錢大昕曰：古法太陰與太歲不同。奉上封事在初元二年，以今法推之，太歲正在甲戌，蓋以太歲爲太陰實自奉始矣。漢初言太歲者，皆用超辰之法，故太初之元，歲在丙子。依此下推，初元二年，歲當在癸酉。而云甲戌者，以三統歲術計之，太初元年，歲星在婺女六度，已是星紀之末，則太歲亦在丙子之末，太歲與歲星每年多行一分，至太始二年，歲星已度壽星而入大火，太歲亦超乙酉而在丙戌矣，故算至初元二年，太歲得在甲戌也。王引之曰：錢以太初元年，歲在丙子，下推初元二年當在癸酉，故以甲戌爲超辰。不知太初以前，皆以十月爲歲首而終於九月，自太初元年五月改曆，二年以後遂以正月爲歲首。故元年九月以後獨多亥子丑三月。凡十五月。前三月爲丙子年之冬，歲星以建子之月與日同次於丑宫星紀，故太歲應之而在子。後十二月爲丁丑年之春夏秋冬，歲星以建丑之月與日同次於子宫元枵，故太歲應之而在丑。蔡邕曆議所謂太初元用丁丑也。由丁丑下推五十七年而至初元二年，太歲實在甲戌，何待超辰而後爲甲戌乎？太歲超辰之法始於劉歆三統曆，而前此無之，不得云漢初言太歲者皆用超辰之法。超辰之期必待百四十四年。自太初元年距初元二年才五十七年，未及超辰之期，亦不得以爲太歲超辰。且太陰爲太歲之一名。太歲建辰有二法，或應歲星與日隔次而晨見之月，或應歲星與日同次之月，而皆謂之太歲，亦皆謂之太陰，又不得分太陰、太歲爲二也。

〔六〕孟康曰：太陰在甲戌，則太歲在子。十一月庚寅日，黄鍾律初起用事也。【補注】吴仁傑曰：案奉先上封事論暴風，實初元元年，歲在癸酉。次年封事論地震，實初元二年，孟康又以後一事爲初元四年。壘此二誤，顔注不一參考，何耶？錢大昕曰：案推律自歲前十一月始，依三統術推得初元二年天正癸亥朔，即初元元年十一月也。冬至與朔同日，庚寅則月之二十八日也。冬至日黄鍾律始用事，孟康云庚寅日黄鍾律初起用事，其法未詳也。又以三統術推是年二月四日甲午春分，故云「厤以甲午從春」。又注案太陰在戌，太歲當在申，孟説非也。王引之曰：此孟誤以歲後之太陰當之也。太陰有二：一爲主歲之太陰，即太歲之别名，淮南天文篇所言太陰在寅之屬是也；一爲歲後二辰之太陰，張晏注揚雄傳曰太陰歲後二辰，今陰陽家所謂歲后也。太初元年，歲在丁丑，五十七年而至初元二年，太歲在甲戌矣。太歲一名太陰，故曰「今年太陰建於甲戌」，其爲主歲之太陰明甚。若以爲歲後二辰之太陰，則太歲在戌，太陰當在申，不得言太陰建於甲戌矣。且是年太歲在戌，而以爲在子，可乎？孟説失之。錢氏謂太陰在戌，太歲當在申，其説亦誤。太陰建於甲戌即指太歲言之，又豈有在申之太歲乎？

〔七〕張晏曰：甲庚皆三陽。甲在東方爲仁，庚在西方爲義。戌爲公正，寅午爲廉貞。晉灼曰：木數三。寅在東方，木位之始，故曰參陽也。師古曰：中音竹仲反。

〔八〕張晏曰：春也。

〔九〕師古曰：大令謂虚倉廩，開府庫之屬也。復，補也，音扶目反。

〔一〇〕【補注】吳仁傑曰：何武傳「不宜令異姓大臣持權」，師古注，「異姓謂非宗室及外戚」。仁傑按：朝事篇，土揖庶姓，時揖異姓，天揖同姓。同姓謂宗族，異姓謂婚姻甥舅，庶姓則非宗族非婚姻甥舅者也。翼奉乃以外戚爲非異姓，顔注之誤本此。沈欽韓曰：鄭君云，異姓，婚姻也。案五者：姑姊妹女子子之家及母妻之黨，禮之内宗外宗皆是。奉意以異姓五當同姓一，錯雜用之，無偏重之患，故下云「獨以舅后之家爲親」，是單有母親之黨也。吴以師古注何武傳之謬而輒譏翼奉此語，非也。

臣又聞未央、建章、甘泉宫才人各以百數，皆不得天性〔一〕。若杜陵園，其已御見者，臣子不敢有言，雖然，太皇太后之事也。及諸侯王園，與其後宮，宜爲設員，出其過制者，〔二〕此損陰氣應天救邪之道也。今異至不應，災將隨之。其法大水，〔三〕極陰生陽，反爲大旱，甚則有火災，春秋宋伯姬是矣。〔四〕唯陛下財察。〔五〕

〔一〕師古曰：言絕男女之好也。

〔二〕【補注】何焯曰：貢禹以前，奉先言之，欲以太皇太后詔，放先帝園宮人，爲得事體。成紀永始四年，京師火災屢降，出杜陵諸未嘗御者歸家，去奉奏封事時初元二年已三十五年矣。

〔三〕【補注】先謙曰：五行志凡言其法云云者，下皆有「爲」字。荀紀作「其法爲大水」，與下「爲大旱」相應，是也。此「大水」上脫「爲」字。

〔四〕師古曰：伯姬，魯成公女，宋恭公之夫人也。幽居守寡既久而遇火災，極陰生陽也。【補注】宋祁曰：注文「火災」下疑有「故云」二字。葉德輝曰：春秋襄公三十年事。公羊何休注云：「伯姬守禮，含悲極思之所生。」穀梁傳云：「婦人以貞爲行，詳其事，賢伯姬也。」左傳云：「君子謂宋共姬女而不婦。女待人婦，義事也。」五行志引董仲舒，以爲伯姬如宋，五年，宋共公卒，伯姬憂居守節三十餘年，又憂傷國家之患禍，積陰生陽，故火生災也。劉向以爲先是宋公聽讒而殺太子痤，應火不炎上之罰也。經傳及諸說不同。公羊傳無明文，則何休、董仲舒所據必公羊師說，故其義略同。劉向列女傳則云春秋詳録其事爲賢伯姬，以爲婦人以貞爲行者也。此從穀梁說而與五行志異，由向先習穀梁故也。奉蓋本公羊家說。

〔五〕師古曰：財與裁同。

明年夏四月乙未，孝武園白鶴館災。〔一〕奉自以爲中，上疏曰：「臣前上五際地震之效，曰極陰生陽，恐有火災。不合明聽，未見省答，臣竊内不自信。今白鶴館以四月乙未，時加於卯，月宿亢災，與前地震同法。臣奉乃深知道之可信也。不勝拳拳，願復賜閒，卒其終始。」〔二〕

〔一〕【補注】先謙曰：官本無「災」字，引宋祁曰，「館」字下疑有「災」字。

〔二〕師古曰：閒，空隙也。卒，盡也。

上復延問以得失。奉以爲祭天地於雲陽汾陰，及諸寢廟不以親疏迭毀，皆煩費，違古制。又宫室苑囿，奢泰難供，以故民困國虚，亡累年之畜。所繇來久，〔一〕不改其本，難以末正，乃上疏曰：

〔一〕師古曰：畜讀曰蓄。繇與由同。【補注】先謙曰：官本注「與」上有「讀」字。

臣聞昔者盤庚改邑以興殷道，聖人美之。〔一〕竊聞漢德隆盛，在於孝文皇帝躬行節儉，外省繇役。其時未有甘泉、建章及上林中諸離宫館也。未央宫又無高門、武臺、麒麟、〔凰〕〔鳳〕皇、白虎、玉堂、金華之殿，獨有前殿、曲臺、漸臺、宣室、温室、承明耳。孝文欲作一臺，度用百金，〔二〕重民之財，廢而不爲，其積土基，至今猶存，〔三〕又下遺詔，不起山墳，故其時天下大和，百姓洽足，〔四〕德流後嗣。

〔一〕師古曰：盤庚，殷王名也。將遷亳，殷衆庶咸怨，作盤庚三篇以告之，遂乃遷都，事見尚書也。

〔二〕師古曰：度，計也，音大各反。

〔三〕師古曰：今在新豐縣南，驪山頂上也。

〔四〕【補注】宋祁曰：「洽」疑作「給」。錢大昭曰：閩本作「給」。

如今處於當今，因此制度，必不能成功名。天道有常，王道亡常，亡常者所以應有常也。必有非常之主，然後能立非常之功。臣願陛下徙都於成周，左據成皋，左阻黽池，〔一〕前鄉崧高，後介大河，〔二〕建滎陽，扶河東，南北千里以爲關，而入敖倉；〔三〕地方百里者八九，足以自娛；東厭諸侯之權，西遠羌胡之難，〔四〕陛下共己亡爲，〔五〕按成周之居，兼盤庚之德，萬歲之後，長爲高宗。〔六〕漢家郊兆寢廟祭祀之禮多不應古，臣奉誠難亶居而改作，〔七〕故願陛下遷都正本。衆制皆定，亡復繕治宮館不急之費，歲可餘一年之畜。〔八〕

〔一〕【補注】錢大昭曰：「左阻」疑當作「右阻」。葉德輝曰：德藩本、閩本作「右」。先謙曰：官本作「右」。

〔二〕師古曰：鄉讀曰嚮。介，隔也，礙也。

〔三〕【補注】先謙曰：此處文義不順，當作「建滎陽而入敖倉，扶河東南北千里以爲關」，蓋傳寫誤倒。建與鍵同。禮樂記「名之曰建櫜」，注「建讀爲鍵」。續志，滎陽有敖亭，劉昭注「秦立爲敖倉」，是滎陽、敖倉即在一地。此言徙都成周，以滎陽之險阨爲鍵閉，而入敖倉於腹地，故曰建滎陽而入敖倉。天文志晉灼注：「扶，附也。」釋名：「扶，傅也，傅近之也。」河東，郡名。

〔四〕師古曰：厭，抑也，音一葉反。遠音于萬反。

〔五〕師古曰：共讀曰恭。

〔六〕【補注】李慈銘曰：賈誼上文帝疏曰「使顧成之廟稱爲太宗」，此云「萬歲之後，長爲高宗」，古人無忌諱。其後王莽奏尊元帝廟爲高宗，蓋即采奉議也。

〔七〕如淳曰：亶居猶虚居也，欲徙都乃可更制度也。師古曰：亶讀曰但。但居，謂依舊都也。【補注】沈欽韓曰：新書先醒篇書曰「大道亶亶，其去身不遠」，爲平易之義。亶居猶平居也。文子道原篇作「大學坦坦，去身不遠」，是亶與坦通。先謙曰：依舊居則不能改作，故奉意難之。

〔八〕師古曰：畜讀曰蓄。次下亦同。

臣聞三代之祖積德以王，然皆不過數百年而絶。周至成王，有上賢之材，因文武之業，以周召爲輔，〔一〕有司各敬其事，在位莫非其人。〔二〕天下甫二世耳，〔三〕然周公猶作詩書深戒成王，以恐失天下。書則曰：「王毋若殷王紂。」〔四〕其詩則曰：「殷之未喪師，克配上帝；宜監于殷，駿命不易。」〔五〕今漢初取天下，起於豐沛，以兵征伐，德化未洽，後世奢侈，國家之費當數代之用，非直費財，又乃費士。孝武之世，暴骨四夷，不可勝數。有天下雖未久，至於陛下八世九主矣，〔六〕雖有成王之明，然亡周召之佐。〔七〕今東方連年飢饉，加之以疾疫，百姓菜色，或至相食。〔八〕地比震動，天氣溷濁，日光侵奪。〔九〕繇此言之，〔一〇〕執國政者豈可以不懷怵惕而戒萬分之一乎！〔一一〕故臣願陛下因天變而徙都，所謂與天下更始者也。天道終而復始，窮則反本，故能延長而亡窮也。今漢道未終，陛下本而始之，於以永世延祚，不亦優乎！如因丙子之孟夏，順太陰以東行，〔一二〕到後七年之明歲，必有五年之餘蓄，然後大行考室之禮，〔一三〕雖周之隆盛，亡以加此。唯陛下留神，詳察萬世之策。

〔一〕師古曰：召讀曰邵。

〔二〕師古曰：言所任皆得賢材也。

〔三〕師古曰：甫，始也。

〔四〕師古曰：周書亡逸篇也。其書曰周公曰「烏虖！毋若殷王紂之迷亂，酗于酒德哉」是也。

〔五〕師古曰：詩大雅文王之詩也。師，衆也。駿，大也。言殷家自帝乙以上，未喪天下之時，皆能配天而行。至紂荒怠，自取敗滅。今宜以殷王賢愚爲鏡，知天之大命甚難也。

〔六〕如淳曰：吕后爲主，不得爲世，故八世九主矣。

〔七〕師古曰：召讀曰邵。

〔八〕師古曰：人專食菜，故肌膚青黄，爲菜色也。

〔九〕師古曰：比，頻也。溷，汙也，音下頓反。

〔一〇〕師古曰：繇與由同。【補注】先謙曰：官本注「與」上有「讀」字。

〔一一〕【補注】先謙曰：萬分之一，謂國祚不永，不欲斥言之。

〔一二〕張晏曰：如因今丙子之四月也。太陰是時在甲戌，當轉在乙亥、丙子，左旋之也。【補注】沈欽韓曰：此謂二年之四月，太陰左轉在丙子。淮南天文訓：「太陰所居，不可背，而可鄉。」

〔一三〕李奇曰：凡宫新成，殺牲以釁祭，致其五祀之神，謂之考室。師古曰：考，成也，成其禮也。詩小雅斯干之詩序曰「斯干，宣王考室也」，故奉引之。

書奏，天子異其意，答曰：「問奉：今園廟有七，云東徙，狀何如？」奉對曰：「昔成王徙洛，般庚遷殷，〔一〕其所避就，皆陛下所明知也。非有聖明，不能一變天下之道。臣奉愚贛狂惑，唯陛下裁赦。」

〔一〕【補注】先謙曰：官本「般」作「盤」。

其後，貢禹亦言當定迭毀禮，上遂從之。及匡衡爲丞相，奏徙南北郊，其議皆自奉發之。奉以中郎爲博士、諫大夫，年老以壽終。子及孫，皆以學在儒官。

李尋字子長，平陵人也。治尚書，與張孺、鄭寬中同師。〔一〕寬中等守師法教授，尋獨好洪範災異，〔二〕又學天文月令陰陽。事丞相翟方進，方進亦善爲星曆，除尋爲吏，數爲翟侯言事。〔三〕帝舅曲陽侯王根爲大司馬票騎將軍，〔四〕厚遇尋。是時多災異，根輔政，數虛己問尋。尋見漢家有中衰阸會之象，其意以爲且有洪水爲災，乃說根曰：

〔一〕【補注】齊召南曰：案「孺」字誤也。據儒林傳，張山拊事小夏侯建，授同縣李尋、鄭寬中少君、山陽張無故子儒。此文張孺即張無故而舉其字。當云張子儒。傳寫之訛，遂合兩字爲「孺」字耳。

〔二〕【補注】蘇輿曰：以洪範推五行是今文家法，災異又其旁流耳。

〔三〕【補注】先謙曰：事見方進傳。

〔四〕【補注】先謙曰：據公卿表在元延元年。

書云「天聰明」，〔一〕蓋言紫宮極樞，通位帝紀，〔二〕太微四門，廣開大道，〔三〕五經六緯，尊術顯士，〔四〕翼張舒布，燭臨四海，〔五〕少微處士，爲比爲輔，〔六〕故次帝廷，女宮在後。〔七〕聖人承天，賢賢易色，取法於此。〔八〕天官上相上將，皆顓面正朝，〔九〕憂責甚重，要在得人。得人之效，成敗之機，不可不勉也。昔秦穆公説諓諓之言，任仡仡之勇，身受大辱，社稷幾亡。〔一〇〕悔過自責，思惟黄髮，任用百里奚，卒伯西域，德列王道。〔一一〕二者禍福如此，可不慎哉！

〔一〕師古曰：虞書皋陶謨之辭也。天視聽，人君之行不可不畏慎也。

〔二〕孟康曰：紫宮，天之北宮也。極，天之北極星也，樞是其迴轉者也。天文志曰：「天極其一明者，太一常居也。」太一，天皇大帝也，與通極爲一體，故曰通位帝紀也。【補注】先謙曰：紫宮中有紫微大帝之坐，故名中宮。天極星即北極五星之一。宋史天文志：「北極五星在紫微宮中。北辰，最尊者也。其紐星爲天樞，天樞即天極。」此所云「紫宮極樞」也。「旁三星三公，或曰子屬。後四星，后妃之屬。環以匡衞十五星，藩臣。總爲紫微垣，與人君宮垣列位綱紀消息相通」。故曰「通位帝紀」也。

〔三〕孟康曰：太微，天之南宮也。四門，太微之四門也。【補注】先謙曰：南官爲太微垣，孟注作「宮」，誤。據天文志：「太微廷：中，端門；左右，掖門。」晉書天文志：「東藩有東太陽門、中華東門、東太陰門；西藩有西太陽門、中華西門、西太陰門。」此言四門，特約舉之詞，非必拘四數也。

〔四〕孟康曰：六緯，五經與樂緯也。張晏曰：六緯，五經就孝經緯也。師古曰：六緯者，五經之緯及樂緯也。孟説是也。【補注】劉攽曰：正言星宿，何故忽説五經？蓋謂二十八舍。先謙曰：注「就」當作「及」。官本考證云「劉攽駮顏，其論甚合，但所云天文六緯名目劉亦未嘗指實」。姚鼐云：「言天文當爲人主所取法。此五經者，五經星也；

六緯者，十二次，相向爲六。故人主當法之，以尊五行之術，顯十二州之士耳。與經書讖緯何涉哉？」先謙案：天文志：「太微廷掖門内六星，諸侯。其内五星，五帝坐。」五帝者，晉志，黄帝坐在太微中，四帝星夾黄帝坐，蓋即五經。六緯者，六諸侯。天官書同。蓋漢世天文家説如此。姚謂五經爲五經星，六緯爲十二次，上下文義不屬，疑非。術，道也。術士，有道之士。少微，士大夫，在太微星西，故以尊顯言之。

〔五〕張晏曰：翼二十八星，十八度。舒布，張廣也。翼翅夾張，故言也。【補注】先謙曰：天文志：「翼爲羽翼，主遠客。張，嗉，爲廚，主觴客。」晉志：「翼二十二星，主外夷遠客、負海之事。張六星，主天廚飲食賞賚之事。」故曰「翼張舒布，燭臨四海」也。翼、張皆星名，張注誤。其位皆近太微垣，故次言之。

〔六〕孟康曰：少微四星在太微西，主處士儒學之官，爲太微輔佐也。【補注】先謙曰：天文志：「廷藩西有隨星四，名曰少微，士大夫。」晉志：「第一星處士，第二星議士，第三星博士，第四星大夫。」其占：明大黄潤，則賢士舉；不明，反是。案漢置議郎，博士，諫大夫，太中、光禄大夫，象此。

〔七〕孟康曰：言少微四星在太微次。太微爲天帝廷。女宫謂軒轅星也。【補注】先謙曰：天文志：「軒轅，前大星，女主象；旁小星，御者後宫屬。南宫朱鳥，權、衡。軒轅爲權，太微爲衡也。」

〔八〕師古曰：賢賢，尊上賢人。易色，輕略於色，不貴之也。易音弋二反。

〔九〕孟康曰：朝太微宫垣也。西垣爲上將，東垣爲上相，各專一面而正天之朝事也。【補注】先謙曰：天文志「太微，三光之廷。匡衞十二星，藩臣。西，將；東，相」。晉志：「東蕃四星，南第一星曰上相，第二星曰次相，第三星曰次將，第四星曰上將。西蕃，南第一星曰上將，第二星曰次將，第三星曰次相，第四星曰上相。」案，此皆面南正列於廷中，故曰專面正朝，非謂正天之朝事也。星應官名，故史記爲天官書。上相、上將又官之尊者，故以天官冠之。

〔一〇〕師古曰：諓諓，小善也。仡仡，壯健也。謂聽杞子、逢孫、楊孫之言，言鄭可襲，乃使孟明視、西乞術、白乙丙帥師伐鄭，遂爲晉襄公所禦而敗於殽，三帥盡獲，匹馬隻輪皆無反者。諓音踐。仡音目乙反，又音牛乞反。【補注】葉德輝曰：書秦誓「惟截截善諞言」，釋文引馬本作「戩戩」，注云「戩戩，辭語戩削省要也」，説文弋部引同。馬本蓋古文也。又「訖訖勇夫」，馬注云「訖訖，無所省録之貌」。此作「仡仡」，字亦不同，蓋尋治夏侯尚書今文學也。公羊文十二年傳「惟諓諓善竫言」尤爲今文家之明證。先謙曰：官本注「目」作「巨」，上無「音」字。

〔一〕師古曰：謂晉歸三帥之後，穆公自悔，作秦誓云：「雖則員然，尚猶詢茲黄髮，則罔所愆。」自言前有云然之過，今庶幾以道謀此黄髮賢老，則行事無所過失矣。百里奚本虞人也，穆公用之，卒成霸業。【補注】何焯曰：秦誓孔子取之，故云「德列王道」。先謙曰：官本注「員」作「云」。

夫士者，國家之大寶，功名之本也。將軍一門九侯，二十朱輪，漢興以來，臣子貴盛，未嘗至此。夫物盛必衰，自然之理。唯有賢友彊輔，庶幾可以保身命，全子孫，安國家。

書曰「曆象日月星辰」，〔一〕此言仰視天文，俯察地理，觀日月消息，候星辰行伍，揆山川變動，參人民繇俗，〔二〕以制法度，考禍福。舉錯誖逆，咎敗將至，徵兆爲之先見。〔三〕明君恐懼修正，側身博問，轉禍爲福；不可救者，即蓄備以待之，故社稷亡憂。

〔一〕師古曰：虞書堯典之辭也。

〔二〕師古曰：繇讀與謡同。繇俗者，謂若童謡及輿人之誦。

〔三〕師古曰：誖，乖也，音布内反。

竊見往者赤黄四塞，地氣大發，〔一〕動土竭民，天下擾亂之徵也。彗星爭明，〔二〕庶雄爲桀，〔三〕大寇之引也。〔四〕此二者已頗效矣。〔五〕城中訛言大水，奔走上城，朝廷驚駭，女孽入宫，〔六〕此獨未效。間者重以水泉涌溢，旁宫闕仍出。〔七〕月、太白入東井，犯積水，缺天淵。〔八〕日數湛於極陽之色。〔九〕羽氣乘宫，〔一〇〕起風積雲，又錯以山崩地動，河不用其道。〔一一〕盛冬靁電，〔一二〕潛龍爲孽。〔一三〕繼以隕星流彗，〔一四〕維、填上見，〔一五〕日蝕有背鄉。〔一六〕此亦高下易居，洪水之徵也。不憂不改，洪水乃欲盪滌，流彗乃欲埽除；改之，則有年亡期。〔一七〕故屬者頗有變改，小貶邪猾，〔一八〕日月光精，時雨氣應，〔一九〕此皇天右漢亡已也，〔二〇〕何況致大改之！〔二一〕

〔一〕【補注】先謙曰：赤黄四塞，即謂建始元年黄霧四塞。五行志作「雲氣赤黄四塞」。此地氣大發謂徵兆，非謂地震地動見下也。

〔二〕張晏曰：與日月爭明。【補注】宋祁曰：南本無「動」字。「民」字下疑有「困」字。沈欽韓曰：是類謀曰：「晝視無日，虹蜺煌煌。夜視無月，篲茀將將。」案晉志：「彗體無光，傅日而爲光，故夕見則東指，晨見則西指。」張謂與日月爭明，非也。先謙曰：建始元年，星孛營室，流星貫紫宫。

〔三〕【補注】先謙曰：庶雄，庶人之雄；爲桀，謂爲亂：此彗星之應。

〔四〕師古曰：將引致大寇也。

〔五〕【補注】先謙曰：鴻嘉元年，徙作昌陵，是動土竭民也。陽朔三年，潁川申屠聖自稱將軍，鴻嘉三年，廣漢鄭躬自稱山君，永始(二)〔三〕年尉氏樊并、山陽蘇令等反，是庶雄爲桀也。

〔六〕應劭曰：謂小女陳持弓也。【補注】先謙曰：事見成紀建始三年。

〔七〕李奇曰：旁宫闕而出水也。師古曰：旁，附也。仍，頻也。重音直用反。旁音薄郎反。【補注】先謙曰：官本注無兩「音」字。建始二年，北宫井水溢出。旁當音步浪反，與傍意同。言仍出則不止一次，而紀、志不見。

〔八〕張晏曰：犯東井，有水災。孟康曰：積水一星在北河北。天淵十星在北斗星東南。缺者，拂其角而過之也。【補注】先謙曰：天文志：「有星守三淵，天下大水。」廣雅：「天淵，謂之三淵。」開元占經引荆州占云「太白守天淵，海水出，江決溢若海，魚出」。宋史天文志「天淵在鼈星東」，又天文志云「積水在北戍東北」。案：月、太白入東井，紀、志並不載。

〔九〕張晏曰：衆陽之宗，故爲極陽也。色宜明耀，而無光也。

〔一〇〕孟康曰：天文志曰西方爲羽。羽，少陰之位。少陰臣氣，乘於君也。晉灼曰：羽，北方水也，水陰爲臣。宫，中央土也，土爲君。今水乘土，言臣氣勝於君也。

〔一一〕師古曰：錯，雜也。言河徙流不從故道也。【補注】宋祁曰：正文「河」字下疑有「決」字。先謙曰：不用其道即是決也，宋説非。成紀，元延元年前，山崩、地震各二，河決東郡金隄。

〔一二〕【補注】先謙曰：紀、志不載。

〔一三〕孟康曰：黑龍冬見。張晏曰：五行傳曰：「龍見井中，幽囚之象也。」【補注】先謙曰：成紀，鴻嘉元年，黄龍見真定。永始二年詔云「龍見于東萊」。

〔一四〕【補注】先謙曰：元延元年四月，有流星頭大如缶，長十餘丈，四面或大如盂，或如雞子，燿燿如雨下，郡國皆言星隕；又永始二年，星隕如雨；元延元年七月，星孛東井：並見紀、志。

〔一五〕孟康曰：有地維星，有四填星，皆妖星也。晉灼曰：天文志四填星出四隅，去地可四丈，地維藏光亦出四隅，去地可二丈，若月始出，所見下有亂者亡，有德者昌。【補注】先謙曰：開元占經引荆州占云，有星出，大而赤，出地二三丈，如月始出，是謂地維藏光。黄帝占云，出東北隅，天下大水。荆州占又云，四填星見四隅，皆爲兵起其下。

〔一六〕師古曰：背音步内反。鄉讀曰嚮。【補注】先謙曰：自成帝即位至元延元年二十一年間，日蝕九次。天文志如淳注「凡氣食日，在旁如半環，向日爲抱，向外爲背」。此鄉即抱也。
〔一七〕師古曰：言可延期，得禳災。
〔一八〕師古曰：屬者謂近時也。屬音之欲反。
〔一九〕師古曰：精謂光明也。【補注】宋祁曰：「光」字江浙本作「立」字。先謙曰：精與晴同。
〔二〇〕師古曰：右讀曰祐。
〔二一〕【補注】先謙曰：後漢荀爽傳李注「致猶盡也，極也」。

宜急博求幽隱，拔擢天士，任以大職。〔一〕諸闒茸佞諂，抱虚求進，〔二〕及用殘賊酷虐聞者，若此之徒，〔三〕皆嫉善憎忠，壞天文，敗地理，涌趯邪陰，湛溺太陽，〔四〕爲主結怨於民，〔五〕宜以時廢退，不當得居位。誠必行之，凶災銷滅，子孫之福不旋日而至。政治感陰陽，猶鐵炭之低卬，見效可信者也。〔六〕及諸蓄水連泉，務通利之。修舊隄防，省池澤税，以助損邪陰之盛。〔七〕案行事，考變易，訛言之效，未嘗不至。請徵韓放〔八〕掾周敞、王望可與圖之。

〔一〕李奇曰：天士，知天道者也。晉灼曰：嚴君平言師於天士。天士，應宿台鼎之臣也。師古曰：李説是也。【補注】宋祁曰：注文「言」字下當有「賞公養士」四字。
〔二〕師古曰：闒音吐臘反。茸音人勇反。諂，古諂字。【補注】蘇輿曰：抱虚，謂懷挾虚僞，無實意也。
〔三〕【補注】宋祁曰：「聞」字當改作「閒」。先謙曰：「聞」改爲「閒」，文義上下不貫；用猶以也，言以殘賊酷虐聞者。宋屬下讀，誤。

〔四〕師古曰：趯字與躍同。湛讀曰沈。

〔五〕師古曰：爲音于僞反。

〔六〕孟康曰：天文志云「縣土炭」也，以鐵易土耳。先冬夏至，縣鐵炭於衡，各一端，令適停。冬，陽氣至，炭仰而鐵低。夏，陰氣至，炭低而鐵仰。以此候二至也。

〔七〕【補注】葉德輝曰：「邪陰」，德藩本、閩本作「陰邪」。先謙曰：官本作「陰邪」。

〔八〕服虔曰：姓名也，曉水。

根於是薦尋。哀帝初即位，召尋待詔黄門，使侍中衛尉傅喜問尋曰：〔一〕「間者水出地動，日月失度，星辰亂行，災異仍重，〔二〕極言毋有所諱。」尋對曰：

〔一〕【補注】先謙曰：通鑑考異云，案公卿表傅喜爲衛尉，二月，遷右將軍，十一月，罷。地震在九月，當是時，喜已不爲衛尉矣。

〔二〕師古曰：重音直用反。

陛下聖德，尊天敬地，畏命重民，悼懼變異，不忘疏賤之臣，幸使重臣臨問，愚臣不足以奉明詔。竊見陛下新即位，開大明，除忌諱，博延名士，靡不並進。臣尋位卑術淺，過隨衆賢待詔，〔一〕食太官，衣御府，久汙玉堂之署。〔二〕比得召見，亡以自效。〔三〕復特見延問至誠，〔四〕自以逢不世出之命，願竭愚心，不敢有所避，庶幾萬分有一可采。唯棄須臾之閒，宿留瞽言，〔五〕考之文理，稽之五經，揆之聖意，以參天心。夫變異之來，各應象而至，臣謹條陳所聞。

〔一〕師古曰：過猶謬也。

〔二〕師古曰：玉堂殿在未央宫。【補注】何焯曰：漢時待詔於玉堂殿。唐時待詔於翰林院。至宋以後翰林遂并蒙玉堂之號。沈欽韓曰：後書百官志「玉堂署長，宦者爲之」。尋待詔於其署耳。

〔三〕師古曰：比，頻也。

〔四〕【補注】先謙曰：官本「特」作「時」。

〔五〕師古曰：閒謂空隙之時也。宿音先就反。留音力救反。【補注】先謙曰：史記孝武紀「遂至東萊宿留之」，索隱：「宿留，遲待之意。」此宿留亦謂存其言於心，以待後時之參驗也。

易曰：「縣象著明，莫大乎日月。」〔一〕夫日者，衆陽之長，輝光所燭，萬里同晷，人君之表也。〔二〕故日將旦，清風發，羣陰伏，君以臨朝，不牽於色。日初出，炎以陽，君登朝，佞不行，忠直進，不蔽障。日中輝光，君德盛明，大臣奉公。日將入，專以壹，君就房，有常節。〔三〕君不修道，則日失其度，晻昧亡光。〔四〕各有云爲。〔五〕其於東方作，日初出時，〔六〕陰雲邪氣起者，法爲牽於女謁，〔七〕有所畏難；〔八〕日出後，爲近臣亂政；日中，爲大臣欺誣；日且入，爲妻妾役使所營。〔九〕間者日尤不精，光明侵奪失色，邪氣珥蜺數作。〔一〇〕本起於晨，相連至昏，其日出後至日中間差瘉。〔一一〕小臣不知内事，竊以日視陛下志操，衰於始初多矣。其咎恐有以守正直言而得罪者，傷嗣害世，不可不慎也。唯陛下執乾剛之德，彊志守度，毋聽女謁邪臣之態。諸保阿乳母甘言悲辭之託，斷而勿聽。〔一二〕勉强大誼，絶小不忍；良有不得已，可賜以貨財，〔一三〕不可私以官位，誠皇天之禁也。〔一四〕日失其光，則星辰放流。〔一五〕陽不能制陰，陰桀得作。〔一六〕閒者太白正晝經天。宜隆德克躬，以執不軌。〔一七〕

〔一〕師古曰：上繫之辭也。在天成象，故曰縣象也。

〔二〕師古曰：晷，景也。

〔三〕【補注】何焯曰：此亦古書相傳之語，讀之皆有韻。

〔四〕師古曰：晻與暗同，又音烏感反。

〔五〕【補注】先謙曰：云猶所也。諸葛豐傳「未有云補」，言未有所補也。爲音于僞反。言各有所應，隨時而見。

〔六〕師古曰：作，起也。日出之時，人物皆起。【補注】王引之曰：如師古説，則是人物作，非東方作矣。東方作者，日未出而光已起，若詩之言「明發」，俗語之言東方發白也。分而言之，則曰東方作，日初出，合而言之，則日出亦謂之東方作，故莊子外物篇「東方作矣」，司馬彪曰「謂日出也」。

〔七〕服虔曰：謁，請也。【補注】先謙曰：官本無注。

〔八〕【補注】先謙曰：畏不敢斷，難不敢絶。

〔九〕師古曰：謍謂繞也。【補注】宋祁曰：謂繞惑之。

〔一〇〕【補注】葉德輝曰：開元占經日占三引石氏曰「氣青赤，曲向外，中有一横狀如帶鉤，名爲珥」。如淳曰，日刺日曰珥。珥，決傷也。

〔一一〕師古曰：瘉與愈同。

〔一二〕【補注】先謙曰：保、阿、乳，三母也。保母見禮記内則。説文：「娿，女師也。从女，加聲。杜林説加教於女也。讀若阿。」史記倉公傳作「阿母」，蓋轉寫失真，音存字變。景十三王傳贊引魯哀公言「生於深宮之中，長於阿保之手」。阿雖女師，而教兼男女，凡幼小者隨事教之，蓋其職也。保、阿本二母，後遂爲統稱。丙吉傳「掖庭宮婢則自陳嘗有阿保之功」是也。

〔一三〕【補注】先謙曰：良，甚也。「貨財」官本作「財貨」。

〔一四〕【補注】宋祁曰：浙本「官位」下更有「官位」二字。

〔一五〕張晏曰：日夜食則失光，晝立六尺木，不見其景也。日陽失光明，陰得施也。【補注】宋祁曰：注文中「陰得施也」當作「月陰桀得施也」。

〔一六〕【補注】周壽昌曰：毛詩傳伯兮「『桀兮』，桀，特立也」。言陰本伏於陽，而陽不能制之，故陰特出而得起也。

〔一七〕【補注】先謙曰：淮南主術篇注：「執，制也。」

臣聞月者，衆陰之長，銷息見伏，百里爲品，千里立表，萬里連紀，〔一〕妃后大臣諸侯之象也。朔晦正終始，弦爲繩墨，〔二〕望成君德，〔三〕春夏南，秋冬北。間者，月數以春夏與日同道，〔四〕過軒轅上后受氣，〔五〕入太微帝廷楊光輝，〔六〕犯上將近臣，〔七〕列星皆失色，厭厭如滅，〔八〕此爲母后與政亂朝，〔九〕陰陽俱傷，兩不相便。外臣不知朝事，竊信天文即如此，近臣已不足杖矣。〔一〇〕屋大柱小，可爲寒心。〔一一〕唯陛下親求賢士，無彊所惡，以崇社稷，尊彊本朝。〔一二〕

〔一〕孟康曰：品，同也，言百里内數度同也。千里則當立表度其景，萬里則繼其本所起紀其宿度也。【補注】先謙曰：

官本「繼」作「紀」，是。

〔二〕【補注】沈欽韓曰：周官馮相氏注：「春分日在婁，秋分日在角，而月弦於牽牛東井，亦以其景知氣至不。」疏云：「案通卦驗云：『夫八卦氣驗，常不在望，以入月八日，不盡八日，候諸卦氣。』注云：『入月八日，不盡八日，陰氣得正而平。』以此而言，明致月景亦用此日矣。若然，春分日在婁。其月，上弦在東井，圓於角，下弦於牽牛。秋分日在角。上弦於牽牛，圓於婁，下弦於東井。」案：此則弦爲繩墨之義也。

〔三〕【補注】先謙曰：月望合朔，繼日而明，所以助成君德。

〔四〕孟康曰：房有四星，其間有三道。春夏南行，南頭第一星裏道也。秋冬北行，北頭第一星裏道也。與日同道者，謂中央道也。此三道者，日月五星之所由也。【補注】先謙曰：天文志：「月有九行者：黑道二，出黄道北；赤道二，出黄道南；白道二，出黄道西；青道二，出黄道東。立春、春分，月東從青道；立秋、秋分，西從白道；立冬、冬至，北從黑道；立夏、夏至，南從赤道。青赤出陽道，白黑出陰道。」此言「春夏南，秋冬北」者，日行黄道爲中道，月行青赤白黑道，仍出入於黄道。其極遠者，去黄道六度。月行黄道之内曰陰曆，行黄道之外曰陽曆。北爲内，南爲外。今與日同道，則是失節度而妄行矣。

〔五〕孟康曰：軒轅南大星爲后。【補注】先謙曰：上后猶言正后。

〔六〕【補注】葉德輝曰：閩本、德藩本作「揚」。先謙曰：官本作「揚」。

〔七〕【補注】先謙曰：近臣，謂左右執法謁者三公九卿五諸侯之屬。

〔八〕鄭氏曰：厭音壓桑之壓。師古曰：音烏點反。

〔九〕師古曰：與讀曰豫。

〔一〇〕師古曰：杖謂倚任也。

〔一一〕師古曰：言天下事重，大臣之任當得賢能者。

〔二二〕師古曰：邪佞之人誠可賤惡，勿得寵異，令其盛彊也。

臣聞五星者，五行之精，五帝司命，應王者號令爲之節度。〔一〕歲星主歲事，爲統首，號令所紀，今失度而盛，此君指意欲有所爲，未得其節也。又填星不避歲星者，后帝共政，相留於奎、婁，〔二〕當以義斷之。營惑往來亡常，〔三〕周歷兩宮，作態低卬，〔四〕入天門，上明堂，貫尾亂宮。〔五〕太白發越犯庫，〔六〕兵寇之應也。貫黄龍，入帝庭，〔七〕當門而出，隨熒惑入天門，至房而分，欲與熒惑爲患，不敢當明堂之精。〔八〕此陛下神靈，故禍亂不成也。熒惑厥弛，〔九〕佞巧依執，微言毀譽，進類蔽善。〔一〇〕太白出端門，〔一一〕臣有不臣者。〔一二〕火入室，金上堂，〔一三〕不以時解，其憂凶。填、歲相守，又主内亂。〔一四〕宜察蕭牆之内，毋忽親疏之微，〔一五〕誅放佞人，防絶萌牙，以盪滌濁濊，消散積惡，〔一六〕毋使得成禍亂。辰星主正四時，當效於四仲；〔一七〕四時失序，則辰星作異。今出於歲首之孟，天所以譴告陛下也。政急則出蚤，政緩則出晚，政絶不行則伏不見而爲彗茀。〔一八〕四孟皆出，爲易王命；四季皆出，星家所諱。〔一九〕今幸獨出寅孟之月，蓋皇天所以篤右陛下也，〔二〇〕宜深自改。

〔一〕【補注】葉德輝曰：開元占經五星占引荆州占曰：「五星者，五行之精也，五帝之子，天之使者。」又引春秋緯曰：「天有五帝，五星爲之使。」先謙曰：淮南天文訓：「東方，木也。其帝太皞，其佐句芒，執規而治春，其神爲歲星。南方，火也。其帝祝融，其佐朱明，執衡而治夏，其神爲熒惑。西方，金也。其帝少昊，其佐蓐收，執矩而治秋，其神爲太白。北方，水也。其帝顓頊，其佐元冥，執權而治冬，其神爲辰星。中央，土也。其帝黄帝，其佐后土，執繩而治四方，其神爲鎮星。」

〔二〕張晏曰：歲星爲帝，填星爲女主也。【補注】先謙曰：晉志：「歲星，人主之象也。」天官書：「填星，女主象也。」隋志：「司天下女子之過。」「填不避歲」，下所謂「填、歲相守」也。奎、婁，西方之宿。「相留」無義，疑「宿留」之譌。「宿」脱上半，故誤爲「相」耳。上文「宿留贅言」即其證也。

〔三〕【補注】劉攽曰：「營」當作「熒」。先謙曰：官本作「熒」。據劉説所見，是「營」也。

〔四〕張晏曰：兩宫謂紫微、太微。【補注】葉德輝曰：開元占經熒惑占七引黄帝占曰：「熒惑入太微，天下有急兵。」又引荆州占曰：「熒惑入太微宫，爲天下驚，一日有兵。」又引石氏曰：「熒惑入紫微宫中，大臣有謀，兵起宫中。」又引荆州占曰：「熒惑入紫微，天下大亂。」

〔五〕孟康曰：角兩星爲天門，房爲明堂，尾爲後宫。蘇林曰：常占常從尾北，而今貫之，尾爲後宫之義也。【補注】宋祁曰：注文「義」字疑作「象」。葉德輝曰：開元占經熒惑占二引郗萌曰：「熒惑入天門，出復反，天下大亂，守反者事大。」又引郗萌曰：「熒惑以十月守心，期六十日有辱王。一曰皆兵起。」又引郗萌曰：「熒惑入守尾，天下成兵。」又引東(宫)〔官〕候曰：「熒惑入尾，後宫有憂。一曰幸臣亂宫。」先謙曰：晉志：「角二星爲天關，其間天門也，其内天廷也。故黄道經其中，七曜之所行。」心爲明堂，孟説誤。元命包云：「尾九星爲後宫之場，皆東方之宿。」官本注下「常」字作「當」，是。

〔六〕張晏曰：發越，疾貌也。庫，天庫也。孟康曰：奎爲天庫。【補注】葉德輝曰：開元占經太白占八引郗萌曰：「太白入庫樓，三日兵起，尤甚。一曰兵起西北方。」先謙曰：天文志：「軫南衆星曰天庫。」晉志：「庫樓十星，其六大星爲庫，南四星爲樓。一曰天庫，兵甲之府也。」故下文云「兵寇之應」。奎非天庫，孟説誤。

〔七〕張晏曰：黄龍，軒轅也。【補注】先謙曰：天文志：「軒轅，黄龍體。」帝廷即上文太微帝廷。

〔八〕【補注】先謙曰：言熒惑入心上明堂，太白至房而分，不入心，是欲與熒惑爲患，不敢當明堂之精也。

〔九〕張晏曰：厥弛，動摇貌。【補注】宋祁曰：注末疑少「晉灼曰行遲貌」六字。

〔一〇〕師古曰：進其黨類而擁蔽善人。【補注】先謙曰：注「擁」當爲「壅」。

〔一一〕孟康曰：端門，太微正南門。【補注】先謙曰：天文志：「中，端門。左右，掖門。」

〔一二〕【補注】葉德輝曰：開元占經太白占七引帝覽嬉曰：「太白入太微而出端門，臣不臣。」

〔一三〕張晏曰：熒惑入營室也。孟康曰：火入室謂熒惑歷兩宫也。金謂太白星也。上堂，入房星也。【補注】宋祁曰：注文「兩宫」字下疑有「宫亦室」三字。先謙曰：太白至房而分，未上明堂也。自「熒惑厥弛」至「又主内亂」皆引古占驗之詞，不當泥視。

〔一四〕【補注】先謙曰：天文志：「歲與填合則爲内亂。」

〔一五〕師古曰：微謂其事微。【補注】宋祁曰：注末當有「細」字。

〔一六〕師古曰：濊與穢同也。【補注】先謙曰：官本注末無「也」字。

〔一七〕【補注】先謙曰：天文志晉灼注：「常以二月春分見奎、婁，五月夏至見東井，八月秋分見角、亢，十一月冬至見牽牛。出以辰戌，入以丑未，二旬而入。晨候之東方，夕候之西方也。」

〔一八〕師古曰：茀與孛同。【補注】葉德輝曰：開元占經辰星占一引甘氏曰：「辰星政緩則不出，急則不入。」

〔一九〕【補注】葉德輝曰：開元占經辰星占一引洪範五行傳曰：「辰星出四孟，易王之表也。」又引海中占曰：「辰星出四孟，爲月食；出四季，彗星則生。」

〔二〇〕師古曰：篤，厚也。右與祐同。祐猶助也。

治國故不可以戚戚，〔二一〕欲速則不達。經曰：「三載考績，三考黜陟。」〔二二〕加以號令不順四時，既往不咎，來事之師也。間者春三月治大獄，〔三〕時賊陰立逆，恐歲小收；〔四〕季夏舉兵法，時寒氣應，恐後有霜雹之災；秋月行封爵，其月土溼奧，〔五〕恐後有雷雹之變。〔六〕夫以喜怒賞罰，〔七〕而不顧時禁，雖有堯舜之心，猶不能致和。善言天者，必有效於人。〔八〕設上農夫而欲冬田，〔九〕肉袒深耕，汗出種之，然猶不生者，非人心不至，天時不得也。易曰：「時止則止，時行則行，動靜不失其時，其道光明。」〔一〇〕書曰：「敬授民時。」〔一一〕故古之王者，尊天地，重陰陽，敬四時，嚴月令。順之以善政，則和氣可立致，猶枹鼓之相應也。〔一二〕今朝廷忽於時月之令，諸侍中尚書近臣宜皆令通知月令之意，設羣下請事；若陛下出令有謬於時者，當知爭之，以順時氣。〔一三〕

〔一〕【補注】王念孫曰：「戚戚」二字無注。案，戚讀爲蹙。蹙，急也。故，事也。言治國事不可急也。考工記「無以爲戚速也」，鄭注：「齊人有名疾爲戚者，春秋傳曰，莊公十年公羊傳。蓋以操之爲已戚矣。」今鄭注「戚」作「蹙」乃後人依公羊傳改之。釋文：「戚，徐、劉將六反。李音蹙。」今公羊傳作「蹙」。

〔二〕師古曰：虞書舜典之辭也，言三年一考功績，三考一行黜陟也。

〔三〕【補注】宋祁曰：「來」字疑作「或」字。「春三月」浙江本作「春月」。蘇輿曰：來事猶云後事。宋説誤。

〔四〕【補注】宋祁曰：「小」字疑作「少」字。

〔五〕張晏曰：違於月令也。師古曰：奧，温也，音於六反。【補注】蘇輿曰：言溼則非温，顔注未審。釋名釋天：「陰，蔭也，氣在内奧蔭也。」釋言語：「懿，優也，言奧優也。」此奧字與彼同義，言土氣陰濕。説文：「奧，宛也。宛，屈艸自覆也。」氣覆在下，是謂之奧。王褒傳注引張晏：「奧，幽也。」義與此近。

〔六〕【補注】葉德輝曰：霜凝於寒，故應寒氣爲災。雷生於淫，故應淫奥爲災。

〔七〕【補注】宋祁曰：「罰」疑作「誅」。

〔八〕【補注】蘇輿曰：效亦驗也。

〔九〕【補注】沈欽韓曰：呂覽首時篇：「水凍方固，后稷不種。」

〔一〇〕師古曰：此艮卦象辭也。言動止隨時則有光明也。

〔一一〕師古曰：虞書堯典之辭也。言授下以四時之命，不可不敬也。

〔一二〕師古曰：枹，擊鼓之椎也，音孚。其字從木也。【補注】沈欽韓曰：呂氏春秋知士篇「相得則然後成，譬之若枹之與鼓」，韓非功名「至治之國，君若枹，臣若鼓」，亦爲素問岐伯語。先謙曰：官本注末無「也」字。

〔一三〕【補注】先謙曰：若猶及也。

臣聞五行以水爲本，其星玄武婺女，天地所紀，終始所生。〔一〕水爲準平，王道公正修明，則百川理，落脉通；〔二〕偏黨失綱，則踊溢爲敗。〔三〕書云「水曰潤下」，〔四〕陰動而卑，不失其道。天下有道，則河出圖，洛出書，故河、洛決溢，所爲最大。今汝、潁畎澮皆川水漂踊，與雨水並爲民害，〔五〕此詩所謂「爗爗震電，不寧不令，百川沸騰」者也。〔六〕其咎在於皇甫卿士之屬。〔七〕唯陛下留意詩人之言，少抑外親大臣。

〔一〕孟康曰：婺女，須女也，北方天地之統，陰陽之終始也。【補注】先謙曰：北方，黑帝，其精爲玄武七宿，婺女其一也。

〔二〕師古曰：落謂經絡也。

〔三〕【補注】先謙曰：官本「踊」作「涌」。下同。

〔四〕師古曰：周書洪範之辭也。

〔五〕師古曰：甽澮，小流也。許慎説廣尺深尺曰甽，廣二尋深二刃謂之澮。川者，水貫穿而通流也。甽音工犬反。澮音工外反。【補注】先謙曰：官本注「刃」作「仞」。

〔六〕師古曰：詩小雅十月之交之詩也。爗爗，光貌。寧，安也；令，善也。言陰陽失和，雷電失序，不安不善，故百川又沸騰。

〔七〕師古曰：皇甫卿士，周室女寵之族也，解在劉向傳。

臣聞地道柔靜，陰之常義也。地有上中下，〔一〕其上位震，應妃后不順，中位應大臣作亂，下位應庶民離畔。震或於其國，國君之咎也。四方中央連國歷州俱動者，其異最大。間者關東地數震，五星作異，亦未大逆，宜務崇陽抑陰，以救其咎；固志建威，閉絶私路，拔進英雋，退不任職，以彊本朝。〔二〕夫本彊則精神折衝，本弱則招殃致凶，爲邪謀所陵。〔三〕聞往者淮南王作謀之時，其所難者，獨有汲黯，公孫弘等不足言也。〔四〕弘，漢之名相，於今亡比，而尚見輕，何況亡弘之屬乎？故曰朝廷亡人，則爲賊亂所輕，其道自然也。天下未聞陛下奇策固守之臣也。語曰，何以知朝廷之衰？人人自賢，不務於通人，故世陵夷。〔五〕

〔一〕【補注】蘇輿曰：上中下以地形言之：中謂中央，上下謂四方，下所云「四方中央」是也。楊泉物理論云：「西北高，東南下。」論衡云：「地之最下者，有楊、兗二州。」

〔二〕【補注】蘇輿曰：本朝猶朝廷。蕭望之傳「望之雅意在本朝，遠爲郡守，内不自得」，淮南子繆稱訓「晉文得之乎閨内，失之乎境外；齊桓失之乎閨内，而得之本朝」，大戴禮保傅篇「賢者立于本朝，而天下之豪，相率而趨之也」，并此義。

〔三〕師古曰：折衝，言有欲衝突爲害者，則能折挫之。

〔四〕【補注】先謙曰：官本「公」上有「以爲」二字。

〔五〕師古曰：通人謂薦達賢材也。陵夷謂頹替也。

馬不伏歷，不可以趨道；士不素養，不可以重國。〔一〕詩曰「濟濟多士，文王以寧」，〔二〕孔子曰「十室之邑，必有忠信」，〔三〕非虚言也。陛下秉四海之衆，曾亡柱幹之固守聞於四境，殆開之不廣，取之不明，勸之不篤。傳曰：「士之美者善養禾，君之明者善養士。」〔四〕中人皆可使爲君子。〔五〕詔書進賢良，赦小過，無求備，以博聚英雋。如近世貢禹，以言事忠切蒙尊榮，當此之時，士厲身立名者多。禹死之後，日日以衰。及京兆尹王章坐言事誅滅，智者結舌，〔六〕邪僞並興，外戚顓命，〔七〕君臣隔塞，至絶繼嗣，女宫作亂。〔八〕此行事之敗，誠可畏而悲也。

〔一〕師古曰：伏歷謂伏槽歷而秣之也。趨讀曰趣。

〔二〕師古曰：大雅文王之詩也。已解於上。

〔三〕師古曰：論語載孔子之言也。

〔四〕【補注】蘇輿曰：賈山傳亦有此二語，「土」作「地」，「明」作「仁」。

〔五〕師古曰：言在所以勸厲之。

〔六〕師古曰：不敢出言也。

〔七〕師古曰：顓與專同。

〔八〕師古曰：謂趙飛燕姊妹也。

本在積任母后之家，非一日之漸，往者不可及，來者猶可追也。先帝大聖，深見天意昭然，使陛下奉承天統，欲矯正之也。宜少抑外親，選練左右，舉有德行道術通明之士充備天官，〔一〕然後可以輔聖德，保帝位，承大宗。下至郎吏從官，行能亡以異，又不通一蓺，及博士無文雅者，宜皆使就南畝，〔二〕以視天下，〔三〕明朝廷皆賢材君子，於以重朝尊君，滅凶致安，此其本也。臣自知所言害身，不辟死亡之誅，唯財留神，反覆覆愚臣之言。〔四〕

〔一〕【補注】先謙曰：天工人代，故官曰天官。

〔二〕師古曰：遣歸農業。

〔三〕師古曰：視讀曰示。

〔四〕師古曰：財與裁同，謂裁量而反思之。【補注】劉攽曰：衍一「覆」字。王念孫曰：案下「覆」字訓爲察，謂反覆察臣之言也。谷永傳云「唯陛下留神，反覆熟省臣言」，文義正與此同。爾雅：「覆，察審也」。考工記弓人「覆之而角至」，鄭注：「覆猶察也。」定四年左傳「藏在周府，可覆視也」，謂可察視也。月令「命舟牧覆舟」，謂察舟也。孫子行軍篇「軍行有險阻，潢井葭葦，山林翳薈者，必謹覆索之」，謂察索之也。然則，下「覆」字訓爲察，與上「覆」字異義。劉以爲衍一「覆」字，蓋未達古訓也。朱一新曰：監本無下「覆」字。先謙曰：財留神猶言少留神耳，顔訓裁量，非。

是時哀帝初立，成帝外家王氏未甚抑黜，而帝外家丁、傅新貴，祖母傅太后尤驕恣，欲稱尊號。丞相孔光、大司空師丹執政諫爭，〔一〕久之，上不得已，遂免光、丹而尊傅太后。語在丹傳。上雖不從尋言，然采其語，每有非常，輒問尋。尋對屢中，遷黄門侍郎。以尋言且有水災，故拜尋爲騎都尉，使護河隄。

〔一〕【補注】何焯曰：「政」當作「正」。執，守也。先謙曰：政、正字同。

初，成帝時，齊人甘忠可詐造天官曆、包元太平經十二卷，以言「漢家逢天地之大終，當更受命於天，天帝使真人赤精子，下教我此道」。忠可以教重平夏賀良、容丘丁廣世、〔一〕東郡郭昌等，中壘校尉劉向奏忠可假鬼神罔上惑衆，下獄治服，未斷病死。賀良等坐挾學忠可書以不敬論，後賀良等復私以相教。哀帝初立，司隸校尉解光〔二〕亦以明經通災異得幸，白賀良等所挾忠可書。事下奉車都尉劉歆，歆以爲不合五經，不可施行。而李尋亦好之。光曰：「前歆父向奏忠可下獄，歆安肯通此道？」時郭昌爲長安令，勸尋宜助賀良等。尋遂白賀良等皆待詔黄門，數召見，陳説「漢曆中衰，當更受命。成帝不應天命，故絶嗣。今陛下久疾，變異屢數，〔三〕天所以譴告人也。宜急改元易號，乃得延年益壽，皇子生，災異息矣。得道不得行，咎殃且亡，〔四〕不有洪水將出，災火且起，滌盪人民」。〔五〕

〔一〕服虔曰：重平，勃海縣也。晉灼曰：容丘，東海縣也。

〔二〕【補注】周壽昌曰：百官表，司隸校尉，哀帝綏和二年復置，但爲司隸，此稱司隸校尉，不合。

〔三〕師古曰：數音所角反。

〔四〕師古曰：言知道不能行之，必有殃咎，將至滅亡。【補注】宋祁曰：下「得」字可刪。劉攽曰：「得道不得行」，下「得」字衍。朱一新曰：監本無下「得」字，是。

〔五〕【補注】葉德輝曰：德藩本作「民人」。先謙曰：官本作「民人」。

哀帝久寢疾，幾其有益，〔一〕遂從賀良等議。於是詔制丞相御史：〔二〕「蓋聞尚書『五曰考終命』，〔三〕言大運壹終，更紀天元人元，考文正理，推曆定紀，數如甲子也。〔四〕朕以眇身入繼太祖，承皇天，總百僚，子元元，未有應天心之效。即位出入三年，災變數降，日月失度，星辰錯謬，高下貿易，〔五〕大異連仍，盜賊並起。〔六〕朕甚懼焉，戰戰兢兢，唯恐陵夷。〔七〕惟漢興至今二百載，曆紀開元，皇天降非材之右，漢國再獲受命之符，〔八〕朕之不德，曷敢不通夫受天之元命，必與天下自新。其大赦天下，以建平二年爲太初元將元年，〔九〕號曰陳聖劉太平皇帝。漏刻以百二十爲度。布告天下，使明知之。」後月餘，上疾自若。〔一〇〕賀良等復欲妄變政事，大臣爭以爲不可許。賀良等奏言大臣皆不知天命，宜退丞相御史，以解光、李尋輔政。上以其言亡驗，遂下賀良等吏，而下詔曰：「朕獲保宗廟，爲政不德，變異屢仍，恐懼戰栗，未知所繇。〔一一〕待詔賀良等建言改元易號，增益漏刻，可以永安國家。朕信道不篤，過聽其言，〔一二〕幾爲百姓獲福。〔一三〕卒無嘉應，久旱爲災。以問賀良等，對當復改制度，皆背經誼，違聖制，不合時宜。夫過而不改，是爲過矣。〔一四〕六月甲子詔書，非赦令也，〔一五〕皆蠲除之。賀良等，反道惑衆，姦態當窮竟。」皆下獄，光禄勳平當、光禄大夫毛莫如〔一六〕與御史中丞、廷尉雜治，當賀良等執左道，亂朝政，〔一七〕傾覆國家，誣罔主上，不道。賀良等皆伏誅。尋及解光減死一等，徙敦煌郡。

〔一〕師古曰：幾讀曰冀。

〔二〕【補注】劉攽曰：當云「制詔」。

〔三〕師古曰：周書洪範五福之數也。言得壽考而終其命也。【補注】宋祁曰：南本、浙本「命」字上有「厥」字。

〔四〕【補注】蘇輿曰：詩既醉正義引洪範鄭注「考終命」云：「考，成也。終性命，謂皆生佼好以至老也。」鄭意以屬五事之貌，與惡對舉。說苑建本篇引河間獻王云：「夫穀者，國家所以殖昌，士女所以佼好」，亦說書義，與鄭合。河間傳古文學，則知鄭是古文說。元帝紀，初元二年詔云「黎庶康寧，考終厥命」，五年詔又云「天不終命」，五行志亦以考終命與凶短折同屬思心，蓋根伏傳爲說，并今文義也。此以考爲考正，以終命爲運終受命，則今文異說。易緯乾鑿度：「孔子軌以七百六十爲世。軌者，堯以甲子受天元爲推術。」又云：「入天元二百七十五萬九千二百八十歲，昌以西伯受命。」又言求日之法，「甲子始數立，立算皆爲甲，旁算亦爲甲，以日次次之」。諸所推演，多合斯旨。蓋緯書亦今文家言，故得相通也。陳氏喬樅今文尚書經說考以此爲小夏侯解詁。謂李尋、鄭寬中爲小夏侯之學，寬中授成帝尚書。案，此詔是哀帝語，陳以爲成帝，大繆。

〔五〕師古曰：言山崩川竭也。

〔六〕師古曰：仍，頻也。【補注】宋祁曰：「連」字一本作「逆」字。

〔七〕師古曰：慮漸滅亡也。

〔八〕師古曰：右讀曰祐。祐，助也。帝自言不材而得天助也。【補注】先謙曰：官本無「興」字，引宋祁曰「漢」字下疑有「興」字，「今」字上疑有「于」字。
〔九〕【補注】先謙曰：官本奪「元將」二字。
〔一〇〕師古曰：自若言如故也。
〔一一〕師古曰：繇讀與由同。
〔一二〕師古曰：過，誤也。【補注】先謙曰：官本無注。
〔一三〕師古曰：幾讀曰冀。
〔一四〕【補注】宋祁曰：「爲」字當作「謂」。先謙曰：爲、謂字同。
〔一五〕師古曰：唯赦令不改，餘皆除之。【補注】先謙曰：官本注在下句下，是也。
〔一六〕【補注】先謙曰：「毛」當爲「屯」，見儒林傳。
〔一七〕師古曰：當謂處正其罪名。

贊曰：幽贊神明，通合天人之道者，莫著乎易、春秋。〔一〕然子贛猶云「夫子之文章可得而聞，〔二〕夫子之言性與天道不可得而聞」已矣。〔三〕漢興推陰陽言災異者，孝武時有董仲舒、夏侯始昌，昭、宣則眭孟、夏侯勝，元、成則京房、翼奉、劉向、谷永，哀、平則李尋、田終術。〔四〕此其納説時君著明者也。察其所言，仿佛一端。〔五〕假經設誼，依託象類，或不免乎「億則屢中」。〔六〕仲舒下吏，夏侯囚執，眭孟誅戮，李尋流放，此學者之大戒也。京房區區，不量淺深，危言刺譏，構怨彊臣，罪辜不旋踵，亦不密以失身，悲夫！〔七〕

〔一〕師古曰：幽，深；贊，明也。【補注】宋祁曰：注文「幽深」下當有「也」字。

〔二〕師古曰：謂易辭文言及春秋之屬是。

〔三〕師古曰：性命玄遠，天道幽深，故孔子不言之也。此皆論語述子貢之言也。

〔四〕【補注】先謙曰：官本考證「田終術見翟方進、王莽傳」。

〔五〕師古曰：仿讀曰髣。佛與髴同。

〔六〕師古曰：論語稱孔子曰「賜不受命，而貨殖焉，億則屢中」，故此贊引之，言仲舒等億度，所言既多，故時有中者耳，非必道術皆通明也。億音於力反。【補注】先謙曰：官本注無「音」字。

〔七〕師古曰：易上繫辭曰「君不密則失臣，臣不密則失身」，故贊引之也。

趙尹韓張兩王傳第四十六

趙廣漢字子都，〔一〕涿郡蠡吾人也，〔二〕故屬河間。〔三〕少爲郡吏、州從事，以廉絜通敏下士爲名。〔四〕舉茂材，平準令。〔五〕察廉爲陽翟令。以治行尤異，遷京輔都尉，守京兆尹。會昭帝崩，而新豐杜建爲京兆掾，護作平陵方上。〔六〕建素豪俠，賓客爲姦利，廣漢聞之，先風告。建不改，〔七〕於是收案致法。〔八〕中貴人豪長者爲請無不至，終無所聽。〔九〕宗族賓客謀欲篡取，〔一〇〕廣漢盡知其計議主名起居，〔一一〕使吏告曰：「若計如此，且并滅家。」令數吏將建棄市，莫敢近者。京師稱之。

〔一〕【補注】沈欽韓曰：論衡命禄篇：「趙子都明經，階甲科，至郎、博士。」宋邵博聞見後録：「今章奏不當名趙廣漢。案國史會要：『本朝，廣漢之後也。』」

〔二〕師古曰：蠡音禮。【補注】先謙曰：今保定府博野縣西南。

〔三〕師古曰：言蠡吾舊屬河間，後屬涿郡。

〔四〕師古曰：敏謂材識捷疾也。下音胡嫁反。

〔五〕【補注】劉奉世曰：「材」字下當有「爲」字。周壽昌曰：續漢書「平準令六百石」。韋昭辨釋名云：「主平物價，使相依準。」

〔六〕孟康曰：壙臧上也。師古曰：方上在張湯傳。【補注】宋祁曰：注文「方上」字下當有「解」字。齊召南曰：案，惠紀作「斥上」，亦作「斥土」，而張湯傳作「方中」。

〔七〕師古曰：風讀曰諷。【補注】宋祁云：「建」浙本作「及」。

〔八〕師古曰：致，至也。令至於罪罰之法。【補注】王文彬曰：致，置也。謂置之於法。顏訓近迂。

〔九〕師古曰：中貴人，居中朝而貴者也。豪，豪桀也。長者，有名德之人也。【補注】先謙曰：官本注「人也」下有「服虔曰內臣之貴幸者」九字。引劉奉世曰，顏解中貴人與李廣傳同，服說不同，當以服說爲是。

〔一〇〕師古曰：逆取曰篡。

〔一一〕師古曰：起居，謂居止之處，及欲發起之狀。【補注】周壽昌曰：主名，謂其宗族賓客之名姓。起居，猶動定也。顏注泥。

是時，昌邑王徵即位，行淫亂，大將軍霍光與羣臣共廢王，尊立宣帝。廣漢以與議定策，賜爵關內侯。〔一〕

〔一〕師古曰：與讀曰豫。

遷潁川太守。郡大姓原、褚宗族橫恣，〔一〕賓客犯爲盜賊，前二千石莫能禽制。廣漢既至數月，誅原、褚首惡，郡中震栗。

〔一〕李奇曰：原音元。師古曰：原、褚，二姓也。原讀如本字。橫音胡孟反。【補注】宋祁云：「原褚」當作「原氏褚氏」。

先是，潁川豪桀大姓相與爲婚姻，吏俗朋黨。廣漢患之，厲使其中可用者受記，〔一〕出有案問，既得罪名，行法罰之，廣漢故漏泄其語，令相怨咎。〔二〕又教吏爲缿筩，〔三〕及得投書，削其主名，而託以爲豪桀大姓子弟所言。其後彊宗大族家家結爲仇讎，姦黨散落，風俗大改。吏民相告訐，〔四〕廣漢得以爲耳目，盜賊以故不發，發又輒得。壹切治理，威名流聞，〔五〕及匈奴降者言匈奴中皆聞廣漢。

〔一〕服虔曰：受相訟殘記也。師古曰：擇其中可使者，獎厲而使之。【補注】朱一新曰：受記，受太守誥誡也。張敞傳「受記」義同。

〔二〕師古曰：遣知其事由某人發，故結怨咎也。

〔三〕蘇林曰：缿音項，如瓶，可受投書。孟康曰：筩，竹筩也，如今官受密事筩也。師古曰：缿，若今盛錢臧瓶，爲小孔，可入而不可出。或缿或筩，皆爲此制，而用受書，令投於其中也。筩音同。【補注】何焯曰：孟康曹魏時人，已有受密事筩，則廣漢此法，歷代施用，不至武后始行也。廣漢亦祖王溫舒。沈欽韓曰：説文：「缿，受錢器也。古以瓦，今以竹。」案，西京雜記：「撲滿者，以土爲器，以蓄錢。具有入竅而無出竅，滿則撲之。」即缿也。周壽昌曰：案缿從缶，知是瓦爲之。蓋一器，工製如缿，而形狀似筩，可投書其中，令入不得出也。師古云或缿或筩，非是。先謙曰：官本注「筒」作「筩」，是。

〔四〕師古曰：面相斥曰訐，音居乂反，又音居謁反。【補注】宋祁曰：「相告訐」，疑「相」字上有「好」字。注文「面相斥」疑作「告而相斥」。

〔五〕師古曰：言諸事皆治理也。治音直吏反。一切，解在平紀。

本始二年，漢發五將軍擊匈奴，徵廣漢以太守將兵，屬蒲類將軍趙充國。〔一〕從軍還，復用守京兆尹，滿歲爲真。

〔一〕【補注】宋祁曰：景本有「遣」字。學官本云「徵遣」。浙本無「遣」字。祁案：徵廣漢，不當便云遣；若已云遣，下又言將兵屬蒲類，意致繁複。從浙本爲長。楊伯時云：徵而遣之以屬蒲類，何不可也？

廣漢爲二千石，以和顏接士，其尉薦待遇吏，殷勤甚備。〔一〕事推功善，歸之於下，曰：「某掾卿所爲，〔二〕非二千石所及。」行之發於至誠。吏見者皆輸寫心腹，無所隱匿，〔三〕咸願爲用，僵仆無所避。〔四〕廣漢聰明，皆知其能之所宜，盡力與否。其或負者，輒先聞知，風諭不改，乃收捕之，〔五〕無所逃，按之辠立具，即時伏辜。

〔一〕如淳曰：尉亦薦藉也。師古曰：尉薦，謂安尉而薦達之。【補注】錢大昭曰：薦猶藉也，尉薦即尉藉。亦見韓延壽匈奴傳。顔分尉薦爲二義，非。

〔二〕【補注】先謙曰：戰國人褒尊人曰卿，漢世遂爲常語，下文捕賊兩卿，是也。

〔三〕【補注】錢大昭曰：小雅蓼蕭云：「既見君子，我心寫兮。」毛傳：「輸寫其心也。」鄭箋：「我心寫者，輸其情意，無留恨也。」

〔四〕師古曰：僵，偃也。仆，頓也。僵音薑。仆音赴。【補注】先謙曰：官本注「薑」作「畺」。

〔五〕師古曰：風讀曰諷。

廣漢爲人彊力，天性精於吏職。見吏民，或夜不寢至旦。尤善爲鉤距，以得事情。〔一〕鉤距者，設欲知馬賈，則先問狗，〔二〕已問羊，又問牛，然後及馬，參伍其賈，以類相準，則知馬之貴賤不失實矣。唯廣漢至精能行之，它人效者莫能及也。〔三〕郡中盜賊，閭里輕俠，其根株窟穴所在，及吏受取請求銖兩之姦，皆知之。長安少年數人會窮里空舍謀共劫人，〔四〕坐語未訖，廣漢使吏捕治具服。富人蘇回爲郎，二人劫之。〔五〕有頃，廣漢將吏到家，自立庭下，使長安丞龔奢叩堂户曉賊，〔六〕曰：「京兆尹趙君謝兩卿，無得殺質，此宿衞臣也。釋質，束手，得善相遇，幸逢赦令，或時解脱。」〔七〕二人驚愕，又素聞廣漢名，即開户出，下堂叩頭，廣漢跪謝曰：「幸全活郎，甚厚！」送獄，敕吏謹遇，給酒肉。至冬當出死，豫爲調棺，給斂葬具，告語之，〔八〕皆曰：「死無所恨！」

〔一〕蘇林曰：鉤得其情，使不得去也。晉灼曰：鉤，致；距，閉也。使對者無疑，若不問而自知，衆莫覺所由以閉，其術爲距也。師古曰：晉説是也。【補注】宋祁曰：注文「疑」字下疑有「示」字。先謙曰：鬼谷子飛箝篇：「鉤箝之語，其説辭也。乍同乍異，或是能立勢以鉤之，或伺候見嵋而箝之。」案，鉤，若鉤取物也。距與致同，尚書「予決九川，距四海，濬畎澮，距川」，史記「距」並作「致」，是其證。鉤距，謂鉤而致之，義本明了，諸説皆非也。

〔二〕師古曰：賈讀曰價。

〔三〕【補注】宋祁曰：越本無「也」字。

〔四〕師古曰：窮里，里中之極隱處。

〔五〕師古曰：劫取其身爲質，令家將財物贖之。【補注】王念孫曰：案師古言劫取其身爲質，則正文「劫」下當有「質」字，下文曰「無得殺質」，此處師古無注，以「質」字已解於上也。又曰「釋質束手」，皆承此「質」字而言。今本脱去「質」

字，則下文及師古注皆不可通矣。漢紀孝宣紀作「二人私劫質之」，尤爲明證。

〔六〕師古曰：曉謂喻告之。

〔七〕師古曰：若束手自來，雖合處牢獄，當善處遇之，或逢赦令，則得免脱也。脱音吐活反。

〔八〕師古曰：調，辦具之也。棺斂，以棺衣斂尸也。調音徒釣反。棺音工喚反。斂音力贍反。【補注】宋祁曰：「給」字疑可删。李慈銘曰：疑作「調棺斂，給葬具」，覲注以「棺斂」爲文可知。王文彬曰：案「給」當從宋删，明涉上文「給」字而衍。李説亦未合。蓋告以棺斂葬具，並豫爲調辦，無煩以「給」别言之。

廣漢嘗記召湖都亭長，〔一〕湖都亭長西至界上，界上亭長戲曰：「至府，爲我多謝問趙君。」〔二〕亭長既至，廣漢與語，問事畢，謂曰：「界上亭長寄聲謝我，〔三〕何以不爲致問？」亭長叩頭服實有之。廣漢因曰：「還爲吾謝界上亭長，勉思職事，有以自效，京兆不忘卿厚意。」其發姦擿伏如神，皆此類也。〔四〕

〔一〕師古曰：爲書記以召之，若今之下符追呼人也。【補注】先謙曰：湖縣之都亭長。都猶總也。百官表有亭長，無都亭長。

〔二〕師古曰：多，厚也，言殷勤，若今人言千萬問訊矣。

〔三〕師古曰：謝，告也。

〔四〕師古曰：擿謂動發之也，音它狄反。

廣漢奏請，令長安游徼獄吏秩百石，〔一〕其後百石吏皆差自重，不敢枉法妄繫留人。京兆政清，吏民稱之不容口。長老傳以爲自漢興以來治京兆者莫能及。〔二〕左馮翊、右扶風皆治長安中，〔三〕犯法者從迹喜過京兆界。〔四〕廣漢歎曰：「亂吾治者，常二輔也！誠令廣漢得兼治之，直差易耳。」

〔一〕師古曰：特增其秩，以厲其行。【補注】宋祁曰：浙本作「獄史」。先謙曰：百官表「游徼徼循禁賊盜」。

〔二〕【補注】先謙曰：官本引楊伯時曰，言漢興足矣，何必「以來」二字。

〔三〕師古曰：治音直吏反。【補注】沈欽韓曰：黄圖治所云：「京兆在故城南尚冠里，馮翊在故城内太上皇廟西南，扶風在夕陰街北。」

〔四〕師古曰：從讀曰縱。喜音許吏反。【補注】先謙曰：「縱」當作「蹤」。

初，大將軍霍光秉政，廣漢事光。及光薨後，廣漢心知微指，〔一〕發長安吏自將，與俱至光子博陸侯禹第，直突入其門，廋索私屠酤，椎破盧罌，斧斬其門關而去。〔二〕時光女爲皇后，聞之，對帝涕泣。帝心善之，以召問廣漢。廣漢由是侵犯貴戚大臣。〔三〕所居好用世吏子孫新進年少者，〔四〕專厲彊壯蠭氣，〔五〕見事風生，無所回避，〔六〕率多果敢之計，莫爲持難。廣漢終以此敗。

〔一〕師古曰：識天子意也。

〔二〕師古曰：廋讀與搜同，謂入室求之也。盧所以居罌，罌所以盛酒也。盧解在食貨志、司馬相如傳。罌音於耕反。【補注】宋祁曰：「其門」或無「其」字。沈欽韓曰：鹽鐵論取下篇「公卿議奏，且罷郡國榷酤」，是關内仍榷酤也。說文：「關，以木横持門户也。」文子上義篇：「五寸之關，能制開闔。」

〔三〕【補注】何焯曰：廣漢始欲以此自遠於霍氏耳。因帝善之，而遂以爲務，則謬矣。

〔四〕師古曰：言舊吏家子孫而其人後出求進，又年少也。【補注】宋祁曰：注末「也」字疑是「者」字。

〔五〕師古曰：鑫與鋒同，言鋒鋭之氣。

〔六〕師古曰：風生，言其速疾不可當也。回，曲也。

初，廣漢客私酤酒長安市，丞相史逐去客。〔一〕客疑男子蘇賢言之，以語廣漢。廣漢使長安丞按賢，〔二〕尉史禹故劾賢爲騎士屯霸上，不詣屯所，乏軍興。〔三〕賢父上書訟罪，告廣漢，事下有司覆治。禹坐要斬，請逮捕廣漢。有詔即訊，〔四〕辭服，會赦，貶秩一等。廣漢疑其邑子榮畜教令，〔五〕後以它法論殺畜。人上書言之，事下丞相御史，案驗甚急。廣漢使所親信長安人爲丞相府門卒，令微司丞相門内不法事。地節三年七月中，丞相傅婢有過，自絞死。〔六〕廣漢聞之，疑丞相夫人妒殺之府舍。而丞相奉齋酎入廟祠，〔七〕廣漢得此，使中郎趙奉壽風曉丞相，〔八〕欲以脅之，毋令窮正己事。丞相不聽，按驗愈急。〔九〕廣漢欲告之，先問太史知星氣者，言今年當有戮死大臣，廣漢即上書告丞相罪。制曰：「下京兆尹治。」廣漢知事迫切，遂自將吏卒突入丞相府，召其夫人跪庭下受辭，〔一〇〕收奴婢十餘人去，責以殺婢事。丞相魏相上書自陳：「妻實不殺婢。廣漢數犯罪法不伏辜，以詐巧迫脅臣相，幸臣相寬不奏。願下明使者治廣漢所驗臣相家事。」事下廷尉治罪，〔一一〕實丞相自以過譴笞傅婢，出至外弟乃死，〔一二〕不如廣漢言。司直蕭望之劾奏：〔一三〕「廣漢摧辱大臣，欲以劫持奉公，逆節傷化，不道。」宣帝惡之，下廣漢廷尉獄，〔一四〕又坐賊殺不辜，鞫獄故不以實，擅斥除騎士乏軍興數罪。〔一五〕天子可其奏。吏民守闕號泣者數萬人，或言「臣生無益縣官，願代趙京兆死，使得牧養小民。」廣漢竟坐要斬。

〔一〕【補注】先謙曰：官本無「客」字，引宋祁云：「史」越本作「吏」，「去」字下南本更有「客」字。
〔二〕師古曰：按，致其罪也。
〔三〕師古曰：尉史，尉部史也。禹，其名。【補注】先謙曰：官本「史」作「吏」，注同，引宋祁云：「吏」越作「史」。
〔四〕師古曰：令就問之，不追入獄也。【補注】沈欽韓曰：册府元龜刑法部序曰：「漢有大獄，則令雜治；其次，即令就問。」
〔五〕師古曰：蘇賢同邑之子也。令音力成反。
〔六〕【補注】周壽昌曰：百官表地節三年六月，魏相爲丞相。此事在七月，爲相剛一月。先謙曰：官本考證，通鑑考異云：「蓋婢死已數年，而廣漢追發其事。」
〔七〕師古曰：將酎祭宗廟而先絜齋也。
〔八〕師古曰：風讀曰諷。
〔九〕【補注】宋祁曰：「不聽」字上疑有「怒」字。
〔一〇〕師古曰：受其對辭也。【補注】宋祁曰：「突」字新本添。先謙曰：荀紀有「突」字，通鑑無。
〔一一〕【補注】王念孫曰：案「罪」字後人所加。事下廷尉治者，治其事之曲直，非謂治罪也。上文「魏相上書自陳願下明使者治廣漢所驗相家事」，故宣帝使廷尉治其事。既而廣漢所驗皆誣，乃治廣漢罪，此不得先言治罪也。景祐本無「罪」字。先謙曰：王說是。通鑑亦無「罪」字。
〔一二〕【補注】先謙曰：官本「弟」作「第」。

〔一三〕【補注】沈欽韓曰：史記丞相傳云：「丞相司直繁君奏京兆尹趙君脅迫丞相。」案蕭望之傳，霍光薨，地節三年夏，望之上疏，拜爲謁者。歲中累遷諫大夫，丞相司直，歲中三遷。是望之爲司直即在地節三年。趙廣漢以元康二年冬要斬，則望之已遷官。百官表元康二年，少府蕭望之爲左馮翊，是其去司直官久矣。作繁延壽者是。

〔一四〕【補注】先謙曰：時廷尉于定國。

〔一五〕師古曰：斥除，逐遣之。

廣漢雖坐法誅，爲京兆尹廉明，威制豪彊，小民得職。〔一〕百姓追思，歌之至今。〔二〕

〔一〕師古曰：得職，各得其常所也。【補注】宋祁曰：使得牧養。越本無「得」字。「廣漢雖坐法誅」景邵本去「雖坐法誅」字。校本添。先謙曰：公卿表，元康元年書「京兆尹彭城太守遺」，是廣漢死在元年。通鑑據書之。宣紀作「二年」，誤。

〔二〕【補注】周壽昌曰：廣漢兄子趙貢爲吏，亦有能名，見薛宣傳。

尹翁歸字子兄，〔一〕河東平陽人也，徙杜陵。翁歸少孤，與季父居。爲獄小吏，曉習文法。喜擊劍，人莫能當。〔二〕是時大將軍霍光秉政，諸霍在平陽，奴客持刀兵入市鬭變，吏不能禁，〔三〕及翁歸爲市吏，〔四〕莫敢犯者。公廉不受餽，〔五〕百賈畏之。

〔一〕師古曰：兄讀曰況。

〔二〕師古曰：喜音許吏反。

〔三〕師古曰：變，亂也。【補注】先謙曰：功臣表「合陽侯梁喜以平陽大夫告霍徵史、徵史子信等侯」。蓋光後族滅，平陽諸霍亦以反誅，而霍氏無遺種矣。

〔四〕【補注】周壽昌曰：漢内史屬官有長安市長。齊職儀曰，市令，周有司廛、肆師、司市，皆其任也。

〔五〕師古曰：餽亦饋字也。【補注】宋祁曰：「受餽」下有「遺」字。注末「也」字可刪。

後去吏居家。〔一〕會田延年爲河東太守，行縣至平陽，悉召故吏五六十人，延年親臨見，令有文者東，有武者西。閱數十人，次到翁歸，獨伏不肯起，對曰：「翁歸文武兼備，唯所施設。」〔二〕功曹以爲此吏倨敖不遜，〔三〕延年曰：「何傷？」遂召上辭問，〔四〕甚奇其對，除補卒史，〔五〕便從歸府。〔六〕案事發姦，窮竟事情，延年大重之，自以能不及翁歸，徙署督郵。河東二十八縣，〔七〕分爲兩部，閎孺部汾北，翁歸部汾南。〔八〕所舉應法，得其罪辜，屬縣長吏雖中傷，莫有怨者。舉廉爲緱氏尉，歷守郡中，所居治理，〔九〕遷補都内令，〔一〇〕舉廉爲弘農都尉。〔一一〕

〔一〕【補注】先謙曰：官本無「吏」字，引宋祁云，浙本作「家居」。

〔二〕【補注】沈欽韓曰：案此後有相類者二事。北堂書鈔，會稽典録曰：「上見天下郡郎，制曰：『文左武右。』陳宫乃正中立。上問：『此何郡郎？』對曰：『有文有武，未知所如。』又問：『何施？』答曰：『文爲顔氏春秋，武爲孫吳兵法。』上擢拜大夫。」又謝承書：「方儲爲郎中。章帝使文郎居左，武郎居右。儲正住中，曰：『臣文武兼備，任所施用。』」

〔三〕師古曰：敖讀曰傲。

〔四〕師古曰：爲文辭而問之。

〔五〕【補注】宋祁曰：「除補」字上疑有「是日」字。

〔六〕【補注】王念孫曰：「便」當爲「使」，謂除補翁歸卒史，遂使從歸府中案事也。今本「使」作「便」，則非其指矣。御覽職官部五十一引此正作「使」。

〔七〕【補注】齊召南曰：地理志，河東郡統縣二十四，自安邑至騏可數也。此「八」字當是「四」字之誤。周壽昌曰：蓋元始時改除四縣入他郡；此宣帝時，猶二十八縣也。張敞傳，山陽郡戶九萬三千，口五十萬。地理志，山陽郡戶十七萬二千八百四十七，口八十萬一千二百八十八。傳綜宣帝時，地理綜元始時之數，故不能齊同。凡此可類推。

〔八〕師古曰：閎，姓也，音宏。【補注】先謙曰：官本注在「北」下。後漢橋玄傳注，部猶領也。

〔九〕師古曰：歷於郡中守丞尉之職也。【補注】宋祁曰：「中」字一作「守」。

〔一〇〕【補注】先謙曰：百官表，大司農屬官。

〔一一〕【補注】先謙曰：都尉即郡尉也。景帝時更名。

徵拜東海太守，過辭廷尉于定國。定國家在東海，欲屬託邑子兩人，〔一〕令坐後堂待見。定國與翁歸語終日，不敢見其邑子。既去，定國乃謂邑子曰：「此賢將，汝不任事也，又不可干以私。」〔二〕

〔一〕師古曰：邑子，同邑人之子也。屬音之欲反。

〔二〕師古曰：任，堪也。干，求也。

翁歸治東海明察，郡中吏民賢不肖，及姦邪罪名盡知之。縣縣各有記籍。自聽其政，〔一〕有急名則少緩之；〔二〕吏民小解，輒披籍。〔三〕縣縣收取黠吏豪民，案致其罪，高至於死。〔四〕收取人必於秋冬課吏大會中，及出行縣，〔五〕不以無事時。其有所取也，以一警百，吏民皆服，恐懼改行自新。東海大豪郯許仲孫〔六〕爲姦猾，亂吏治，郡中苦之。二千石欲捕者，輒以力埶變詐自解，終莫能制。翁歸至，論棄仲孫市，一郡怖栗，莫敢犯禁，東海大治。

〔一〕師古曰：言決斷諸縣姦邪之事，不委令長。

〔二〕【補注】先謙曰：急名，謂縣令以嚴急稱者。

〔三〕服虔曰：披有罪者籍也。師古曰：解讀曰懈。

〔四〕【補注】先謙曰：顧炎武云高謂罪名之上者，猶言上刑矣。周壽昌云：高猶極也。下極者同。

〔五〕師古曰：於大會之中及行縣時則收取罪人，以警衆也。行音下更反。【補注】周壽昌曰：漢以冬盡決囚，必於秋冬收取者，使不得展緩逃死。

〔六〕師古曰：郯縣之豪，姓許名仲孫。

以高第入守右扶風，滿歲爲真。選用廉平疾姦吏以爲右職，〔一〕接待以禮，好惡與同之；其負翁歸，罰亦必行。〔二〕治如在東海故迹，姦邪罪名亦縣縣有名籍。盜賊發其比伍中，〔三〕翁歸輒召其縣長吏，曉告以姦黠主名，教使用類推迹盜賊所過抵，〔四〕類常如翁歸言，無有遺託。〔五〕緩於小弱，急於豪彊。豪彊有論罪，輸掌畜官，〔六〕使斫莝，〔七〕責以員程，不得取代。〔八〕不中程，輒笞督，〔九〕極者至以鈇自剄而死。〔一〇〕京師畏其威嚴，扶風大治，盜賊課常爲三輔最。〔一一〕

〔一〕【補注】先謙曰：胡注，職居諸吏之上爲右職。

〔二〕【補注】先謙曰：負翁歸，謂不舉職。

〔三〕師古曰：比謂左右相次者也。五家爲伍，若今五保也。比音頻寐反。【補注】先謙曰：官本注「保」上「五」作「伍」。

〔四〕師古曰：抵，歸也。所經過及所歸投也。

〔五〕師古曰：類猶率也。【補注】錢大昭曰：「託」南監本、閩本並作「脱」。先謙曰：官本作「脱」，是。

〔六〕師古曰：論罪，決罪也。扶風畜牧所在，有苑師之屬，故曰掌畜官也。畜音許救反。【補注】錢大昭曰：百官表「右扶風有掌畜令丞」。顔注誤。

〔七〕師古曰：莝，斬芻，音千臥反。

〔八〕師古曰：員，數也。計其人及日數爲功程。【補注】沈欽韓曰：淮南説山訓：「春至旦，不中員呈，猶謫之。」呈與程同。鹽鐵論水旱篇：「有司多爲大器，務應員程。」

〔九〕師古曰：督，責也。【補注】先謙曰：官本無注。

〔一〇〕師古曰：鈇，斫莝刃也，音大夫之夫。使其斫莝，故因以莝刃自剄。而説者或謂爲斧，或云劍鈇，皆失之也。

〔一一〕師古曰：言發則獲之，無有遺失，故爲最也。

翁歸爲政雖任刑，其在公卿之間清絜自守，語不及私，然温良嗛退，不以行能驕人，〔一〕甚得名譽於朝廷。視事數歲，元康四年病卒。家無餘財，天子賢之，制詔御史：「朕夙興夜寐，以求賢爲右，〔二〕不異親疏近遠，務在安民而已。扶風翁歸廉平鄉正，〔三〕治民異等，早夭不遂，不得終其功業，朕甚憐之。其賜翁歸子黄金百斤，以奉祭祠。」〔四〕

〔一〕師古曰：嗛，古以爲謙字。【補注】沈欽韓曰：説文「嗛，口有所銜也」，借爲謙字。易釋文「謙」子夏作「嗛」。云，嗛，謙也。

〔二〕師古曰：右猶上也。

〔三〕師古曰：鄉讀曰嚮。

〔四〕【補注】先謙曰：官本「祭」上有「其」字。

翁歸三子皆爲郡守。少子岑歷位九卿，至後將軍。〔一〕而閎孺亦至廣陵相，有治名。由是世稱田延年爲知人。

〔一〕【補注】齊召南曰：據表，岑字子河，成帝永始四年以護羌校尉爲執金吾，元延元年爲右將軍。此文作「後將軍」，必有一誤。

韓延壽字長公，燕人也，徙杜陵。少爲郡文學。父義爲燕郎中。剌王之謀逆也，義諫而死，燕人閔之。是時昭帝富於春秋，大將軍霍光持政，徵郡國賢良文學，問以得失。時魏相以文學對策，以爲「賞罰所以勸善禁惡，政之本也。日者燕王爲無道，〔一〕韓義出身彊諫，爲王所殺。義無比干之親而蹈比干之節，〔二〕宜顯賞其子，以示天下，明爲人臣之義。」光納其言，因擢延壽爲諫大夫，遷淮陽太守。治甚有名，徙潁川。

〔一〕師古曰：日者猶言往日也。

〔二〕師古曰：殷之比干，紂之諸父，諫紂而死，故以爲喻也。

潁川多豪彊，難治，國家常爲選良二千石。先是，趙廣漢爲太守，患其俗多朋黨，故構會吏民，令相告訐，〔一〕一切以爲聰明，〔二〕潁川由是以爲俗，民多怨讎。延壽欲更改之，教以禮讓，恐百姓不從，乃歷召郡中長老爲鄉里所信向者數十人，設酒具食，親與相對，接以禮意，人人問以謠俗，民所疾苦，〔三〕爲陳和睦親愛銷除怨咎之路。長老皆以爲便，可施行，因與議定嫁娶喪祭儀品，略依古禮，不得過法。延壽於是令文學校官諸生皮弁執俎豆，〔四〕爲吏民行喪嫁娶禮。百姓遵用其教，賣偶車馬下里僞物者，棄之市道。〔五〕數年，徙爲東郡太守，黄霸代延壽居潁川，霸因其迹而大治。

〔一〕師古曰：構，結也。

〔二〕【補注】王文彬曰：猶言以爲耳目。

〔三〕師古曰：謠俗謂閭里歌謠，政教善惡也。

〔四〕師古曰：校亦學也，音效。【補注】周壽昌曰：官即官舍也。後書明帝紀「永平十年，召校官子弟作雅樂，奏鹿鳴」，「校官」二字與此同。猶言學舍之諸生弟子也，不作官職解。

〔五〕張晏曰：下里，地下蒿里僞物也。師古曰：偶謂木土爲之，象真車馬之形也。偶，對也。棄其物於市之道上也。【補注】周壽昌曰：史記孟嘗君傳「木偶人謂土偶人」，注，象人曰偶，木土像亦曰偶。本書郊祀志「木寓龍」，史記封禪書作「木禺龍」。「偶」一作「寓」，唐以來謂爲寓車寓馬。

延壽爲吏，上禮義，好古教化，所至必聘其賢士，以禮待用，廣謀議，納諫爭；〔一〕舉行喪讓財，表孝弟有行；修治學官，〔二〕春秋鄉社，〔三〕陳鍾鼓管弦，盛升降揖讓，〔四〕及都試講武，設斧鉞旍旗，習射御之事。治城郭，收賦租，先明布告其日，以期會爲大事，吏民敬畏趨鄉之。〔五〕又置正、五長，〔六〕相率以孝弟，不得舍姦人。〔七〕閭里仟伯有非常，〔八〕吏輒聞知，姦人莫敢入界。其始若煩，後吏無追捕之苦，民無箠楚之憂，〔九〕皆便安之。接待下吏，恩施甚厚，而約誓明。或欺負之者，延壽痛自刻責：「豈其負之，何以至此？」〔一〇〕吏聞者自傷悔，其縣尉至自刺死。及門下掾自剄，人救不殊，因瘖不能言。〔一一〕延壽聞之，對掾史涕泣，遣吏醫治視，〔一二〕厚復其家。〔一三〕

〔一〕【補注】先謙曰：胡注，爭讀曰諍。

〔二〕師古曰：學官謂庠序之舍也。【補注】先謙曰：官本「官」作「宮」。考證云，「學宮」應作「學官」，漢書各傳皆然，諸本並誤耳。周壽昌云：學官亦謂學舍。漢學校立官，肇自董仲舒，見仲舒傳，實京師學校也。郡縣立學官始文翁，見文翁傳。

〔三〕【補注】先謙曰：官本「社」作「射」，是。

〔四〕【補注】先謙曰：胡注周禮鄉大夫：「以鄉射之禮五物詢衆庶：一曰和，二曰容，三曰主皮，四曰和容，五曰興舞。」

〔五〕師古曰：趨讀曰趣。鄉讀曰嚮。

〔六〕師古曰：正若今之鄉正、里正也。五長，同伍之中置一人爲長也。

〔七〕師古曰：舍，止也。

〔八〕【補注】先謙曰：仟伯乃阡陌借字也。官本正作「阡陌」。

〔九〕師古曰：箠，杖也。楚，荆木也，即今之荆子也。箠音止蘂反。

〔一〇〕師古曰：言豈我負之邪，其人何以爲此事？

〔一一〕師古曰：殊，絶也。以人救之，故身首不相絶也。瘖音於今反。

〔一二〕師古曰：遣醫治之而吏護視之。

〔一三〕師古曰：復音方目反。

延壽嘗出，臨上車，騎吏一人後至，〔一〕敕功曹議罰白。〔二〕還至府門，門卒當車，願有所言。延壽止車問之，卒曰：「孝經曰：『資於事父以事君，而敬同，故母取其愛，而君取其敬，兼之者父也。』〔三〕今旦明府早駕，久駐未出，騎吏父來至府門，不敢入。騎吏聞之，趨走出謁，適會明府登車。以敬父而見罰，得毋虧大化乎？」〔四〕延壽舉手輿中曰：「微子，太守不自知過。」歸舍，召見門卒。卒本諸生，聞延壽賢，無因自達，故代卒，〔五〕延壽遂待用之。〔六〕其納善聽諫，皆此類也。在東郡三歲，令行禁止，斷獄大減，爲天下最。

〔一〕【補注】沈欽韓曰：續志，公以下至二千石，騎吏四人。

〔二〕師古曰：令定其罪名而更白之。

〔三〕師古曰：資，取也。取事父之道以事君，其敬則同也。母則極愛，君則極敬，不如父之兼敬愛也。

〔四〕師古曰：微，無也。

〔五〕師古曰：代人爲卒也。

〔六〕【補注】王念孫曰：待讀爲特，若讀徒亥反，則待用二字義不可通。謂特用此門卒爲掾也。莊子逍遥遊篇「彭祖乃今以久特聞」，崔譔本「特」作「待」。待、特聲相近，故字相通，而師古無音，則已不知其爲特之借字矣。漢紀正作「遂特用之」。

入守左馮翊，滿歲稱職爲真。歲餘，不肯出行縣。〔一〕丞掾數白：「宜循行郡中，覽觀民俗，考長吏治迹。」延壽曰：「縣皆有賢令長，督郵分明善惡於外，行縣恐無所益，重爲煩擾。」〔二〕丞掾皆以爲方春月，可壹出勸耕桑。延壽不得已，行縣至高陵，〔三〕民有昆弟相與訟田自言，延壽大傷之，曰：「幸得備位，爲郡表率，不能宣明教化，至令民有骨肉爭訟，既傷風化，重使賢長吏、嗇夫、三老、孝弟受其恥，〔四〕咎在馮翊，當先退。」是日移病不聽事，因入臥傳舍，閉閤思過。一縣莫知所爲，令丞、嗇夫、三老亦皆自繫待罪。〔五〕於是訟者宗族傳相責讓，此兩昆弟深自悔，皆自髡肉袒謝，願以田相移，終死不敢復爭。〔六〕延壽大喜，開閤延見，內酒肉與相對飲食，厲勉以意告鄉部，有以表勸悔過從善之民。〔七〕延壽乃起聽事，勞謝令丞以下，引見尉薦。〔八〕郡中歙然，莫不傳相敕厲，不敢犯。〔九〕延壽恩信周偏二十四縣，莫復以辭訟自言者。推其至誠，吏民不忍欺紿〔一〇〕。

〔一〕師古曰：行音下更反。其後亦同。

〔二〕師古曰：重音直用反。

〔三〕【補注】齊召南曰：案，地理志高陵雖爲左馮翊首縣，而非其治所。趙廣漢傳「左馮翊、右扶風皆治長安中」，故曰行縣至高陵也。

〔四〕師古曰：重音直用反。【補注】先謙曰：通鑑胡注，賢長吏謂縣令丞也。後漢志注，三老、孝弟、力田，三者皆鄉官之名也。三老，高帝置；孝弟、力田，高后置：所以勸導鄉里助成教化也。先謙案：百官志，嗇夫職聽訟，三老掌教化。

〔五〕【補注】宋祁曰：「自」字疑作「同」字。

〔六〕師古曰：移猶傳也。一説兄以讓弟，弟又讓之，故云相移。
〔七〕師古曰：以其悔過從善，故令表顯以示勸勵。
〔八〕【補注】先謙曰：尉薦猶慰藉。
〔九〕【補注】先謙曰：歙與翕同。
〔一〇〕師古曰：紿，誑也。

延壽代蕭望之爲左馮翊，而望之遷御史大夫。〔一〕侍謁者福〔二〕爲望之道延壽在東郡時放散官錢千餘萬。望之與丞相丙吉議，吉以爲更大赦，不須考。〔三〕會御史當問事東郡，〔四〕望之因令并問之。〔五〕延壽聞知，即部吏案校望之在馮翊時廩犧官錢放散百餘萬。〔六〕廩犧吏掠治急，自引與望之爲姦。延壽劾奏，移殿門禁止望之。〔七〕望之自奏「職在總領天下，聞事不敢不問，而爲延壽所拘持」。上由是不直延壽，各令窮竟所考。望之卒無事實，而望之遣御史案東郡，具得其事。延壽在東郡時，試騎士，〔八〕治飾兵車，畫龍虎朱爵。〔九〕延壽衣黄紈方領，〔一〇〕駕四馬，傅總，建幢棨，〔一一〕植羽葆，〔一二〕鼓車歌車。〔一三〕功曹引車，皆駕四馬，載棨戟。〔一四〕五騎爲伍，分左右部，軍假司馬、千人持幢旁轂。〔一五〕歌者先居射室，〔一六〕望見延壽車，噭咷楚歌。〔一七〕延壽坐射室，騎吏持戟夾陛列立，騎士從者帶弓鞬羅後。〔一八〕令騎士兵車四面營陳，被甲鞮鞪居馬上，抱弩負籣。〔一九〕又使騎士戲車弄馬盜驂。〔二〇〕延壽又取官銅物，候月蝕鑄作刀劍鉤鐔，放效尚方事。〔二一〕及取官錢帛，私假繇使吏。〔二二〕及治飾車甲三百萬以上。

〔一〕【補注】錢大昕曰：公卿表望之之後尚有左馮翊彊一人，非即以延壽代也。望之由馮翊遷大鴻臚，又二年而拜御史大夫，其時延壽亦爲左馮翊矣。傳所書未核。

〔二〕【補注】先謙曰：百官表有謁者，無侍謁者。續志：「後漢常侍謁者五人，比六百石，掌殿上時節威儀。」疑「侍」上脱「常」字。福其名也。

〔三〕師古曰：更音工衡反。

〔四〕【補注】宋祁曰：越本、景祐本無「事」字。

〔五〕師古曰：望之以延壽代己爲馮翊，而有能名出己之上，故忌害之，欲陷以罪法。

〔六〕【補注】先謙曰：百官表，左馮翊屬官有廩犧令丞尉。顔注，廩主藏穀，犧主養牲，皆所以供祭祀。

〔七〕【補注】何焯曰：嚴延年傳張晏注：「故事有所劾奏，並移宫門，禁止不得入。」

〔八〕師古曰：每歲大試也。【補注】先謙曰：胡注，即都試也。

〔九〕【補注】沈欽韓曰：輿服志，乘輿，金薄繆龍，爲輿倚較，文虎伏軾，鸞雀立衡。

〔一〇〕晉灼曰：以黄色素作直領也。師古曰：衣音於既反。

〔一一〕李奇曰：戟也。晉灼曰：傅，著也。總，以緹繒飾鑣轄也。建，立也。幢，旌幢也。棨，戟也。師古曰：幢，麾也。棨，有衣之戟也，其衣以赤黑繒爲之。幢音大江反。棨音啟。【補注】沈欽韓曰：輿服志，乘輿，金鍐方釳，插翟，象鑣。獨斷：「金鍐者，馬冠也，高廣各五寸，上如五華形，在馬髦前。」案，總即鍐也。

〔一二〕師古曰：植亦立也。羽葆，聚翟尾爲之，亦今纛之類也。植音常職反。【補注】宋祁曰：注文「今」字下疑有「叢」字。

〔一三〕孟康曰：如今郊駕時車上鼓吹也。師古曰：郊駕，郊祀時備法駕也。【補注】沈欽韓曰：隋禮儀志「鼓吹車，上施層樓，四角金龍，銜流蘇羽葆。樓上有翔鷺棲烏，或爲鵠形」。歌車未詳，或樂人所載。

〔一四〕【補注】沈欽韓曰：古今注：「棨戟，殳之遺像，前驅之器，以木爲之。後世滋僞，無復典刑，以赤油韜之，亦謂之油戟。王公以下通用之以前驅。」

〔一五〕師古曰：旁音步浪反。【補注】王念孫曰：通鑑漢紀十九亦作「千人」。案，既云旁轂，則不得有千人之多。千人當依漢紀作「十人」。先謙曰：續志，大將軍部下有軍假司馬，此當讀「部」字爲句。馮奉世傳如淳注引漢注云：「邊郡置都尉及千人、司馬，皆不治民。」百官表，中尉有候、司馬、千人，西域都護下有司馬、候、千人各二人，屬國都尉下有丞、候、千人。此千人皆官名，王說誤。

〔一六〕李奇曰：都試射堂也。

〔一七〕服虔曰：噭音叫呼之叫。咷音滌濯之滌。師古曰：咷音它釣反。

〔一八〕師古曰：韃，弓衣也，音居言反。

〔一九〕如淳曰：韊，盛弩箭箙也。師古曰：鞮鞪即兜鍪也。韊，盛弩矢者也，其形如木桶。鞮音丁奚反。鞪音莫侯反。

〔二〇〕孟康曰：戲車弄馬之技也。馳盜解驂馬，御者不見也。【補注】沈欽韓曰：通典，舞輪伎，蓋今之戲車輪者；弄馬，蓋舞馬；盜驂，則秦穆公事。效爲之象，百戲之始。

〔二一〕師古曰：鉤亦兵器也，似劍而曲，所以鉤殺人也。鐔，劍喉也。又曰鐔似劍而小陿。鐔音淫，又音尋。【補注】蘇輿曰：說文云：「鐔，劍鼻也。」案，鐔又謂之劍口，顏云劍喉，義並同。因其有孔，總受諸名。先謙曰：胡注，漢制，尚方主作御刀劍。

〔二二〕師古曰：假謂顧賃也。繇讀與傜同。【補注】宋祁曰：「繇」字下疑有「役」字。王念孫曰：「使」當爲「役」。役，古文作伇，與使形近而誤。漢紀作「私假傜役吏民」是其證。

於是望之劾奏延壽上僭不道，又自陳：「前爲延壽所奏，今復舉延壽罪，衆庶皆以臣懷不正之心，侵冤延壽。願下丞相、中二千石、博士議其罪。」事下公卿，皆以延壽前既無狀，後復誣愬典法大臣，欲以解罪，狡猾不道。天子惡之，延壽竟坐棄市。吏民數千人送至渭城，〔一〕老小扶持車轂，爭奏酒炙，〔二〕延壽不忍距逆，人人爲飲，計：飲酒石餘。使掾史分謝送者：「遠苦吏民，延壽死無所恨。」百姓莫不流涕。

〔一〕【補注】沈欽韓曰：左馮翊治長安，有罪不就戮長安市，而至右扶風所屬渭城，不可曉。

〔二〕師古曰：奏，進也。

延壽三子皆爲郎吏。且死，屬其子勿爲吏，以己爲戒。〔一〕子皆以父言去官不仕。至孫威，乃復爲吏至將軍。威亦多恩信，能拊衆，得士死力。威又坐奢僭誅，延壽之風類也。

〔一〕師古曰：屬音之欲反。

張敞字子高，本河東平陽人也。祖父孺爲上谷太守，徙茂陵。敞父福事孝武帝，官至光禄大夫。敞後隨宣帝徙杜陵。敞本以鄉有秩補太守卒史，〔一〕察廉爲甘泉倉長，稍遷太僕丞，〔二〕杜延年甚奇之。〔三〕會昌邑王徵即位，動作不由法度，敞上書諫曰：「孝昭皇帝蚤崩無嗣，〔四〕大臣憂懼，選賢聖承宗廟，東迎之日，唯恐屬車之行遲。〔五〕今天子以盛年初即位，天下莫不拭目傾耳，觀化聽風。〔六〕國輔大臣未褒，而昌邑小輦先遷，〔七〕此過之大者也。」後十餘日王賀廢，敞以切諫顯名，擢爲豫州刺史。以數上事有忠言，宣帝徵敞爲太中大夫，〔八〕與于定國並平尚書事。以正違忤大將軍霍光，〔九〕而使主兵車出軍省減用度，〔一〇〕復出爲函谷關都尉。宣帝初即位，廢王賀在昌邑，上心憚之，徙敞爲山陽太守。〔一一〕

〔一〕師古曰：鄉有秩者，嗇夫之類也。【補注】先謙曰：百官表，有秩次於三老。

〔二〕【補注】先謙曰：百官表，太僕有兩丞。

〔三〕師古曰：延年時爲太僕也。

〔四〕師古曰：蚤，古早字。

〔五〕師古曰：不欲斥乘輿，故但言屬車耳。屬音之欲反。

〔六〕師古曰：言改易視聽，欲急聞見善政化也。拭音式。

〔七〕李奇曰：挽輦小臣也。

〔八〕【補注】先謙曰：上事，謂上封事。百官表，太中大夫秩比千石。

〔九〕師古曰：守正不阿也。

〔一〇〕師古曰：令其主節減軍興之用度也。

〔一一〕【補注】錢大昭曰：地節三年五月視事。先謙曰：敞奏賀行事不足畏，詳賀傳。

久之，大將軍霍光薨，宣帝始親政事，封光兄孫山、雲皆爲列侯，以光子禹爲大司馬。頃之，山、雲以過歸第，霍氏諸壻親屬頗出補吏。敞聞之，上封事曰：「臣聞公子季友有功於魯，大夫趙衰有功於晉，〔一〕大夫田完有功於齊，皆疇其官邑，〔二〕延及子孫，終後田氏篡齊，趙氏分晉，季氏顓魯。〔三〕故仲尼作春秋，迹盛衰，〔四〕譏世卿最甚。乃者大將軍決大計，安宗廟，定天下，功亦不細矣。夫周公七年耳，而大將軍二十歲，〔五〕海内之命，斷於掌握。方其隆時，〔六〕感動天地，侵迫陰陽，月朓日蝕，晝冥宵光，〔七〕地大震裂，火生地中，天文失度，祆祥變怪，不可勝記，皆陰類盛長，臣下顓制之所生也。朝臣宜有明言，曰陛下褒寵故大將軍以報功德足矣。間者輔臣顓政，貴戚太盛，君臣之分不明，請罷霍氏三侯皆就弟。及衛將軍張安世，宜賜几杖歸休，時存問召見，以列侯爲天子師。〔八〕明詔以恩不聽，羣臣以義固爭而後許，天下必以陛下爲不忘功德，而朝臣爲知禮。霍氏世世無所患苦。今朝廷不聞直聲，〔九〕而令明詔自親其文，非策之得者也。〔一〇〕今兩侯以出，〔一一〕人情不相遠，以臣心度之，大司馬及其枝屬必有畏懼之心。夫近臣自危，非完計也，〔一二〕臣敞願於廣朝白發其端，直守遠郡，其路無由。〔一三〕夫心之精微口不能言也，言之微眇書不能文也，〔一四〕故伊尹五就桀，五就湯，〔一五〕蕭相國薦淮陰累歲乃得通，況乎千里之外，因書文諭事指哉！唯陛下省察。」上甚善其計，然不徵也。

〔一〕師古曰：衰音初爲反。

〔二〕【補注】先謙曰：官本作「疇其庸」，引宋祁曰，「疇其庸」浙本作「疇其軍邑」，邵本作「官爵」。案，宣紀「疇其爵邑」，張晏注云：「律，非始封，十減二。疇者，等也，言不復減也。」先謙案：通鑑作「疇其庸」，漢紀作「疇其官位」。

〔三〕師古曰：顓與專同。下皆類此。

〔四〕師古曰：著盛衰之跡。【補注】蘇輿曰：迹猶推尋也，顏訓非。

〔五〕【補注】先謙曰：胡注，周公輔成王七年而反政。自武帝後元二年至地節二年，適二十歲。

〔六〕【補注】先謙曰：通鑑「隆」下有「盛」字。

〔七〕師古曰：冥，闇也。宵，夜也。眺音它了反。

〔八〕【補注】先謙曰：言朝臣宜如此。官本「弟」作「第」。

〔九〕師古曰：言朝臣不進直言，以陳其事。

〔一〇〕師古曰：言失計也。

〔一一〕【補注】先謙曰：以、已同。

〔一二〕【補注】宋祁曰：「危」字疑作「疑」字。先謙曰：荀紀、通鑑皆作「危」。

〔一三〕師古曰：直讀曰值。

〔一四〕師古曰：眇，細也。

〔一五〕師古曰：孟子云：「五就湯五就桀者，伊尹也。」言伊尹爲湯臣，見貢於桀，桀不用而湯復貢之，如此者五也。

久之，勃海、膠東盜賊並起，敞上書自請治之，曰：「臣聞忠孝之道，退家則盡心於親，進宦則竭力於君。夫小國中君猶有奮不顧身之臣，況於明天子乎！今陛下遊意於太平，勞精於政事，亹亹不舍晝夜。〔一〕羣臣有司宜各竭力致身。山陽郡戶九萬三千，口五十萬以上，〔二〕訖計盜賊未得者七十七人，〔三〕它課諸事亦略如此。臣敞愚駑，既無以佐思慮，久處閒郡，〔四〕身逸樂而忘國事，非忠孝之節也。伏聞膠東、勃海左右郡歲數不登，〔五〕盜賊並起，至攻官寺，〔六〕篡囚徒，搜市朝，劫列侯。吏失綱紀，姦軌不禁。臣敞不敢愛身避死，唯明詔之所處，願盡力摧挫其暴虐，存撫其孤弱。事即有業，所至郡條奏其所由廢及所以興之狀。」〔七〕書奏，天子徵敞，拜膠東相，〔八〕賜黃金三十斤。敞辭之官，自請治劇郡非賞罰無以勸善懲惡，〔九〕吏追捕有功效者，願得壹切比三輔尤異。〔一〇〕天子許之。

〔一〕師古曰：亹亹言勉強也。舍，息也。亹音尾。

〔二〕【補注】齊召南曰：案，地理志「山陽郡戶十七萬二千八百四十七，口八十萬一千二百八十八」，與此文大相懸殊，蓋元始中戶口十倍於宣帝時矣。

〔三〕師古曰：訖，盡也。

〔四〕師古曰：閒讀曰閑。

〔五〕師古曰：年穀頻不孰也。

〔六〕【補注】蘇輿曰：說文：「寺，廷也，有法度者也。」後書光武紀注引風俗通云：「官府所止皆曰寺也。」

〔七〕師古曰：有業，言各得其所。【補注】周壽昌曰：淮南憲王傳「大王緒欲救世」，顏注：「緒，業也，一曰始爲端緒。」業與緒互相訓。此言事有端緒也。蘇輿曰：即猶若也。見西南夷傳注。言事若有端緒，便條奏也。本書以即訓若者，如孫寶傳「即度穪季而譴它事」，言若度穪季而譴它事也。趙充國傳「兵即分出」，言兵若分出也。又云「虜即據前險，守後阸，以絶糧道」，言虜若據前險，守後隘，以絶糧道也。王尊傳「即不如章」，言若不如章也。陳萬年傳「即各欲求索自快」，言若各欲求索自快也。又云「即蒙子公力」，言若蒙子公力也。酷吏傳「即有避」，言若有避也。又云「即無勢」，言若無勢也。此類甚多，顏並失注。經傳中亦多訓若，詳王氏釋詞。

〔八〕【補注】宋祁曰：膠東，景帝子康王寄之後。

〔九〕師古曰：懲，止也。【補注】先謙曰：官本「請」作「謂」。

〔一〇〕如淳曰：壹切，權時也。趙廣漢奏請令長安游徼獄史秩百石，又循吏傳左馮翊有二百石卒史，此之謂尤異也。【補注】劉攽曰：下言「上名尚書調補縣令」，然則，三輔尤異如此。

敞到膠東，明設購賞，開羣盜令相捕斬除罪。吏追捕有功，上名尚書調補縣令者數十人。〔一〕由是盜賊解散，傳相捕斬。吏民歙然，〔二〕國中遂平。

〔一〕師古曰：調，選也，音徒釣反。

〔二〕師古曰：歙音翕。

居頃之，王太后數出游獵，敞奏書諫曰：「臣聞秦王好淫聲，葉陽后爲不聽鄭衛之樂；〔一〕楚嚴好田獵，樊姬爲之不食鳥獸之肉。〔二〕口非惡旨甘，耳非憎絲竹也，所以抑心意，絕耆欲者，〔三〕將以率二君而全宗祀也。禮，君母出門則乘輜軿，下堂則從傅母，〔四〕進退則鳴玉佩，〔五〕內飾則結綢繆。〔六〕此言尊貴所以自斂制，不從恣之義也。〔七〕今太后資質淑美，慈愛寬仁，諸侯莫不聞，而少以田獵縱欲爲名，〔八〕於以上聞，亦未宜也。〔九〕唯觀覽於往古，全行乎來今，令后姬得有所法則，下臣有所稱誦，〔一〇〕臣敞幸甚！」書奏，太后止不復出。

〔一〕孟康曰：葉陽，秦昭王后也。師古曰：葉陽式涉反。【補注】沈欽韓曰：論衡譴告篇：「秦穆公好淫樂，華陽后爲之不聽鄭衛之音。」然則，「葉陽」是「華陽」之誤。彼作「穆公」又非。先謙曰：「式」上「陽」官本作「音」，是。

〔二〕師古曰：樊姬，楚莊王姬也。

〔三〕師古曰：耆讀曰嗜。

〔四〕師古曰：輜軿，衣車也。輜音甾，又音楚疑反。軿音步千反，又音步丁反。【補注】沈欽韓曰：穀梁傳：「宋伯姬曰：『婦人之義，傅母不在，宵不下堂。』」

〔五〕【補注】王念孫曰：案，「鳴玉佩」本作「鳴佩玉」，謂鳴所佩之玉也。玉藻云「行則鳴佩玉」，大戴禮保傅篇同。尚書大傳云「夫人鳴佩玉於房中」，見召南小星正義。皆敞書所本也。漢紀正作「進退則鳴佩玉」。杜欽傳：「佩玉晏鳴，關雎歎之。」

〔六〕文穎曰：謂衣裹結束綢繆也。師古曰：組紐之屬，所以自結固也。綢音直留反。繆音一虯反。【補注】沈欽韓曰：列女傳四齊孝孟姬曰：「進退則鳴玉環佩，内飾則結紐綢繆。」詩傳：「綢繆猶纏綿也。」

〔七〕師古曰：從讀曰縱。

〔八〕【補注】王念孫曰：「縱欲」當爲「縱恣」，縱恣二字即指田獵言之。徐樂傳「陛下逐走獸，射飛鳥，宏游燕之囿，淫從恣之觀，極馳騁之樂」，義與此同。且「田獵縱恣」四字，皆見上文，則當爲「縱恣」明矣。恣與慾字相似，恣譌爲慾，又譌欲耳。漢紀正作「縱恣」。王文彬曰：少以猶言微以。

〔九〕師古曰：上聞，聞於天子也。

〔一〇〕【補注】宋祁曰：「臣」字可删。先謙曰：漢紀「下臣」作「臣下」。

是時潁川太守黄霸以治行第一入守京兆尹，霸視事數月，不稱，罷歸潁川。於是制詔御史：「其以膠東相敞守京兆尹。」〔一〕自趙廣漢誅後，比更守尹，〔二〕如霸等數人，皆不稱職。〔三〕京師寖廢，〔四〕長安市偷盗尤多，百賈苦之。上以問敞，敞以爲可禁。敞既視事，求問長安父老，偷盗酋長數人，〔五〕居皆温厚，出從童騎，閭里以爲長者。〔六〕敞皆召見責問，因貰其罪，把其宿負，〔七〕令致諸偷以自贖。〔八〕偷長曰：「今一旦召詣府，恐諸偷驚駭，願一切受署。」〔九〕敞皆以爲吏，遣歸休。置酒，小偷悉來賀，且飲醉，偷長以赭汙其衣裾。〔一〇〕吏坐里閭閱出者，〔一一〕汙赭輒收縛之，一日捕得數百人。窮治所犯，或一人百餘發，盡行法罰。〔一二〕由是枹鼓稀鳴，市無偷盜，〔一三〕天子嘉之。

〔一〕【補注】先謙曰：據公卿表，在神爵元年。
〔二〕師古曰：比，頻也。更，歷也，音工衡反。
〔三〕【補注】先謙曰：公卿表，廣漢後惟書守兆尹彭城太守遺及霸，此云數人，蓋表有脱漏。
〔四〕師古曰：漸，漸也。
〔五〕應劭曰：酋長，帥。師古曰：酋音才由反。
〔六〕師古曰：温厚，言富足也。童騎，以童奴爲騎而自從也。【補注】沈欽韓曰：韓非詭使篇：「重厚自尊謂之長者。」
〔七〕師古曰：貰，緩也。把，執持也，音步馬反。
〔八〕師古曰：致，至也，引至于官府。
〔九〕師古曰：自言願權補吏職也。【補注】先謙曰：官本「一」作「壹」。
〔一〇〕師古曰：赭，赤土也。
〔一一〕師古曰：閭謂里之門也。
〔一二〕【補注】先謙曰：百餘發猶言百餘次。重則致法，輕則行罰。
〔一三〕師古曰：枹，擊鼓椎也，音桴，其字從木也。

敞爲人敏疾，賞罰分明，見惡輒取，時時越法縱舍，有足大者。〔一〕其治京兆，略循趙廣漢之迹。方略耳目，發伏禁姦，不如廣漢，然敞本治春秋，以經術自輔，〔一〕其政頗雜儒雅，往往表賢顯善，不醇用誅罰，以此能自全，竟免於刑戮。

〔一〕如淳曰：有可貴異而大之者也。晉灼曰：越法縱舍，即足大者也。師古曰：晉説是也。【補注】沈欽韓曰：御覽八百二十引漢書曰，誤引。張敞爲京兆尹，長安游徼受臧布，罪名已定。其母年八十，守遺腹子，詣敞自陳，願乞一生之命。敞多其母守節而出教，更量所受布，狹幅短度，中疏虧二尺，價直五百。由此得不死。蘇輿曰：有足大者，猶言有足多者。晉專以越法言，非。

〔二〕【補注】周壽昌曰：敞蓋治左氏春秋，前封事所引公子季友、晉趙衰、齊田完等事，皆與左傳合。

京兆典京師，長安中浩穰，於三輔尤爲劇。〔一〕郡國二千石以高弟入守，及爲真，〔二〕久者不過二三年，近者數月一歲，輒毀傷失名，以罪過罷。唯廣漢及敞爲久任職。敞爲京兆，朝廷每有大議，引古今，處便宜，公卿皆服，天子數從之。然敞無威儀，時罷朝會，過走馬章臺街，〔三〕使御吏驅，自以便面拊馬。〔四〕又爲婦畫眉，長安中傳張京兆眉憮。〔五〕有司以奏敞。上問之，對曰：「臣聞閨房之內，夫婦之私，有過於畫眉者。」上愛其能，弗備責也。然終不得大位。〔六〕

〔一〕師古曰：浩，大也。穰，盛也。言人衆之多也。穰音人掌反。

〔二〕【補注】先謙曰：官本「弟」作「第」。

〔三〕孟康曰：在長安中。臣瓚曰：在章臺下街也。【補注】沈欽韓曰：古今注：「京兆尹、執金吾、司隸校尉，皆使人導引傳呼，使行者止，坐者起。四人皆持角弓，違者則射之，有乘高窺闞者亦射之。」案，走馬，則舍駕而騎。謝夷吾、鮑宣俱以舍法駕被劾，於此見其無威儀也。

〔四〕師古曰：便面，所以障面，蓋車之類也。不欲見人，以此自障面則得其便，故曰便面，亦曰屏面。今之沙門所持竹扇，上袤平而下圜，即古之便面也。音頻面反。【補注】王鳴盛曰：南齊褚淵以腰扇障日。通鑑注云「腰扇佩之於腰，今謂之摺疊扇」。以上諸文參之，今之聚頭扇，竹骨紙身者，即此遺製。先謙曰：官本注「車」作「扇」，是。

〔五〕應劭曰：憮，大也。孟康曰：憮音詡。北方人謂媚好爲詡畜。蘇林曰：憮音嫵。師古曰：本以好媚爲稱，何說於大乎？蘇音是。【補注】宋祁曰：憮音嫵媚之嫵，嫵音舞。沈欽韓曰：方言：「憮，愛也。韓鄭曰憮。」釋詁作「㥍」。釋詁「憮，大也」，此應所本。廣雅「㜅瞴，好也」，孟云「媚好爲詡畜」，畜即㜅也，詡應爲瞴。方言作「盱」，郭云，舉眼也。依本字當如愛訓。舉眼即睇視騰光之意，故爲媚好。

〔六〕【補注】宋祁曰：或無「終」字。

敞與蕭望之、于定國相善。始敞與定國俱以諫昌邑王超遷。定國爲大夫平尚書事，敞出爲刺史，時望之爲大行丞。〔一〕後望之先至御史大夫，定國後至丞相，敞終不過郡守。爲京兆九歲，〔二〕坐與光祿勳楊惲厚善，後惲坐大逆誅，公卿奏惲黨友，不宜處位，等比皆免，〔三〕而敞奏獨寢不下。〔四〕敞使卒捕掾絮舜有所案驗。〔五〕舜以敞劾奏當免，不肯爲敞竟事，私歸其家。人或諫舜，舜曰：「吾爲是公盡力多矣，今五日京兆耳，安能復案事？」〔六〕敞聞舜語，即部吏收舜繫獄。是時冬月未盡數日，案事吏晝夜驗治舜，竟致其死事。〔七〕舜當出死，〔八〕敞使主簿持教告舜曰：〔九〕「五日京兆竟何如？冬月已盡，延命乎？」〔一〇〕乃棄舜市。會立春，行寃獄使者出，〔一一〕舜家載尸，并編敞教，〔一二〕自言使者。使者奏敞賊殺不辜。天子薄其罪，〔一三〕欲令敞得自便利，〔一四〕即先下敞前坐楊惲不宜處位奏，〔一五〕免爲庶人。敞免奏既下，詣闕上印綬，便從闕下亡命。〔一六〕

〔一〕【補注】先謙曰：武帝更行人爲大行。

〔二〕【補注】先謙曰：甘露元年。

〔三〕師古曰：比，例也，音必寐反。

〔四〕師古曰：天子惜敞，故留所奏事不出。

〔五〕李奇曰：絮音挐。師古曰：賊捕掾，主捕賊者也。絮，姓也，音女居反，又音人餘反。【補注】先謙曰：「卒」字誤。官本作「賊」，據注本作「賊」。下文作「賊捕掾」不誤。

〔六〕【補注】宋祁曰：當添作「安能爲後案事」。

〔七〕【補注】先謙曰：胡注，罪不至死，而以事致之，所謂文致也。

〔八〕【補注】宋祁曰：當添爲「舜臨當出死」。

〔九〕【補注】先謙曰：胡注，主簿處郡閤下，主文簿，因以名官。

〔一〇〕師古曰：言汝不欲望延命乎？【補注】周壽昌曰：敞謂舜所恃冬月未盡僅數日，至春則不行刑，今冬月已盡，汝果得延命乎？自詡五日京兆之尚有權以轉詰舜也。顏注失語氣。

〔一一〕師古曰：行音下更反。

〔一二〕師古曰：編，聯也，聯之於章前也。

〔一三〕師古曰：以其事爲輕小也。

〔一四〕師古曰：從輕法以免也。便音頻面反。【補注】周壽昌曰：敞本罪爲賊殺不辜，當從重比；坐楊惲事，僅免爲庶人，猶今官吏被訟逮，主法者輕之，今自仞輕罪一事，得薄罰以免也。

〔一五〕【補注】先謙曰：下前公卿所奏。

〔一六〕師古曰：不還其本縣邑也。

數月，京師吏民解弛，枹鼓數起，〔一〕而冀州部中有大賊。天子思敞功效，使使者即家在所召敞。〔二〕敞身被重劾，〔三〕及使者至，妻子家室皆泣惶懼，而敞獨笑曰：「吾身亡命爲民，郡吏當就捕，今使者來此，天子欲用我也。」即裝隨使者〔四〕詣公書上車曰：〔五〕「臣前幸得備位列卿，待罪京兆，〔六〕坐殺賊捕掾絮舜。舜本臣敞素所厚吏，數蒙恩貸，〔七〕以臣有章劾當免，受記考事，〔八〕便歸臥家，謂臣『五日京兆』，背恩忘義，傷化薄俗。〔九〕臣竊以舜無狀，枉法以誅之。臣敞賊殺無辜，鞫獄故不直，雖伏明法，死無所恨。」天子引見敞，拜爲冀州刺史。敞起亡命，復奉使典州。既到部，而廣川王國羣輩不道，賊連發，不得。敞以耳目發起賊主名區處，〔一〇〕誅其渠帥。廣川王姬昆弟及王同族宗室劉調等通行爲之囊橐，〔一一〕吏逐捕窮窘，蹤迹皆入王宮。〔一二〕敞自將郡國吏，車數百兩，〔一三〕圍守王宮，搜索調等，果得之殿屋重轑中。〔一四〕敞傳吏皆捕格斷頭，〔一五〕縣其頭王宮門外，因劾奏廣川王。天子不忍致法，削其户。敞居部歲餘，冀州盜賊禁止。守太原太守，〔一六〕滿歲爲真，太原郡清。〔一七〕

〔一〕師古曰：弛，放也，音式爾反。【補注】先謙曰：胡注，盜賊多也。先謙案，官本注在「弛」下。

〔二〕師古曰：就其所居處而召之。

〔三〕師古曰：謂前有賊殺不辜之事。

〔四〕【補注】先謙曰：胡注，治行裝而隨使者也。

〔五〕【補注】先謙曰：官本作「詣公車上書」，引宋祁曰，當添爲「上書謝曰」。錢大昭云，當作「詣公車上書」。蘇輿云，百官表，衞尉屬官有公車司馬，掌天下上事。

〔六〕【補注】宋祁曰：當作「京兆尹」。先謙曰：胡注：「西都之制，爲三輔者，列於九卿；待罪者，謙言也。謂身居其官而不稱職，則將有瘝曠之罪，故謂居職爲待罪。西都之臣，率有是言。」

〔七〕師古曰：貸音土帶反。

〔八〕師古曰：記，書也。若今之州縣爲符教也。

〔九〕【補注】宋祁曰：一本作「傷薄俗化」。先謙曰：通鑑與一本同。

〔一〇〕師古曰：區謂居止之所也。

〔一一〕師古曰：言容止賊盜，若囊橐之盛物也。【補注】先謙曰：廣川王海陽也，詳景十三王傳，後廢徙房陵。

〔一二〕【補注】周壽昌曰：縱即蹤，謂蹤跡也。先謙曰：官本「縱」作「蹤」。

〔一三〕師古曰：一乘車爲〔一〕兩也。

〔一四〕蘇林曰：轑，椽也。重轑，重棼中。師古曰：重棼即今之廊舍也，一邊虛爲兩夏者也。轑音老。棼音扶分反。【補注】宋祁曰：「殿屋」，一無「屋」字。沈欽韓曰：説文「橑，椽也」。又「棼，複屋棟也」。孔晁作雒注：「重郎，累屋也。」先謙曰：官本注無「之」字。

〔一五〕師古曰：傳讀曰附。言敞自監護吏而捕之。

〔一六〕【補注】宋祁曰：當作「徙守太原」。

〔一七〕【補注】宋祁曰：當作「郡清静」。周壽昌曰：案，北堂書鈔引典録曰：「張敞爲太原太守，有三人劫郡界，持三人以爲質。敞聞之，自往詣劫所，諭曉之曰：『釋質，太守釋汝。』乃解印綬以示之，曰：『大夫不敢欺，願釋質自首。』遂解縱之，遂自劾。詔復其冠履如故。」先謙曰：朱博傳「郡中清」，嚴延年傳「郡中正清」，趙廣漢傳「京兆政清」，與「太原郡清」句例同。宋説非。

頃之，宣帝崩。元帝初即位，待詔鄭朋〔一〕薦敞先帝名臣，宜傅輔皇太子。上以問前將軍蕭望之，望之以爲敞能吏，任治煩亂，材輕非師傅之器。天子使使者徵敞，欲以爲左馮翊。會病卒。〔二〕敞所誅殺太原吏吏家怨敞，隨至杜陵刺殺敞中子璜。敞三子官皆至都尉。

〔一〕【補注】先謙曰：朋見劉向、蕭望之傳。

〔二〕【補注】先謙曰：敞事又見郊祀志、蕭望之、黄霸、朱邑傳。

初，敞爲京兆尹，而敞弟武拜爲梁相。是時梁王驕貴，〔一〕民多豪强，號爲難治，敞問武：「欲何以治梁？」武敬憚兄，謙不肯言。敞使吏送至關，戒吏自問武。武應曰：「馭黠馬者利其銜策，梁國大都，吏民凋敝，且當以柱後惠文彈治之耳。」〔二〕秦時獄法吏冠柱後惠文，武意欲以刑法治梁。吏還道之，敞笑曰：「審如掾言，武必辨治梁矣。」〔三〕武既到官，其治有迹，亦能吏也。

〔一〕【補注】先謙曰：王，定國也，孝王武之玄孫。

〔二〕應劭曰：柱後，以鐵爲柱，今法冠是也，一名惠文冠。晉灼曰：漢注，法冠也，一號柱後惠文，以纚裹鐵柱卷。秦制執法服，今御史服之，謂之解廌，一角。今冠兩角，以解廌爲名耳。師古曰：晉説是也。纚即今方目紗也。纚音山爾反。卷音去權反。【補注】李慈銘曰：「一角」上宜疊「解廌」二字。解廌今作獬豸。獬，俗字。豸，借字。

〔三〕【補注】先謙曰：辨與辦同。

敞孫竦，王莽時至郡守，封侯，博學文雅過於敞，然政事不及也。〔一〕竦死，敞無後。〔二〕

〔一〕【補注】何焯曰：竦事詳莽傳及游俠傳、杜鄴傳。

〔二〕【補注】周壽昌曰：竦從兄紹，爲安衆侯劉崇相，從崇起義誅莽，兵敗，死之，實敞孫也，宜附傳末。

王尊字子贛，〔一〕涿郡高陽人也。少孤，歸諸父，使牧羊澤中。〔二〕尊竊學問，能史書。年十三，求爲獄小吏。數歲，給事太守府，問詔書行事，尊無不對。〔三〕太守奇之，除補書佐，署守屬監獄。〔四〕久之，尊稱病去，事師郡文學官，〔五〕治尚書、論語，略通大義。復召署守屬治獄，爲郡決曹史。數歲，以令舉幽州刺史從事。〔六〕而太守察尊廉，補遼西鹽官長。〔七〕數上書言便宜事，事下丞相御史。

〔一〕師古曰：贛音貢。

〔二〕【補注】宋祁曰：當作「少歸諸父，諸父使牧羊澤中」。

〔三〕師古曰：以施行詔條問之，皆曉其事。

〔四〕師古曰：署爲守屬，令監獄主囚也。監音工銜反。

〔五〕師古曰：郡有文學官，而尊事之以爲師也。

〔六〕如淳曰：漢儀注，刺史得擇所部二千石卒史與從事。【補注】宋祁曰：「決曹史」淳化本無「史」字。予案，如注須得「史」字乃安，止作「決曹」非是。

〔七〕如淳曰：地理志遼西有鹽官。【補注】錢大昭曰：據志，在海陽縣。

初元中，舉直言，遷虢令，〔一〕轉守槐里，兼行美陽令事。〔二〕春正月，美陽女子告假子不孝，〔三〕曰：「兒常以我爲妻，妒笞我。」〔四〕尊聞之，遣吏收捕驗問，辭服。尊曰：「律無妻母之法，聖人所不忍書，此經所謂造獄者也。」〔五〕尊於是出坐廷上，取不孝子縣磔著樹，〔六〕使騎吏五人張弓射殺之，吏民驚駭。

〔一〕如淳曰：本西虢也，屬右扶風。【補注】先謙曰：今鳳翔府寶雞縣東五十里。

〔二〕【補注】先謙曰：槐里、美陽並扶風縣。槐里，今西安府興平縣東南十里。美陽，今乾州武功縣西南。

〔三〕【補注】沈欽韓曰：前妻之子也。列女傳魏芒慈母曰：「於假子而不爲，何以異於凡母？其父爲其孤也，而使妾爲其繼母。」「頌曰，慈惠仁義，扶養假子。」晉書閻纘傳：「家門無祐，三世假親。」案，纘自言繼母也。武梁畫像題云：「閔子騫與假母居。」與此假子對也。

〔四〕【補注】宋祁曰：「妒」當改作「詬」。

〔五〕晉灼曰：歐陽尚書有此造獄事也。師古曰：非常刑名，造殺戮之法。

〔六〕【補注】周壽昌曰：漢制，春不行刑。此以非常逆惡，不能緩至冬，即今律之決不待時也。先謙曰：景紀顏注，「磔謂張其尸也」。此謂懸而張之，與磔相似，故亦曰懸磔，非謂張尸。下乃言射殺也。

後上行幸雍，過虢，尊供張如法而辦。〔一〕以高弟擢爲安定太守。〔二〕到官，出教告屬縣曰：「令長丞尉奉法守城，爲民父母，〔三〕抑彊扶弱，宣恩廣澤，甚勞苦矣。太守以今日至府，願諸君卿勉力正身以率下，〔四〕故行貪鄙，能變更者與爲治。〔五〕明慎所職，毋以身試法。」又出教敕掾功曹「各自底厲，助太守爲治。其不中用，〔六〕趣自避退，毋久妨賢。〔七〕夫羽翮不修，則不可以致千里；〔八〕閫內不理，無以整外。〔九〕府丞悉署吏行能，分別白之。賢爲上，〔一〇〕毋以富。賈人百萬，不足與計事。昔孔子治魯，七日誅少正卯，今太守視事已一月矣，五官掾張輔懷虎狼之心，貪汙不軌，〔一一〕一郡之錢盡入輔家，然適足以葬矣。〔一二〕今將輔送獄，直符史詣閤下，從太守受其事。〔一三〕丞戒之戒之！〔一四〕相隨入獄矣！」〔一五〕輔繫獄數日死，盡得其狡猾不道，百萬姦臧。威震郡中，盜賊分散，入傍郡界。豪彊多誅傷伏辜者，坐殘賊免。

〔一〕師古曰：尊雖行美陽令，而就虢供張也。供音居用反。張音竹亮反。【補注】劉攽曰：自長安上雍，不過虢，過美陽。「虢」字是史氏誤。齊召南曰：案，顧炎武亦駁此文云，今鳳翔縣，古之雍城，而虢在陝，幸雍何以得過虢？當是過美陽之誤。案，攽及炎武並疑虢地在陝，幸雍不當東行，而不知右扶風自有虢縣也。據地理志雍、虢、美陽三縣並屬右扶風。虢縣故城在今鳳翔府城南，雍縣即今鳳翔府治。漢帝西幸雍，必過虢，道里甚明，何乃疑周之虢國東在弘農者乎？夫漢時於周虢國地置陝縣，屬弘農郡，固不云虢縣也。本文不誤。何焯曰：尊已轉守槐里，不爲虢令。周壽昌曰：槐里爲守，美陽爲兼，仍實任虢縣，未他徙，齊說是也。

〔二〕【補注】先謙曰：官本「弟」作「第」。

〔三〕師古曰：城謂縣城也。

〔四〕【補注】錢大昕曰：君謂令長，卿謂丞尉。應劭漢官云：「大縣，丞、左右尉，所謂卿三人。小縣，一尉一丞，命卿二人。」

〔五〕師古曰：更，改也。有如此者太守乃共爲治者也。

〔六〕【補注】周壽昌曰：後世謂無才爲不中用，本此。

〔七〕師古曰：趣讀曰促。

〔八〕【補注】宋祁曰：浙本無「則」字。

〔九〕師古曰：闑，門橛也，音魚烈反。

〔一〇〕【補注】宋祁曰：當作「以賢爲上」。

〔一一〕師古曰：汙，濁也。不軌，不修法制也。

〔一二〕【補注】蘇輿曰：言適足以致死也。

〔一三〕師古曰：直符史，若今之當直佐史也。【補注】沈欽韓曰：商子定法篇：「主法令之吏，各爲尺六寸之符。」漢書儀「夜漏起宮中，宮城門傳五百官直符，行衞士周廬」，義與此直符同。

〔一四〕【補注】宋祁曰：下「戒之」亦當作「丞戒之」。

〔一五〕師古曰：意丞教戒張輔，令其避罪，故以此言豫敕之。【補注】朱一新曰：此特教丞令當謹戒，否則，隨輔入獄矣。顏注迂曲。

起家，復爲護羌將軍轉校尉，〔一〕護送軍糧委輸。而羌人反，絶轉道，〔二〕兵數萬圍尊。尊以千餘騎奔突羌賊。功未列上，〔三〕坐擅離部署，會赦，免歸家。

〔一〕師古曰：爲校尉主轉運事，而屬護羌將軍。

〔二〕師古曰：絶轉運之道。

〔三〕師古曰：未列上於天子也。

涿郡太守徐明薦尊不宜久在閭巷，上以尊爲郿令，〔一〕遷益州刺史。先是，琅邪王陽爲益州刺史，行部至邛郲九折阪，〔二〕歎曰：「奉先人遺體，柰何數乘此險！」〔三〕後以病去。及尊爲刺史，至其阪，問吏曰：「此非王陽所畏道邪？」吏對曰：「是。」尊叱其馭曰：「驅之！〔四〕王陽爲孝子，王尊爲忠臣。」尊居部二歲，懷來徼外，蠻夷歸附其威信。博士鄭寬中使行風俗，〔五〕舉奏尊治狀，遷爲東平相。

〔一〕師古曰：右扶風之縣，音媚。【補注】宋祁曰：刊誤改「媚」作「郿」。先謙曰：郿不能音「郿」，當作「眉」。

〔二〕應劭曰：在蜀郡嚴道縣。臣瓚曰：郲，山名也。師古曰：郲音來。【補注】先謙曰：嚴道，今雅州府榮經縣治。邛崍山在縣西南。地理志作「邛來山」。

〔三〕師古曰：乘，登也。

〔四〕師古曰：駈馬令疾行也。

〔五〕師古曰：行音下更反。【補注】先謙曰：寬中見儒林傳。

是時，東平王以至親驕奢不奉法度，〔一〕傅相連坐。〔二〕及尊視事，奉璽書至庭中，〔三〕王未及出受詔，尊持璽書歸舍，食已乃還。致詔後，謁見王，太傅在前說相鼠之詩。〔四〕尊曰：「毋持布鼓過雷門！」〔五〕王怒，起入後宮。尊亦直趨出就舍。先是王數私出入，驅馳國中，與后姬家交通。尊到官，召敕廄長：「大王當從官屬，鳴和鸞乃出，自今有令駕小車，叩頭爭之，言相教不得。」〔六〕後尊朝王，王復延請登堂。尊謂王曰：「尊來爲相，人皆弔尊也，以尊不容朝廷，故見使相王耳。天下皆言王勇，顧但負貴，安能勇？〔七〕如尊乃勇耳。」王變色視尊，意欲格殺之，即好謂尊曰：「願觀相君佩刀。」〔八〕尊舉掖，顧謂傍侍郎：「前引佩刀視王，〔九〕王欲誣相拔刀向王邪？」〔一〇〕王情得，〔一一〕又雅聞尊高名，大爲尊屈，酌酒具食，相對極驩。太后徵史奏尊〔一二〕「爲相倨慢不臣，王血氣未定，不能忍。愚誠恐母子俱死。今妾不得使王復見尊。陛下不留意，妾願先自殺，不忍見王之失義也。」尊竟坐免爲庶人。大將軍王鳳奏請尊補軍中司馬，擢爲司隸校尉。

〔一〕【補注】先謙曰：宣帝子宇也。

〔二〕師古曰：前任傅相者頻坐以王得罪。

〔三〕【補注】宋祁曰：「庭」當作「廷」。

〔四〕師古曰：相鼠，鄘風篇名，刺無禮之詩也。其辭曰：「相鼠有皮，人而無儀！人而無儀，不死何爲！」相，視也。言視鼠有皮，雖處高顯之地，偷食苟得，不知廉恥，人無禮儀，亦與鼠同，不如速死也。【補注】先謙曰：此以譏尊不致詔而遽歸，故下尊云云也。

〔五〕師古曰：雷門，會稽城門也，有大鼓。越擊此鼓，聲聞洛陽，故尊引之也。布鼓，謂以布爲鼓，故無聲。【補注】沈欽韓曰：隋書音樂志：「越王句踐擊大鼓於雷門，以厭吳。晉時移於建康。」御覽五百八十二劉瓛定軍禮曰：「昔吳王夫差啓蛇門以厭越。越人爲雷門以禳之，擊大鼓於雷門之下，而蛇門聞焉。」先謙曰：會稽洛陽相距絶遠，顔引流俗妄談，不爲典要。蛇門之聞，亦微近虛誕也。

〔六〕【補注】先謙曰：言尊有教敕，不得復如前。

〔七〕師古曰：顧，念也。負，恃也。安，焉也。【補注】宋祁曰：浙本「顧」字上更有「王」字。蘇輿曰：顧猶特也。

〔八〕師古曰：陽爲好語也。

〔九〕師古曰：視讀曰示。

〔一〇〕【補注】沈欽韓曰：公羊傳，祁彌明呼趙盾曰：「食飽則出，何故拔劍於君所？」

〔一一〕師古曰：謂尊所測正得其情也。

〔一二〕張晏曰：太后名也。韋昭曰：徵，召也。召東平史，令爲奏也。師古曰：張説是也。徵史，太后之名，亦猶東平王后之稱謁也。【補注】先謙曰：官本注在「奏尊」上，是也。太后事詳宣元六王傳。

初，中書謁者令石顯貴幸，專權爲姦邪。丞相匡衡、御史大夫張譚〔一〕皆阿附畏事顯，不敢言。久之，元帝崩，成帝初即位，顯徙爲中太僕，〔二〕不復典權。衡、譚乃奏顯舊惡，請免顯等。尊於是劾奏：「丞相衡、御史大夫譚位三公，典五常九德，〔三〕以總方略，壹統類，廣教化，美風俗爲職。知中書謁者令顯等專權擅埶，大作威福，縱恣不制，無所畏忌，爲海内患害，不以時皆奏行罰，〔四〕而阿諛曲從，附下罔上，懷邪迷國，無大臣輔政之義，〔五〕皆不道，在赦令前。赦後，衡、譚舉奏顯，不自陳不忠之罪，而反揚著先帝任用傾覆之徒，妄言百官畏之，甚於主上。卑君尊臣，非所宜稱，失大臣體。又正月行幸曲臺，臨饗罷衛士，〔六〕衡與中二千石大鴻臚賞等〔七〕會坐殿門下，衡南鄉，賞等西鄉。衡更爲賞布東鄉席，〔八〕起立延賞坐，私語如食頃。衡知行臨，〔九〕百官共職，萬衆會聚，〔一〇〕而設不正之席，〔一一〕使下坐上，相比爲小惠於公門之下，〔一二〕動不中禮，〔一三〕亂朝廷爵秩之位。〔一四〕衡又使官大奴入殿中，問行起居，還言漏上十四刻行臨到，〔一五〕衡安坐，不變色改容。無怵惕肅敬之心，驕慢不謹。皆不敬。」〔一六〕有詔勿治。於是衡慚懼，免冠謝罪，上丞相、侯印綬。天子以新即位，重傷大臣，〔一七〕乃下御史丞問狀。〔一八〕劾奏尊「妄詆欺非謗赦前事，〔一九〕猥歷奏大臣，〔二〇〕無正法，飾成小過，以塗汙宰相，摧辱公卿，輕薄國家，奉使不敬。」有詔左遷尊爲高陵令，數月，以病免。

〔一〕【補注】先謙曰：公卿表，譚字仲叔，琅邪人。

〔二〕師古曰：皇后之屬官。【補注】先謙曰：百官表，掌皇太后輿馬，不常置。

〔三〕師古曰：五常，仁、義、禮、智、信也。九德，寬而栗，柔而立，願而恭，亂而敬，擾而毅，直而温，簡而廉，剛而塞，强而義也。事見虞書皋陶謨也。

〔四〕【補注】錢大昭曰：「皆」南本、閩本作「白」。先謙曰：官本作「白」，是。

〔五〕【補注】宋祁曰：越本「義」下有「也」字。

〔六〕如淳曰：諸衞士更盡得代去，故天子自臨而饗之。【補注】先謙曰：續志載饗罷衞士儀。

〔七〕【補注】先謙曰：據公卿表，浩賞也。

〔八〕師古曰：鄉讀曰嚮也。【補注】先謙曰：官本注無「也」字。

〔九〕如淳曰：天子當臨饗士時。

〔一〇〕師古曰：共讀曰供。

〔一一〕【補注】先謙曰：言東鄉非禮。論語鄉黨篇「席不正不坐」與此義同。

〔一二〕師古曰：比，周也，音頻寐反。【補注】宋祁曰：浙本作「相比詐」。又注文添「比，比周也」。

〔一三〕師古曰：中，當也，音竹仲反。

〔一四〕【補注】吴仁傑曰：案覲禮，諸侯朝於天子，「同姓西面北上，異姓東面北上」，蓋異姓爲後也。漢以東鄉爲上，西鄉爲下，則尚右故爾。匈奴傳：「其坐，長左而北向」。師古曰「左者，以左爲尊」，先王之禮也。中國尚右，而夷狄尚左，所謂禮失求諸野者。是不然。禮南鄉，北鄉以西方爲上。鄭康成曰，凡坐隨於陰陽，若坐在陽，則上左；在陰，則上右。蓋尊者南鄉，則其下以西面者爲上，東面者次之，是上左也；尊者北鄉，則其下亦以西面者爲上，東面者次之，是上右也。今匈奴之俗，一以北鄉爲禮，而其坐長左，此正與中國背馳，是烏知禮意哉！

〔一五〕【補注】宋祁曰：「行臨到」當作「行臨時」。

〔一六〕【補注】何焯曰：此二事并言，失輕重，故御史丞得目爲飾成小過也。

〔一七〕師古曰：重，難也。

〔一八〕【補注】宋祁曰：一作「御史中丞問狀」。

〔一九〕師古曰：詆，毁也，音丁禮反。非讀曰誹也。

〔二〇〕師古曰：猥，多也，曲也。歷謂所奏非一人。

會南山羣盜傰宗等數百人〔一〕爲吏民害，拜故弘農太守傅剛爲校尉，〔二〕將迹射士千人逐捕，〔三〕歲餘不能禽。或說大將軍鳳：「賊數百人在轂下，〔四〕發軍擊之不能得，難以視四夷。〔五〕獨選賢京兆尹〔六〕乃可。」於是鳳薦尊，徵爲諫大夫，守京輔都尉，行京兆尹事。旬月間盜賊清。〔七〕遷光禄大夫，守京兆尹，後爲真，凡三歲。〔八〕坐遇使者無禮。司隸遣假佐放奉詔書白尊發吏捕人，〔九〕放謂尊：「詔書所捕宜密。」尊曰：「治所公正，京兆善漏泄人事。」〔一〇〕放曰：「所捕宜今發吏。」〔一一〕尊又曰：「詔書無京兆文，不當發吏。」〔一二〕及長安繫者三月間千人以上。尊出行縣，男子郭賜自言尊：〔一三〕「許仲家十餘人共殺賜兄賞，公歸舍。」〔一四〕吏不敢捕。尊行縣還，上奏曰：「彊不陵弱，各得其所，寬大之政行，和平之氣通。」御史大夫中奏尊暴虐不改，〔一五〕外爲大言，倨嫚姍嫌，〔一六〕威信日廢，不宜備位九卿。尊坐先，〔一七〕吏民多稱惜之。

〔一〕蘇林曰：傰音朋。晉灼曰：音倍。師古曰：晉音是也。【補注】王先慎曰：說文無「傰」字，當作「倗」。「倗，輔也，讀若陪位」，與晉音合，明古本作「倗」。廣韻十七登「倗，姓也」，引此傳正作「倗」。

〔二〕【補注】周壽昌曰：據後公乘興上書，知爲步兵校尉。

〔三〕師古曰：迹射，言能尋跡而射取之也。射音食亦反。【補注】錢大昭曰：馮奉世傳云「今發三輔、河東、弘農越騎、迹射、佽飛、彀者」。

〔四〕師古曰：在天子輦轂之下，明其逼近也。

〔五〕師古曰：視讀曰示。

〔六〕【補注】宋祁曰：「賢」字下有「行」字。

〔七〕【補注】宋祁曰：一本作「盜賊清靜」。

〔八〕【補注】先謙曰：公卿表，成帝建始四年，守京輔都尉王尊爲京兆尹，二年免。河平二年書「楚相齊宋登爲京兆尹」。是尊任止二歲。此云凡三歲，蓋總行事時數之，故下文亦云「三期之間」也。

〔九〕蘇林曰：胡公漢官，假佐，取內郡善史書佐給諸府也。【補注】宋祁曰：浙本注文「給諸府」字下有「府有史故言佐也」七字。先謙曰：哀帝時但爲司隸。此在成帝時，「司隸」下亦當有「校尉」二字。官本注末無「也」字。

〔一〇〕師古曰：謂司隸官屬爲治所者，尊之也，若今謂使人爲尚書矣。治音直吏反。【補注】何焯曰：治所，即謂司隸治所，非使人尊稱。沈欽韓曰：宋書劉式之傳：「爲宣城、淮南二太守。在任贓貨狼藉，揚州刺史王弘遣從事簡較。式之召從事謂曰：『治所還白使君，劉式之於國家粗有微分，偷數百萬錢何有，況不偷耶！』」案，此則治所正謂使人。

〔一一〕師古曰：當即發也。

〔一二〕【補注】先謙曰：司隸有督察姦猾之責，故詔書下之。其時司隸已罷兵去節，因以詔書白尊發吏，而尊復以無京兆文也。以上遇使者無禮事。

〔一三〕師古曰：有冤事自言而與許仲相訟也。【補注】先謙曰：此下至「歸舍」，賜所自言吏不敢捕，而尊還奏飾詞，故御史以外爲大言劾之。

〔一四〕師古曰：公然而歸，無所避畏者。

〔一五〕【補注】宋祁曰：「中」，諸本皆改作「忠」，謂張忠也。先謙曰：暴虐，謂繫千人以上。

〔一六〕師古曰：姍，古訕字也。訕，誹也，音所諫反，又音删。【補注】錢大昭曰：「嫌」南監本、閩本作「上」。先謙曰：官本作「上」，是。無注「訕誹也」三字。

〔一七〕【補注】錢大昭曰：「先」當作「免」。先謙曰：官本作「免」。

湖三老公乘興等〔一〕上書訟尊治京兆功效日著：〔二〕「往者南山盜賊阻山横行，剽劫良民，殺奉法吏，道路不通，城門至以警戒。步兵校尉使逐捕，暴師露衆，曠日煩費，不能禽制。二卿坐黜，〔三〕羣盜寖强，吏氣傷沮，〔四〕流聞四方，爲國家憂。當此之時，有能捕斬，不愛金爵重賞。關内侯寬中使問所徵故司隸校尉王尊捕羣盜方略，〔五〕拜爲諫大夫，守京輔都尉，行京兆尹事。尊盡節勞心，夙夜思職，卑體下士，〔六〕厲奔北之吏，起沮傷之氣，二旬之間，大黨震壞，渠率效首。〔七〕賊亂蠲除，民反農業，拊循貧弱，鉏耘豪彊。長安宿豪大猾東市賈萬、城西萬章、翦張禁、酒趙放、〔八〕杜陵楊章等皆通邪結黨，挾養姦軌，上干王法，下亂吏治，并兼役使，侵漁小民，爲百姓豺狼。更數二千石，二十年莫能禽討，〔九〕尊以正法案誅，皆伏其辜。姦邪銷釋，吏民説服。〔一〇〕尊撥劇整亂，誅暴禁邪，皆前所稀有，〔一一〕名將所不及。〔一二〕雖拜爲真，未有殊絶褒賞加於尊身。今御史大夫奏尊『傷害陰陽，爲國家憂，無承用詔書之意，〔一三〕靖言庸違，象龔滔天』。〔一四〕原其所以，出御史丞楊輔，〔一五〕故爲尊書佐，素行陰賊，惡口不信，〔一六〕好以刀筆陷人於法。輔常醉過尊大奴利家，利家捽搏其頰，〔一七〕兄子閎拔刀欲剄之。〔一八〕輔以故深怨疾毒，欲傷害尊。疑輔内懷怨恨，外依公事，建畫爲此議，傅致奏文，〔一九〕浸潤加誣，以復私怨。〔二〇〕昔白起爲秦將，東破韓、魏，南拔郢都，應侯譖之，賜死杜郵；〔二一〕吴起爲魏守西河，而秦、韓不敢犯，讒人間焉，斥逐奔楚。〔二二〕秦聽浸潤以誅良將，魏信讒言以逐賢守，此皆偏聽不聰，失人之患也。臣等竊痛傷尊修身絜己，砥節首公，〔二三〕刺譏不憚將相，誅惡不避豪彊，誅不制之賊，〔二四〕解國家之憂，功岩職修，〔二五〕威信不廢，誠國家爪牙之吏，〔二六〕折衝之臣，今一旦無辜制於仇人之手，〔二七〕傷於詆欺之文，上不得以功除罪，下不得蒙棘木之聽，〔二八〕獨掩怨讎之偏奏，被共工之大惡，〔二九〕無所陳怨愬罪。〔三〇〕尊以京師廢亂，羣盜並興，選賢徵用，起家爲卿，賊亂既除，豪猾伏辜，即以佞巧廢黜。一尊之身，三期之間，乍賢乍佞，豈不甚哉！〔三一〕孔子曰：『愛之欲其生，惡之欲其死，是惑也。』『浸潤之譖不行焉，可謂明矣。』〔三二〕願下公卿大夫博士議郎，定尊素行。夫人臣而傷害陰陽，死誅之罪也；靖言庸違，〔三三〕放殛之刑也。〔三四〕審如御史章，尊乃當伏觀闕之誅，〔三五〕放於無人之域，不得苟免。〔三六〕及任舉尊者，當獲選舉之辜，〔三七〕不可但已。〔三八〕即不如章，〔三九〕飾文深詆以愬無罪，〔四〇〕亦宜有誅，以懲讒賊之口，絕詐欺之俗。〔四一〕唯明主參詳，使白黑分別。」書奏，天子復以尊爲徐州刺史，遷東郡太守。

〔一〕師古曰：湖，縣名也，今虢州湖城縣取其名。【補注】先謙曰：在今陝州閿鄉縣東。任鄉三老，爵爲公乘，興其名。

〔二〕【補注】劉攽曰：「日」當作「曰」。「著」字衍。劉敞說同。

〔三〕如淳曰：三輔皆秩中二千石，號爲卿也。即前京兆尹王昌貶爲鴈門太守，甄遵，河內太守也。【補注】先謙曰：據公卿表「遵」當爲「尊」，「內」當爲「南」。

〔四〕師古曰：寖，益也。沮，壞也，音才汝反。

〔五〕【補注】先謙曰：先徵至問其方略。寬中即上鄭寬中。

〔六〕師古曰：下音胡嫁反。

〔七〕師古曰：效，致也，斬其首而致之也。

〔八〕蘇林曰：萬音矩。晉灼曰：翦張禁、酒趙放，此二人作翦、作酒之家。【補注】宋祁曰：「翦張禁」，江南本、浙本並作「箭張禁」。予案注意，正文當依校本作「箭張禁」，注中悉作「箭」乃安。朱一新曰：西，西市賈也。「東市賈萬城」監本作「萬城」，是。先謙曰：詳游俠傳。

〔九〕師古曰：更，歷也，音工衡反。【補注】宋祁曰：今越本無「討」字。先謙曰：官本無「十」字，是也。不能至二十年之久。

〔一〇〕師古曰：釋，解也，音懌。說讀曰悅。【補注】宋祁曰：正文與注「釋」當作「繹」。

〔一一〕【補注】宋祁曰：當作「皆前世所稀有」。

〔一二〕【補注】先謙曰：此將謂郡將也。

〔一三〕【補注】宋祁曰：一本改「承」作「以」。

〔一四〕師古曰：引虞書堯典之辭也。靖，治也。庸，用也。違，僻也。滔，漫也。謂其言假託於治，實用違僻，貌象恭敬，過惡漫天也。漫音莫干反。一曰，滔，漫也。【補注】宋祁曰：浙本作「庸韋」，注云：「韋，違也。」王念孫曰：浙本是也。說文「韋，相背也」，是古違背字本作「韋」。古文尚書酒誥「薄韋農父」，見羣經音辨。馬注「韋，違行也」，見釋文。是其證。後人依今本尚書改「韋」爲「違」，故又改注文耳。蘇輿曰：顔既以漫釋滔矣，一說疑有誤。或是「慢」字。毛詩蕩傳：「滔，慢也。」

〔一五〕【補注】宋祁曰：浙本作「出於御史」。先謙曰：所以，謂得罪之由。

〔一六〕師古曰：謂其口而惡心不信也。【補注】沈欽韓曰：御覽二百七十三引六韜曰：「多言多語，惡口惡舌。」先謙曰：官本注「而惡」作「惡而」，是。

〔一七〕師古曰：捽，持頭也，音才兀反。搏，擊也。

〔一八〕【補注】宋祁曰：「剄」，一本作「刺」。

〔一九〕師古曰：建立謀畫此議也。傅讀曰附，謂益其事而引致於罪狀。【補注】宋祁曰：浙本無「爲」字。

〔二〇〕師古曰：浸潤猶漸染也。復，報也。

〔二一〕師古曰：應侯，范雎也。杜郵，地名，在咸陽也。

〔二二〕師古曰：間音工莧反。【補注】沈欽韓曰：史記吳起傳，公叔害吳起；呂覽，爲王錯所譖。

〔二三〕師古曰：砥，厲也。首，向也。砥音指。首音式救反。

〔二四〕【補注】宋祁曰：浙本作「討不制之賊」。
〔二五〕【補注】錢大昭曰：「岩」當作「著」，閩本不誤。先謙曰：官本作「著」。
〔二六〕【補注】宋祁曰：江浙本只作「誠國爪牙之吏」。
〔二七〕【補注】先謙曰：官本「仇」作「僥」，引宋祁曰，一作「仇人之手」。先謙案：通鑑亦作「仇」。
〔二八〕張晏曰：周禮，三槐九棘，公卿於下聽訟。
〔二九〕臣瓚曰：共工，官名，堯時諸侯，舜流之於幽州也。【補注】宋祁曰：當作「猥被共工之大惡」。劉奉世曰：瓚説非也。共工之大惡，謂上劾奏云「靜言庸違，象龔滔天」也。
〔三〇〕【補注】先謙曰：通鑑「怨」作「冤」。
〔三一〕師古曰：期，年也，音基。【補注】宋祁曰：注文當添作「期，期年也」。
〔三二〕師古曰：論語稱孔子之言。
〔三三〕【補注】宋祁曰：「違」當依前注改作「韋」。
〔三四〕師古曰：殛，誅也，音居力反。
〔三五〕張晏曰：孔子誅少正卯於兩觀之間。
〔三六〕師古曰：非止合免官而已也。
〔三七〕【補注】宋祁曰：一作「皆當獲選舉之辜」。先謙曰：胡注，任，保也。漢法，選舉而其人不稱者，與同罪。
〔三八〕師古曰：但，徒也，空也。已，止也。不可空然而止也。
〔三九〕【補注】先謙曰：言若不如所奏。
〔四〇〕師古曰：詆，毀也。
〔四一〕師古曰：懲，愴也。【補注】先謙曰：官本「俗」作「路」，是。「創」訛「愴」。

久之，河水盛溢，泛浸瓠子金隄，老弱奔走，恐水大決爲害。尊躬率吏民，投沈白馬，〔一〕祀水神河伯。尊親執圭璧，使巫策祝，請以身填金隄，〔二〕因止宿，廬居隄上。吏民數千萬人爭叩頭救止尊，〔三〕尊終不肯去。及水盛隄壞，吏民皆奔走，唯一主簿泣在尊旁，立不動。〔四〕而水波稍卻迴還。吏民嘉壯尊之勇節，白馬三老朱英等奏其狀。〔五〕下有司考，皆如言。於是制詔御史：「東郡河水盛長，毀壞金隄，未決三尺，百姓惶恐奔走。太守身當水衝，履咫尺之難，不避危殆，以安衆心，吏民復還就作，水不爲災，朕甚嘉之。秩尊中二千石，加賜黄金二十斤。」

〔一〕師古曰：以祭水也。

〔二〕師古曰：填，塞也，音大賢反。

〔三〕【補注】宋祁曰：邵本無「尊」字。

〔四〕【補注】宋祁曰：「立」字上疑有「尊」字。王念孫曰：宋説是也。下文詔曰「大守身當水衝」，正指此。言之脱去「尊」字，則文義不明。水經河水注、御覽職官部六十三引此並作「尊立不動」，漢紀同。

〔五〕【補注】宋祁曰：浙本「英」作「莫」。先謙曰：官本考證，地理志東郡有白馬縣，今滑縣也。

數歲，卒官，吏民紀之。尊子伯亦爲京兆尹，〔一〕坐耎弱不勝任免。

〔一〕【補注】朱一新曰：公卿表失載。

王章字仲卿，泰山鉅平人也。少以文學爲官，稍遷至諫大夫，在朝廷名敢直言。元帝初，擢爲左曹中郎將，與御史中丞陳咸相善，共毀中書令石顯，爲顯所陷，咸減死髡，章免官。成帝立，徵章爲諫大夫，遷司隸校尉，大臣貴戚敬憚之。王尊免後，代者不稱職，章以選爲京兆尹。〔一〕時帝舅大將軍王鳳輔政，章雖爲鳳所舉，非鳳專權，不親附鳳。會日有蝕之，章奏封事，召見，言鳳不可任用，宜更選忠賢。上初納受章言，後不忍退鳳。章由是見疑，遂爲鳳所陷，罪至大逆。語在元后傳。

〔一〕【補注】先謙曰：據公卿表，代者齊宋登，貶東萊都尉。章任在河平四年。

初，章爲諸生學長安，獨與妻居。章疾病，無被，臥牛衣中，〔一〕與妻決，涕泣。〔二〕其妻呵怒之曰：「仲卿！京師尊貴在朝廷人誰踰仲卿者？今疾病困戹，不自激卬，〔三〕乃反涕泣，何鄙也！」後章仕宦〔四〕歷位，及爲京兆，欲上封事，妻又止之曰：「人當知足，獨不念牛衣中涕泣時耶？」章曰：「非女子所知也。」書遂上，果下廷尉獄，妻子皆收繫。章小女年可十二，〔五〕夜起號哭曰：「平生獄上呼囚，〔素〕〔數〕常至九，今八而止。〔六〕我君〔數〕〔素〕剛，先死者必君。」〔七〕明日問之，章果死。妻子皆徙合浦。

〔一〕師古曰：牛衣，編亂麻爲之，即今俗呼爲龍具者。【補注】沈欽韓曰：晉書「劉寔作牛衣，賣以自給」，亦作「烏衣」，義同也。魏志「鄧艾身被烏衣」。隋五行志「北齊後主於苑内作貧兒村，令人服烏衣以相執縛」。程大昌演繁露云，牛衣，編草使煖，以被牛體，蓋蓑衣之類。案，南齊書張融傳「融悉脱衣以爲賻，披牛被而反」是也。今以稻稿作之，被牛背。

〔二〕師古曰：自謂將死，故辭決。

〔三〕如淳曰：激厲抗揚之意也。師古曰：卬讀曰仰。仰頭爲健。【補注】宋祁曰：卬音昂爲是。

〔四〕【補注】宋祁曰：一本「仕宦」作「任官」。

〔五〕【補注】劉奉世曰：云年可十二，辭太俚，蓋衍「可」字。或者章女名可，誤倒書之。宋祁曰：可十二，猶言約十二，不煩曲解，當存之。沈欽韓曰：案，列女傳無「可」字。

〔六〕張晏曰：平生，先時也。獄卒夜閱囚時有九人，常呼問九人。今八人便止，知一人死也。

〔七〕【補注】宋祁曰：「我」字下疑有「家」字。周壽昌曰：我君，猶言我家君。易：「家人有嚴君焉，父母之謂也。」

大將軍鳳薨後，弟成都侯商復爲大將軍輔政，白上還章妻子故郡。其家屬皆完具，采珠致産數百萬，時蕭育爲泰山太守，皆令贖還故田宅。

章爲京兆二歲，死不以其罪，衆庶冤紀之，號爲三王。王駿自有傳，駿即王陽子也。

贊曰：自孝武置左馮翊、右扶風、京兆尹，〔一〕而吏民爲之語曰：「前有趙、張，後有三王。」然劉向獨序趙廣漢、尹翁歸、韓延壽，馮商傳王尊，揚雄亦如之。〔二〕廣漢聰明，下不能欺，延壽厲善，所居移風，然皆訐上不信，以失身墮功。〔三〕翁歸抱公絜己，爲近世表。張敞衎衎，履忠進言，〔四〕緣飾儒雅，刑罰必行，縱赦有度，〔五〕條教可觀，然被輕媠之名。〔六〕王尊文武自將，〔七〕所在必發，譎詭不經，好爲大言。王章剛直守節，不量輕重，以陷刑戮，妻子流遷，哀哉！

〔一〕【補注】宋祁曰：「置」字上當有「初」字。

〔二〕張晏曰：劉向作新序，不道王尊。馮商續史記，爲作傳。雄作法言，亦論其美也。

〔三〕師古曰：墮，毁也，音火規反。

〔四〕師古曰：衎衎，彊敏之貌也，音口翰反。

〔五〕【補注】先謙曰：漵傳云「時時越法縱舍，有足大者」，贊即指此而言，則「縱赦」當爲「縱舍」，赦、舍音近而誤。它文亦但有「縱舍」，無「縱赦」也。

〔六〕師古曰：婧，古惰字也。謂走馬拊馬及畫眉。【補注】沈欽韓曰：方言「婧，美也」，廣雅以爲好也，非古惰字。

〔七〕師古曰：將，助也。

蓋諸葛劉鄭孫毋將何傳第四十七

漢書七十七

蓋寬饒字次公，魏郡人也。〔一〕明經爲郡文學，以孝廉爲郎。舉方正，對策高第，遷諫大夫，行郎中户將事。〔二〕劾奏衛將軍張安世子侍中陽都侯彭祖不下殿門，〔三〕并連及安世居位無補。彭祖時實下門，寬饒坐舉奏大臣非是，〔四〕左遷爲衛司馬。〔五〕

〔一〕師古曰：蓋音公盍反。

〔二〕師古曰：百官公卿表郎中令屬官有郎中車、户、騎三將，蓋各以所主爲名也。户將者，主户衛也。

〔三〕師古曰：過殿門不下車也。

〔四〕師古曰：不以實也。

〔五〕蘇林曰：如今衛士令也。臣瓚曰：漢注有衛屯司馬。【補注】先謙曰：「衛屯司馬」亦作「屯衛司馬」。百官表，衛尉掌宫門衛屯兵，屬有諸屯衛候、司馬二十二官。屯衛候、司馬者，謂衛候、衛司馬也。衛候見馮奉世傳，衛司馬亦見元紀、谷永、鄭吉傳。屯兵爲衛，故又稱屯衛司馬。馮逡傳「爲長樂屯衛司馬」，以屯衛並言，是其證。百官表别有衛士令，蘇説誤也。

先是時，衛司馬在部，見衛尉拜謁，常爲衛官繇使市買。〔一〕寬饒視事，案舊令，遂揖官屬以下行衛者。〔一〕衛尉私使寬饒出，寬饒以令詣官府門上謁辭。〔三〕尚書責問衛尉，〔四〕由是衛官不復私使候、司馬。〔五〕候、司馬不拜，出先置衛，輒上奏辭，〔六〕自此正焉。

〔一〕師古曰：繇讀與徭同。【補注】王文彬曰：衛官，謂衛尉官舍。下衛官同。觀下「衛尉私使寬饒出」，則知衛官非指衛尉屬官也。

〔二〕蘇林曰：衛尉官屬也。或曰詔遣使行衛者也。師古曰：或説非也。行音下更反。【補注】劉攽曰：案，此文錯亂，本當云「寬饒視事，案舊令，遂揖衛尉」。沈欽韓曰：案，衛司馬於衛尉，部曲也，亦猶三署郎見光禄勳，執板拜，不當僅揖。疑上文「見衛尉拜謁」脱「官屬」二字。先謙曰：下云「候司馬不拜」，則見衛尉亦不拜矣。舊令如此，不當以意比例，沈説非。上言「見衛尉拜」，此云「揖官屬」，於文不備，劉説近之。案，百官表「衛尉屬官有公車司馬、衛士、旅賁三令丞，衛士三丞」。此云「官屬以下行衛者」，蓋專指衛士令丞言之。

〔三〕文穎曰：私見使而公辭尚書也。蘇林曰：以法詣衛尉府門上謁也。師古曰：文説是也。【補注】許應元曰：文説非也。蓋上謁辭闕庭耳。尚書主通章奏，故得責問衛尉，若今報單是也。上奏辭，即上謁辭也。往時不辭，辭自寬饒始，故自是衛尉不敢私使候、司馬也。先置衛者當出，則輟其宿衛之事也。如説亦非。

〔四〕文穎曰：由寬饒以法令不給使，尚書責衛尉，不復使司馬。

〔五〕【補注】先謙曰：因司馬以及候，皆不敢私使。

〔六〕如淳曰：天子出，爲天子先導。先天子發，故上奏辭。

寬饒初拜爲司馬，未出殿門，〔一〕斷其禪衣，令短離地，〔二〕冠大冠，帶長劍，躬案行士卒廬室，視其飲食居處，有疾病者身自撫循臨問，加致醫藥，遇之甚有恩。及歲盡交代，上臨饗罷衛卒，〔三〕衛卒數千人皆叩頭自請，願復留共更一年，〔四〕以報寬饒厚德。宣帝嘉之，以寬饒爲太中大夫，使行風俗，〔五〕多所稱舉貶黜，奉使稱意。擢爲司隸校尉，刺舉無所迴避，小大輒舉，所劾奏衆多，廷尉處其法，半用半不用，〔六〕公卿貴戚及郡國吏繇使至長安，皆恐懼莫敢犯禁，〔七〕京師爲清。

〔一〕【補注】周壽昌曰：漢舊儀云，衛尉寺在宮内。胡廣云，主宮闕之門内衛士。於周廬爲區廬，區廬若今之宿仗屋矣。

〔二〕師古曰：褌音單，其字從衣。【補注】沈欽韓曰：方言：「褌衣，江淮南楚之間謂之褋，古謂之深衣。」

〔三〕師古曰：得代當歸者也。【補注】先謙曰：漢儀，正月五日，大置酒，饗衛士也。

〔四〕師古曰：更猶今言上番也，音工衡反。【補注】先謙曰：共讀曰供。

〔五〕師古曰：行音下更反。

〔六〕師古曰：以其峻刻，故有不用者。

〔七〕師古曰：繇讀與傜同，供傜役及爲使而來者。

平恩侯許伯入第，〔一〕丞相、御史、將軍、中二千石皆賀，寬饒不行。〔二〕許伯請之，乃往，從西階上，東鄉特坐。〔三〕許伯自酌曰：「蓋君後至。」寬饒曰：「無多酌我，我乃酒狂。」丞相魏侯笑曰：〔四〕「次公醒而狂，何必酒也？」坐者皆屬目卑下之。〔五〕酒酣樂作，長信少府檀長卿起舞，爲沐猴與狗鬬，〔六〕坐皆大笑。寬饒不説，卬視屋而歎〔七〕曰：「美哉！然富貴無常，忽則易人，〔八〕此如傳舍，所閲多矣。〔九〕唯謹慎爲得久，君侯可不戒哉！」因起趨出，劾奏長信少府以列卿而沐猴舞，〔一〇〕失禮不敬。上欲罪少府，許伯爲謝，良久，上乃解。

〔一〕師古曰：許伯，皇太子外祖也。入第者，治第新成，始入居之。

〔二〕【補注】先謙曰：百官表，司隸校尉二千石。

〔三〕師古曰：言自尊抗，無所詘也。鄉讀曰嚮。

〔四〕【補注】宋祁曰：「笑」或作「咲」。錢大昕曰：史家敘事之詞，當稱人名。此傳稱魏相爲魏侯，鄭崇傳稱貢禹爲貢公，司馬相如傳或稱長卿，儒林傳或稱丁寬爲丁將軍，費直爲費公，召信臣傳末云「九江以召父」，皆援引舊文，未及刊正。

〔五〕師古曰：屬猶注也，音之欲反。下音胡稼反。【補注】先謙曰：卑下之，謂自詘降。

〔六〕師古曰：沐猴，獮猴。【補注】沈欽韓曰：樂記「優侏儒獶雜子女」，鄭云，獶，獮猴，言舞者如獮猴。正義引漢書此事。先謙曰：官本「獮」作「獼」。

〔七〕師古曰：説讀曰悦。卬讀曰仰。【補注】宋祁曰：「坐」字下疑有「者」字。

〔八〕【補注】先謙曰：言忽然而更易。

〔九〕師古曰：言如客舍行客，輒過之，故多所經歷也。【補注】先謙曰：寬饒視屋而言，此，謂屋也。

〔一〇〕【補注】錢大昭曰：少府列於九卿，故長信少府亦稱列卿，然其名不列於表。

寬饒爲人剛直高節，志在奉公。家貧，奉錢月數千，〔一〕半以給吏民爲耳目言事者。身爲司隸，子常步行自戍北邊，〔二〕公廉如此。然深刻喜陷害人，〔三〕在位及貴戚人與爲怨，〔四〕又好言事刺譏，奸犯上意。〔五〕上以其儒者，優容之，然亦不得遷。同列後進或至九卿，寬饒自以行清能高，有益於國，而爲凡庸所越，〔六〕愈失意不快，數上疏諫爭。太子庶子王生高寬饒節，而非其如此，予書曰：「明主知君絜白公正，不畏彊禦，〔七〕故命君以司察之位，擅君以奉使之權，尊官厚禄已施於君矣。君宜夙夜惟思當世之務，奉法宣化，憂勞天下，雖日有益，月有功，猶未足以稱職而報恩也。自古之治，三王之術各有制度。〔八〕今君不務循職而已，〔九〕乃欲以太古久遠之事匡拂天子，〔一〇〕數進不用難聽之語以摩切左右，非所以揚令名全壽命者也。方今用事之人皆明習法令，言足以飾君之辭，〔一一〕文足以成君之過，君不惟蘧氏之高蹤，〔一二〕而慕子胥之末行，〔一三〕用不訾之軀，臨不測之險，〔一四〕竊爲君痛之。夫君子直而不挺，曲而不詘。〔一五〕大雅云：『既明且哲，以保其身。』〔一六〕狂夫之言，聖人擇焉。唯裁省覽。」〔一七〕寬饒不納其言。

〔一〕師古曰：奉音扶用反。

〔二〕蘇林曰：子自行戍，不取代。【補注】沈欽韓曰：如淳云，雖丞相子，亦在戍邊之調。寬饒以貧，故不能雇人。

〔三〕師古曰：喜音許吏反。

〔四〕師古曰：人人皆怨之。

〔五〕師古曰：奸音干。

〔六〕【補注】宋祁曰：「庸」疑是「庶」字。浙本作「庸」。

〔七〕師古曰：彊禦，彊梁而禦善者也。【補注】劉奉世曰：禦，禁也，言威力足以禁制於人。爾雅云。王念孫曰：禦亦彊也。說詳經義述聞「曾是彊禦」下。

〔八〕師古曰：三王，謂夏、殷、周，文質不同也。
〔九〕【補注】宋祁曰：「循」一作「修」。
〔一〇〕師古曰：匡，正也。拂讀曰弼。
〔一一〕【補注】先謙曰：飾謂增成之。
〔一二〕師古曰：蘧伯玉，邦無道，則可卷而懷之。
〔一三〕師古曰：伍子胥知吴王不可諫，而不能止，自取誅滅也。
〔一四〕師古曰：訾與貲同。不貲者，言無貲量可以比之，貴重之極也。不測，謂深也。
〔一五〕師古曰：挺然，直貌。言雖執直道，而遭遇時變，與時紆曲，然其本志不屈橈也。挺音吐鼎反。【補注】劉奉世曰：此所謂內直而外曲，顏説未盡。宋祁曰：注文「遇時」字疑是「則」字。
〔一六〕師古曰：烝民之詩也。言明智者可以自全，不至亡身。
〔一七〕【補注】先謙曰：裁與財同，猶言少也。詳賈誼傳。

是時上方用刑法，信任中尚書宦官，寬饒奏封事曰：「方今聖道寖廢，儒術不行，〔一〕以刑餘爲周召，〔二〕以法律爲詩書。」〔三〕又引韓氏易傳言：「五帝官天下，三王家天下，〔四〕家以傳子，官以傳賢，若四時之運，功成者去，不得其人則不居其位。」書奏，上以寬饒怨謗終不改，下其書中二千石。時執金吾議，〔五〕以爲寬饒指意欲求禪，大逆不道。〔六〕諫大夫鄭昌愍傷寬饒忠直憂國，以言事不當意而爲文吏所詆挫，〔七〕上書頌寬饒曰：〔八〕「臣聞山有猛獸，藜藿爲之不采；國有忠臣，姦邪爲之不起。〔九〕司隸校尉寬饒居不求安，食不求飽，〔一〇〕進有憂國之心，退有死節之義，上無許、史之屬，下無金、張之託，〔一一〕職在司察，直道而行，多仇少與，〔一二〕上書陳國事，有司劾以大辟，臣幸得從大夫之後，官以諫爲名，不敢不言。」上不聽，遂下寬饒吏。寬饒引佩刀自剄北闕下，衆莫不憐之。

〔一〕師古曰：寖，漸也。

〔二〕師古曰：言使奄人當權軸也。周謂周公旦也，召謂召公奭也。召讀曰邵。

〔三〕師古曰：言以行法成教化也。【補注】先謙曰：官本注「行」作「刑」，是。

〔四〕【補注】沈欽韓曰：御覽一百九十三引韓詩外傳有此語。下云，故自唐虞以上經傳無太子稱號，夏殷之王雖則傳嗣，其文略矣，至周始見文王世子之制。案山海經，顓頊有太子長琴。呂覽，殷太史據法爭紂爲太子。後儒但據二十八篇之書以爲古無太子耳。說苑至公篇博士鮑白令之對秦始皇曰：「天下官則讓賢，天下家則世繼，故五帝以天下爲官，三王以天下爲家。」後世官家之稱本此。文選干令昇晉紀總論云「至乃易天子以太上之號，而有免官之謡」。注：「臧榮緒晉書曰，中書令繆播云太史案星變事，當有免官天子。」俚俗之談，亦本於此。

〔五〕【補注】錢大昭曰：據公卿表名廣意。

〔六〕師古曰：禮，古禪字。言欲使天子傳位於己。

〔七〕師古曰：詆，毀也。挫，折也。

〔八〕師古曰：頌謂稱其美。【補注】劉奉世曰：頌讀如尚書自訟之訟。周壽昌曰：劉說是。

〔九〕【補注】沈欽韓曰：文子尚德篇：「山有猛獸，林木爲之不斬；園有螫蟲，葵藿爲之不采。吳曾能改齋漫録以此語爲是采藜藿者不必於山。國有賢者，折衝千里。」淮南說山訓襲之。鹽鐵論引作春秋曰云云，知此語由來已久。范蔚宗孔融傳贊引此傳，蓋就事論事耳。

〔一〇〕師古曰：論語稱孔子曰「君子食無求飽，居無求安」，故引之。

〔一一〕應劭曰：許伯，宣帝皇后父。史高，宣帝外家也。金，金日磾也。張，張安世也。此四家屬無不聽。師古曰：此說非也。許氏、史氏有外屬之恩，金氏、張氏自託在於近狎也。屬讀如本字也。【補注】宋祁曰：注末「也」字當刪。何焯曰：屬當讀之欲反，謂屬託也。應說是。以下文「直道而行，多讐少與」之語求之自見。

〔一二〕師古曰：仇，怨讐也。與，黨與也。

諸葛豐〔一〕字少季，琅邪人也。以明經爲郡文學，名特立剛直。貢禹爲御史大夫，除豐爲屬，舉侍御史。元帝擢爲司隸校尉，刺舉無所避，京師爲之語曰：「間何闊，逢諸葛。」〔二〕上嘉其節，加豐秩光禄大夫。〔三〕

〔一〕【補注】沈欽韓曰：吳志注：「風俗通曰：葛嬰爲陳涉將軍，有功而誅。孝文帝追録封其孫諸縣侯，因并氏焉。」

〔二〕師古曰：言間者何久闊不相見，以逢諸葛故也。

〔三〕【補注】先謙曰：百官表，光禄大夫秩比二千石，司隸校尉秩二千石。

時侍中許章以外屬貴幸，奢淫不奉法度，賓客犯事，與章相連。豐案劾章，欲奏其事，適逢許侍中私出，豐駐車舉節詔章曰：「下！」欲收之。章迫窘，馳車去，豐追之。許侍中因得入宮門，自歸上。〔一〕豐亦上奏，於是收豐節。司隸去節自豐始。

〔一〕師古曰：歸誠乞哀於天子也。

豐上書謝曰：「臣豐駑怯，文不足以勸善，武不足以執邪。陛下不量臣能否，拜爲司隸校尉，未有以自效，復秩臣爲光禄大夫，官尊責重，非臣所當處也。又迫年歲衰暮，常恐卒填溝渠，〔一〕德無以報厚，〔二〕使論議士譏臣無補，長獲素餐之名。〔三〕故常願捐一旦之命，不待時而斷姦臣之首，縣於都市，編書其罪，〔四〕使四方明知爲惡之罰，然後却就斧鉞之誅，〔五〕誠臣所甘心也。夫以布衣之士，尚猶有刎頸之交，〔六〕今以四海之大，曾無伏節死誼之臣，率盡苟合取容，阿黨相爲，念私門之利，忘國家之政。邪穢濁溷之氣上感于天，〔七〕是以災變數見，百姓困乏。此臣下不忠之效也，臣誠恥之亡已。凡人情莫不欲安存而惡危亡，然忠臣直士不避患害者，誠爲君也。今陛下天覆地載，物無不容，〔八〕使尚書令堯賜臣豐書曰：『夫司隸者刺舉不法，善善惡惡，非得顓之也。〔九〕免處中和，〔一〇〕順經術意。』恩深德厚，臣豐頓首幸甚。臣竊不勝憤懣，願賜清宴，〔一一〕唯陛下裁幸。」〔一二〕上不許。

〔一〕師古曰：卒讀曰猝。

〔二〕【補注】錢大昭曰：當作「無以報厚德」，南監本、閩本不誤。先謙曰：官本不誤。

〔三〕師古曰：素，空也。言不舉職務，空食禄奉而已。【補注】先謙曰：官本「奉」作「俸」。

〔四〕師古曰：編謂聯次簡牘也。

〔五〕師古曰：却，退也。【補注】宋祁曰：「却」字並注文「却」字疑作「卻」。

〔六〕師古曰：刎，斷也，音吻。

〔七〕師古曰：溷亦濁也，音下頓反。

〔八〕師古曰：如天之覆，如地之載也。

〔九〕師古曰：善善，褒賞善人也；惡惡，誅罰惡人也。顓與專同。

〔一〇〕【補注】宋祁曰：「免」，越本作「勉」。劉奉世曰：「免」當作「勉」。

〔一一〕師古曰：懣音滿。【補注】先謙曰：請閒賜對也。

〔一二〕【補注】王念孫曰：裁猶少也，裁、財通用。佞幸傳「唯陛下哀憐財幸」義同。

是後所言益不用，豐復上書言：「臣聞伯奇孝而棄於親，子胥忠而誅於君，〔一〕隱公慈而殺於弟，〔二〕叔武弟而殺於兄。〔三〕夫以四子之行，屈平之材，〔四〕然猶不能自顯而被刑戮，豈不足以觀哉！使臣殺身以安國，蒙誅以顯君，〔五〕臣誠願之。獨恐未有云補，〔六〕而爲衆邪所排，令讒夫得遂，正直之路雍塞，〔七〕忠臣沮心，智士杜口，〔八〕此愚臣之所懼也。」

〔一〕師古曰：並解於上也。【補注】先謙曰：官本注無「也」字。

〔二〕師古曰：魯隱公欲立弟桓公，爲其尚少，已且攝位，而卒爲桓公所殺。【補注】宋祁曰：注文「爲桓公所殺」一本無「公」字。

〔三〕師古曰：叔武，衞成公之弟夷叔也。成公避晉之難，出奔陳，使大夫元咺奉叔武以居守。其後晉人納成公，成公疑叔武而先期入，叔武將沐，聞君至，喜，捉髮走出，前驅射而殺之。事在左傳僖二十八年。叔武弟音大計反。【補注】宋祁曰：注文「叔武弟」下疑有「弟」字。

〔四〕師古曰：屈平即是屈原也。

〔五〕師古曰：蒙，被也。

〔六〕【補注】沈欽韓曰：文選傅長虞詩「進則無云補」本此。

〔七〕師古曰：雍讀曰壅。

〔八〕師古曰：沮，壞；杜，塞也。沮音才汝反。【補注】先謙曰：沮亦塞意；顔訓壞，未安。

豐以春夏繫治人，在位多言其短。上徙豐爲城門校尉，豐上書告光禄勳周堪、光禄大夫張猛。〔一〕上不直豐，乃制詔御史：「城門校尉豐，前與光禄勳堪、光禄大夫猛在朝之時，數稱言堪、猛之美。豐前爲司隷校尉，不順四時，修法度，專作苛暴，〔二〕以獲虚威，朕不忍下吏，以爲城門校尉。不内省諸己，〔三〕而反怨堪、猛，以求報舉，〔四〕告案無證之辭，暴揚難驗之罪，毁譽恣意，不顧前言，〔五〕不信之大者也。朕憐豐之耆老，不忍加刑，其免爲庶人。」終於家。

〔一〕【補注】先謙曰：事詳劉向傳。

〔二〕【補注】宋祁曰：「修」疑作「循」。

〔三〕師古曰：省，察也。

〔四〕師古曰：舉言其事以報怨。

〔五〕師古曰：前言謂譽堪、猛之美。今乃更言其短，是不顧也。

劉輔，河閒宗室也。〔一〕舉孝廉，爲襄賁令。〔二〕上書言得失，召見，上美其材，擢爲諫大夫。會成帝欲立趙倢伃爲皇后，先下詔封倢伃父臨爲列侯。輔上書言：〔三〕「臣聞天之所與必先賜以符瑞，天之所違必先降以災變，此神明之徵應，自然之占驗也。昔武王、周公承順天地，以饗魚烏之瑞，〔四〕然猶君臣祗懼，動色相戒，況於季世，不蒙繼嗣之福，屢受威怒之異者虖！雖夙夜自責，改過易行，畏天命，念祖業，妙選有德之世，考卜窈窕之女，〔五〕以承宗廟，順神祇心，塞天下望，〔六〕子孫之祥猶恐晚暮，今乃觸情縱欲，傾於卑賤之女，欲以母天下，不畏於天，不媿于人，惑莫大焉。里語曰：『腐木不可以爲柱，卑人不可以爲主。』天人之所不予，必有禍而無福，市道皆共知之，〔七〕朝廷莫肯壹言，臣竊傷心。自念得以同姓拔擢，尸禄不忠，污辱諫爭之官，不敢不盡死，唯陛下深察。」書奏，上使侍御史收縛輔，繫掖庭祕獄，〔八〕羣臣莫知其故。

〔一〕【補注】錢大昕曰：輔蓋河閒獻王之裔，故稱宗室，然於史家書郡縣之例未合。當云河閒人也，以宗室爲襄賁令。先謙曰：官本「室」下有「人」字。

〔二〕蘇林曰：賁音肥，東海縣也。【補注】先謙曰：在今沂州府蘭山縣西南百二十里。

〔三〕【補注】沈欽韓曰：漢紀有王仁上疏，大旨與輔同。

〔四〕師古曰：謂伐紂時有白魚、赤烏之瑞也。事見今文尚書。

〔五〕師古曰：窈窕，幽閑也。

〔六〕師古曰：塞，滿也。

〔七〕師古曰：市道，市中之道也。一曰市人及行於道路者也。【補注】先謙曰：一說是。

〔八〕師古曰：漢書舊儀，掖庭詔獄令丞，宦者爲之，主理婦人女官也。【補注】周壽昌曰：谷永傳云「又以掖庭獄大爲亂阱，搒箠憯於炮烙，絶滅人命，主爲趙、李報德復怨」，今輔正以論趙氏繫此獄。

於是中朝左將軍辛慶忌、右將軍廉褒、光禄勳師丹、太中大夫谷永〔一〕俱上書曰：「臣聞明王垂寬容之聽，崇諫爭之官，廣開忠直之路，不罪狂狷之言，〔二〕然後百僚在位，〔三〕竭忠盡謀，不懼後患，朝廷無諂諛之士，元首無失道之𠍴。〔四〕竊見諫大夫劉輔，前以縣令求見，擢爲諫大夫，此其言必有卓詭切至，當聖心者，〔五〕故得拔至於此。旬日之間，收下祕獄，臣等愚以爲輔幸得託公族之親，在諫臣之列，新從下土來，未知朝廷體，〔六〕獨觸忌諱，不足深過。〔七〕小罪宜隱忍而已，如有大惡，宜暴治理官，與衆共之。〔八〕昔趙簡子殺其大夫鳴犢，孔子臨河而還。〔九〕今天心未豫，〔一〇〕災異屢降，水旱迭臻，〔一一〕方當隆寬廣問，褒直盡下之時也。而行慘急之誅於諫爭之臣，震驚羣下，失忠直心。假令輔不坐直言，所坐不著，〔一二〕天下不可户曉。〔一三〕同姓近臣本以言顯，其於治親養忠之義誠不宜幽囚于掖庭獄。公卿以下見陛下進用輔亟，而折傷之暴，〔一四〕人有懼心，〔一五〕精鋭銷耎，〔一六〕莫敢盡節正言，非所以昭有虞之聽，廣德美之風也。〔一七〕臣等竊深傷之，唯陛下留神省察。」

〔一〕孟康曰：中朝，内朝也。大司馬左右前後將軍、侍中、常侍、散騎、諸吏爲中朝。丞相以下至六百石爲外朝也。【補注】劉奉世曰：案文，則丹、永皆中朝臣也。蓋時爲給事中、侍中、諸吏之類。錢大昕曰：漢書稱中朝官或稱中朝者，其文非一，唯孟康此注最爲分明。蕭望之傳「詔遣中朝大司馬車騎將軍韓增、諸吏富平侯張延壽、光禄勳楊惲、太僕戴長樂問望之計策」，王嘉傳「事下將軍中朝者，光禄大夫孔光、左將軍公孫禄、右將軍王安、光禄勳馬宮、光禄大夫龔勝」，龔勝傳又有司隸鮑宣。光禄大夫非内朝官，而孔光、龔勝得與議者，加給事中故也。此傳太中大夫谷永亦以給事中故得與朝者之列。則給事中亦中朝官。孟康所舉不無遺漏矣。光禄勳掌宮殿，掖門户，在九卿中最爲親近。昭宣以後，張安世、蕭望之、馮奉世、辛慶忌皆以列將軍兼領光祿勳，而楊惲爲光祿勳亦加諸吏，故其與孫會宗書自稱與聞政事也。然中、外朝之分，漢初蓋未之有，武帝始以嚴助、主父偃輩入直承明，與參謀議，而其秩尚卑。衛青、霍去病雖貴幸，亦未干丞相、御史職事。至昭、宣之世，大將軍權兼中外，又置前後左右將軍，在內朝預聞政事，而由庶僚加侍中給事者，皆自託爲腹心之臣矣。此西京朝局之變，史家未明言之，讀者可推驗而得也。又攷趙倢伃父之封侯，在永始二年四月，則劉輔繫掖庭獄，亦當在是時，而公卿表慶忌爲左將軍、師丹爲光祿勳皆在三年，廉褒爲右將軍則在四年，谷永爲太中大夫依本傳推校亦當在三年，此傳所書諸人官位俱爲乖舛。周壽昌曰：段會宗傳贊云廉褒以恩信稱，而褒無傳。百官表：「成帝永始四年執金吾廉褒爲右將軍，五年免。」西域傳云「都護廉褒賜姑莫匿等金二十斤、繒三百匹」，當在建始年中，爲執金吾以前。其可見者，惟此上書列名，及孔光傳議立定陶王兩事。卒坐淳于長王立事，免爲庶人。後又起用，事王莽。雜見莽傳。子廉丹，其後人廉范，後書有傳。

〔二〕師古曰：狷，急也，音絹。

〔三〕【補注】宋祁曰：浙本無「然」字。予謂「然後」字當刪，當作「使百僚在位」。

〔四〕師古曰：元首，謂天子也。讇，古諂字也。【補注】先謙曰：官本注末無「也」字。

〔五〕師古曰：卓，高遠也。詭，異於衆也。

〔六〕【補注】宋祁曰：一本「來」字上有「而」字，「體」字上有「之」字。浙本無。

〔七〕【補注】先謙曰：過，責也。

〔八〕師古曰：令衆人知其罪狀而罰之。【補注】先謙曰：官本無「與」字，引宋祁曰「衆共」之「衆」字上疑有「與」字。

〔九〕張晏曰：趙簡子欲分晉國，故先殺鳴犢，又聘孔子。孔子聞其死，至河而還也。師古曰：戰國策說二人姓名云「鳴犢、鐸犨」，而史記及古今人表並以爲鳴犢、竇犨，蓋鐸、犢及竇，其聲相近，故有不同耳。今永等指舉殺鳴犢一人，不論竇犨也。【補注】先謙曰：官本注「指」作「止」。

〔一〇〕張晏曰：豫，悦豫也。
〔一一〕師古曰：迭，互也，音徒結反。
〔一二〕師古曰：著，明也。
〔一三〕師古曰：言不可家家曉喻之也。【補注】先謙曰：官本「喻」作「諭」。
〔一四〕師古曰：亟，急也。
〔一五〕師古曰：人人皆懼也。
〔一六〕蘇林曰：耎，弱也。師古曰：音乃唤反。【補注】先謙曰：官本注「音」上有「耎」字。
〔一七〕師古曰：舜有敢諫之鼓，故言有虞之聽也。一曰謂達四聰也。

上乃徙繫輔共工獄，〔一〕減死罪一等，論爲鬼薪。終於家。

〔一〕蘇林曰：考工也。師古曰：少府之屬官也，亦有詔獄。共讀與龔同。【補注】周壽昌曰：百官表，少府屬有考工室。王莽始改少府曰共工。輔獄在成帝時，此共工應仍曰考工爲是。

鄭崇字子游，本高密大族，世與王家相嫁娶。〔一〕祖父以訾徙平陵。父賓明法令，爲御史，事貢公，〔二〕名公直。崇少爲郡文學史，至丞相大車屬。〔三〕弟立與高武侯傅喜同門學，相友善。〔四〕喜爲大司馬，薦崇，哀帝擢爲尚書僕射。數求見諫爭，上初納用之。每見曳革履，〔五〕上笑曰：「我識鄭尚書履聲。」

〔一〕師古曰：女嫁王家，男又娶也。

〔二〕師古曰：貢禹也。【補注】周壽昌曰：貢禹稱貢公，蕭育傳亦如此。
〔三〕如淳曰：丞相大車屬如今公府御屬。
〔四〕師古曰：同門，謂同師也。
〔五〕師古曰：孰曰韋，生曰革。

久之，上欲封祖母傅太后從弟商，崇諫曰：「孝成皇帝封親舅五侯，天爲赤黄晝昏，日中有黑氣。今祖母從昆弟二人已侯。孔鄉侯，皇后父；高武侯以三公封，尚有因緣。〔一〕今無故欲復封商，壞亂制度，逆天人心，〔二〕非傅氏之福也。臣聞師曰：『逆陽者厥極弱，逆陰者厥極凶短折，〔三〕犯人者有亂亡之患，犯神者有疾夭之禍。』故周公著戒曰：『惟王不知艱難，唯耽樂是從，時亦罔有克壽。』〔四〕故衰世之君夭折蚤没，〔五〕此皆犯陰之害也。〔六〕臣願以身命當國咎。」崇因持詔書案起。〔七〕傅太后大怒曰：「何有爲天子乃反爲一臣所顓制邪！」〔八〕上遂下詔曰：「朕幼而孤，皇太太后躬自養育，免於襁褓，教道以禮，至於成人，〔九〕惠澤茂焉。〔一〇〕『欲報之德，皞天罔極。』〔一一〕前追號皇太太后父爲崇祖侯，惟念德報未殊，朕甚恧焉。〔一二〕侍中光禄大夫商，皇太太后父同産子，小自保大，〔一三〕恩義最親。其封商爲汝昌侯，〔一四〕爲崇祖侯後，更號崇祖侯爲汝昌哀侯。」

〔一〕師古曰：孔鄉侯，傅晏也。高武侯，傅喜也。【補注】周壽昌曰：喜爲大司馬，故曰以三公封。「因緣」二字始此，六朝造譯佛經者沿用之。

〔二〕【補注】宋祁曰：「心」字上疑有「之」字。

〔三〕【補注】沈欽韓曰：鴻範五行傳：「王之不極，是謂不建，厥極弱。」注：「天爲剛德，剛氣失，故於人爲弱。」案，君者法天，失君道爲逆陽。「思之不容，是謂不聖，厥極凶短折」。注：「殖氣失，則於人爲凶短折。」案，土位陰，違土性爲逆陰。

〔四〕師古曰：周書亡逸之篇也。言王者不知稼穡之艱難，唯從耽樂，則致夭喪，無能壽考也。

〔五〕師古曰：蚤，古旱字也。【補注】先謙曰：官本「旱」作「早」，是。無「也」字。

〔六〕【補注】宋祁曰：浙本「陰」字下有「陽」字。

〔七〕李奇曰：持當受詔書案起也。師古曰：李説非也。案者，即寫詔之文。【補注】沈欽韓曰：廣雅：「案謂之檼。」攷工記玉人之事，「案十有二寸」注：「案，玉飾案也。」禮器注：「禁如今方案，隋長局足，高三寸。」此詔書案者，承受詔書之案。吴志：「孫權拔佩刀斫前奏案。」古者進食、奏書俱別設案，李説是也。先謙曰：通鑑胡注，更始時，常侍奏事，韓夫人起，抵破書案，則案非文案之案也。

〔八〕師古曰：顓與專同也。【補注】先謙曰：官本注無「也」字。

〔九〕師古曰：道讀曰導。

〔一〇〕師古曰：茂，美也。

〔一一〕師古曰：詩小雅蓼莪之篇曰：「父兮生我，母兮鞠我，欲報之德，昊天罔極。」言欲報父母之恩德，心無已也。呼昊天者，陳已至誠也。皡字與昊同。

〔一二〕師古曰：殊，異也。恧，愧也，音女六反。

〔一三〕如淳曰：太后從小養之，使至大也。【補注】宋祁曰：「産」字下疑有「弟」字。

〔一四〕【補注】錢大昕曰：哀紀建平四年二月，封帝太太后從弟侍中傅商爲汝昌侯。六月，尊帝太太后爲皇太太后。此詔稱皇太太后，史家追改。

崇又以董賢貴寵過度諫，由是重得罪。〔一〕數以職事見責，發疾頸癰，欲乞骸骨，不敢。尚書令趙昌佞諂，素害崇，知其見疏，因奏崇與宗族通，疑有姦，請治。上責崇曰：「君門如市人，何以欲禁切主上？」〔二〕崇對曰：「臣門如市，臣心如水。〔三〕願得考覆。」上怒，下崇獄，窮治，死獄中。

〔一〕師古曰：重音直用反。

〔二〕師古曰：言請求者多，交通賓客。

〔三〕師古曰：言至清也。

孫寶字子嚴，潁川鄢陵人也。〔一〕以明經爲郡吏。御史大夫張忠辟寶爲屬，〔二〕欲令授子經，更爲除舍，〔三〕設儲偫。〔四〕寶自劾去，忠固還之，〔五〕心内不平。〔六〕後署寶主簿，寶徙入舍，祭竈請比鄰。忠陰察，怪之，使所親問寶：「前大夫爲君設除大舍，子自劾去者，欲爲高節也。今兩府高士俗不爲主簿，子既爲之，徙舍甚說，〔七〕何前後不相副也？」寶曰：「高士不爲主簿，而大夫君以寶爲可，一府莫言非，〔八〕士安得獨自高？前日君男欲學文，而移寶自近。〔九〕禮有來學，義無往教；道不可詘，身詘何傷？且不遭者可無不爲，況主簿乎！」〔一〇〕忠聞之，甚慚，上書薦寶經明質直，宜備近臣，爲議郎，遷諫大夫。

〔一〕師古曰：鄢音偃。
〔二〕【補注】周壽昌曰：忠爲御史大夫在建始四年。
〔三〕師古曰：除謂修飾埽除也。
〔四〕師古曰：謂豫備器物也。偫音丈紀反。
〔五〕師古曰：固者，謂再三留之。
〔六〕師古曰：恨其去也。
〔七〕師古曰：説讀曰悦。
〔八〕師古曰：言大夫以爲寶適可爲主簿耳，府中之人又不以爲不當也。
〔九〕師古曰：文謂書也。
〔一〇〕師古曰：言士不遭遇知己，則當屈辱，無所不爲也。

鴻嘉中，廣漢羣盜起，選爲益州刺史。廣漢太守扈商者，大司馬車騎將軍王音姊子，軟弱不任職。寶到部，親入山谷，諭告羣盜，非本造意，渠率皆得悔過自出，〔一〕遣歸田里。自劾矯制，奏商爲亂首，〔二〕春秋之義，誅首惡而已。商亦奏寶所縱或有渠率當坐者。〔三〕商徵下獄，寶坐失死罪免。益州吏民多陳寶功效，言爲車騎將軍所排。上復拜寶爲冀州刺史，遷丞相司直。

〔一〕師古曰：渠，大也。
〔二〕師古曰：擅放羣盜歸，故云矯制也。商不任職，致有賊盜，故云爲亂首也。【補注】先謙曰：官本注「制」下「也」

作「由」。

〔三〕師古曰：縱，放也。

時帝舅紅陽侯立使客因南郡太守李尚占墾草田數百頃，〔一〕頗有民所假少府陂澤，略皆開發，〔二〕上書願以入縣官。〔三〕有詔郡平田予直，〔四〕錢有貴一萬萬以上。〔五〕寶聞之，遣丞相史按驗，發其奸，劾奏立、尚懷姦罔上，狡猾不道。尚下獄死。立雖不坐，後兄大司馬衛將軍商薨，次當代商，上度立而用其弟曲陽侯根爲大司馬票騎將軍。〔六〕

〔一〕師古曰：隱度而取之也。草田，荒田也。占音之贍反。

〔二〕師古曰：舊爲陂澤，本屬少府，其後以假百姓，百姓皆已田之，而立總謂爲草田，占云新自墾。

〔三〕師古曰：立上書云新墾得此田，請以入官也。

〔四〕師古曰：受其田而準償價直也。

〔五〕師古曰：增於時價。

〔六〕如淳曰：度，過也。過立而用根。

會益州蠻夷犯法，巴蜀頗不安，上以寶著名西州，拜爲廣漢太守，秩中二千石，賜黄金三十斤，蠻夷安輯，吏民稱之。〔一〕

〔一〕師古曰：輯與集同。

徵爲京兆尹。故吏侯文以剛直不苟合，常稱疾不肯仕，寶以恩禮請文，欲爲布衣友，日設酒食，妻子相對。文求受署爲掾，進見如賓禮。數月，以立秋日署文東部督郵。入見，敕曰：「今日鷹隼始擊，當順天氣取姦惡，以成嚴霜之誅，〔一〕掾部渠有其人乎？」〔二〕文印曰：「無其人不敢空受職。」〔三〕寶曰：「誰也？」文曰：「霸陵杜穉季。」寶曰：「其次。」〔四〕文曰：「豺狼橫道，不宜復問狐狸。」〔五〕寶默然。穉季者大俠，與衛尉淳于長、大鴻臚蕭育等皆厚善。寶前失車騎將軍，與紅陽侯有卻，〔六〕自恐見危，時淳于長方貴幸，友寶，寶亦欲附之，始視事而長以穉季託寶，故寶窮，無以復應文。文怪寶氣索，〔七〕知其有故，因曰：「明府素著威名，今不敢取穉季，當且闔閤，勿有所問。〔八〕如此竟歲，吏民未敢誣明府也。〔九〕即度穉季而譴它事，〔一〇〕衆口讙譁，終身自墮。」〔一一〕寶曰：「受教。」穉季耳目長，聞知之，杜門不通水火，〔一二〕穿舍後牆爲小户，但持鉏自治園，因文所厚自陳如此。〔一三〕文曰：「我與穉季幸同土壤，素無睚眥，〔一四〕顧受將命，分當相直。〔一五〕誠能自改，嚴將不治前事，即不更心，但更門户，適趣禍耳。」〔一六〕穉季遂不敢犯法，寶亦竟歲無所譴。明年，穉季病死。寶爲京兆尹三歲，〔一七〕京師稱之。會淳于長敗，寶與蕭育等皆坐免官。文復去吏，死於家。穉季子杜蒼，字君敖，名出穉季右，在游俠中。

〔一〕【補注】王念孫曰：「日」字後人所加，「今鷹隼始擊」即承上文「立秋日」言之，無庸更加「日」字。御覽時序部十引此有「日」字，亦後人依誤本漢書加之。其職官部五十一、羽族部十二引此皆無「日」字。又文選西征賦注、舊本北堂書鈔歲時部三、陳禹謨本同。設官部二十九、陳本加「日」字。藝文類聚歲時部上、鳥部中、初學記歲時部上、白帖三引此亦皆無「日」字。

〔二〕師古曰：渠讀曰詎。詎，豈也。言掾所部内，豈有其人乎？

〔三〕師古曰：卬讀曰仰。謂仰頭而對也。

〔四〕師古曰：除穉季之外，更有誰也。

〔五〕師古曰：言不當釋大而取小也。

〔六〕師古曰：失車騎將軍，謂失王音意，奏扈商事也。郤與隙同。

〔七〕師古曰：索，盡也，音先各反。

〔八〕師古曰：闔，閉也。

〔九〕師古曰：誣，謗也。

〔一〇〕李奇曰：過度不治罪。【補注】周壽昌曰：度，越也。言越過穉季而譴他事。蕭望之傳「度行積思」注亦訓度爲越也。本傳上亦云「度立而用根」。

〔一一〕師古曰：墮，毀也，音火規反。

〔一二〕師古曰：杜，塞也。不通水火，謂雖鄰伍亦不往來也。

〔一三〕師古曰：具言恐懼改節之狀也。

〔一四〕師古曰：睚音涯。眥音才賜反。睚又音五懈反。眥又音仕懈反。已解於前也。

〔一五〕師古曰：言自顧念受郡將之命，分當相值遇也。分音胡問反。直讀曰值也。【補注】王念孫曰：師古以顧爲顧念，直爲值遇，皆非也。顧猶特也。凡漢書中顧字在句首者，如張耳陳餘傳「顧其勢初定」，「顧爲王實不反」，韓信傳「顧王策安決」，「顧諸君弗察耳」，「顧恐臣計未足用」，皆當訓爲特。師古皆訓爲念，非也。他篇放此。直，繩也。言我與穉季本無宿怨，特受郡將之命，分當相繩耳。說卦傳：「巽爲繩直。」大雅抑箋云：「内有繩直，則外有廉隅。」淮南繆稱篇「行險者不得履繩，出林者不得直道」，高注「繩亦直也」。繩訓爲直，故直亦訓爲繩。先謙曰：官本注末無「也」字。

〔一六〕師古曰：更，改也。趣讀曰促。

〔一七〕【補注】宋祁曰：浙本無「尹」字。

哀帝即位，徵賓爲諫大夫，遷司隸。初，傅太后與中山孝王母馮太后俱事元帝，有卻，〔一〕傅太后使有司考馮太后，令自殺，〔二〕衆庶寃之。賓奏請覆治，傅太后大怒，曰：「帝置司隸，主使察我。〔三〕馮氏反事明白，故欲擿觖以揚我惡。〔四〕我當坐之。」上乃順指下賓獄。尚書僕射唐林爭之，〔五〕上以林朋黨比周，〔六〕左遷敦煌魚澤障候。〔七〕大司馬傅喜、光禄大夫龔勝固爭，上爲言太后，出賓復官。

〔一〕師古曰：以當熊事，慙而嫉之。

〔二〕【補注】先謙曰：詳外戚傳。

〔三〕【補注】沈欽韓曰：司隸罷於成帝，故傅太后言此以激哀帝。

〔四〕師古曰：擿觖，謂挑發之也。擿音它歷反。觖音決。挑音它聊反。【補注】宋祁曰：「擿」字正文注文當作「謫」。

〔五〕【補注】沈欽韓曰：論衡效力篇：「谷子雲、唐子高章奏百上，筆力有餘。」

〔六〕師古曰：比音頻寐反。

〔七〕【補注】王念孫曰：敦煌之魚澤障自武帝時已改爲效穀縣，此云魚澤障候者，仍舊名也。地理志「敦煌郡效穀」，班氏自注云：「本魚澤障也。桑欽説孝武元封六年濟南崔不意爲魚澤尉，教力田，以勤效得穀，因立爲縣名。」今本注首有「師古曰」三字，後人所加也，胡渭已辯之。

頃之，鄭崇下獄，寶上書曰：「臣聞疏不圖親，外不慮内。〔一〕臣幸得銜命奉使，職在刺舉，不敢避貴幸之埶，以塞視聽之明。按尚書令昌奏僕射崇，下獄覆治，榜掠將死，卒無一辭，〔二〕道路稱冤。疑昌與崇内有纖介，〔三〕浸潤相陷，自禁門内樞機近臣，蒙受冤譖，〔四〕虧損國家，爲謗不小。臣請治昌，以解衆心。」書奏，天子不説，〔五〕以寶名臣不忍誅，乃制詔丞相大司空：〔六〕「司隸寶奏故尚書僕射崇冤，請獄治尚書令昌。案崇近臣，罪惡暴著，而寶懷邪，附下罔上，以春月作詆欺，遂其姦心，蓋國之賊也。傳不云乎？『惡利口之覆國家。』〔七〕其免寶爲庶人。」

〔一〕師古曰：圖，謀也。慮，思也。

〔二〕師古曰：榜掠，謂笞擊而考問之也。榜音彭。

〔三〕師古曰：言有細故宿嫌也。

〔四〕師古曰：蒙，被也。

〔五〕師古曰：説讀曰悦。

〔六〕【補注】劉敞曰：此既云丞相，不得復有大司空也。先謙曰：通鑑考異云：「哀紀及恩澤侯表皆云傅商以建平二年二月封，而寶傳云『制詔丞相大司空』，按，建平二年已罷大司空官，疑傳誤。」

〔七〕師古曰：論語稱孔子之言。

哀帝崩，王莽白王太后徵寶以爲光禄大夫，與王舜等俱迎中山王。平帝立，寶爲大司農。會越嶲郡上黄龍游江中，〔一〕太師孔光、大司徒馬宫等咸稱莽功德比周公，宜告祠宗廟。

寶曰：「周公上聖，召公大賢，尚猶有不相說，著於經典，兩不相損。〔二〕今風雨未時，百姓不足，每有一事，羣臣同聲，〔三〕得無非其美者。」〔四〕時大臣皆失色，侍中奉車都尉甄邯即時承制罷議者。會寶遣吏迎母，母道病，留弟家，獨遣妻子。司直陳崇以奏寶，事下三公即訊。〔五〕寶對曰：「年七十誖眊，恩衰共養，營妻子，如章。」〔六〕寶坐免，終於家。建武中，録舊德臣，以寶孫伉爲諸長。〔七〕

〔一〕【補注】王念孫曰：通鑑漢紀二十七同。案，「上」下本有「言」字。「上言」二字見於本書者多矣，今本脱「言」字，則文義不明。漢紀孝平紀有「言」字。

〔二〕師古曰：周書君奭之序曰「召公爲保，周公爲師，相成王爲左右，召公不説，周公作君奭」是也。兩不相損者，言俱有令名也。召讀曰邵。説讀曰悦。【補注】沈欽韓曰：列子楊朱篇：「周公攝天子之政，召公不悦。」

〔三〕師古曰：言雷同阿附，妄説福祥。

〔四〕師古曰：言此非朝廷美事也。

〔五〕師古曰：就問之也。

〔六〕師古曰：誖，惑也。眊與耄同。自言老耄，心志亂惑，供養之恩衰，具如所奏之章也。誖音布内反。共讀曰供，音居用反。

〔七〕師古曰：伉音抗。諸，琅邪之縣也。【補注】何焯曰：寶橈定陵，是其微過，然不附王氏，始終一節，亦何武、鮑宣之儔，故建武中録其後也。

毋將隆字君房，東海蘭陵人也。大司馬車騎將軍王音内領尚書，外典兵馬，踵故選置從事中郎，〔一〕與參謀議，奏請隆爲從事中郎，遷諫大夫。成帝末，隆奏封事言：「古者選諸侯入爲公卿，以褒功德，宜徵定陶王使在國邸，以填萬方。」〔二〕其後上竟立定陶王爲太子，隆遷冀州牧、潁川太守。哀帝即位，以高第入爲京兆尹，遷執金吾。

〔一〕師古曰：踵猶躡也，言承躡故事也。【補注】姚鼒曰：從事中郎，幕府之官，自漢至六朝皆有之，始見此傳。案，中郎本天子之衞臣，以衞臣而從事公卿之幕府，故曰從事中郎。唐時藩鎮幕僚有郎官御史之稱，其端蓋已啓於漢也。

〔二〕師古曰：填音竹刃反。

時侍中董賢方貴，上使中黄門發武庫兵，前後十輩，送董賢及上乳母王阿舍。隆奏言：「武庫兵器，天下公用，國家武備，繕治造作，皆度大司農錢。〔一〕大司農錢自乘輿不以給共養，〔二〕共養勞賜，壹出少府。蓋不以本臧給末用，不以民力共浮費，〔三〕別公私，示正路也。古者諸侯方伯得顓征伐，乃賜斧鉞。〔四〕漢家邊吏，職在距寇，亦賜武庫兵，皆任其事然後蒙之。春秋之誼，家不臧甲，〔五〕所以抑臣威，損私力也。今賢等便僻弄臣，〔六〕私恩微妾，而以天下公用給其私門，契國威器共其家備。〔七〕民力分於弄臣，武兵設於微妾，建立非宜，以廣驕僭，非所以示四方也。孔子曰：『奚取於三家之堂！』〔八〕臣請收還武庫。」上不説。〔九〕

〔一〕蘇林曰：用度皆出大司農。

〔二〕師古曰：共音居用反。養音弋向反。

〔三〕師古曰：共讀曰供。

〔四〕師古曰：顓與專同也。【補注】先謙曰：官本注末無「也」字。

〔五〕【補注】沈欽韓曰：公羊定十三年傳：「孔子曰：『家不臧甲，邑無百雉之城。』」

〔六〕【補注】宋祁曰：「僻」當作「辟」。

〔七〕李奇曰：契，缺也。晉灼曰：契，取也。師古曰：李説是也。共讀曰供。【補注】錢大昕曰：契與挈同，非契缺之義。周壽昌曰：晉説是也。契即挈也，説見溝洫志。

〔八〕師古曰：三家，謂魯大夫叔孫、仲孫、季孫也。論語云：「三家者，以雍徹。孔子曰：『相維辟公，天子穆穆，奚取於三家之堂！』」言三家以雍徹食，此乃天子之禮耳，何爲在三家之堂也！

〔九〕師古曰：説讀曰悦。

頃之，傅太后使謁者買諸官婢，賤取之，復取執金吾官婢八人。隆奏言賈賤，請更平直。〔一〕上於是制詔丞相、御史大夫：「交讓之禮興，則虞芮之訟息。〔二〕隆位九卿，既無以匡朝廷之不逮，而反奏請與永信宮爭貴賤之賈，程奏顯言，〔三〕衆莫不聞。舉錯不由誼理，〔四〕爭求之名自此始，無以示百僚，傷化失俗。」以隆前有安國之言，〔五〕左遷爲沛郡都尉，遷南郡太守。

〔一〕師古曰：賈讀曰價。其下亦同。

〔二〕師古曰：虞、芮，二國名。文王爲西伯，爲斷其訟，二國各慙而止也。

〔三〕蘇林曰：露奏也。

〔四〕師古曰：錯音千故反。

〔五〕如淳曰：徵定陶王使在國邸也。

王莽少時，慕與隆交，隆不甚附。哀帝崩，莽秉政，使大司徒孔光奏隆前爲冀州牧治中山馮太后獄冤陷無辜，不宜處位在中土。本中謁者令史立、侍御史丁玄自典考之，〔一〕但與隆連名奏事。史立時爲中太僕，〔二〕丁玄泰山太守，及尚書令趙昌譖鄭崇者爲河內太守，〔三〕皆免官，徙合浦。

〔一〕【補注】先謙曰：百官表，成帝改中書謁者令爲中謁者。

〔二〕【補注】先謙曰：中太僕掌皇太后輿馬。

〔三〕【補注】先謙曰：公卿表，哀帝建平三年，尚書令涿郡趙昌君仲爲少府，一年，爲河內太守。是昌已前列九卿。

何並字子廉，祖父以吏二千石自平輿徙平陵。〔一〕並爲郡吏，至大司空掾，事何武。武高其志節，舉能治劇，爲長陵令，道不拾遺。

〔一〕師古曰：平陵，汝南之縣也。【補注】周壽昌曰：平輿，汝南縣。平陵縣屬右扶風。注「平陵」當作「平輿」。

初，邛成太后外家王氏貴，〔一〕而侍中王林卿通輕俠，傾京師。後坐法免，賓客愈盛，歸長陵上冢，因留飲連日。並恐其犯法，自造門上謁，〔二〕謂林卿曰：「冢間單外，君宜以時歸。」〔三〕林卿曰：「諾。」先是林卿殺婢壻埋冢舍，〔四〕並具知之，以非己時，〔五〕又見其新免，故不發舉，欲無令留界中而已，即且遣吏奉謁傳送。〔六〕林卿素驕，慙於賓客，並度其爲變，儲兵馬以待之。〔七〕林卿既去，北度涇橋，令騎奴還至寺門，拔刀剝其建鼓。〔八〕並自從吏兵追林卿。行數十里，林卿迫窘，乃令奴冠其冠被其襜褕自代，乘車從童騎，〔九〕身變服從間徑馳去。會日暮追及，收縛冠奴，奴曰：「我非侍中，奴耳。」並心自知已失林卿，乃曰：「王君困，自稱奴，得脱死邪？」叱吏斷頭持還，縣所剝鼓置都亭下，署曰：「故侍中王林卿坐殺人埋冢舍，使奴剝寺門鼓。」〔一〇〕吏民驚駭。林卿因亡命，衆庶讙譁，以爲實死。〔一一〕成帝太后以邛成太后愛林卿故，聞之涕泣，爲言哀帝。哀帝問狀而善之，遷並隴西太守。

〔一〕應劭曰：宣帝王皇后父奉光封邛成侯，成帝母亦姓王，故以父爵别之也。

〔二〕師古曰：造，至也，音千到反。

〔三〕師古曰：單外，言在郊郭之外而單露。

〔四〕師古曰：婢壻，外人與其婢姦者也。冢舍，守冢之舍也。【補注】先謙曰：官本考證云，婢壻當是使女所嫁之夫。如師古注，本文應云殺婢私夫，而林卿罪亦不重矣。

〔五〕【補注】先謙曰：非已在任時。

〔六〕【補注】宋祁曰：「傳」，越本作「侍」。

〔七〕師古曰：儲，豫備也。度音徒各反。

〔八〕師古曰：諸官曹之所通呼爲寺。建鼓一名植鼓。建，立也。謂植木而旁懸鼓焉。縣有此鼓者，所以召集號令爲開閉之時。【補注】周壽昌曰：韋昭辨釋名「自漢以來，九卿所居謂之寺」，據此，則縣令署亦可稱寺，不必九卿矣。

〔九〕師古曰：襜褕，曲裾襌衣也。童騎，童奴之騎也。

〔一〇〕師古曰：署謂書表其事也。

〔一一〕師古曰：讙譁，衆議也。讙音許元反。

徙潁川太守，代陵陽嚴詡。詡本以孝行爲官，謂掾史爲師友，有過輒閉閤自責，終不大言。郡中亂，王莽遣使徵詡，官屬數百人爲設祖道，詡據地哭。掾史曰：「明府吉徵，不宜若此。」詡曰：「吾哀潁川士，身豈有憂哉！我以柔弱徵，必選剛猛代。代到，將有僵仆者，故相弔耳。」〔一〕詡至，拜爲美俗使者。〔二〕是時潁川鍾元爲尚書令，領廷尉，〔三〕用事有權。弟威爲郡掾，臧千金。〔四〕並爲太守，故辭鍾廷尉，〔五〕廷尉免冠爲弟請一等之罪，〔六〕願蚤就髡鉗。並曰：「罪在弟身與君律，〔七〕不在於太守。」元懼，馳遣人呼弟。陽翟輕俠趙季、李款多畜賓客，以氣力漁食閭里，〔八〕至姦人婦女，持吏長短，從横郡中，〔九〕聞並且至，皆亡去。並下車求勇猛曉文法吏且十人，使文吏治三人獄，武吏往捕之，各有所部。敕曰：「三人非負太守，乃負王法，不得不治。鍾威所犯多在赦前，驅使入函谷關，勿令汙民間；不入關，乃收之。趙、李桀惡，雖遠去，當得其頭，以謝百姓。」鍾威負其兄，止雒陽，〔一〇〕吏格殺之。亦得趙、李它郡，持頭還，並皆縣頭及其具獄於市。郡中清靜，表善好士，〔一一〕見紀潁川，名次黃霸。性清廉，妻子不至官舍。數年，卒。疾病，召丞掾作先令書，〔一二〕曰：「告子恢，吾生素餐日久，死雖當得法賻，勿受。〔一三〕葬爲小椁，亶容下棺。」〔一四〕恢如父言。王莽擢恢爲關都尉。建武中，以並孫爲郎。

〔一〕師古曰：僵，偃也。仆，頓也。僵音薑。仆音赴。

〔二〕文穎曰：宣美風化使者。【補注】先謙曰：官本注「化」作「俗」。

〔三〕【補注】先謙曰：據公卿表，元字寧君。領謂兼官。

〔四〕師古曰：臧謂致罪之臧也。

〔五〕【補注】先謙曰：官本「故」作「過」，是。

〔六〕如淳曰：減死罪一等。

〔七〕【補注】何焯曰：廷尉，典法之官，三尺是掌，故曰君律。

〔八〕師古曰：漁者，謂侵奪取之，若漁獵之爲也。

〔九〕師古曰：從音子用反。横音胡孟反。

〔一〇〕師古曰：負謂恃其權力也。

〔一一〕師古曰：好音呼到反。

〔一二〕師古曰：先爲遺令也。

〔一三〕如淳曰：公令，吏死官，得法賻。師古曰：贈終者布帛曰賻，音附。

〔一四〕張晏曰：禮三重棺。趙簡子曰：「不設屬辟，下卿之罰也。」或曰但下棺，無餘器物也。師古曰：言止作小椁，纔容下棺而已，無令高大也。亶讀曰但。

贊曰：蓋寬饒爲司臣，〔一〕正色立於朝，雖詩所謂「國之司直」無以加也。〔二〕若采王生之言以終其身，斯近古之賢臣矣。諸葛、劉、鄭雖云狂瞽，有異志焉。〔三〕孔子曰：「吾未見剛者。」〔四〕以數子之名迹，然毋將汙於冀州，〔五〕孫寶橈於定陵，〔六〕況俗人乎！何並之節，亞尹翁歸云。

〔一〕【補注】周壽昌曰：寬饒官司隸，故稱司臣。

〔二〕師古曰：詩鄭風羔裘之篇曰「彼己之子，邦之司直」，言其德美，可主正直之任也。【補注】先謙曰：官本注「任」作「司」。

〔三〕【補注】李慈銘曰：異志猶奇志，謂其異於常人也。

〔四〕師古曰：論語稱孔子之言也。言有剛德者爲難也。

〔五〕孟康曰：汙，下也。師古曰：毋將隆爲冀州牧，與史立、丁玄共奏馮太后事，是爲汙曲也。汙音一胡反。【補注】何焯曰：毋將之事，本非其罪，然名則難解，故止曰汙。

〔六〕師古曰：橈亦曲也。謂受淳于長託而不治杜穉季也。橈音女教反。

蕭望之傳第四十八

蕭望之字長倩，東海蘭陵人也，〔一〕徙杜陵。家世以田爲業，至望之，好學，治齊詩，事同縣后倉且十年。〔二〕以令詣太常受業，〔三〕復事同學博士白奇，〔四〕又從夏侯勝問論語、禮服。〔五〕京師諸儒稱述焉。

〔一〕師古曰：近代譜諜妄相託附，乃云望之蕭何之後，追次昭穆，流俗學者共祖述焉。但酇侯漢室宗臣，功高位重，子孫胤緒具詳表、傳。長倩鉅儒達學，名節並隆，博覽古今，能言其祖。市朝未變，年載非遥，長老所傳，耳目相接，若其實承何後，史傳寧得弗詳？漢書既不敘論，後人焉所取信？不然之事，斷可識矣。【補注】錢大昭曰：梁書武帝紀云：「漢相國何生酇定侯延，延生侍中彪，彪生公府掾章，章生皓，皓生仰，仰生太傅望之。」此顏注所指妄相託附者也。

〔二〕【補注】錢大昭曰：后倉，東海郯人，見儒林傳，與望之同郡，非同縣也。「縣」疑當作「郡」。

〔三〕如淳曰：令郡國官有好文學敬長肅政教者，二千石奏上，與計偕，詣太常受業如弟子也。【補注】周壽昌曰：案，武紀顔注云：「郡國每歲令所徵之人，與上計簿使俱來京師也。」續百官志云：「太常每歲選試博士，奏其能否」，詳見儒林傳序。

〔四〕師古曰：常同於后倉受業，而奇後爲博士。【補注】先謙曰：官本注「於」作「與」。

〔五〕師古曰：禮之喪服也。

是時大將軍霍光秉政，長史丙吉薦儒生王仲翁與望之等數人，皆召見。先是左將軍上官桀與蓋主謀殺光，光既誅桀等，後出入自備。吏民當見者，露索去刀兵，兩吏挾持。〔一〕望之獨不肯聽，自引出閤曰：「不願見。」吏牽持匈匈。光聞之，告吏勿持。望之既至前，說光曰：「將軍以功德輔幼主，將以流大化，致於洽平，〔二〕是以天下之士延頸企踵，爭願自効，以輔高明。〔三〕今士見者皆先露索挾持，恐非周公相成王躬吐握之禮，致白屋之意。」〔四〕於是光獨不除用望之，而仲翁等皆補大將軍史。三歲間，仲翁至光祿大夫給事中，望之以射策甲科爲郎，〔五〕署小苑東門候。〔六〕仲翁出入從倉頭廬兒，〔七〕下車趨門，傳呼甚寵，〔八〕顧謂望之曰：「不肯錄錄，反抱關爲。」〔九〕望之曰：「各從其志。」

〔一〕師古曰：索，搜也。露形體而搜也。索音山客反。

〔二〕師古曰：令太平之化通洽四方也。【補注】宋祁曰：注文「通」字疑是「遍」字。王念孫曰：案，古無以洽平二字連文者，師古曲爲之說，非也。「洽平」當爲「治平」，字之誤也，王嘉傳「以致治平」即其證。

〔三〕【補注】先謙曰：「効」官本作「效」，是。

〔四〕師古曰：周公攝政，一沐三握髮，一飯三吐哺，以接天下之士。白屋，謂白蓋之屋以茅覆之，賤人所居。蓋音合。【補注】宋祁曰：注「握」字疑是「捉」字。

〔五〕師古曰：射策者，謂爲難問疑義書之於策，量其大小署爲甲乙之科，列而置之，不使彰顯。有欲射者，隨其所取得而釋之，以知優劣。射之，言投射也。對策者，顯問以政事經義，令各對之，而觀其人辭定高下也。【補注】先謙曰：官本注「人」作「文」，是。

〔六〕師古曰：署，補署也。門候，主候時而開閉也。【補注】先謙曰：黄圖，長安十二城門，無小苑東門名。此宮苑門，仲翁下車趨門也。苑疑不應以小名，或謂「下苑」之譌。元紀有宜春下苑，是。

〔七〕師古曰：皆官府之給賤役者也，解在貢禹傳。【補注】宋祁曰：「貢禹傳」當是「鮑宣傳」。沈欽韓曰：漢(官)〔舊〕儀：「丞相東西曹，長安給騎亭長七十人，六月一更，倉頭廬兒出入大車駟馬。」然案諸官給使皆有之，晉宋謂之僮幹也。

〔八〕師古曰：趨讀曰趣。趣，嚮也。下車而嚮門，傳聲而呼侍從者，甚有尊寵也。【補注】宋祁曰：注文「尊寵」下疑有「之榮」字。沈欽韓曰：漢官儀：「官奴擇給事計從侍中以下，爲倉頭青幘，從入歌傳以呼名。」本注：歌傳，取於雒陽，古周時傳呼聲法。案，周禮雞人「夜嘑旦以叫百官」，此傳呼法也。御覽二百三十，漢官解詁曰：「有官位得出入者，令執御者每傳呼，前後以相通。」

〔九〕師古曰：録録，謂循常也。言望之不能隨例搜索，以爲牾執政，不得大官而守門也。【補注】朱一新曰：「爲」監本作「違」。先謙曰：官本作「違」。

後數年，坐弟犯法，不得宿衛，免歸爲郡吏。及御史大夫魏相〔一〕除望之爲屬，察廉爲大行治禮丞。〔二〕

〔一〕【補注】宋祁曰：浙本無「及」字。

〔二〕【補注】先謙曰：大鴻臚屬官有行人丞，武帝改爲大行丞，下屬有治禮郎丞，亦名治禮丞。通鑑但書大行丞，而胡注云，據傳爲大行治禮丞，是未知大行丞即大行治禮丞也。

時大將軍光薨，子禹復爲大司馬，兄子山領尚書，〔一〕親屬皆宿衛内侍。地節三年夏，京師雨雹，望之因是上疏，願賜清閒之宴，口陳災異之意。〔二〕宣帝自在民間聞望之名，曰：「此東海蕭生邪？下少府宋畸問狀，〔三〕無有所諱。」望之對，以爲「春秋昭公三年大雨雹，是時季氏專權，卒逐昭公。鄉使魯君察於天變，宜亡此害。〔四〕今陛下以聖德居位，思政求賢，堯舜之用心也。然而善祥未臻，陰陽不和，是大臣任政，一姓擅執之所致也。附枝大者賊本心，私家盛者公室危。〔五〕唯明主躬萬機，〔六〕選同姓，舉賢材，以爲腹心，與參政謀，令公卿大臣朝見奏事，明陳其職，以考功能。如是，則庶事理，公道立，姦邪塞，私權廢矣。」對奏，天子拜望之爲謁者。時上初即位，思進賢良，多上書言便宜，輒下望之問狀，高者請丞相御史，〔七〕次者中二千石試事，滿歲以狀聞，〔八〕下者報聞，或罷歸田里，〔九〕所白處奏皆可。〔一〇〕累遷諫大夫，丞相司直，歲中三遷，官至二千石。其後霍氏竟謀反誅，望之寖益任用。〔一一〕

〔一〕師古曰：霍山，去病之孫。今云兄子者，轉寫誤爾。【補注】先謙曰：謂禹兄子山耳，緣上文書之。顔誤會。

〔二〕師古曰：閒讀曰閑。

〔三〕師古曰：畸音居宜反。【補注】錢大昕曰：公卿表作「宋疇」，字之譌也。宣帝紀有詹事畸，師古注，宋畸也，亦音居宜反。由詹事歷大鴻臚、左馮翊，遷少府。

〔四〕師古曰：鄉讀曰嚮。亡讀曰無。

〔五〕師古曰：本心，樹之本株也。【補注】先謙曰：荀紀「賊」作「敗」。

〔六〕【補注】宋祁曰：一本作「躬親」，浙本無。先謙曰：荀紀「躬」作「親」。

〔七〕師古曰：望之以其人所言之狀請於丞相御史，或以奏聞，即見超擢。【補注】劉奉世曰：顔説非也。高者則令丞相御史試事，次者則令中二千石試事，歲滿，各以狀聞。誤斷其文爾。劉敞同。先謙曰：顔注文意，固是一貫，而分高次，則非誤斷也。

〔八〕師古曰：試令行其所言之事，或以諸它職事試之。

〔九〕【補注】先謙曰：其言不可用，故但報聞或罷斥之。

〔一〇〕師古曰：當主上之意也。

〔一一〕師古曰：寖，漸也。

是時選博士諫大夫通政事者補郡國守相，以望之爲平原太守。望之雅意在本朝，遠爲郡守，内不自得，乃上疏曰：「陛下哀愍百姓，恐德化之不究，〔一〕悉出諫官以補郡吏，所謂憂其末而忘其本者也。朝無爭臣則不知過，國無達士則不聞善。〔二〕願陛下選明經術，温故知新，通於幾微謀慮之士以爲内臣，與參政事。諸侯聞之，則知國家納諫憂政，亡有闕遺。若此不怠，成康之道其庶幾乎！〔三〕外郡不治，豈足憂哉？」書聞，徵入守少府。宣帝察望之經明持重，論議有餘，材任宰相，〔四〕欲詳試其政事，復以爲左馮翊。望之從少府出爲左遷，恐有不合意，即移病。〔五〕上聞之，使侍中成都侯金安上諭意曰：〔六〕「所用皆更治民以考功，〔七〕君前爲平原太守日淺，故復試之於三輔，非有所聞也。」〔八〕望之即視事。

〔一〕師古曰：究，竟也，謂周徧於天下。

〔二〕師古曰：達士謂達於政事也。

〔三〕師古曰：周成康二王致太平也。【補注】宋祁曰：「乎」一作「矣」。

〔四〕師古曰：任，堪也。

〔五〕師古曰：移病，謂移書言病。一曰以病而移居。

〔六〕【補注】先謙曰：功臣表、霍光傳皆作「都成侯」，此作「成都侯」，傳寫誤倒。

〔七〕師古曰：更猶經歷也，音工衡反。

〔八〕師古曰：所聞，謂聞其短失。

是歲西羌反，漢遣後將軍征之。京兆尹張敞上書言：「國兵在外，軍以夏〔一〕發，隴西以北，安定以西，吏民並給轉輸，田事頗廢，素無餘積，雖羌虜以破，來春民食必乏。窮辟之處，買亡所得，〔二〕縣官穀度不足以振之。〔三〕願令諸有辠，非盜受財殺人及犯法不得赦者，〔四〕皆得以差入穀此八郡贖罪。〔五〕務益致穀以豫備百姓之急。」事下有司，望之與少府李彊議，〔六〕以爲「民函陰陽之氣，有仁義欲利之心，〔七〕在教化之所助。堯在上，不能去民欲利之心，〔八〕而能令其欲利不勝其好義也；雖桀在上，不能去民好義之心，而能令其好義不勝其欲利也。故堯、桀之分，在於義利而已，道民不可不慎也。〔九〕今欲令民量粟以贖罪，如此則富者得生，貧者獨死，是貧富異刑而法不壹也。〔一〇〕人情，貧窮，父兄囚執，聞出財得以生活，爲人子弟者將不顧死亡之患，敗亂之行，以赴財利，求救親戚。一人得生，十人以喪，如此，伯夷之行壞，公綽之名滅。〔一一〕政教壹傾，雖有周召之佐，恐不能復。〔一二〕古者臧於民，不足則取，有餘則予。詩曰：『爰及矜人，哀此鰥寡』，〔一三〕上惠下也。又曰『雨我公田，遂及我私』，〔一四〕下急上也。今有西邊之役，民失作業，雖户賦口斂以贍其困乏，〔一五〕古之通義，百姓莫以爲非。以死救生，恐未可也。〔一六〕陛下布德施教，教化既成，堯舜亡以加也。今議開利路以傷既成之化，臣竊痛之。」

〔一〕【補注】王念孫曰：「國兵在外軍以夏」本作「充國兵在外軍以經夏」。後將軍即趙充國也。以與已同。充國兵在外，軍已經夏，言其在外已久也。宣紀，神爵元年夏四月，遣後將軍趙充國、彊弩將軍許延壽擊西羌。此傳下文曰「竊憐涼州被寇，方秋饒時，民尚有飢乏病死於道路」，則敞之上書已在秋時，故曰「軍已經夏」也。今本脱去「充」字、「經」字，則文不成義。藝文類聚刑法部所引已與今本同，漢紀孝宣紀正作「充國兵在外已經夏」。

〔二〕師古曰：辟讀曰僻也。【補注】先謙曰：官本注末無「也」字。

〔三〕師古曰：度音徒各反。

〔四〕【補注】宋祁曰：浙本改「財」作「賕」。

〔五〕師古曰：差，次也。八郡，即隴西以北，安定以西。

〔六〕【補注】先謙曰：公卿表，彊字仲君。

〔七〕師古曰：函與含同也。【補注】宋祁曰：注末「也」字當删。先謙曰：官本「仁」作「好」，是。注在「之氣」下。荀紀「函」作「含」，「仁」作「好」。據下文則作「仁」者誤。

〔八〕【補注】王念孫曰：下文云「雖桀在上，不能去民好義之心」，則此文「堯」上亦當有「雖」字。漢紀及藝文類聚刑法部、御覽治道部四，引此皆有「雖」字。

〔九〕師古曰：道讀曰導。

〔一〇〕【補注】宋祁曰：「壹」或作「一」。

〔一二〕師古曰：公綽，魯大夫孟公綽也。論語稱孔子曰：「若臧武仲之智，公綽之不欲，卞莊子之勇，冉求之藝，文之以禮樂，可以爲成人矣。」

〔一三〕師古曰：召讀曰邵。復音扶目反。【補注】先謙曰：官本無「音」字。

〔一三〕師古曰：小雅鴻雁之詩也。矜人，可哀矜之人，謂貧弱者也。言王者惠澤下及哀矜之人以至鰥寡。

〔一四〕師古曰：小雅大田之詩也。言衆庶喜於時雨，先潤公田，又及私田，是則其心先公後私。雨音于具反。【補注】先謙曰：官本無「音」字，引宋祁曰，注文「于」字上當有「音」字。

〔一五〕師古曰：率户而賦，計口而斂也。

〔一六〕師古曰：子弟竭死以救父兄，令其生也。

於是天子復下其議兩府，丞相、御史以難問張敞。敞曰：「少府左馮翊所言，常人之所守耳。昔先帝征四夷，兵行三十餘年，百姓猶不加賦，而軍用給。今羌虜一隅小夷，跳梁於山谷間，漢但令辠人出財減辠以誅之，其名賢於煩擾良民横興賦斂也。〔一〕又諸盜及殺人犯不道者，百姓所疾苦也，皆不得贖；首匿、見知縱、所不當得爲之屬，議者或頗言其法可蠲除，〔二〕今因此令贖，其便明甚，何化之所亂？甫刑之罰，小過赦，薄罪贖，〔三〕有金選之品，〔四〕所從來久矣，何賊之所生？敞備皁衣二十餘年，〔五〕嘗聞罪人贖矣，未聞盜賊起也。竊憐涼州被寇，方秋饒時，民尚有飢乏，病死於道路，況至來春將大困乎！〔六〕不早慮所以振救之策，而引常經以難，恐後爲重責。常人可與守經，未可與權也。敞幸得備列卿，以輔兩府爲職，不敢不盡愚。」

〔一〕師古曰：橫音胡孟反。

〔二〕師古曰：以其罪輕而法重，故常欲除此科條。

〔三〕師古曰：呂侯爲周穆王司寇，作贖刑之法，謂之呂刑。後改爲甫侯，故又稱甫刑也。

〔四〕應劭曰：選音刷，金銖兩名也。師古曰：音刷是也。字本作鋝，鋝即鍰也，其重十一銖二十五分銖之十三，一曰重六兩。呂刑曰：「墨辟疑赦，其罰百鍰；劓辟疑赦，其罰惟倍；剕辟疑赦，其罰倍差；宮辟疑赦，其罰六百鍰；大辟疑赦，其罰千鍰。」是其品也。【補注】錢大昕曰：周本紀：「黥辟疑赦，其罰百率。」率、選與鋝皆聲相近也。今尚書作「鍰」，蓋「鋝」之譌。戴震云，六兩大半兩爲鋝，十一銖二十五分銖之十三爲鍰，輕重異名，不可假借。呂刑贖罪，計鋝不計鍰。鋝之爲鍰，字形相涉，説文已不能辨正矣。

〔五〕如淳曰：雖有五時服，至朝皆著皁衣。【補注】沈欽韓曰：言出身爲吏之年也。趙策「願令備黑衣之數」，論衡程材篇「吏衣黑衣，宮闕赤單」，則朝服仍朱衣也。

〔六〕【補注】宋祁曰：「大」字上疑有「不」字。

望之、彊復對曰：「先帝聖德，賢良在位，作憲垂法，爲無窮之規，永惟邊竟之不贍，〔一〕故金布令甲曰〔二〕『邊郡數被兵，離飢寒，〔三〕夭絕天年，父子相失，令天下共給其費』，〔四〕固爲軍旅卒暴之事也。〔五〕聞天漢四年，常使死罪人入五十萬錢減死罪一等，豪彊吏民請奪假貸，〔六〕至爲盜賊以贖罪。其後姦邪橫暴，羣盜並起，〔七〕至攻城邑，殺郡守，充滿山谷，吏不能禁，明詔遣繡衣使者以興兵擊之，〔八〕誅者過半，然後衰止。愚以爲此使死罪贖之敗也，故曰不便。」時丞相魏相、御史大夫丙吉亦以爲羌虜且破，轉輸略足相給，遂不施敞議。望之爲左馮翊三年，京師稱之，遷大鴻臚。

〔一〕師古曰：惟，思也。竟讀曰境。其下亦同。
〔二〕師古曰：金布者，令篇名也。其上有府庫金錢布帛之事，因以名篇。令甲者，其篇甲乙之次。
〔三〕師古曰：離，遭也。
〔四〕師古曰：同共給之也。自此以上，令甲之文。
〔五〕師古曰：卒讀曰猝。言此令文專爲軍旅猝暴而施設。【補注】宋祁曰：注文疑有「之」字。
〔六〕師古曰：貣音土得反。
〔七〕師古曰：横音胡孟反。
〔八〕師古曰：軍興之法也。【補注】宋祁曰：浙本無「興」字。劉攽曰：當云「以軍興兵擊之」。

先是烏孫昆彌翁歸靡因長羅侯常惠上書，〔一〕願以漢外孫元貴靡爲嗣，得復尚少主，〔二〕結婚内附，畔去匈奴。詔下公卿議，望之以爲烏孫絶域，信其美言，萬里結婚，非長策也。天子不聽。神爵二年，遣長羅侯惠使送公主配元貴靡。未出塞，翁歸靡死，其兄子狂王背約自立。惠從塞下上書，願留少主敦煌郡。惠至烏孫，責以負約，因立元貴靡，還迎少主。詔下公卿議，望之復以爲「不可。烏孫持兩端，亡堅約，其效可見。前少主在烏孫四十餘年，恩愛不親密，邊境未以安，此已事之驗也。今少主以元貴靡不得立而還，信無負於四夷，此中國之大福也。少主不止，繇役將興，其原起此。」天子從其議，徵少主還。〔三〕後烏孫雖分國兩立，以元貴靡爲大昆彌，漢遂不復與結婚。

〔一〕師古曰：昆彌，烏孫之王號也。翁歸靡，其人名也。
〔二〕蘇林曰：宗室女也。
〔三〕【補注】先謙曰：通鑑考異云，烏孫傳請婚在元康二年。案，元康二年，望之未爲鴻臚，蓋誤。

三年，代丙吉爲御史大夫。五鳳中匈奴大亂，議者多曰匈奴爲害日久，可因其壞亂舉兵滅之。詔遣中朝大司馬車騎將軍韓增、諸吏富平侯張延壽、光禄勳楊惲、太僕戴長樂問望之計策，望之對曰：「春秋晉士匄帥師侵齊，聞齊侯卒，引師而還，君子大其不伐喪，〔一〕以爲恩足以服孝子，誼足以動諸侯。前單于慕化鄉善稱弟，〔二〕遣使請求和親，海内欣然，夷狄莫不聞。未終奉約，不幸爲賊臣所殺，今而伐之，是乘亂而幸災也，彼必奔走遠遁。不以義動兵，恐勞而無功。宜遣使者弔問，輔其微弱，救其災患，四夷聞之，咸貴中國之仁義。如遂蒙恩得復其位，必稱臣服從，此德之盛也。」上從其議，後竟遣兵護輔呼韓邪單于定其國。

〔一〕師古曰：士匄，晉大夫范宣子也。春秋公羊傳襄十九年，齊侯環卒，「晉士匄帥師侵齊，至穀，聞齊侯卒，乃還。還者何？善辭也，大其不伐喪也。」
〔二〕蘇林曰：弟，順也。師古曰：鄉讀曰嚮。弟音悌。【補注】劉奉世曰：漢與匈奴嘗約爲兄弟。此弟直自謂爲弟耳。

是時大司農中丞耿壽昌奏設常平倉，〔一〕上善之，望之非壽昌。〔二〕丞相丙吉年老，上重焉，望之又奏言：「百姓或乏困，盜賊未止，二千石多材下不任職。三公非其人，則三光爲之不明，今首歲日月少光，〔三〕咎在臣等。」上以望之意輕丞相，〔四〕乃下侍中建章衛尉金安上、光

禄勳楊惲、御史中丞王忠，并詰問望之。〔五〕望之免冠置對，天子繇是不說。〔六〕

〔一〕【補注】先謙曰：詳見食貨志。
〔二〕師古曰：此望之不知權道。
〔三〕師古曰：首歲，歲之初。首謂正月也。
〔四〕師古曰：言三公非其人，又云咎在臣等，是其意毀丞相。
〔五〕師古曰：三人同共問之。
〔六〕師古曰：繇讀與由同。說讀曰悅。

後丞相司直緐延壽〔一〕奏：「侍中謁者良使丞制詔望之，〔二〕望之再拜已。良與望之言，望之不起，因故下手，〔三〕而謂御史曰『良禮不備』。故事丞相病，明日御史大夫輒問病；朝奏事會庭中，差居丞相後，〔四〕丞相謝，大夫少進，揖。今丞相數病，望之不問病；會庭中，與丞相鈞禮。〔五〕時議事不合意，望之曰：『侯年寧能父我邪！』〔六〕知御史有令不得擅使，望之多使守史自給車馬，之杜陵護視家事。〔七〕少史冠法冠，爲妻先引，〔八〕又使賣買，私所附益凡十萬三千。〔九〕案望之大臣，通經術，居九卿之右，本朝所仰，〔一〇〕至不奉法自修，踞慢不遜攘，〔一一〕受所監臧二百五十以上，〔一二〕請逮捕繫治。」上於是策望之曰：「有司奏君責使者禮，遇丞相亡禮，廉聲不聞，敖慢不遜，〔一三〕亡以扶政，帥先百僚。君不深思，陷于茲穢，朕不忍致君于理，使光禄勳惲策詔，左遷君爲太子太傅，授印。其上故印使者，〔一四〕便道之

官。〔一五〕君其秉道明孝，正直是與，帥意亡諐，靡有後言。」〔一六〕

〔一〕師古曰：緐音婆。

〔二〕【補注】朱一新曰：丞同承。百官表：「丞相掌丞天子，助理萬幾，亦同承義。」監本於此文改「丞」作「承」，非。先謙曰：官本作「承」。

〔三〕蘇林曰：伏地而言也。【補注】王文彬曰：蘇注當在「曰」下。下手，以手至地也。蓋良先未下手，望之因不起而故自下其手，以禮不備責良。

〔四〕【補注】宋祁曰：南本「庭」作「廷」。下同。先謙曰：宋誤斷「後」字下屬，今移正。

〔五〕師古曰：不爲前後之差也。

〔六〕服虔曰：寧能與吾父同年邪？【補注】劉攽曰：言侯年雖高，寧能爲我父邪！不足敬也。劉奉世曰：此直謂其安能爲我之父？輕之之辭。周壽昌曰：上以丞相年老，重之，故望之云。然望之時已年近六十也。

〔七〕如淳曰：漢儀注，御史大夫史旨四十五人，皆六百石，其十五人給事殿中，其餘三十人留守治百事，皆冠法冠。師古曰：自給車馬者，令其自乘私車馬也。【補注】錢大昭曰：注「留守」當作「留寺」。漢舊儀云：「御史員四十五人，皆六百石。其十五人衣絳，給事殿中，爲侍御史，宿廬左右渠門外。二人尚璽，四人持書，給事二人。中丞一人，領餘三十人留寺理百官也。」先謙曰：官本注「旨」作「員」，是。

〔八〕蘇林曰：少史，曹史之下者也。文穎曰：先引，謂導車前。【補注】宋祁曰：注末當添「也」字。沈欽韓曰：漢舊儀「少史秩比六百石」，與蘇說高卑懸絕。要之，亦如丞相有長史、少史耳。

〔九〕師古曰：使其史爲望之家有所賣買，而史以其私錢增益之，用潤望之也。

〔一〇〕師古曰：右，上也。【補注】周壽昌曰：本朝猶言中朝，前云「望之雅意在本朝」。先謙曰：官本注在「之右」下。

〔一一〕師古曰：攘，古讓字。

〔一二〕師古曰：二百五十以上者，當時律令坐罪之次，若今律條言一尺以上，一疋以上矣。【補注】沈欽韓曰：唐職制律：「諸監臨主司，受財而枉法者，一尺杖一百，一疋加一等，十五疋絞；不枉法者，一尺杖九十，二疋加一等，三十疋加役流。」

〔一三〕師古曰：敖讀曰傲。

〔一四〕師古曰：使者即謂楊惲也。命惲授太傅印，而望之以大夫印上於惲。

〔一五〕【補注】沈欽韓曰：「道」當爲「導」，敕楊惲收印綬，便導往太傅官署，猶唐時云送上也。

〔一六〕師古曰：㬰，古愆字。後言，謂自申理。

望之既左遷，〔一〕而黃霸代爲御史大夫。數月間，丙吉薨，霸爲丞相。霸薨，于定國復代焉。望之遂見廢，不得相。爲太傅，以論語、禮服授皇太子。

〔一〕【補注】先謙曰：在五鳳二年。

初，匈奴呼韓邪單于來朝，詔公卿議其儀，丞相霸、御史大夫定國議曰：「聖王之制，施德行禮，先京師而後諸夏，先諸夏而後夷狄。詩云：『率禮不越，遂視既發；相土烈烈，海外有截。』〔一〕陛下聖德充塞天地，〔二〕光被四表，〔三〕匈奴單于鄉風慕化，奉珍朝賀，〔四〕自古未之有也。其禮儀宜如諸侯王，位次在下。」〔五〕望之以爲「單于非正朔所加，〔六〕故稱敵國，宜待以不臣之禮，位在諸侯王上。外夷稽首稱藩，中國讓而不臣，此則羈縻之誼，謙亨之福也。〔七〕書曰『戎狄荒服』，〔八〕言其來，荒忽亡常。〔九〕如使匈奴後嗣卒有鳥竄鼠伏，闕於朝享，不爲畔臣。〔一〇〕信讓行乎蠻貉，福祚流于亡窮，萬世之長策也。」天子采之，下詔曰：「蓋聞五帝三王教化所不施，不及以政。今匈奴單于稱北蕃，朝正朔，朕之不逮，德不能弘覆。〔一一〕其以客禮待之，令單于位在諸侯王上，贊謁稱臣而不名。」

〔一〕師古曰：商頌長發之詩也。率，循也。遂，徧也。既，盡也。發，行也。相土，契之孫也。烈烈，威也。截，齊也。言殷宗受命爲諸侯，能修禮度，無有所踰越也。徧省視之，教令盡行，而相土之威烈烈然盛，四海之外皆整齊。【補注】宋祁曰：注末當有「也」字。

〔二〕師古曰：充，實也。塞，滿也。

〔三〕師古曰：四表，四海之外。

〔四〕師古曰：鄉讀曰嚮。

〔五〕【補注】宋祁曰：「如」疑作「加」。

〔六〕【補注】先謙曰：胡注，言班曆所不及也。

〔七〕師古曰：易謙卦之辭曰「謙，亨，天道下濟而光明，地道卑而上行」，言謙之爲德，無所不通也。亨音火庚反。

〔八〕師古曰：逸書也。【補注】先謙曰：胡注，此語或者伏生之書有之，今國語猶載此言。

〔九〕【補注】錢大昭曰：閩本「來」下有「服」字。先謙曰：官本有「服」字。

〔一〇〕師古曰：卒，終也。本以客禮待之，若後不來，非叛臣。【補注】先謙曰：朝，朝見也。享，獻也。古者諸侯見於天子，必以所貢助祭於廟。孝經所謂「四海之內，各以其職來祭」者也。

〔一一〕【補注】先謙曰：通鑑無「德」字。

及宣帝寢疾，選大臣可屬者，〔一〕引外屬侍中樂陵侯史高、太子太傅望之、少傅周堪至禁中，拜高爲大司馬車騎將軍，望之爲前將軍光禄勳，堪爲光禄大夫，皆受遺詔輔政，領尚書事。〔一〕宣帝崩，太子襲尊號，是爲孝元帝。望之、堪本以師傅見尊重，上即位，數宴見，言治亂，陳王事。〔二〕望之選白宗室明經達學散騎諫大夫劉更生給事中，與侍中金敞並拾遺左右。四人同心謀議，勸道上以古制，〔四〕多所欲匡正，上甚鄉納之。〔五〕

〔一〕師古曰：屬音之欲反。
〔二〕【補注】先謙曰：胡注：「漢尚書職典樞機，凡諸曹文書衆事皆由之。自是之後，凡受遺輔政，皆領尚書事，至東都曰録尚書事。」
〔三〕【補注】先謙曰：胡注，王者之事。先謙案，宣帝言漢朝本以王霸道雜之，今欲復古興王道也。
〔四〕師古曰：道讀曰導。
〔五〕師古曰：鄉讀曰嚮。意信嚮之而納用其言。

初，宣帝不甚從儒術，任用法律，而中書宦官用事。中書令弘恭、石顯久典樞機，明習文法，亦與車騎將軍高爲表裏，論議常獨持故事，不從望之等。恭、顯又時傾仄見詘。〔一〕望之以爲中書政本，宜以賢明之選，自武帝游宴後庭，故用宦者，非國舊制，又違古不近刑人之義，〔二〕白欲更置士人，繇是大與高、恭、顯忤。〔三〕上初即位，謙讓重改作，〔四〕議久不定，出劉更生爲宗正。〔六〕

〔一〕文穎曰：恭、顯心不自安也。師古曰：文説非也。言其不能持正，故議論大事見詘於天子也。仄，古側字。【補

注】周壽昌曰：此直謂其論議傾仄見詘於望之等四人，故望之爲帝云云，大與恭、顯忤也。

〔二〕師古曰：禮曰「刑人不在君側」也。

〔三〕師古曰：繇讀與由同。忤謂相違逆也。

〔五〕師古曰：重，難也，未欲更置士人於中書也。

〔六〕【補注】先謙曰：胡注，散騎給事中，中朝官也，宗正，外朝官也，故云出。

望之、堪數薦名儒茂材以備諫官。會稽鄭朋陰欲附望之，上疏言車騎將軍高遣客爲姦利郡國，及言許、史子弟罪過。章視周堪，〔一〕堪白令朋待詔金馬門。朋奏記望之曰：「將軍體周召之德，秉公綽之質，有卞莊之威。〔二〕至乎耳順之年，〔三〕履折衝之位，號至將軍，誠士之高致也。窟穴黎庶莫不懽喜，咸曰將軍其人也。〔四〕今將軍規橅云若管晏而休，遂行日仄，至周召乃留乎？〔五〕若管晏而休，則下走將歸延陵之皋，〔六〕修農圃之疇，〔七〕畜雞種黍，竢見二子，没齒而已矣。〔八〕如將軍昭然度行積思，塞邪枉之險蹊，宣中庸之常政，〔九〕興周召之遺業，親日仄之兼聽，則下走其庶幾願竭區區，底厲鋒鍔，〔一〇〕奉萬分之一。」望之見納朋，接待以意。〔一一〕朋數稱述望之，短車騎將軍，〔一二〕言許、史過失。

〔一〕師古曰：視讀曰示。以朋所奏之章示堪也。

〔二〕師古曰：周謂周公旦。召謂召公奭。公綽，孟公綽也，廉正寡欲。卞莊子，魯卞邑大夫，蓋勇士也。召讀曰邵。

〔三〕師古曰：論語稱孔子曰「六十而耳順」。

〔四〕師古曰：國家委任，誠得其人也。

〔五〕師古曰：問望之立意當趣如管晏而止，爲欲恢廓其道，日昃不食，追周邵之蹟然後已乎？橅讀曰模。其字從木。

〔六〕應劭曰：下走，僕也。張晏曰：吴公子札食邑延陵，薄吴王之行，棄國而耕於皋澤。朋云望之所爲若但如管晏，則不處漢朝，將歸會稽，尋延陵之軌，隱耕皋澤之中也。師古曰：下走者，自謙言趨走之役也。

〔七〕師古曰：美田曰疇。

〔八〕師古曰：論語云：「子路從而後，遇丈人以杖荷蓧，止子路宿，殺雞爲黍而食之，見其二子焉。明日子路行，以告。子曰：『隱者也。』使子路反見之，至則行矣。」朋之所云，蓋謂此也。竢，古俟字也。俟，待世。没齒，終身也。蓧，草器也，音徒釣反。【補注】先謙曰：官本注「世」作「也」，是。

〔九〕師古曰：度行，度越常檢而爲高行也。蹊徑，謂道也，音奚。

〔一〇〕師古曰：鋒，刃端也。鍔，刃旁也，音五各反。

〔一一〕師古曰：與之相見，納用其説也。【補注】先謙曰：胡注，言推誠待之，接以殷勤。顔説非。

〔一二〕師古曰：短謂毁其短惡也。

後朋行傾邪，望之絶不與通。朋與大司農史李宫俱待詔，堪獨白宫爲黄門郎。朋，楚士，怨恨，〔一〕更求入許、史，推所言許、史事曰：「皆周堪、劉更生教我，我關東人，何以知此？」於是侍中許章白見朋。〔二〕朋出揚言曰：「我見，言前將軍小過五，大罪一。中書令在旁，知我言狀。」望之聞之，以問弘恭、石顯。顯、恭恐望之自訟，下於它吏，即挾朋及待詔華龍。〔三〕龍者，宣帝時與張子蟜等待詔，〔四〕以行汙濊不進，〔五〕欲入堪等，堪等不納，故與朋相結。恭、顯令二人告望之等謀欲罷車騎將軍疏退許、史狀，候望之出休日，〔六〕令朋、龍上之。

事下弘恭問狀，望之對曰：「外戚在位多奢淫，欲以匡正國家，非爲邪也。」恭、顯奏「望之、堪、更生朋黨相稱舉，〔七〕數譖訴大臣，毀離親戚，欲以專擅權埶，爲臣不忠，誣上不道，請謁者召致廷尉。」時上初即位，不省「謁者召致廷尉」爲下獄也，可其奏。後上召堪、更生，曰繫獄。上大驚曰：「非但廷尉問邪？」以責恭、顯，皆叩頭謝。上曰：「令出視事。」〔八〕恭、顯因使高〔九〕言：「上新即位，未以德化聞於天下，而先驗師傅，既下九卿大夫獄，〔一〇〕宜因決免。」於是制詔丞相御史：「前將軍望之傅朕八年，〔一一〕亡它罪過，今事久遠，識忘難明。〔一二〕其赦望之罪，收前將軍光祿勳印綬，及堪、更生皆免爲庶人。」而朋爲黃門郎。

〔一〕張晏曰：朋，會稽人。會稽并屬楚。蘇林曰：楚人脃急也。

〔二〕【補注】先謙曰：白見於帝。

〔三〕師古曰：華音胡化反。

〔四〕師古曰：蟜音巨遥反，字或作僑。

〔五〕師古曰：濊與穢同。

〔六〕【補注】先謙曰：漢制，自三署郎以上入直禁中者，十日一出休沐。

〔七〕【補注】周壽昌曰：「朋黨」二字陷人始此。

〔八〕【補注】宋祁曰：「令出視事」疑作「今出視事」。一本作「出乃使視事」。先謙曰：作「令」是也。通鑑亦作「令」。

〔九〕【補注】宋祁曰：「恭顯因使高」疑作「恭顯乃因使高」。

〔一〇〕【補注】先謙曰：胡注：「劉更生爲宗正，九卿也。周堪爲光祿大夫。」

〔一一〕【補注】先謙曰：宣帝五鳳二年，望之爲太子太傅，至黄龍元年爲八年。

〔一二〕師古曰：言不能盡記，有遺忘者，故難明。

後數月，制詔御史：「國之將興，尊師而重傅。〔一〕故前將軍望之傅朕八年，道以經術，厥功茂焉。〔二〕其賜望之爵關内侯，食邑六百户，給事中，朝朔望，坐次將軍。」天子方倚欲以爲丞相，〔三〕會望之子散騎中郎伋上書訟望之前事，〔四〕事下有司，復奏「望之前所坐明白，無譖訴者，〔五〕而教子上書，稱引亡辜之詩，〔六〕失大臣體，不敬，請逮捕。」弘恭、石顯等知望之素高節，不詘辱，建白「望之〔七〕前爲將軍輔政，欲排退許、史，專權擅朝。幸得不坐，復賜爵邑，與聞政事，〔八〕不悔過服罪，深懷怨望，教子上書，歸非於上，〔九〕自以託師傅，懷終不坐。〔一〇〕非頗詘望之於牢獄，塞其怏怏心，則聖朝亡以施恩厚。」〔一一〕上曰：「蕭太傅素剛，安肯就吏？」顯等曰：「人命至重，〔一二〕望之所坐，語言薄罪，必亡所憂。」上乃可其奏。

〔一〕【補注】沈欽韓曰：荀子大略篇：「國之將興，必貴師而重傅。貴師而重傅，則法度存。」

〔二〕師古曰：道讀曰導。茂，美也。

〔三〕師古曰：倚音於綺反。

〔四〕師古曰：伋音級。

〔五〕師古曰：言望之自有罪，非人譏譖而訴之也。

〔六〕【補注】先謙曰：胡注，史不載伋書，不知其所稱引者何詩。變雅云「無罪無辜，讒口嗸嗸」，豈伋所引者即此詩乎？

〔七〕師古曰：建立此議而白之於天子。

〔八〕師古曰：與讀曰豫。【補注】錢大昕曰：給事中掌顧問應對，故云與聞政事。孔光罷相後，徵拜光禄大夫給事中，自稱備内朝臣，與聞政事。師丹傳，尚書劾給事中博士申咸、炔欽「䝿得以儒官選擢備腹心，上所折中定疑」，則漢時給事中亦要地矣。

〔九〕師古曰：言歸惡於天子也。

〔一〇〕師古曰：言恃舊恩，自謂終無罪，坐懷此心。【補注】王念孫曰：師古讀「懷終不坐」爲句，非也。「懷」當爲「德」字之誤也。懷字俗書作懐，形與德相近，又涉上文「深懷怨望」而誤。「自以託師傅德」爲句，「終不坐」爲句。言望之自以託於師傅之德，終不坐罪也。漢紀孝元紀作「自以託師傅恩德，終不坐」，是其證。

〔一一〕服虔曰：非，不也。

〔一二〕【補注】先謙曰：胡注，言人所重者性命也。

顯等封以付謁者，敕令召望之手付，因令太常急發執金吾車騎馳圍其第。〔一〕使者至，召望之。望之欲自殺，其夫人止之，以爲非天子意。望之以問門下生朱雲。雲者好節士，勸望之自裁。於是望之卬天歎曰：〔二〕「吾嘗備位將相，年踰六十矣，老入牢獄，苟求生活，不亦鄙乎！」字謂雲曰：「游，〔三〕趣和藥來，無久留我死！」〔四〕竟飲鴆自殺。天子聞之驚，拊手曰：「曩固疑其不就牢獄，果然殺吾賢傅！」是時太官方上晝食，上乃卻食，爲之涕泣，哀慟左右。〔五〕於是召顯等責問以議不詳。〔六〕皆免冠謝，良久然後已。

〔一〕【補注】宋祁曰：越本「車」作「軍」字。先謙曰：太常掌諸陵縣，執金吾掌徼循京師。望之時居杜陵，故令太常發執金吾車騎往圍其第，以恐脅之，速其自盡也。

〔二〕師古曰：卬讀曰仰。

〔三〕師古曰：朱雲字游，呼其字。

〔四〕師古曰：趣讀曰促。

〔五〕師古曰：慟，動也。【補注】先謙曰：荀紀、通鑑並作「哀動左右」，疑顔見誤本作「慟」，因而加注。

〔六〕師古曰：詳，審也。

望之有罪死，有司請絶其爵邑。有詔加恩，長子伋嗣爲關内侯。天子追念望之不忘，每歲時遣使者祠祭望之冢，〔一〕終元帝世。望之八子，至大官者育、咸、由。

〔一〕【補注】沈欽韓曰：長安志：「蕭望之墓在萬年縣東南五里古城春明門外。」

育字次君，少以父任爲太子庶子。元帝即位，爲郎，病免，後爲御史。大將軍王鳳以育名父子，〔一〕著材能，除爲功曹，遷謁者，使匈奴副校尉。〔二〕後爲茂陵令，會課，育第六。〔三〕而漆令郭舜殿，見責問，〔四〕育爲之請，扶風怒曰：「君課第六，〔五〕裁自脱，〔六〕何暇欲爲左右言？」〔七〕及罷出，傳召茂陵令詣後曹，〔八〕當以職事對。〔九〕育徑出曹，書佐隨牽育，育案佩刀曰：「蕭育杜陵男子，何詣曹也！」〔一〇〕遂趨出，欲去官。明旦，詔召入，拜爲司隸校尉。育過扶風府門，官屬掾史數百人拜謁車下。後坐失大將軍指免官。復爲中郎將使匈奴。歷冀州、青州兩郡刺史，〔一一〕長水校尉，〔一二〕泰山太守，入守大鴻臚。以鄠名賊梁子政阻山爲害，久不伏辜，〔一三〕育爲右扶風數月，盡誅子政等。坐與定陵侯淳于長厚善免官。

〔一〕【補注】齊召南曰：案，「名父子」與王吉傳「賢父子」同，猶云名父之子也。

〔二〕師古曰：時令校尉爲使於匈奴，而育爲之副使，故授副校尉也。【補注】沈欽韓曰：此專設之官，爲使匈奴中郎將之副，亦如西域副校尉爲都護之副也。取匈奴傳證之自明。師古殊謬。

〔三〕師古曰：如今之考第高下。

〔四〕師古曰：殿，後也。言有所負，最居下也。殿音丁見反。

〔五〕【補注】沈欽韓曰：第六則在中下，僅守故官。唐六典考功郎中職云，職事粗理，善最弗聞，爲中下。

〔六〕師古曰：脱，免也，音吐活反。

〔七〕師古曰：左右者，言與同列，在其左右，若今言旁人也。

〔八〕如淳曰：賊曹、決曹皆後曹。

〔九〕師古曰：忿其爲漆令言，故欲以職事責之。【補注】宋祁曰：注文「忿」字越本作「怒」。

〔一〇〕師古曰：自言欲免官而去，但是杜陵一白衣男子耳，何須召我詣曹乎？【補注】齊召南曰：案，男子，猶言大丈夫，言我不以官爵介意。

〔一一〕【補注】錢大昕曰：育又爲朔方刺史，見馮野王傳。本傳失書。

〔一二〕【補注】先謙曰：百官表，長水校尉掌長水宣曲胡騎。

〔一三〕師古曰：名賊者，自顯其名，無所避匿，言其彊也。【補注】先謙曰：官本「彊」作「事」，引宋祁曰，注文「事」字當作「彊」字。顧炎武云，名賊猶言名王，謂賊之有名號者。周壽昌云，顧説是也。但賊不得以名王比，蓋著名之賊。名猶名捕之名，謂詔所指名欲誅者也。

哀帝時，南郡江中多盜賊，拜育爲南郡太守。上以育耆舊名臣，乃以三公使車載育入殿中受策，〔一〕曰：「南郡盜賊羣輩爲害，朕甚憂之。以太守威信素著，故委南郡太守，之官，其於爲民除害，安元元而已，〔二〕亡拘於小文。」加賜黃金二十斤。育至南郡，盜賊靜。病去官，起家復爲光禄大夫執金吾，以壽終於官。〔三〕

〔一〕孟康曰：使車，三公奉使之車，若安車也。【補注】宋祁曰：「三公」下疑有「官」字。沈欽韓曰：即輿服志之小使車。

〔二〕【補注】王念孫曰：其與期同。中山策「與不其衆少，其於當戹；怨不其深淺，其於傷心」，淮南説林篇「其滿腹而已」，其并與期同。繫辭傳「死期將至」，釋文作「其」。韓子十過篇「至於期日之夜」，淮南人閒篇作「其」。燕策「樊於期」，漢武梁石室畫象作「其」。

〔三〕【補注】朱一新曰：公卿表，孝哀建平三年，光禄大夫蕭育爲執金吾，一年免。此云以壽終於官。參錯不同，未審誰是。

育爲人嚴猛尚威，居官數免，稀遷。少與陳咸、朱博爲友，著聞當世。往者有王陽、貢公，〔一〕故長安語曰「蕭、朱結綬，王、貢彈冠」，言其相薦達也。〔二〕始育與陳咸俱以公卿子顯名，咸最先進，年十八爲左曹，二十餘御史中丞。〔三〕時朱博尚爲杜陵亭長，爲咸、育所攀援，入王氏。〔四〕後遂並歷刺史郡守相，及爲九卿，而博先至將軍上卿，歷位多於咸、育，遂至丞相。育與博後有隙，不能終，故世以交爲難。

〔一〕【補注】宋祁曰：「公」字當作「禹」字。
〔二〕【補注】蘇輿曰：王吉傳：「世稱『王陽在位，貢公彈冠』，言其取舍同也。」
〔三〕【補注】宋祁曰：「餘」字下當添「爲」字。
〔四〕師古曰：援，引也，音爰。

咸字仲，〔一〕爲丞相史，舉茂材，好畤令，〔二〕遷淮陽、泗水内史，張掖、弘農、河東太守。所居有迹，數增秩賜金。後免官，復爲越騎校尉、護軍都尉、中郎將，使匈奴，至大司農，終官。〔三〕

〔一〕【補注】先謙曰：咸，張禹壻，見禹傳。
〔二〕【補注】錢大昭曰：「茂材」下當有「爲」字。
〔三〕【補注】先謙曰：平帝元始元年，咸爲大司農，二年卒，見公卿表。

由字子驕，爲丞相西曹衛將軍掾，遷謁者，使匈奴副校尉。後舉賢良，爲定陶令，遷太原都尉，安定太守。治郡有聲，多稱薦者。初，哀帝爲定陶王時，由爲定陶令，失王指，頃之，制書免由爲庶人。哀帝崩，爲復土校尉、京輔左輔都尉，遷江夏太守。平江賊成重等有功，增秩爲陳留太守。元始中，作明堂辟雍，大朝諸侯，徵由爲大鴻臚，會病，不及賓贊，〔一〕還歸故官，病免。復爲中散大夫，〔二〕終官。家至吏二千石者六七人。

〔二〕師古曰：贊導九賓之事。【補注】宋祁曰：「會病不及」當云「會病行遲不及賓贊」。注文「贊導九賓之事」當云「贊導九賓之禮也」。周壽昌曰：案，漢雜事云：「入爲鴻臚，卿不任賓贊。」蓋以病不能任贊導九賓之事。此云「不及」即「不任」異文，非有别義也。

〔三〕【補注】錢大昭曰：百官表無此大夫。

贊曰：蕭望之歷位將相，籍師傅之恩，〔一〕可謂親昵亡間。〔二〕及至謀泄隙開，讒邪搆之，卒爲便嬖宦豎所圖，〔三〕哀哉！〔四〕望之堂堂，折而不橈，〔五〕身爲儒宗，有輔佐之能，近古社稷臣也。

〔一〕【補注】先謙曰：籍、藉字同。

〔二〕師古曰：間，隙也。

〔三〕師古曰：圖，謀也。

〔四〕【補注】朱一新曰：監本「哀哉」下有「不然」二字。先謙曰：官本有二字。

〔五〕師古曰：橈，曲也，音女教反。【補注】沈欽韓曰：管子水地篇：「折而不橈，勇也。」

馮奉世傳第四十九

馮奉世字子明，上黨潞人也，〔一〕徙杜陵。其先馮亭，爲韓上黨守。〔二〕秦攻上黨，絶太行道，〔三〕韓不能守，馮亭乃入上黨城守於趙。〔四〕趙封馮亭爲華陽君，與趙將括距秦，〔五〕戰死於長平。〔六〕宗族繇是分散，〔七〕或留潞，或在趙。在趙者爲官帥將，〔八〕官帥將子爲代相。及秦滅六國，而馮亭之後馮毋擇、馮去疾、馮劫皆爲秦將相焉。

〔一〕師古曰：潞音路。

〔二〕【補注】錢大昕曰：此傳敍馮氏世系百餘言，與司馬遷、揚雄自序略相似。竊意馮商續太史公書，亦當有自序，而班史承用之，故與它傳不同。

〔三〕師古曰：太行，山名，險道所經行也。行音胡郎反。【補注】宋祁曰：注文「經行」疑當删「行」字。

〔四〕師古曰：據守上黨城而以降趙。

〔五〕師古曰：括，趙括，趙奢之子也。

〔六〕【補注】沈欽韓曰：寰宇記：「省冤谷東西南北各六十步，在澤州高平縣西北二十五里，秦壘西面百步，即趙括降卒四十萬坑處，地名殺谷。唐開元十年正月，玄宗行幸親祭，改名省冤。」一統志：「長平故城在澤州府高平縣西北二十里王報村，今猶稱舊縣。」

〔七〕師古曰：繇讀與由同。

〔八〕師古曰：帥音所類反，字或作師，其義兩通。

漢興，文帝時馮唐顯名，即代相子也。至武帝末，奉世以良家子選爲郎。昭帝時，以功次補武安長。〔一〕失官，年三十餘矣，乃學春秋，涉大義，讀兵法明習，〔二〕前將軍韓增奏以爲軍司空令。〔三〕本始中，從軍擊匈奴。軍罷，復爲郎。

〔一〕【補注】先謙曰：武安，魏郡縣，今彰德府武安縣治。

〔二〕【補注】先謙曰：官本無二字，引宋祁曰，浙本「兵法」下有「明習」二字。

〔三〕【補注】錢大昕曰：軍司空令不見於百官表，當是將軍之屬員也。杜延年傳，大將軍霍光「以延年三公子吏材有餘，補軍司空」。蘇林曰：「主獄官也。」如淳曰：「律，營軍司空、軍中司空各二人。」

先是時，漢數出使西域，多辱命不稱，或貪汙，爲外國所苦。〔一〕是時烏孫大有擊匈奴之功，而西域諸國新輯，〔二〕漢方善遇，欲以安之，選可使外國者。前將軍增舉奉世以衞候〔三〕使持節送大宛諸國客。至伊脩城〔四〕，都尉宋將言莎車與旁國共攻殺漢所置莎車王萬年，〔五〕并殺漢使者奚充國。時匈奴又發兵攻車師城，不能下而去。莎車遣使揚言北道諸國已屬匈奴矣，於是攻劫南道，與歃盟畔漢，從鄯善以西皆絶不通。〔六〕都護鄭吉、校尉司馬意皆在北道諸國間。奉世與其副嚴昌計，以爲不亟擊之則莎車日彊，〔七〕其埶難制，必危西域。遂以節諭告諸國王，因發其兵，南北道合萬五千人進擊莎車，攻拔其城。莎車王自殺，傳其首詣長安。諸國悉平，威振西域。奉世乃罷兵以聞。宣帝召見韓增，曰：「賀將軍所舉得其人。」奉世遂西至大宛。大宛聞其斬莎車王，敬之異於它使。得其名馬象龍而還。〔八〕上甚說，〔九〕下議封奉世。〔一〇〕丞相、將軍皆曰：「春秋之義，大夫出疆，有可以安國家，則顓之可也。〔一一〕奉世功效尤著，宜加爵土之賞。」少府蕭望之獨以奉世奉使有指，〔一二〕而擅矯制違命，發諸國兵，雖有功效，不可以爲後法。即封奉世，開後奉使者利，以奉世爲比，〔一三〕爭逐發兵，要功萬里之外，〔一四〕爲國家生事於夷狄。漸不可長，奉世不宜受封。上善望之議，以奉世爲光禄大夫、水衡都尉。〔一五〕

〔一〕師古曰：苦謂困辱之。【補注】先謙曰：以貪汙爲外國所患苦也。上「辱命」，乃有被困辱者在其中耳，顏注非。

〔二〕師古曰：輯與集同。集，和也。

〔三〕【補注】先謙曰：候亦衞尉屬官，見百官表。

〔四〕師古曰：伊脩城在鄯善國，漢於其中置屯田吏士也。【補注】齊召南曰：「伊脩城」當作「伊循城」，各本俱誤。西域傳，鄯善國中有伊循城，其地肥美。漢置都尉，所謂伊循田官也。通鑑亦作「伊循」，知宋時漢書本尚不誤，後來刊本訛「循」作「脩」耳，顏注亦然。錢大昕曰：循、脩二字相似，因譌作「脩」耳。三國志蜀後主傳「費禕爲蜀降人郭循所殺」，禕傳亦作「郭循」，而魏三嗣主傳、張嶷傳并作「郭脩」。

〔五〕師古曰：莎車，國名，萬年，其名王也。莎音素和反。【補注】宋祁曰：「宋」字疑是「宗」字。先謙曰：官本注「名王」作「王名」，是。

〔六〕師古曰：鄯音善。

〔七〕師古曰：亟，急也，音居力反。【補注】先謙曰：官本注在「擊之」下。

〔八〕師古曰：言馬形似龍者。【補注】劉攽曰：此馬名曰象龍也。

〔九〕師古曰：説讀曰悦。

〔一〇〕師古曰：下其事令議之。

〔一一〕師古曰：顓與專同。

〔一二〕師古曰：本爲送諸國客。

〔一三〕師古曰：比音必寐反。【補注】先謙曰：官本無「音」字，引宋祁曰，注文「比」字下疑有「音」字。

〔一四〕師古曰：逐，競也。

〔一五〕【補注】宋祁曰：「善望之議」字下疑有「竟不封」三字。

元帝即位，爲執金吾。上郡屬國歸義降胡萬餘人反去。初，昭帝末，西河屬國胡伊酋若王亦將衆數千人畔，〔一〕奉世輒持節將兵追擊。〔二〕右將軍典屬國常惠薨，奉世代爲右將軍典屬國，加諸吏之號。數歲，爲光禄勳。

〔一〕師古曰：酋音才由反。【補注】齊召南曰：案，「昭帝」應是「宣帝」之訛。昭帝時，奉世名尚未著，安得持節將兵？且西河屬國始置於五鳳四年，宣紀可證也。當昭帝時，尚無西河屬國，安得有叛人耶！周壽昌曰：齊説是。下云「右將軍典屬國常惠薨」，考惠封長羅侯爲宣帝本始四年，薨在元帝初元二年，皆不及昭帝時。

〔二〕師古曰：言西河、上郡羌胡反畔，子明再追擊之。

永光二年秋，隴西羌彡姐旁種反，〔一〕詔召丞相韋玄成、御史大夫鄭弘、大司馬車騎將軍王接、左將軍許嘉、右將軍奉世入議。〔二〕是歲時比不登，〔三〕京師穀石二百餘，〔四〕邊郡四百，關東五百。〔五〕四方饑饉，朝廷方以爲憂，〔六〕而遭羌變。玄成等漠然莫有對者。〔七〕奉世曰：「羌虜近在竟内背畔，〔八〕不以時誅，亡以威制遠蠻。臣願帥師討之。」上問用兵之數，對曰：「臣聞善用兵者，役不再興，糧不三載，〔九〕故師不久暴而天誅亟決。〔一〇〕往者數不料敵，〔一一〕而師至於折傷；再三發軵，〔一二〕則曠日煩費，威武虧矣。今反虜無慮三萬人，〔一三〕法當倍用六萬人。〔一四〕然羌戎弓矛之兵耳，器不犀利，〔一五〕可用四萬人，一月足以決。」丞相、御史、兩將軍皆以爲民方收斂時，未可多發；萬人屯守之，且足。〔一六〕奉世曰：「不可。天下被饑饉，士馬羸秏，〔一七〕守戰之備久廢不簡，〔一八〕夷狄皆有輕邊吏之心，而羌首難。〔一九〕今以萬人分屯數處，虜見兵少，必不畏懼，戰則挫兵病師，守則百姓不救。如此，怯弱之形見，羌人乘利，諸種並和，〔二〇〕相扇而起，臣恐中國之役不得止於四萬，非財幣所能解也。故少發師而曠日，〔二一〕與一舉而疾決，利害相萬也。」〔二二〕固爭之，不能得。有詔益二千人。

〔一〕師古曰：彡音所廉反，又音先廉反。姐音紫。今西羌尚有此姓，而彡音先冉反。【補注】先謙曰：官本注「所」上無「音」字，引宋祁曰，注文「彡」字下當有「音」字。

〔二〕【補注】周壽昌曰：此所謂五府也。

〔三〕師古曰：比，類也。登，成也。【補注】朱一新曰：監本「歲時」倒，是。先謙曰：官本注「類」作「頻」，是。「歲時」

字倒。

〔四〕師古曰：一石直二百餘錢也。下皆類此。

〔五〕【補注】周壽昌曰：此元帝永平二年事。食貨志云，元帝初元二年，「齊地饑，穀石三百餘」，視宣帝時京師穀石五錢，邊郡穀斛八錢，豐歉大不侔矣。顔注二百餘，云一石直二百餘錢，是也。方扶南云，漢世錢以緡論，二百餘緡，斯貴矣。此方誤也。二百餘止二百餘錢，非二百餘緡，檢食貨志可證，即上云石五錢、斛八錢，亦豈得以緡算耶？

〔六〕【補注】先謙曰：官本「廷」作「庭」，引宋祁曰「庭」當作「廷」。

〔七〕師古曰：漠，無聲也，音莫。

〔八〕師古曰：竟讀曰境。

〔九〕【補注】沈欽韓曰：見孫子作戰篇。杜佑注：「人力舟車之運，不至於三也。」又文選注四十三引六韜曰：「聖人興兵，爲天除患去賊，非利之也，故役不再籍，一舉而得。」

〔一〇〕師古曰：暴，露也。亟，急也，音居力反。【補注】宋祁曰：注文「暴」字下疑有「謂暴」字。

〔一一〕師古曰：料，量也，音聊。

〔一二〕如淳曰：輴，推也。淮南子曰「内郡輴車而餉」。音而隴反。【補注】宋祁曰：注文「而隴」字疑是「如腫」字。沈欽韓曰：淮南覽冥訓「廝徒馬圉，輴車奉饟」，高誘注：「輴，推也，讀楫栿之栿。」說文：「輴，反推車，令有所付也。」高注脱「車」字。又氾論「相戲以刃者，太祖輴其肘」，注：「輴，擠也，讀近茸。」案，此輴字有兩讀，今通作茸音。先謙曰：此文「輴車」當如高讀而隴反，即如腫反。而、如雙聲，隴、腫疊韻，宋故作狡獪。

〔一三〕師古曰：無慮，舉凡之言也，無小思慮而大計也。【補注】先謙曰：官本注在「六萬人」下。

〔一四〕【補注】王文彬曰：陳湯傳引兵法曰「客倍而主人半，然後敵」。

〔一五〕如淳曰：今俗刀兵利爲犀。晉灼曰：犀，堅也。師古曰：晉説是。

〔一六〕【補注】先謙曰：通鑑「發」下更有「發」字，是也。疑此奪文。胡注，且足，猶言且可足也。

〔一七〕師古曰：秏，減也，音呼到反。

〔一八〕師古曰：簡謂選揀。【補注】宋祁曰：注文「揀」字疑是「練」字。

〔一九〕師古曰：言創首爲寇難也。

〔二〇〕師古曰：和，應也，音胡臥反。

〔二一〕師古曰：曠，空也，空費其日而無功也。

〔二二〕師古曰：相比則爲萬倍也。

於是遣奉世將萬二千人騎，以將屯爲名。〔一〕典屬國任立、護軍都尉韓昌爲偏裨，到隴西，分屯三處。典屬國爲右軍，屯白石；〔二〕護軍都尉爲前軍，屯臨洮；〔三〕奉世爲中軍，屯首陽西極上。〔四〕前軍到降同阪，〔五〕先遣校尉在前與羌爭地利，又別遣校尉救民於廣陽谷。羌虜盛多，皆爲所破，殺兩校尉。奉世具上地形部衆多少之計，願益三萬六千人乃足以決事。書奏，天子大爲發兵六萬餘人，拜太常弋陽侯任千秋爲奮武將軍以助焉。（奏）〔奉〕世上言：「願得其衆，不須復煩大將。」〔六〕因陳轉輸之費。

〔一〕師古曰：且云領兵屯田，不言討賊。【補注】宋祁曰：「萬二千人」浙本無「人」字。注文「屯田」字上疑有「爲」字。王念孫曰：無「人」字者是也。此涉上文「二千人」而衍。漢紀亦無「人」字。沈欽韓曰：將屯是屯營，前此亦屢見，非屯田也。

〔二〕【補注】先謙曰：白石，金城縣，在今蘭州府河州西南。

〔三〕【補注】先謙曰：臨洮，隴西縣，今鞏昌府岷州治。

〔四〕如淳曰：西極，山名也。【補注】先謙曰：首陽，隴西縣，今蘭州府渭源縣治。紀要：「鞏昌府隴西縣四十里有首陽山，山當往來通道，有關在其上。」官本注無「也」字。

〔五〕師古曰：阪，平陂也。降同者，阪名也。阪音府板反。降音下江反。陂音普何反。【補注】先謙曰：官本注「阪」下無「音」字，引宋祁曰，注文「府」字上當有「音」字。

〔六〕【補注】先謙曰：官本無「復」字，引宋祁曰「須」字下當有「復」字。

上於是以璽書勞奉世，且讓之，〔一〕曰：「皇帝問將兵右將軍，〔二〕甚苦暴露。羌虜侵邊境，殺吏民，甚逆天道，故遣將軍帥士大夫行天誅。以將軍材質之美，奮精兵，誅不軌，百下百全之道也。〔三〕今乃有畔敵之名，〔四〕大爲中國羞。以昔不閑習之故邪？〔五〕以恩厚未洽，信約不明也？〔六〕朕甚怪之。上書言羌虜依深山，多徑道，不得不多分部遮要害，須得後發營士，足以決事，部署已定，埶不可復置大將，聞之。〔七〕前爲將軍兵少，不足自守，故發近所騎，日夜詣，〔八〕非爲擊也。〔九〕今發三輔、河東、弘農越騎、迹射、佽飛、彀者、羽林孤兒及呼速絫、嗕種，〔一〇〕方急遣。〔一一〕且兵，凶器也，必有成敗者，患〔一二〕策不豫定，料敵不審也，故復遣奮武將軍。兵法曰大將軍出必有偏裨，所以揚威武，參計策，將軍又何疑焉？夫愛吏士，得衆心，舉而無悔，禽敵必全，將軍之職也。若乃轉輸之費，則有司存，將軍勿憂。須奮武將軍兵到，合擊羌虜。」〔一三〕

〔一〕師古曰：讓，責也，責其不須大將。

〔二〕師古曰：官爲右將軍而將兵在外，故謂之將兵右將軍也。

〔三〕【補注】宋祁曰：徐鍇去「百下」二字。予謂不當去。王文彬曰：「百下百全」與趙充國傳「萬下必全」同意，蓋當時有此語例。

〔四〕如淳曰：不敢當敵攻戰，爲畔敵也。【補注】沈欽韓曰：廣雅釋詁：「畔，離也。」

〔五〕師古曰：言未嘗當羌虜，不測其形便。

〔六〕師古曰：言將軍恩惠未洽於士卒，又不能明其約誓，使在下信也。【補注】先謙曰：官本注「也」作「之」。

〔七〕【補注】先謙曰：言所奏已得聞。

〔八〕師古曰：近所，隨近之處也。日夜，言兼行不休息也。詣，詣軍所。【補注】先謙曰：官本注末有「也」字。

〔九〕師古曰：助其守。

〔一〇〕劉德曰：嗕音辱，羌別種也。彀者，謂能張弩者也。彀音工豆反。絫音力追反。嗕音乃彀反。【補注】劉奉世曰：呼速絫，則呼遬累單于所將五萬衆來降者也。嗕者，匈奴傳所謂西嗕君長數千人降漢者。此二種，有兵衆，皆宣帝時來降，今使征羌。

〔一一〕師古曰：言令速至軍所也。

〔一二〕【補注】宋祁曰：南本作「成敗者之患」。周壽昌曰：「患」字連上讀，不合。敗可患，成有何患乎？且下兩句意亦不接。當屬下爲文。

〔一三〕師古曰：須，待也。

十月，兵畢至隴西。十一月，並進。羌虜大破，斬首數千級，餘皆走出塞。兵未決閒，漢復發募士萬人，拜定襄太守韓安國爲建威將軍。〔一〕未進，聞羌破，還。上曰：「羌虜破散創艾，亡出塞，〔二〕其罷吏士，頗留屯田，備要害處。」

〔一〕師古曰：自別有此安國，非武帝時人也。

〔二〕師古曰：創艾，謂懲懼也。創音初向反。艾讀曰乂。【補注】錢大昭曰：南監本、閩本「亡」下有「逃」字。先謙曰：官本有「逃」字。

明年二月，奉世還京師，更爲左將軍，光禄勳如故。其後録功拜爵，下詔曰：「羌虜桀黠，賊害吏民，攻隴西府寺，燔燒置亭，〔一〕絶道橋，甚逆天道。左將軍光禄勳奉世前將兵征討，斬捕首虜八千餘級，鹵馬牛羊以萬數。賜奉世爵關内侯，食邑五百户，黄金六十斤。」裨將、校尉三十餘人，皆拜。

〔一〕師古曰：置謂置驛之所也。

後歲餘，奉世病卒。居爪牙官前後十年，爲折衝宿將，功名次趙充國。

奮武將軍任千秋者，其父宫，昭帝時以丞相徵事捕斬反者左將軍上官桀，封侯，宣帝時爲太常，薨。千秋嗣後，〔一〕復爲太常。成帝時，樂昌侯王商代奉世爲左將軍，而千秋爲右將軍，後亦爲左將軍。〔二〕子孫傳國，至王莽乃絶云。

〔一〕【補注】宋祁曰：「後」疑作「侯」。

〔三〕【補注】先謙曰：俱見公卿表。千秋字長伯。

奉世死後二年，西域都護甘延壽以誅郅支單于封爲列侯。時丞相匡衡亦用延壽矯制生事，據蕭望之前議，以爲不當封，而議者咸美其功，上從衆而侯之。於是杜欽上疏，追訟奉世前功曰：「前莎車王殺漢使者，約諸國背畔。〔一〕左將軍奉世以衞候便宜發兵誅莎車王，策定城郭，功施邊境。〔二〕議者以奉世奉使有指，春秋之義亡遂事，漢家之法有矯制，〔三〕故不得侯。今匈奴郅支單于殺漢使者，亡保康居，都護延壽發城郭兵屯田吏士四萬餘人以誅斬之，封爲列侯。臣愚以爲比罪則郅支薄，量敵則莎車衆，用師則奉世寡，計勝則奉世爲功於邊境安，慮敗則延壽爲禍於國家深。其違命而擅生事同，延壽割地封，而奉世獨不録。臣聞功同賞異則勞臣疑，罪鈞刑殊則百姓惑；疑生無常，惑生不知所從；亡常則節趨不立，〔四〕不知所從則百姓無所措手足。〔五〕奉世圖難忘死，信命殊俗，〔六〕威功白著，爲世使表，〔七〕獨抑厭而不揚，〔八〕非聖主所以塞疑厲節之意也。願下有司議。」上以先帝時事，不復録。

〔一〕師古曰：約謂共爲契約。

〔二〕師古曰：城郭者，謂西域諸國爲城郭而居者。

〔三〕師古曰：無遂事者，謂臨時制宜，前事不可必遂也。漢家之法，擅矯詔命，雖有功勞不加賞也。【補注】宋祁曰：師古誤注「遂事」，可駮。蘇輿曰：公羊桓八年傳：「遂者何？生事也。大夫無遂事。」此用其義。何注：「生猶造也，專事之辭。」

〔四〕師古曰：趨讀曰趣。趣謂意所鄉。

〔五〕師古曰：錯，置也，音千故反。【補注】先謙曰：據注正文「措」當作「錯」。官本不誤。

〔六〕師古曰：圖難，謀除國難也。信讀曰伸。

〔七〕師古曰：白著，謂顯明也。表猶首。【補注】先謙曰：官本注末有「也」字。

〔八〕師古曰：厭音一涉反。

奉世有子男九人，女四人。長女媛以選充後宮，爲元帝昭儀，産中山孝王。元帝崩，媛爲中山太后，隨王就國。奉世長子譚，太常舉孝廉爲郎，功次補天水司馬。〔一〕奉世擊西羌，譚爲校尉，隨父從軍有功，未拜病死。譚弟野王、逡、立、參至大官。〔二〕

〔一〕如淳曰：漢注，邊郡置都尉及千人、司馬，皆不治民也。

〔二〕師古曰：逡音千旬反。

野王字君卿，受業博士，通詩。少以父任爲太子中庶子。〔一〕年十八，上書願試守長安令。宣帝奇其志，問丞相魏相，相以爲不可許。後以功次補當陽長，遷爲櫟陽令，徙夏陽令。元帝時，遷隴西太守，以治行高，入爲左馮翊。〔二〕歲餘，而池陽令並素行貪汙，輕野王外戚年少，治行不改。野王部督郵掾祋祤趙都〔三〕案驗，得其主守盜十金罪，收捕。並不首吏，〔四〕都格殺。並家上書陳冤，事下廷尉。〔五〕都詣吏自殺以明野王，京師稱其威信，遷爲大鴻臚。〔六〕

〔一〕【補注】先謙曰：百官表無中庶子，蓋脱漏。續志，後漢有太子庶子、太子中庶子二官。漢舊儀中庶子秩六百石，庶子比四百石。

〔二〕【補注】先謙曰：公卿表在永光二年。

〔三〕師古曰：都，祋祤人而爲掾也。祋音丁活反，又音丁外反。祤音許羽反。

〔四〕師古曰：不首吏，謂不伏從收捕也。

〔五〕【補注】宋祁曰：「並」字下當更有「並」字。

〔六〕【補注】先謙曰：公卿表在建昭二年。

數年，御史大夫李延壽病卒，〔一〕在位多舉野王。上使尚書選第中二千石，〔二〕而野王行能第一。上曰：「吾用野王爲三公，後世必謂我私後宮親屬，以野王爲比。」〔三〕乃下詔曰：「剛彊堅固，確然亡欲，大鴻臚野王是也。心辨善辭，可使四方，少府五鹿充宗是也。廉絜節儉，太子少傅張譚是也。其以少傅爲御史大夫。」上繇下第而用譚，〔四〕越次避嫌不用野王，以昭儀兄故也。〔五〕野王乃歎曰：「人皆以女寵貴，我兄弟獨以賤！」野王雖不爲三公，甚見器重，有名當世。

〔一〕【補注】先謙曰：官本考證云：「即公卿表所云繁延壽也，此文作『李』，此人有二姓。」

〔二〕師古曰：定其高下之差也。

〔三〕師古曰：比，例也，音必寐反。

〔四〕師古曰：繇讀與由同。

〔五〕【補注】何焯曰：野王爲石顯所間，故不得爲三公。當以佞倖傳參觀之。帝之引嫌，顯所教也。

成帝立，有司奏野王王舅，不宜備九卿。以秩出爲上郡太守，〔一〕加賜黃金百斤。朔方刺史蕭育奏封事，〔二〕薦言「野王行能高妙，内足與圖身，外足以慮化。〔三〕竊惜野王懷國之寶，而不得陪朝廷與朝者並。野王前以王舅出，以賢復入，明國家樂進賢也。」上自爲太子時聞知野王。會其病免，復以故二千石使行河隄，因拜爲琅邪太守。是時，成帝長舅陽平侯王鳳爲大司馬大將軍，輔政八九年矣，時數有災異，京兆尹王章譏鳳顓權不可任用，薦野王代鳳。上初納其言，而後誅章，語在元后傳。於是野王懼不自安，遂病，滿三月賜告，與妻子歸杜陵就醫藥。大將軍鳳風御史中丞劾奏野王〔四〕賜告養病而私自便，〔五〕持虎符出界歸家，奉詔不敬。杜欽時在大將軍莫府，欽素高野王父子行能，奏記於鳳，爲野王言曰：「竊見令曰，吏二千石告，過長安謁，〔六〕不分別予賜。〔七〕今有司以爲予告得歸，賜告不得，是一律兩科，失省刑之意。〔八〕夫三最予告，令也；〔九〕病滿三月賜告，詔恩也。令告則得，詔恩則不得，〔一〇〕失輕重之差。又二千石病賜告得歸有故事，不得去郡亡著令。〔一一〕傳曰：『賞疑從予，所以廣恩勸功也；〔一二〕罰疑從去，所以慎刑，闕難知也。』〔一三〕今釋令與故事而假不敬之法，〔一四〕甚違闕疑從去之意。即以二千石守千里之地，任兵馬之重，不宜去郡，將以制刑爲後法者，則野王之罪，在未制令前也。刑賞大信，不可不慎。」鳳不聽，竟免野王。郡國二千石病賜告不得歸家，自此始。初，野王嗣父爵爲關内侯，免歸。數年，年老，終于家。子座嗣爵，〔一五〕至孫坐中山太后事絶。

〔一〕如淳曰：以鴻臚秩爲太守。【補注】周壽昌曰：野王本官大鴻臚，秩中二千石，太守則二千石也。漢制，郡大增秩者爲中二千石。元帝建昭三年，益三河大郡太守秩。上郡係邊郡，未增秩。

〔二〕【補注】先謙曰：育傳但云歷冀州、青州兩部刺史，而脱漏朔方。

〔三〕師古曰：圖，謀；慮，思也。【補注】宋祁曰：注文「謀」字下當添「也」字。

〔四〕師古曰：風讀曰諷。

〔五〕師古曰：便，安也，音頻面反。

〔六〕如淳曰：謁者，自白得告也。律，吏二千石以上告歸歸寧，道不過行在所者，便道之官無辭。

〔七〕如淳曰：予，予告也。賜，賜告也。

〔八〕師古曰：省，減也，音所領反。

〔九〕師古曰：在官連有三最，則得予告也。

〔一〇〕【補注】宋祁曰：景德本「令告詔則得恩不得」，浙本、南本云「令告則得詔恩不得」。王念孫曰：案，「令」當爲「今」，此涉上下諸「令」字而誤。上文云「令有司以爲予告得歸，賜告不得，是一律兩科，失省刑之意」，下文云「今釋令與故事而假不敬之法，甚違闕疑從去之意」，此云「今告則得，詔恩則不得，失輕重之差」，三「今」字文同一例，則當作「今」明矣。藝文類聚刑法部、白帖四十三、御覽治道部十五引并作「今」。

〔一一〕如淳曰：律施行無不得去郡之文也。

〔一二〕師古曰：疑當賞不當賞則與之，疑厚薄則從厚。

〔一三〕師古曰：疑當罰不當罰則赦之，疑輕重則從輕。

〔一四〕師古曰：釋，廢弃也。假謂假託法律而致其罪。

〔一五〕師古曰：「座音才戈反。」

逡字子産，〔一〕通易。太常察孝廉爲郎，補謁者。建昭中，選爲復土校尉。光禄勳于永〔二〕舉茂材，爲美陽令。功次遷長樂屯衛司馬，〔三〕清河都尉，隴西太守。治行廉平，年四十餘卒。爲都尉時，言河隄方略，在溝洫志。〔四〕

〔一〕【補注】先謙曰：官本「逡」下提行。

〔二〕【補注】先謙曰：定國子。

〔三〕【補注】先謙曰：百官表「衛尉，諸屯衛候、司馬皆屬焉」，據此，則它處稱衛司馬者，即屯衛司馬省文稱之。言屯而爲衛，非别有屯司馬也。百官表又云「衛尉掌宫門衛屯兵」，屯衛兼言，亦其證矣。

〔四〕【補注】宋祁曰：「在」字上當有「語」字。

立字聖卿，〔一〕通春秋。以父任爲郎，稍遷諸曹。竟寧中，以王舅出爲五原屬國都尉。數年，遷五原太守，徙西河、上郡。立居職公廉，治行略與野王相似，而多知有恩貸，〔二〕好爲條教。吏民嘉美野王、立相代爲太守，歌之曰：「大馮君，小馮君，兄弟繼踵相因循，聰明賢知惠吏民，政如魯、衛德化鈞，周公、康叔猶二君。」〔三〕後遷爲東海太守，下溼病痺。〔四〕天子聞之，徙立爲太原太守。更歷五郡，〔五〕所居有迹。年老卒官。

〔一〕【補注】先謙曰：官本「立」下提行。

〔二〕師古曰：貸音吐戴反。

〔三〕師古曰：論語稱孔子曰：「魯衞之政，兄弟也。」言周公、康叔親則兄弟，治國之政又相似。

〔四〕師古曰：東海土地下溼，故立病痺也。痺音必寐反。【補注】宋祁曰：注文「痺」字上疑有「風」字。

〔五〕師古曰：更音工衡反。【補注】先謙曰：官本注「衡」作「行」。

參字叔平，〔一〕學通尚書。少爲黄門郎給事中，宿衞十餘年。參爲人矜嚴，好修容儀，進退恂恂，甚可觀也。〔二〕參，昭儀少弟，行又敕備，以嚴見憚，終不得親近侍帷幄。竟寧中，以王舅出補渭陵食官令。〔三〕以數病徙爲寢中郎，〔四〕有詔勿事。〔五〕陽朔中，中山王來朝，參擢爲上河農都尉。〔六〕病免官，復爲渭陵寢中郎。永始中，超遷代郡太守。以邊郡道遠，徙爲安定太守。數歲，病免，復爲諫大夫，使領護左馮翊都水。〔七〕綏和中，立定陶王爲皇太子，以中山王見廢，〔八〕故封王舅參爲宜鄉侯，以慰王意。參之國，上書願至中山見王、太后。〔九〕行未到而王薨。王病時，上奏願貶參爵以關内侯食邑留長安。上憐之，下詔曰：「中山孝王短命早薨，願以舅宜鄉侯參爲關内侯，歸家，朕甚愍之。其還參京師，以列侯奉朝請。」五侯皆敬憚之。〔一〇〕丞相翟方進亦甚重焉，數謂參：「物禁太甚。〔一一〕君侯以王舅見廢，〔一二〕不得在公卿位，今五侯至尊貴也，與之並列，宜少詘節卑體，視有所宗。〔一三〕而君侯盛修容貌以威嚴加之，此非所以下五侯而自益者也。」〔一四〕參性好禮儀，終不改其恆操。頃之，哀帝即位，帝祖母傅太后用事，追怨參姊中山太后，陷以祝詛大逆之罪，語在外戚傳。參以同産當相坐，謁者承制召參詣廷尉，參自殺。且死，仰天嘆曰：「參父子兄弟皆備大位，身至封侯，今被惡名而死，姊弟不敢自惜，傷無以見先人於地下！」死者十七人，衆莫不憐之。宗族徙歸故郡。

〔一〕【補注】先謙曰：官本「參」下提行。

〔二〕師古曰：恂恂，謹信之貌，音荀。【補注】王念孫曰：「進退」本作「進止」，此後人以意改之也。北堂書鈔設官部十、初學記設官部下引此并作「進止」，漢紀同。薛宣傳云「宣爲人好威儀，進止雍容，甚可觀也」，文義正與此同。

〔三〕如淳曰：給陵上祭祀之事。【補注】先謙曰：諸廟寢園食官令長丞屬太常，見百官表。

〔四〕師古曰：亦渭陵之寢郎也。

〔五〕張晏曰：不與勞役職事擾之。師古曰：雖居其官，不親職也。【補注】先謙曰：官本注「職」作「執」，「擾」作「優」，引宋祁曰，注文「優之」當作「擾之」也。

〔六〕師古曰：上河在西河富平，於此爲農都尉。【補注】齊召南曰：地理志西河郡有富昌縣，無富平縣，且富昌縣下亦不云農都尉治。又顔注敘傳曰：「上河，地名。農都尉者，典農事。」二注自相矛盾。案，地理志，富平有二：一屬平原郡，故名厭次，宣帝時更名也；一屬北地郡，有北部都尉、渾懷都尉，亦不云農都尉治也。惟張掖郡番和縣有農都尉治明文。沈欽韓曰：河水注：「河水自麥田山又東北逕眴卷縣故城西。河水於此有上河之名。又北，歷峽北注，枝分東出。又北，逕富平縣故城西。」一統志：「眴卷故城在寧夏府中衛縣東。富平故城在靈州西南。漢屬北地郡。」師古謬云西河。先謙曰：據此傳，北地都尉當時或偶更名，志不詳載耳。

〔七〕【補注】錢大昭曰：百官表左馮翊有左都水長丞。是時馮翊當有河渠之事，故令參領護之。

〔八〕師古曰：見廢，謂不得爲漢嗣也。【補注】宋祁曰：「以」字上疑有「上」字。

〔九〕【補注】先謙曰：王及太后也。

〔一〇〕師古曰：王氏五侯也。

〔一一〕師古曰：言萬物之禁，在於太甚，人道亦當隨時，不宜獨異。【補注】周壽昌曰：此李斯引荀卿語也，見史記斯傳。顔不引此，而别注，失之。

〔一二〕【補注】沈欽韓曰：漢舊儀，列侯爲丞相、相國號君侯。案，霍光稱田千秋爲君侯是也。此呼馮參爲君侯，則列侯亦通稱。周壽昌曰：楊惲傳丘常稱惲爲君侯，後漢任尚稱班超爲君侯，皆因侯爵稱之，不必爲相。後即不侯亦稱，久不遵漢儀之説矣。

〔一三〕師古曰：視讀曰示。宗，尊也。

〔一四〕師古曰：下音胡亞反。

贊曰：詩稱「抑抑威儀，惟德之隅。」〔一〕宜鄉侯參鞠躬履方，擇地而行，〔二〕可謂淑人君子，然卒死於非罪，不能自免，〔三〕哀哉！讒邪交亂，貞良被害，自古而然。故伯奇放流，〔四〕孟子宫刑，〔五〕申生雉經，〔六〕屈原赴湘，〔七〕小弁之詩作，離騷之辭興。〔八〕經曰：「心之憂矣，涕既隕之。」〔九〕馮參姊弟，亦云悲矣！

〔一〕師古曰：大雅抑之詩也。抑抑，密也。隅，廉也。言有密静之德，審於威儀，則其持心有廉隅。

〔二〕師古曰：鞠躬，謹敬貌。履方，踐方直之道也。鞠音居六反。【補注】宋祁曰：注中「鞠躬」，當云「鞠躬，曲躬也」。王念孫曰：案，師古訓方爲方直，而加「之道」二字，以增成其義，失之迂矣。方即道也，履方猶言踐道。樂記：「樂行而民鄉方。」又曰：「是先王立樂之方也。」經解：「隆禮由禮，謂之有方之士。」論語雍也篇「可謂仁之方也已」，孔傳鄭注并曰「方，道也」。又，師古云「鞠躬，謹敬貌」，是也。宋云：「當云鞠躬，曲躬也。」案，聘禮記：「執圭入門，鞠躬焉，如恐失之。」論語鄉黨篇「入公門，鞠躬如也，如不容」，孔傳「斂身也」。踧踖、鞠躬皆雙聲以形容之，故皆言「如」。孔傳本謂鞠躬爲斂身之貌，非訓鞠爲斂，躬爲身也。皇侃疏：鞠，曲斂也；躬，身也，則「如」字之義不可通。訓鞠躬之躬爲身，其誤實始於此，而邢疏因之，子京更無論已。斂身即謹敬之意，故又訓爲謹敬。史記韓長孺傳贊云「壺遂之内廉行脩，斯鞠躬君子也」，太史公自序云「敦厚慈孝，訥於言，敏於行，務在鞠躬君子長者」，是鞠躬爲謹敬也。廣雅：「匑匑，謹敬也。」曹憲上音邱六，下音邱弓。匑匑與鞠躬同。

〔三〕師古曰：卒，終也。

〔四〕師古曰：説苑云，王國子前母子伯奇，後母子伯封，兄弟相重。後母欲令其子立爲太子，乃譖伯奇，而王信之，乃放伯奇也。【補注】宋祁曰：注文「重」字當作「愛」字。

〔五〕張晏曰：寺人孟子，賢者，被讒見宫刑，作巷伯之詩也。

〔六〕師古曰：國語云，晉獻公黜太子申生，乃雉經于新城之廟。蓋爲俛頸閉氣而死，若雉之爲。【補注】沈欽韓曰：檀弓疏：「雉，牛鼻繩也。」申生以牛繩自縊而死。鄭注地官封人云：「縼，著牛鼻繩，所以牽牛者，今時人謂之雉。」師古説非。

〔七〕師古曰：楚辭漁父之篇云屈原曰「寧赴湘流，葬於江魚腹中」也。

〔八〕師古曰：小弁，小雅篇名也，太子之傅作焉，刺幽王信讒，黜申后而放太子宜咎也。離騷經，屈原所作也。離，遭也。騷，憂也。遭憂而作辭。弁音盤。

〔九〕師古曰：即小弁之詩也。隕，墜也。【補注】周壽昌曰：毛傳以小弁爲宜咎作，三家詩以爲伯奇。此以離騷配小弁，以屈原配伯奇，用三家説也。

宣元六王傳第五十

漢書八十

孝宣皇帝五男。許皇后生孝元帝，張倢伃生淮陽憲王欽，衛倢伃生楚孝王囂，〔一〕公孫倢伃生東平思王宇，戎倢伃生中山哀王竟。

〔一〕師古曰：「囂音敖。」

淮陽憲王欽，元康三年立，母張倢伃有寵於宣帝。霍皇后廢後，上欲立張倢伃爲后。久之，懲艾霍氏欲害皇太子，〔二〕乃更選後宮無子而謹慎者，乃立長陵王倢伃爲后，令母養太子。后無寵，希御見，唯張倢伃最幸。而憲王壯大，好經書法律，聰達有材，帝甚愛之。太子寬仁，喜儒術，〔三〕上數嗟歎憲王，曰：「真我子也！」常有意欲立張倢伃與憲王，然用太子起於微細，上少依倚許氏，〔三〕及即位而許后以殺死，太子蚤失母，故弗忍也。〔四〕久之，上以故丞相韋賢子玄成陽狂讓侯兄，〔五〕經明行高，稱於朝廷，乃召拜玄成爲淮陽中尉，欲感諭憲王，輔以推讓之臣，〔六〕由是太子遂安。宣帝崩，元帝即位，乃遣憲王之國。

〔一〕師古曰：艾讀曰乂。乂，創也。【補注】錢大昭曰：「懲」，閩本作「徵」，古懲字。詩曰「荆舒是徵」。

〔二〕師古曰：喜，好也，音許吏反。

〔三〕師古曰：倚音於起反。

〔四〕師古曰：蚤，古早字也。【補注】宋祁曰：「也」字疑可删。

〔五〕【補注】宋祁曰：「兄」字上疑有「於」字。先謙曰：詳玄成傳。

〔六〕【補注】宋祁曰：「推」字疑作「禮」字。

時張倢伃已卒，憲王有外祖母，舅張博兄弟三人歲至淮陽見親，〔一〕輒受王賜。後王上書，請徙外家張氏於國，博上書：願留守墳墓，獨不徙。王恨之。後博至淮陽，王賜之少。博言：「負責數百萬，〔二〕願王爲償。」王不許。博辭去，令弟光恐王云王遇大人益解，〔三〕博欲上書爲大人乞骸骨去。王乃遣人持黄金五十斤送博。博喜，還書謝，〔四〕爲諂語盛稱譽王，因言：「當今朝廷無賢臣，災變數見，足爲寒心。萬姓咸歸望於大王，大王奈何恬然〔五〕不求入朝見，輔助主上乎？」使弟光數説王宜聽博計，令於京師説用事貴人爲王求朝。王不納其言。

〔一〕師古曰：憲王外祖母隨王在淮陽，博等每來謁見其母。

〔二〕師古曰：責謂假貸人財物未償者也。責音側懈反。

〔三〕師古曰：恐謂怖動也。大人，博自稱其母也。解讀曰懈。【補注】先謙曰：官本「恐」下無「王」字。引宋祁曰：「『恐』字下疑有『王』字，注文『怖』字下疑有『之』字。」先謙案，益，漸也。

〔四〕師古曰：還書，報書。【補注】宋祁曰：注末當有「也」字。

〔五〕師古曰：恬然，安靜貌也。恬音大兼反。

後光欲至長安，辭王，復言「願盡力與博共爲王求朝。王即日至長安，可因平陽侯」。〔一〕光得王欲求朝語，馳使人語博。博知王意動，復遺王書曰：「博幸得肺附，〔二〕數進愚策，未見省察。北游燕趙，欲循行郡國求幽隱之士，聞齊有駟先生者，善爲司馬兵法，大將之材也，博得謁見，承閒進問五帝三王究竟要道，卓爾非世俗之所知。〔三〕今邊境不安，天下騷動，微此人其莫能安也。〔四〕又聞北海之瀕有賢人焉，〔五〕累世不可逮，然難致也。〔六〕得此二人而薦之，功亦不細矣。博願馳西以此赴助漢急，無財幣以通顯之。趙王使謁者持牛酒，黃金三十斤勞博，博不受；〔七〕復使人願尚女，聘金二百斤，博未許。〔八〕會得光書云大王已遣光西，與博并力求朝。博自以棄捐，不意大王還意反義，結以朱顏，〔九〕願殺身報德。朝事何足言！大王誠賜咳唾，使得盡死，湯禹所以成大功也。駟先生蓄積道術，書無不有，〔一〇〕願知大王所好，請得輒上。」〔一一〕王得書喜說，〔一二〕報博書曰：「子高乃幸左顧存恤，發心惻隱，〔一三〕顯至誠，〔一四〕納以嘉謀，語以至事，〔一五〕雖亦不敏，敢不諭意！〔一六〕今遣有司爲子高償責二百萬。」

〔一〕【補注】宋祁曰：「陽」字疑作「陵」字。先謙曰：元帝時，平陽侯曹參後絕。平陵侯范明友，宣帝時誅。宋説亦非也。「平陽」當是「陽平」誤倒，王鳳時嗣陽平侯。

〔三〕師古曰：自云於王有親也。【補注】先謙曰：官本作「胏腑」。案，「胏附」是也。胏即柹字，詳劉向傳。

〔三〕師古曰：卓爾，高遠貌也。自言見騶先生問以要道，知其高遠也。

〔四〕師古曰：微，無也。【補注】宋祁曰：浙本無「人其」字。又，一本無「此人」字。

〔五〕師古曰：瀕，涯也，音頻，又音賓。

〔六〕師古曰：逮，及也。言其材智不可及也。致，至也。難得召而至也。

〔七〕師古曰：勞謂問遺之，音來到反。【補注】先謙曰：官本注在「勞博」下。上言北游燕趙，此復言趙王厚餽請婚，皆辭之，以明專欲爲淮陽王盡力也。

〔八〕師古曰：尚女者，王欲取博女以自配也。【補注】先謙曰：官本注在「尚女」下。

〔九〕師古曰：還猶回也。

〔一〇〕師古曰：言凡是書籍皆有之。

〔一一〕【補注】宋祁曰：此下當添八字，云：「師古曰：上，上與王也。」

〔一二〕如淳曰：上與王也。【補注】宋祁曰：此注當改作「師古曰：説讀曰悦」。

〔一三〕師古曰：左顧，猶言枉顧也。

〔一四〕【補注】宋祁曰：「顯」字下疑有「以」字。

〔一五〕師古曰：以至極之事告語我。【補注】宋祁曰：注末疑有「也」字。

〔一六〕師古曰：諭，曉也。

是時，博女壻京房以明易陰陽得幸於上，數召見言事。自謂爲石顯、五鹿充宗所排，謀不得用，〔一〕數爲博道之。博常欲誑耀淮陽王，即具記房諸所説災異及召見密語，持予淮陽王以爲信驗，詐言「已見中書令石君求朝，許以金五百斤。賢聖制事，蓋慮功而不計費。〔二〕昔禹治鴻水，百姓罷勞，〔三〕成功既立，萬世賴之。今聞陛下春秋未滿四十，髮齒墮落，太子幼弱，佞人用事，陰陽不調，百姓疾疫飢饉死者且半，鴻水大害殆不過此。〔四〕大王緒欲救世，〔五〕將比功德，何可以忽？〔六〕博已與大儒知道者爲大王爲便宜奏，〔七〕陳安危，指災異，大王朝見，先口陳其意而後奏之，上必大説。〔八〕事成功立，大王即有周、邵之名，邪臣散亡，公卿變節，功德亡比，而梁、趙之寵必歸大王，〔九〕外家亦將富貴，何復望大王之金錢？」王喜説，〔一〇〕報博書曰：「乃者詔下，止諸侯朝者，寡人憯然不知所出。〔一一〕子高素有顔、冉之資，臧武之智，〔一二〕子貢之辯，〔一三〕卞莊子之勇，〔一四〕兼此四者，世之所鮮。〔一五〕既開端緒，願卒成之。〔一六〕求朝，義事也，奈何行金錢乎！」博報曰：「已許石君，須以成事。」〔一七〕王以金五百斤予博。

〔一〕【補注】先謙曰：詳見房傳。
〔二〕師古曰：志在成功，不惜財費也。【補注】宋祁曰：「詐言」，別本無「詐」字。先謙曰：石君即謂石顯。
〔三〕師古曰：罷讀曰疲。
〔四〕師古曰：謂堯時水災不大於今。【補注】先謙曰：官本「大」作「之」。
〔五〕師古曰：緒，業也，一曰始爲端緒。
〔六〕師古曰：言比功德於古帝王也。忽，怠忘也。
〔七〕師古曰：大儒知道，謂京房也。道，道術也。

〔八〕師古曰：説讀曰悦。

〔九〕如淳曰：梁王，景帝弟，欲爲嗣。趙王如意幾代惠帝也。

〔一〇〕師古曰：説讀曰悦。

〔一一〕師古曰：憯，痛也。不知計策何所出也。憯音才感反。

〔一二〕師古曰：顔，顔回也。冉，冉耕也，字伯牛。皆孔子弟子。論語稱孔子曰：「德行顔淵、閔子騫、冉伯牛、仲弓。」臧武者，魯大夫臧武仲也，名紇。論語稱孔子曰「若臧武仲之智」，故王引之爲言也。【補注】先謙曰：官本注末無「也」字。

〔一三〕師古曰：論語稱孔子云「言語，宰我、子貢」。

〔一四〕師古曰：卞莊子，古之勇士。

〔一五〕師古曰：鮮，少也，音先踐反。

〔一六〕師古曰：卒，終也。

〔一七〕師古曰：須，待也。

會房出爲郡守，離左右，顯具得此事告之。〔一〕房漏泄省中語，博兄弟詿誤諸侯王，誹謗政治，狡猾不道，皆下獄。有司奏請逮捕欽，上不忍致法，遣諫大夫王駿賜欽璽書曰：「皇帝問淮陽王。有司奏王，王舅張博數遺王書，非毀政治，謗訕天子，襃舉諸侯，稱引周、湯，以讇惑王，〔二〕所言尤惡，悖逆無道。王不舉奏而多與金錢，報以好言，辠至不赦，朕惻焉不忍聞，〔三〕爲王傷之。推原厥本，不祥自博，〔四〕惟王之心，匪同于凶。已詔有司勿治王事，遣諫大夫駿申諭朕意。〔五〕詩不云乎？『靖恭爾位，正直是與。』〔六〕王其勉之！」

〔一〕【補注】宋祁曰：「顯」字上疑有「石」字。「告之」，「之」字當刪。王念孫曰：漢紀無「之」字。周壽昌曰：案，上已有「石顯」，此不得再有「石」字。
〔二〕師古曰：謅，古諂字也。【補注】宋祁曰：「周」當作「禹」。先謙曰：官本注無「也」字。
〔三〕師古曰：惻，痛也。【補注】宋祁曰：「朕惻焉」當云「朕甚惻焉」。
〔四〕師古曰：祥，善也。自，從也。不善之事，從博起也。
〔五〕師古曰：申謂約束之。【補注】宋祁曰：注文「申」字下當有「諭」字。
〔六〕師古曰：大雅小明之詩也。與，偕也。言人能安靜而恭以守其位，偕於正直，則明神聽之，用錫福善。

駿諭指曰：〔一〕「禮爲諸侯制相朝聘之義，蓋以考禮壹德，尊事天子也。〔二〕且王不學詩乎？詩云：『俾侯於魯，爲周室輔。』〔三〕今王舅博數遺王書，所言悖逆。王幸受詔策，通經術，〔四〕知諸侯名譽不當出竟。〔五〕天子普覆，德布於朝，而恬有博言，〔六〕多予金錢，與相報應，不忠莫大焉。故事，諸侯王獲罪京師，罪惡輕重，縱不伏誅，必蒙遷削貶黜之罪，〔七〕未有但已者也。〔八〕今聖主赦王之罪，又憐王失計忘本，爲博所惑，加賜璽書，使諫大夫申諭至意，殷勤之恩，豈有量哉！博等所犯罪惡大，〔九〕羣下之所共攻，王法之所不赦也。自今以來，王毋復以博等累心，〔一〇〕務與衆棄之。春秋之義，大能變改。〔一一〕易曰『藉用白茅，无咎』，〔一二〕言臣子之道，改過自新，絜己以承上，然後免於咎也。王其留意慎戒，惟思所以悔過易行，塞重責，稱厚恩者。〔一三〕如此，則長有富貴，社稷安矣。」

〔一〕師古曰：璽書之外，天子又有指意，并令駿曉告於王也。

〔二〕師古曰：考，成也。壹德，謂不二其心也。【補注】周壽昌曰：禮王制云：「天子無事，與諸侯相見，曰朝。考禮正刑，一德以尊於天子。」注：「考，稽考也。壹即一。」

〔三〕師古曰：魯頌閟宫之詩也。言立周公子伯禽，使爲諸侯於魯國而作周家之藩輔。

〔四〕如淳曰：詔策，若廣陵王策曰「無邇宵人，毋作匪德」也。經術之義，不得内交。

〔五〕師古曰：竟讀曰境。

〔六〕師古曰：恬，安也。聞博邪言，安而受之。

〔七〕師古曰：故事者，言舊制如此也。

〔八〕師古曰：但，徒也，空也。已，止也。未有空然而止者也。

〔九〕【補注】先謙曰：官本無「罪」字，引宋祁曰：「犯」字下當有「罪」字。

〔一〇〕師古曰：累音力瑞反。

〔一一〕師古曰：以有過而能變改者爲大。【補注】沈欽韓曰：公羊文十二年傳「秦伯使遂來聘」，云「賢秦繆公，以爲能變也」。

〔一二〕師古曰：此大過初六爻辭也。茅者，絜白之物，取其自然，故用藉致享於神，慎之至也。【補注】宋祁曰：注文「故用藉」當作「故用爲藉」。

〔一三〕師古曰：塞猶補也。稱，副也。

於是淮陽王欽免冠稽首謝曰：「奉藩無狀，〔一〕過惡暴列，〔二〕陛下不忍致法，加大恩，遣使者申諭道術守藩之義。伏念博罪惡尤深，當伏重誅。臣欽願悉心自新，奉承詔策。〔三〕頓首死罪。」

〔一〕師古曰：無善狀。
〔二〕師古曰：暴謂章顯也。
〔三〕師古曰：悉，盡也。

京房及博兄弟三人皆棄市，妻子徙邊。

至成帝即位，以淮陽王屬爲叔父，敬寵之，異於它國。王上書自陳舅張博時事，頗爲石顯等所侵，因爲博家屬徙者求還。丞相御史復劾欽：「前與博相遺私書，指意非諸侯王所宜，蒙恩勿治，事在赦前。不悔過而復稱引，自以爲直，失藩臣體，不敬。」上加恩，許王還徙者。

三十六年薨。子文王玄嗣，二十六年薨。子縯嗣，〔一〕王莽時絕。

〔一〕孟康曰：縯音引。師古曰：音弋善反。

楚孝王囂，甘露二年立爲定陶王，三年徙楚。成帝河平中入朝，時被疾，天子閔之，下詔曰：「蓋聞『天地之性人爲貴，人之行莫大於孝』。〔一〕楚王囂素行孝順仁慈，之國以來二十餘年，孅介之過未嘗聞，朕甚嘉之。今乃遭命，離于惡疾，〔二〕夫子所痛，曰：『蔑之，命矣夫，斯人也而有斯疾也！』〔三〕朕甚閔焉。夫行純茂而不顯異，則有國者將何勗哉？〔四〕書不云乎？『用德章厥善』。〔五〕今王朝正月，詔與子男一人俱，〔六〕其以廣戚縣户四千三百封其子勳爲廣戚侯。明年，嚻薨。子懷王文嗣，〔七〕一年薨，無子，絕。明年，成帝復立文弟平陸侯衍，〔八〕是爲思王。二十一年薨，子紆嗣，王莽時絕。〔九〕

〔一〕師古曰：孝經載孔子之言。
〔二〕師古曰：離亦遭也。
〔三〕師古曰：夫子，孔子也。論語云伯牛有疾，子問之，自牖執其手，曰：「蔑之，命矣夫，斯人也而有斯疾也！」蔑，無也。言命之所遭，無有善惡，如斯善人而有如此惡疾，深痛之也。【補注】先謙曰：官本注「如此」作「如斯」。
〔四〕師古曰：純，大也。一曰善也。茂，美也。勗，勉厲也。
〔五〕師古曰：商書盤庚之辭也。言褒賞有德以明其善行。【補注】先謙曰：官本注「商」作「尚」。
〔六〕師古曰：從王入朝也。
〔七〕【補注】先謙曰：官本考證云：「案，『文』，表作『芳』。」
〔八〕【補注】宋祁曰：「陸」一本作「陵」。
〔九〕【補注】何焯曰：紆子般，後書有傳。范氏稱，自嚻至般，積累仁義，世有名節，而紆尤慈篤。般子愷復以讓爵顯。蓋宣帝有功德於民，而元帝以後，國統三絕，其餘慶在楚矣。

初，成帝時又立紆弟景爲定陶王。廣戚侯勳薨，謚曰煬侯，子顯嗣。平帝崩，無子，王莽立顯子嬰爲孺子，奉平帝後。莽篡位，以嬰爲定安公。漢既誅莽，更始時嬰在長安，平陵方望等頗知天文，以爲更始必敗，嬰本統當立者也，〔一〕共起兵將嬰至臨涇，〔二〕立爲天子。更始遣丞相李松擊破殺嬰云。〔三〕

〔一〕師古曰：言其舊已繼平帝後當正統。

〔二〕【補注】先謙曰：安定縣，今涇州鎮原縣南五十里。

〔三〕【補注】周壽昌曰：王子侯表但云「莽敗，死」，從略也。

東平思王宇，甘露二年立。元帝即位，就國。壯大，通姦犯法，〔一〕上以至親貰弗罪，傅相連坐。〔二〕

〔一〕師古曰：與姦猾交通，好犯法。【補注】先謙曰：官本末有「也」字。

〔二〕師古曰：頻坐王獲罪。【補注】先謙曰：亦詳王尊傳。

久之，事太后，内不相得，太后上書言之，求守杜陵園。〔一〕上於是遣太中大夫張子蟜〔二〕奉璽書敕諭之，〔三〕曰：「皇帝問東平王。蓋聞親親之恩莫重於孝，尊尊之義莫大於忠，故諸侯在位不驕以致孝道，制節謹度以翼天子，〔四〕然後富貴不離於身，〔五〕而社稷可保。今聞王自修有闕，本朝不和，〔六〕流言紛紛，〔七〕謗自内興，朕甚憯焉，爲王懼之。〔八〕詩不云乎？『毋念爾祖，述修厥德，永言配命，自求多福。』〔九〕朕惟王之春秋方剛，〔一〇〕忽於道德，〔一一〕意有所移，忠言未納，〔一二〕故臨遣太中大夫子蟜諭王朕意。〔一三〕孔子曰：『過而不改，是謂過矣。』〔一四〕王其深惟孰思之，無違朕意。」

〔一〕張晏曰：宣帝陵也。宫人無子，乃守園陵也。【補注】先謙曰：官本注末無「也」字。

〔二〕師古曰：「蹻」字或作「僑」，並音鉅昭反。【補注】齊召南曰：案，藝文志及劉向、王褒傳並作「僑」，則「僑」字是也。

〔三〕師古曰：約敕而曉告之也。

〔四〕師古曰：翼，佐也。

〔五〕【補注】先謙曰：官本「於」作「其」，引宋祁曰：「舊無『不』字，云『離於身』。蘇子瞻云，此文與孝經小異。離，附離也。今作『不離其身』，疑爲俗儒所添也。」錢大昭云：「於」閩本作「其」。

〔六〕師古曰：謂東平國之朝也。

〔七〕【補注】宋祁曰：下「紛」字當作「然」。

〔八〕師古曰：憯，痛也，音千感反。

〔九〕師古曰：大雅文王之詩也。無念，念也。言當念爾先祖之道，修其德，則長配天命，此乃所以自求多福。【補注】先謙曰：官本考證云：「今詩作『聿修』，即漢書他傳亦作『聿修』，惟此文作『述』，或齊魯韓三家所傳不同耳。」錢大昕云：「述與聿同。爾雅，遹，自也。孫炎云，遹，古述字，讀若聿。」

〔一〇〕師古曰：言其年少血氣盛。【補注】宋祁曰：注末當有「也」字。

〔一一〕師古曰：忽，遺忘也。

〔一二〕師古曰：謂漸染其惡人而移其性，未受忠言也。

〔一三〕師古曰：親臨遣之，令以朕意曉告王。

〔一四〕師古曰：論語載孔子之言也。謂人有失行，許以自新。

又特以璽書賜王太后，曰：「皇帝使諸吏宦者令承問東平王太后。〔一〕朕有聞，〔二〕王太后少加意焉。夫福善之門莫美於和睦，患咎之首莫大於內離。今東平王出襁褓之中而託于南面之位，加以年齒方剛，〔三〕涉學日寡，驁忽臣下，〔四〕不自它於太后，〔五〕以是之間，能無失禮義者，其唯聖人乎！傳曰：『父爲子隱，直在其中矣。』〔六〕王太后明察此意，不可不詳。閨門之內，母子之間，同氣異息，骨肉之恩，豈可忽哉！豈可忽哉！昔周公戒伯禽曰：『故舊無大故，則不可棄也，毋求備於一人。』〔七〕夫以故舊之恩，猶忍小惡，而況此乎！已遣使者諭王，王既悔過服罪，太后寬忍以貰之，〔八〕後宜不敢。〔九〕王太后強餐，止思念，慎疾自愛。」

〔一〕【補注】先謙曰：百官表，宦者令屬少府。

〔二〕師古曰：言母子不和也。不欲指斥言之，故云有聞也。

〔三〕【補注】宋祁曰：考諸本無「位加」字。劉敞曰：南面之文不具。

〔四〕師古曰：驁讀曰傲同。【補注】先謙曰：官本「曰傲」作「與敖」。

〔五〕李奇曰：不自它者，親之辭也。師古曰：言不自同它人。【補注】宋祁曰：注文「親」字上疑有「自」字。

〔六〕師古曰：論語云，葉公謂孔子曰：「吾黨有直躬者，其父攘羊而子證之。」孔子曰：「吾黨之直者異於是，父爲子隱，子爲父隱，直在其中矣。」故引之也。

〔七〕師古曰：事見論語。言人有小惡，當思其善，不可責以備行而即棄之耳。【補注】先謙曰：官本注末「耳」作「也」。

〔八〕師古曰：貰猶緩。【補注】宋祁曰：注末當有「也」字。

〔九〕師古曰：言王於後當不敢更爲非也。

宇慙懼，因使者頓首謝死罪，願洒心自改。〔一〕詔書又敕傅相曰：「夫人之性皆有五常，及其少長，耳目牽於耆欲，〔二〕故五常銷而邪心作，情亂其性，利勝其義，〔三〕而不失厥家者，未之有也。今王富於春秋，氣力勇武，獲師傅之教淺，加以少所聞見，自今以來，非五經之正術，敢以游獵非禮道王者，輒以名聞。」〔四〕

〔一〕師古曰：洒音先弟反。
〔二〕師古曰：耆讀曰嗜。
〔三〕張晏曰：性者，所受而生也。情者，見物而動者也。
〔四〕師古曰：道讀曰導。【補注】先謙〔曰〕：官本「讀曰」作「音」。

宇立二十年，元帝崩。宇謂中謁者信等曰：「漢大臣議天子少弱，未能治天下，以爲我知文法，建欲使我輔佐天子。〔一〕我見尚書晨夜極苦，使我爲之，不能也。今暑熱，縣官年少，〔二〕持服恐無處所，〔三〕我危得之！」〔四〕比至下，宇凡三哭，〔五〕飲酒食肉，妻妾不離側。又姬朐臑故親幸，後疏遠，〔六〕數歎息呼天。宇聞，斥朐臑爲家人子，〔七〕埽除永巷，數笞擊之。朐臑私疏宇過失，數令家告之。宇覺知，絞殺朐臑。有詔奏請逮捕，〔八〕有詔削樊、亢父二縣。〔九〕後三歲，天子詔有司曰：「蓋聞仁以親親，古之道也。前東平王有闕，〔一〇〕有司請廢，朕不忍。又請削，朕不敢專。〔一一〕惟王之至親，未嘗忘於心。今聞王改行自新，尊修經術，親近仁人，非法之求，不以奸吏，〔一二〕朕甚嘉焉。傳不云乎？朝過夕改，君子與之。其復前所削縣如故。」〔一三〕

〔一〕師古曰：建謂立其議。

〔二〕張晏曰：不敢指斥成帝，謂之縣官也。
〔三〕如淳曰：言不從道，冀如昌邑王也。
〔四〕孟康曰：危，殆也。我殆得爲天子也。師古曰：危者，猶今之言險不得之也。【補注】先謙曰：官本注末「也」作「矣」。
〔五〕張晏曰：下，下棺也。師古曰：比音必寐反。下音胡稼反。
〔六〕服虔曰：朐音劬。臑音奴溝反，又音奴皋反。
〔七〕師古曰：黜其秩位。
〔八〕【補注】錢大昭曰：「詔」當作「司」，閩本不誤。先謙曰：官本作「司」。
〔九〕師古曰：音抗甫。
〔一〇〕師古曰：闕謂過失也。
〔一一〕【補注】宋祁曰：「削」字下疑有「地」字。蘇輿曰：言不敢專己廢法，因聽削地。
〔一二〕師古曰：奸音干。
〔一三〕師古曰：復音扶目反。

後年來朝，上疏求諸子及太史公書，〔一〕上以問大將軍王鳳，〔二〕對曰：「臣聞諸侯朝聘，考文章，正法度，非禮不言。今東平王幸得來朝，不思制節謹度，以防危失，〔三〕而求諸書，〔四〕非朝聘之義也。諸子書或反經術，非聖人，或明鬼神，信物怪；〔五〕太史公書有戰國縱橫權譎之謀，漢興之初謀臣奇策，天官災異，地形阸塞：皆不宜在諸侯王。不可予。不許之辭宜曰：『五經聖人所制，萬事靡不畢載。王審樂道，〔六〕傅相皆儒者，旦夕講誦，足以正身虞意。〔七〕夫小辯破義，小道不通，致遠恐泥，皆不足以留意。〔八〕諸益於經術者，不愛於王。』」〔九〕對奏，天子如鳳言，遂不與。

〔一〕【補注】蘇輿曰：是時史記標名太史公，此稱其書名。自晉以後，始有史記之稱。
〔二〕【補注】宋祁曰：「鳳」字下當更有「鳳」字。
〔三〕師古曰：危失，謂失道而傾危也。
〔四〕【補注】宋祁曰：「書」字上當有「子」字。先謙曰：諸書統子、史言之，不當有「子」字。
〔五〕師古曰：物亦鬼。
〔六〕【補注】蘇輿曰：審猶誠也。
〔七〕師古曰：虞與娛同也。【補注】先謙曰：官本注末無「也」字。
〔八〕師古曰：論語稱孔子曰：「雖小道必有可觀者焉，致遠恐泥，是以君子不爲也。」泥爲陷滯不通也，音乃細反。【補注】先謙曰：官本注「泥」下「爲」作「謂」，同。
〔九〕師古曰：愛，惜也，於王無所惜。【補注】先謙曰：官本注末有「之」字。

立三十三年薨，〔一〕子煬王雲嗣。哀帝時，無鹽危山土自起覆草，如馳道狀，又瓠山石轉立。〔二〕雲及后謁自之石所祭，治石象瓠山〔三〕立石，束倍草，并祠之。〔四〕建平三年，〔五〕息夫躬、孫寵等共因幸臣董賢告之。〔六〕是時，哀帝被疾，多所惡，事下有司，逮王、后謁下獄驗治，言使巫傅恭、婢合歡等祠祭詛祝上，〔七〕爲雲求爲天子。雲又與知災異者高尚等指星宿，言上疾必不愈，雲當得天下。石立，宣帝起之表也。有司請誅王，有詔廢徙房陵。雲自殺，謁棄市。立十七年，國除。

〔一〕師古曰：皇覽云東平思王冢在無鹽，人傳言王在國思歸京師，後葬，其冢上松柏皆西靡也。【補注】沈欽韓曰：元和志，思王墓在鄆州須昌縣東四十九里，其松柏皆西靡。王奢侈，生葬所愛幸者，守冢者嘗聞號呼數年，後乃不復聞聲。案，劉孝標荅劉秣陵書云「東平之樹，望咸陽而西靡」。周壽昌曰：表作「三十二年」。先謙曰：思王冢在今泰安府東平州境。

〔二〕晉灼曰：漢注作「報山」。山脅石一枚，轉側起立，高九尺六寸，旁行一丈，廣四尺也。師古曰：報山，山名也。古作「瓠」字，爲其形似瓠耳。晉說是也。【補注】先謙曰：官本考證云：「息夫躬傳作『無鹽危山，有石自立，開道』，與此稍異。」先謙案：山東通志東平州北有瓠山，東北有危山。

〔三〕蘇林曰：於宮中作山象。【補注】宋祁曰：作山象瓠山。

〔四〕師古曰：倍草，黄倍草也，音步賄反。【補注】劉敞曰：「立石」屬上句。沈欽韓曰：夏官大馭注，菩芻爲神主。說文繫傳案，字書黄菩草，則說文亦作「菩」也。此「倍」乃借字。集韵作「蓓」，非。東菩草，并祠之，即菩芻爲神主也。

〔五〕【補注】朱一新曰：案，諸侯王表及帝紀乃三年事。先謙曰：官本作「三年」，是。

〔六〕【補注】周壽昌曰：躬因宋宏上變事。哀帝寵賢欲侯之，故詔云「躬、寵因賢以聞」，傳從詔書。

〔七〕如淳曰：傳恭，巫姓字。

元始元年，王莽欲反哀帝政，〔一〕白太皇太后，立雲太子開明爲東平王，又立思王孫成都爲中山王。〔二〕開明立三年，薨，無子。復立開明兄嚴鄉侯信子匡爲東平王，〔三〕奉開明後。王莽居攝，東郡太守翟義與嚴鄉侯信謀舉兵誅莽，立信爲天子。兵敗，皆爲莽所滅。

〔一〕師古曰：改其所爲也。

〔二〕【補注】周壽昌曰：成都於莽篡時貶爲公。明年，獻書言莽德，封烈侯，賜姓王。

〔三〕【補注】周壽昌曰：匡立在居攝元年。

中山哀王竟，初元二年立爲清河王。三年，徙中山，以幼少未之國。建昭四年，薨邸，葬杜陵，〔一〕無子，絶。太后歸居外家戎氏。〔二〕

〔一〕【補注】宋祁曰：江南本「邸」字上有「郡」字。浙本無。

〔二〕【補注】何焯曰：既立爲國君，則不當殤矣，乃不爲置後，使其母歸居外家，失禮甚矣。豈當時謬引「子卒，夫人姜氏歸於齊」之文耶？

孝元皇帝三男。王皇后生孝成帝，傅昭儀生定陶共王康，〔一〕馮昭儀生中山孝王興。

〔一〕師古曰：共讀曰恭。

定陶共王康，永光三年〔一〕立爲濟陽王。八年，徙爲山陽王。八年，徙定陶。王少而愛，〔二〕長多材藝，習知音聲，上奇器之。母昭儀又幸，幾代皇后太子。〔三〕語在元后及史丹傳。

〔一〕【補注】宋祁曰：一本作「元光三年」。

〔二〕師古曰：言少小即爲帝所愛。

〔三〕師古曰：幾音鉅衣反。

成帝即位，緣先帝意，厚遇異於它王。十九年薨，子欣嗣。十五年，成帝無子，徵入爲皇太子。上以太子奉大宗後，不得顧私親，乃立楚思王子景爲定陶王，奉共王後。成帝崩，太子即位，是爲孝哀帝。即位二年，追尊共王爲共皇，〔一〕置寢廟京師，序昭穆，儀如孝元帝。〔二〕徙定陶王景爲信都王云。〔三〕

〔一〕【補注】錢大昕曰：一本有「帝」字，衍文。哀紀、外戚傳但云共皇，無稱帝之文。丁姬初稱共皇后，後稱帝太后。太后之號，從子不從夫也。漢制非有天下者不稱帝，故高帝父太公稱太上皇，而後漢追稱孝德皇、孝崇皇、孝仁皇皆不稱帝。周壽昌曰：明監本、凌本有「帝」字。惟毛本無「帝」字，是也。哀紀「共」作「恭」。先謙曰：官本「皇」下有「帝」字。

〔二〕如淳曰：恭王，元帝子也。爲廟京師，列昭穆之次。如元帝，言如天子之儀。【補注】沈欽韓曰：言與元帝序昭穆，如魯閔、僖。

〔三〕如淳曰：不復爲定陶王立後者，哀帝自以己爲後故。【補注】何焯曰：楊廷和不先爲興獻王立後，故啓異日紛紜。若成帝，已有此舉，哀帝復蔑大宗而顧私親，且徙景封，其悖甚矣，宜享國之不永也。

中山孝王興，建昭二年王爲信都王。〔一〕十四年，徙中山。成帝之議立太子也，御史大夫孔光以爲尚書有殷及王，兄終弟及，〔二〕中山王元帝之子，宜爲後。成帝以中山王不材，又兄弟，不得相入廟。〔三〕外家王氏與趙昭儀皆欲用哀帝爲太子，故遂立焉。上乃封孝王舅馮參爲宜鄉侯，而益封孝王萬户，以尉其意。三十年，薨，子衎嗣。〔四〕七年，哀帝崩，無子，徵中山王衎入即位，是爲平帝。太皇太后以帝爲成帝後，故立東平思王孫桃鄉頃侯子成都爲中山王，奉孝王後。〔五〕王莽時絶。

〔一〕【補注】劉敞曰：「王爲信都王」，上「王」字當作「立」字。

〔二〕師古曰：謂兄死以弟代立，非父子相繼，故言及。【補注】何焯曰：案，公羊曰，臣子一例也。及謂次第及之，然未嘗不如父子相繼之禮。三綱五常，三代相因，周如是，則殷亦如是。顔注惑於後儒之説耳。

〔三〕【補注】宋祁曰：「入」字上當有「繼」字。

〔四〕師古曰：諸侯王表云：「中山孝王薨，綏和二年，王箕子嗣。」而元始二年詔云：「皇帝二名，通於器物，今更名合於古制。」是則嗣位之時名爲箕子，未諱衎也。今此傳云子衎嗣，蓋史家追書之也。【補注】宋祁曰：浙本注文「元始」字上有「平紀」字。

〔五〕【補注】何焯曰：此孔光知太后王氏追怨哀帝，遂不復主及王之議，使哀帝絶嗣也。

贊曰：孝元之後，徧有天下，〔一〕然而世絶於孫，豈非天哉！淮陽憲王於時諸侯爲聰察矣，張博誘之，幾陷無道。〔二〕詩云「貪人敗類」，〔三〕古今一也。

〔一〕師古曰：孝元之子孫徧得爲天子也。偏即古遍字。

〔二〕師古曰：幾音鉅依反。

〔三〕師古曰：大雅蕩之詩也。類，善也。言貪惡之人不可習近，則敗善也。【補注】蘇輿曰：顔注末語疑有脱誤。先謙曰：顧炎武云，大雅桑柔之詩，師古誤以爲蕩。

匡張孔馬傳第五十一

匡衡字稚圭，東海承人也。〔一〕父世農夫，至衡好學，家貧，庸作以供資用，〔二〕尤精力過絶人。諸儒爲之語曰：「無説詩，匡鼎來；〔三〕匡説詩，解人頤。」〔四〕

〔一〕師古曰：承音證。【補注】宋祁曰：集解音證。集解蓋臣瓚書也。先謙曰：承縣在今兖州府嶧縣西北一里。

〔二〕師古曰：庸作，言賣功庸爲人作役而受顧也。【補注】錢大昭曰：西京雜記：「匡衡勤學而無燭，鄰舍有燭而不逮，衡乃穿壁引其光，以書映光而讀之。邑人大姓，文不識，家富多書。衡乃與其傭作而不求償。主人怪，問衡。衡曰：『願得主人書遍讀之。』主人感歎，資給以書，遂成大學。」王符潛夫論云：「匡衡自鬻於保徒。」周壽昌曰：庸作即司馬相如傳所云「與庸保雜作」也。西京雜記言「衡與客作」。案，三國志注引魏略云「焦光饑則出爲人客作，飽食而已，不取其直」，是客作但供力役，不受庸貲。先謙曰：顔注順正文「以供資用」解之。雜記言客作不求償，自別一義耳。

〔三〕服虔曰：鼎猶言當也，若言匡且來也。應劭曰：鼎，方也。張晏曰：匡衡少時字鼎，長乃易字稚圭。世所傳衡與貢禹書，上言「衡敬報」，下言「匡鼎白」，知是字也。師古曰：服、應二説是也。賈誼曰「天子春秋鼎盛」，其義亦同，而張氏之説蓋穿鑿矣。假有其書，乃是後人見此傳云「匡鼎來」，不曉其意，妄作衡書云「鼎白」耳。字以表德，豈人之所自稱乎？今有西京雜記者，其書淺俗，出於里巷，多有妄説，乃云匡衡小名鼎，蓋絶知者之聽。【補注】宋祁曰：祝季張云，「匡鼎來」，來音離，協上韻。僕檢左傳宣公二年「棄甲復來」，亦音離。注文「若言匡且來也」考無「若」字。沈欽韓曰：西京雜記亦多可采。此書葛洪所序，其大駕鹵簿，雜入晉制，如枚、鄒諸賦，非閭巷所能造也。師古注擯斥過甚。周壽昌曰：賈捐之傳「顯鼎貴」，如淳注「言方且欲貴矣」，義亦猶是也。下云「匡説詩」，不云「鼎説詩」，益知鼎非字也。先謙曰：官本注「豈人」下無「之」字。

〔四〕如淳曰：使人笑不能止也。【補注】先謙曰：官本「説」作「語」，引宋祁曰，南本、浙本以「語」爲「説」。

衡射策甲科，以不應令除爲太常掌故，〔一〕調補平原文學。〔二〕學者多上書薦衡經明，當世少雙，令爲文學就官京師；後進皆欲從衡平原，衡不宜在遠方。事下太子太傅蕭望之、少府梁丘賀問，衡對詩諸大義，其對深美。〔三〕望之奏衡經學精習，説有師道，可觀覽。宣帝不甚用儒，遣衡歸官。〔四〕而皇太子見衡對，私善之。

〔一〕師古曰：投射得甲科之策，而所對文指不應令條也。儒林傳説歲課甲科爲郎中，乙科爲太子舍人，景科補文學掌故。今不應令，是不中甲科之令，所以止爲掌故。【補注】宋祁曰：注文浙本無「説」字。沈欽韓曰：史記丞相傳：「衡才下，數射策不中，至九，乃中丙科。補平原文學卒史。」摭言射策者，謂列冊於几案，貢人以矢投之，隨所中而對之也。周壽昌曰：景科即丙科，顔在唐時諱丙也。儒林傳自作「丙科」。

〔二〕師古曰：調，選也，音徒釣反。

〔三〕【補注】宋祁曰：別本作「矣」。當作「美」。

〔四〕【補注】周壽昌曰：遣歸平原學官舍。

會宣帝崩，元帝初即位，樂陵侯史高以外屬爲大司馬車騎將軍，領尚書事，前將軍蕭望之爲副。望之名儒，有師傅舊恩，天子任之，多所貢薦。高充位而已，〔一〕與望之有隙。長安令楊興説高曰：「將軍以親戚輔政，貴重於天下無二，然衆庶論議令問休譽不專在將軍者何也？〔二〕彼誠有所聞也。〔三〕以將軍之莫府，海内莫不印望，〔四〕而所舉不過私門賓客，乳母子弟，人情以不自知，〔五〕然一夫竊議，語流天下。夫富貴在身而列士不譽，〔六〕是有狐白之裘而反衣之也。〔七〕古人病其若此，故卑體勞心，以求賢爲務。傳曰：以賢難得之故因曰事不待賢，以食難得之故而曰飽不待食，或之甚者也。〔八〕平原文學匡衡材智有餘，經學絶倫，但以無階朝廷，故隨牒在遠方。〔九〕將軍誠召置莫府，學士歙然歸仁，〔一〇〕與參事議，觀其所有，貢之朝廷，必爲國器，〔一一〕以此顯示衆庶，名流於世。」高然其言，辟衡爲議曹史，薦衡於上，上以爲郎中，遷博士，給事中。〔一二〕

〔一〕師古曰：言凡事不在也。【補注】先謙曰：「不在」疑作「不任」。

〔二〕師古曰：令，善；問，名；休，美也。【補注】宋祁曰：注文「善」字「名」字下並當有「也」字。

〔三〕師古曰：以其不能進賢也。【補注】先謙曰：彼謂望之，聞謂薦達也。

〔四〕師古曰：印讀曰仰。

〔五〕師古曰：言高輕忽此事，不自知其非。【補注】錢大昭曰：「以」南監本、閩本作「忽」。先謙曰：官本作「忽」，是。

〔六〕【補注】王念孫曰：「譽」當爲「舉」，此涉上文「令聞休譽」而誤也。列士不舉，正對上文所舉不過私門賓客，乳母子弟而言。白帖十二、四十三引此并作「不舉」，漢紀同。

〔七〕師古曰：狐白，謂狐掖下之皮，其色純白，集以爲裘，輕柔難得，故貴也。反衣之者，以其毛在内也。今人則以背毛爲裘而棄其白，蓋取厚而温也。衣音於既反。【補注】宋祁曰：注文「故貴」字下疑有「之」字，「於既」字上疑有「音」字。先謙曰：官本有「音」字，宋所見本蓋無之。注「集以」官本作「集之」。

〔八〕【補注】先謙曰：官本「或」作「惑」。

〔九〕師古曰：階謂升次也。隨牒，謂隨選補之恒牒，不被超擢者。

〔一〇〕師古曰：誠謂實行之也。歙音翕。

〔一一〕師古曰：所有，謂材藝所長。

〔一二〕【補注】沈欽韓曰：史記云「御史徵之，以補百石屬，薦爲郎而補博士」，與此異。

是時，有日蝕地震之變，上問以政治得失，衡上疏曰：

臣聞五帝不同樂，〔一〕三王各異教，民俗殊務，所遇之時異也。陛下躬聖德，開太平之路，閔愚吏民觸法抵禁，〔二〕比年大赦，〔三〕使百姓得改行自新，天下幸甚。臣竊見大赦之後，姦邪不爲衰止，今日大赦，明日犯法，相隨入獄，此殆導之未得其務也。蓋保民者，「陳之以德義」，「示之以好惡」，〔四〕觀其失而制其宜，故動之而和，綏之而安。今天下俗貪財賤義，好聲色，上侈靡，廉恥之節薄，淫辟之意縱，〔五〕綱紀失序，疏者踰内，〔六〕親戚之恩薄，婚姻之黨隆，苟合徼幸，以身設利。不改其原，〔七〕雖歲赦之，刑猶難使錯而不用也。〔八〕

〔一〕【補注】先謙曰：官本「樂」作「禮」，引宋祁曰，「禮」監本作「樂」字，浙本同。案，禮樂記「五帝殊時，不相沿樂；三王異世，不相襲禮」，作「樂」是。

〔二〕師古曰：抵，觸也。【補注】宋祁曰：注文「抵」字下有「亦」字。

〔三〕師古曰：比，頻也。

〔四〕師古曰：保，養也。陳，施也。孝經曰「陳之以德義而民莫遺其親」，「示之以好惡而民知禁」，故衡引以爲言。

〔五〕師古曰：辟讀曰僻。

〔六〕師古曰：疏者，妻妾之家。內者，同姓骨肉也。踰謂過越也。

〔七〕師古曰：設，施也。原，本也。【補注】王引之曰：以身施利，殊爲不辭。「設」當爲「没」，草書相似而誤也。没謂貪冒也，冒、没語之轉耳。秦策「没利於前，而易患於後」，高注：「没，貪也。」一本「没利」作「設利」，誤與此同。史記春申君傳及新序善謀篇并作「没利」。晉語「再拜不稽首，不没爲後也」，韋注：「没，貪也。」下文又曰「退而不私，不没於利也」。史記貨殖傳「吏士舞文弄法，刻章僞書，不避刀鋸之誅者，没於賂遺也」。皆其證。

〔八〕師古曰：歲赦，謂每歲一赦也。錯，置也，音千故反。

臣愚以爲宜壹曠然大變其俗。孔子曰：「能以禮讓爲國乎，何有？」〔一〕朝廷者，天下之楨幹也。公卿大夫相與循禮恭讓，則民不爭；〔二〕好仁樂施，則下不暴；上義高節，則民興行；寬柔和惠，則衆相愛。四者，明王之所以不嚴而成化也。何者？朝有變色之言，則下有爭鬭之患；上有自專之士，則下有不讓之人；上有克勝之佐，〔三〕則下有傷害之心；上有好利之臣，則下有盜竊之民：此其本也。〔四〕今俗吏之治，皆不本禮讓，而上克暴，〔五〕或忮害好陷人於罪，〔六〕貪財而慕埶，故犯法者衆，姦邪不止，雖嚴刑峻

法，猶不爲變。此非其天性，有由然也。〔七〕

〔一〕師古曰：論語載孔子之言。謂能以禮讓治國，則其事甚易。【補注】先謙曰：官本注無「國」字。
〔二〕師古曰：循，順也。
〔三〕【補注】先謙曰：克勝，謂忌克求勝其民。
〔四〕師古曰：言下之所行，皆取化於上也。
〔五〕【補注】宋祁曰：「克」當作「刻」。
〔六〕師古曰：忮，堅也。謂酷害之心堅也。忮音之豉反。【補注】宋祁曰：忮字説見酷吏甯成傳。韋昭曰「忮音洎」。如淳曰「詩云『不忮不求』，㞋，弊也」。蕭該案「字書，忮，恨也，之豉反」。先謙曰：宋注「㞋」當爲「忮」之誤。
〔七〕師古曰：非其天性自惡，由上失於教化耳。

臣竊考國風之詩，周南、召南被賢聖之化深，故篤於行而廉於色。〔一〕鄭伯好勇，而國人暴虎；〔二〕秦穆貴信，而士多從死；〔三〕陳夫人好巫，而民淫祀；〔四〕晉侯好儉，而民畜聚；〔五〕太王躬仁，邠國貴恕。〔六〕由此觀之，治天下者審所上而已。〔七〕今之僞薄忮害，不讓極矣。臣聞教化之流，非家至而人説之也。〔八〕賢者在位，能者布職，〔九〕朝廷崇禮，百僚敬讓。道德之行，由内及外，自近者始，然後民知所法，遷善日進而不自知。是以百姓安，陰陽和，神靈應，而嘉祥見。詩曰：「商邑翼翼，四方之極；壽考且寧，以保我後生。」〔一〇〕此成湯所以建至治，保子孫，化異俗而懷鬼方也。〔一一〕今長安天子之都，親承聖化，然其習俗無以異於遠方，郡國來者無所法則，或見侈靡而放效之。〔一二〕此教化之原本，風俗之樞機，宜先正者也。

〔一〕師古曰：篤，厚也。謂樂得淑女以配君子，憂在進賢，不淫其色之類也。【補注】先謙曰：官本考證云：「此概論二南風化之美耳。注以關雎一詩爲解，非也。」

〔二〕師古曰：詩鄭風太叔于田之篇曰：「襢裼暴虎，獻于公所。將叔無狃，戒其傷汝。」襢裼，肉袒也。暴虎，空手以搏之也。公，鄭莊公也。將，請也。叔，莊公之弟太叔也。狃，忕也。汝亦太叔也。言以莊公好勇之故，太叔肉袒空手搏虎，取而獻之。國人愛叔，故請之曰勿忕爲之，恐傷汝也。襢音袒，裼音錫，字並從衣。將音千羊反。狃音女九反。【補注】宋祁曰：注文中三「虎」字浙本並作「彪」字。

〔三〕應劭曰：秦穆公與羣臣飲酒，酒酣，公曰：「生共此樂，死共此哀。」於是奄息、仲行、鍼虎許諾。及公薨，皆從死。黃鳥詩所爲作也。【補注】宋祁曰：「穆」字浙本作「繆」字。周壽昌曰：風俗通五霸篇云：「殺賢臣百里奚，以子車氏爲殉，詩黃鳥之所爲作，故謚曰繆。」與此注所引應說不同。

〔四〕張晏曰：胡公夫人，武王之女大姬，無子，好祭鬼神，鼓舞而祀，故其詩云：「坎其擊鼓，宛丘之下，無冬無夏，值其鷺羽。」

〔五〕師古曰：唐風山有樞之詩序云：「刺晉昭公也，不能修道以正其國，有財不能用，有鐘鼓不能以自樂。」其詩曰：「子有衣裳，弗曳弗婁。子有車馬，弗馳弗驅。宛其死矣，它人是愉。」故其俗皆吝嗇而積財也。畜讀曰蓄。

〔六〕師古曰：太王，周文王之祖，即古公亶父也。國於邠，修德行義。戎狄攻之，欲得地，與之。人人皆怒欲戰。古公曰：「以我故戰，殺人父子而居之，予不忍也。」乃與其私屬度漆沮，踰梁山，止於岐下。邠人舉國扶老攜弱，盡復歸古公於岐下。及它旁國聞古公仁，亦多歸之。邠即今豳州，是其地也。言化太王之仁，故其俗皆貴誠恕。【補注】宋祁曰：注文「父子而居之」浙本作「父子而君之」。王文彬曰：上皆引詩，此亦當本緜詩爲說。

〔七〕師古曰：上謂崇尚也。

〔八〕師古曰：言非家家皆到，人人勸説也。

〔九〕【補注】先謙曰：官本「布」作「在」，引宋祁曰，下「在」字越本作「布」字，别本同。王念孫云：「景祐本亦作『布職』。元紀曰：『明王在上，忠賢布職。』廣雅：『布，列也。』疑舊本作『布職』，而後人依孟子改之。」

〔一〇〕師古曰：商頌殷武之詩也。商邑，京師也。極，中也。言商邑之禮俗翼翼然可則傚，乃四方之中正也。王則壽考且安，以此全守我子孫也。【補注】宋祁曰：「我」一作「爾」。王念孫曰：案，此引詩本作「京邑翼翼，四方是則」，乃齊詩，非毛詩。下文「今長安天子之都」是承「京邑翼翼」言之，「郡國來者無所法則」是承「四方是則」言之。今本「京」作「商」，「是則」作「之極」，皆後人以毛詩改之也。師古所見本已誤。説見經義述聞。周壽昌曰：後書樊準傳「京師翼翼，四方是則」注「韓詩之文」。與齊詩同也。

〔一一〕應劭曰：鬼方，遠方也。【補注】齊召南曰：案，殷武所以頌高宗武丁，而衡云成湯事，蓋齊詩之説如此。

〔一二〕師古曰：放，依也，音甫往反。

臣聞天人之際，精祲有以相盪，〔一〕善惡有以相推，事作乎下者象動乎上，陰陽之理各應其感，陰變則靜者動，陽蔽則明者晻，〔二〕水旱之災隨類而至。今關東連年饑饉，百姓乏困，或至相食，此皆生於賦斂多，民所共者大，〔三〕而吏安集之〔四〕不稱之效也。陛下祗畏天戒，哀閔元元，大自減損，省甘泉、建章宮衛，罷珠崖，〔五〕偃武行文，將欲度唐虞之隆，絶殷周之衰也。〔六〕諸見罷珠崖詔書者，莫不欣欣，人自以將見太平也。宜遂減宮室之度，〔七〕省靡麗之飾，考制度，修外内，近忠正，遠巧佞，放鄭衛，進雅頌，舉異材，開直言，任温良之人，退刻薄之吏，顯絜白之士，昭無欲之路，〔八〕覽六蓺之意，察上世之務，明自然之道，博和睦之化，以崇至仁，匡失俗，易民視，〔九〕令海内昭然咸見本朝之所貴，道德弘於京師，淑問揚乎疆外，〔一〇〕然後大化可成，禮讓可興也。

〔一〕李奇曰：祲，氣也。言天人精氣相動也。師古曰：祲謂陰陽氣相浸漸以成災祥者也，音子鴆反。【補注】宋祁曰：字林云：「祲，精氣成祥也，音字鴆反。」沈欽韓曰：淮南泰族訓：「國危亡而天文變，世惑亂而虹蜺見，萬物有以相連，精祲有以相蕩也。」

〔二〕鄧展曰：靜者動，謂地震也。明者晻，謂日蝕也。師古曰：晻與暗同。【補注】先謙曰：官本考證引蕭該案：「字林曰『晻，不明也』，應劭曰『晻音闇』。」

〔三〕師古曰：共讀曰供。

〔四〕【補注】宋祁曰：江南本無「之」字，浙本有。

〔五〕【補注】宋祁曰：此下當有「郡」字。

〔六〕師古曰：度，過也。絶謂除其惡政也。

〔七〕【補注】先謙曰：度亦過也。

〔八〕師古曰：昭亦明也。

〔九〕師古曰：匡，正也。易，變也。【補注】宋祁曰：「視」字下疑有「聽」字。先謙曰：失與佚同。

〔一〇〕師古曰：淑，善也。問，名也。

上説其言，〔一〕遷衡爲光禄大夫、太子少傅。

〔一〕師古曰：説讀曰悦。

時，上好儒術文辭，頗改宣帝之政，言事者多進見，人人自以爲得上意。〔一〕又傅昭儀及子定陶王愛幸，寵於皇后、太子。〔二〕衡復上疏曰：

〔一〕【補注】先謙曰：「爲」字後人所加。凡漢書作以爲解者多不用「爲」字。間有用「爲」字。如韓王信傳「上以爲信壯武」，趙廣漢傳「以爲自漢興以來」，韓延壽傳「長老皆以爲便」，齊王肥傳「自以爲不得脱長安」，此類蓋删汰未盡。吴王濞傳「今吴王自以與大王同憂」，雋不疑傳「在位皆自以不及也」，于定國傳「民自以不冤」，嚴助傳「自以没身不見兵革」，尹翁歸傳「自以能不及」，常惠傳「自以當誅」，陳湯傳「自以無所之」，蕭望之傳「自以託師傅」，西南夷傳「各自以一州主」及本傳「人自以將見太平也」皆無「爲」字。史記淮南王傳「吾以爲不至如此」，本書伍被傳作「吾以不至如此」，班氏删去「爲」字，尤其顯證，不應於此文獨加「爲」字也。元紀「於是言事者衆，或進擢召見，人人自以得上意」，與此一事同文，亦不用「爲」字，更爲明白可據。

〔二〕師古曰：寵，踰也。

臣聞治亂安危之機，在乎審所用心。蓋受命之王務在創業垂統傳之無窮，繼體之君心存於承宣先王之德而褒大其功。昔者成王之嗣位，思述文武之道以養其心，休烈盛美皆歸之二后而不敢專其名，〔一〕是以上天歆享，鬼神祐焉。其詩曰：「念我皇祖，陟降廷止。」〔二〕言成王常思祖考之業，而鬼神祐助其治也。

〔一〕師古曰：休亦美也。烈，業也。后，君也。二君，文王、武王也。

〔二〕師古曰：周頌閔予小子之詩。言成王常念文王、武王之德，奉而行之，故鬼神上下臨其朝廷。【補注】宋祁曰：注文「詩」字下疑有「也」字。先謙曰：「念我」毛詩作「念茲」。

陛下聖德天覆，子愛海内，然陰陽未和，姦邪未禁者，殆論議者未丕揚先帝之盛功，〔一〕爭言制度不可用也，務變更之，〔二〕所更或不可行，而復復之，〔三〕是以羣下更相是非，〔四〕吏民無所信。臣竊恨國家釋樂成之業，而虚爲此紛紛也。〔五〕願陛下詳覽統業之事，留神於遵制揚功，以定羣下之心。大雅曰：「無念爾祖，聿修厥德。」〔六〕孔子著之孝經首章，蓋至德之本也。傳曰：「審好惡，理情性，而王道畢矣。」能盡其性，然後能盡人物之性；能盡人物之性，〔七〕可以贊天地之化。〔八〕治性之道，必審己之所有餘，而强其所不足。〔九〕蓋聰明疏通者戒於大察，寡聞少見者戒於雍蔽，〔一〇〕勇猛剛强者戒於大暴，仁愛温良者戒於無斷，湛靜安舒者戒於後時，〔一一〕廣心浩大者戒於遺忘。〔一二〕必審己之所當戒，而齊之以義，然後中和之化應，而巧僞之徒不敢比周而望進。〔一三〕唯陛下戒所以崇聖德。〔一四〕

〔一〕師古曰：丕，大也。「丕」字或作「本」，言修其本業而顯揚也。
〔二〕師古曰：更，改也。【補注】宋祁曰：「也」字當删。
〔三〕師古曰：下「復」音扶目反。
〔四〕師古曰：更音工衡反。
〔五〕師古曰：釋，廢也。樂成，謂已成之業，人情所樂也。
〔六〕師古曰：大雅文王之詩也。無念，念也。聿，述也。
〔七〕【補注】宋祁曰：江南本二句中並無「物」字。浙本有。

〔八〕師古曰：贊，明也。
〔九〕師古曰：强，勉也，音其兩反。
〔一〇〕師古曰：雍讀曰壅。
〔一一〕師古曰：湛讀曰沈。
〔一二〕【補注】先謙曰：廣大則易有所遺忘，故以爲戒。
〔一三〕師古曰：比音頻寐反。
〔一四〕【補注】先謙曰：「所」疑作「之」。

臣又聞室家之道修，則天下之理得，故詩始國風，〔一〕禮本冠婚。〔二〕始乎國風，原情性而明人倫也；本乎冠婚，正基兆而防未然也。福之興莫不本乎室家，之道衰莫不始乎梱内。〔三〕故聖王必慎妃后之際，别適長之位。〔四〕禮之於内也，卑不踰尊，新不先故，〔五〕所以統人情而理陰氣也。其尊適而卑庶也，適子冠乎阼，禮之用醴，〔六〕衆子不得與列，所以貴正體而明嫌疑也。非虚加其禮文而已，乃中心與之殊異，故禮探其情而見之外也。聖人動静游燕，所親物得其序；〔七〕得其序，則海内自修，百姓從化。如當親者疏，當尊者卑，〔八〕則佞巧之姦因時而動，以亂國家。故聖人慎防其端，禁於未然，不以私恩害公義。陛下聖德純備，莫不修正，則天下無爲而治。詩云：「于以四方，克定厥家。」〔九〕傳曰：「正家而天下定矣。」〔一〇〕

〔一〕師古曰：關雎美后妃之德，而爲國風之首。

〔二〕師古曰：禮記冠義曰：「冠者，禮之始也。」婚義曰：「婚者，禮之本也。」【補注】蘇輿曰：儀禮篇次首士冠、士昏，據鄭目録、大小戴及别録皆同，匡義指此。本亦始也。

〔三〕師古曰：梱與閫同，謂門橛也，音苦本反。【補注】錢大昭曰：「之道」二字當乙。先謙曰：官本作「道之衰」。

〔四〕師古曰：適讀曰嫡。其下並同。

〔五〕師古曰：隃與踰同。

〔六〕師古曰：阼，主階也。醴，甘酒也，貴於衆酒。

〔七〕師古曰：言凡物大小高卑皆有次序。

〔八〕師古曰：如，若也。

〔九〕師古曰：周頌桓之詩也。言欲治四方者，先當能定其家，從内以及外。

〔一〇〕師古曰：易家人卦之象也。【補注】何焯曰：衡爲少傅數年，乃遷光禄勳，時建昭元年也，則上疏時在初元三四年間。元帝初立，蕭望之、周堪輔政，選白劉更生、金敞拾遺左右，勸道以古制，多所欲匡正。以中書政本，欲更置士人。中書令弘恭、石顯與車騎將軍史高表裏，常獨持故事，不從望之等。衡本因高進，此疏所謂遵制揚功者，蓋與高、顯等陰爲唱和，務堅帝以率由宣帝故事；所謂釋樂成之業，虚爲紛紛，巧僞之徒不敢比周而望進，皆以杜塞堪、更生復進之路。如得其情，雖夷之誦六藝以文姦言可也。復條言慎妃后，别適長，則以身爲師傅，禍福共之。石顯又常擁佑太子。高子丹，帝命護太子家，故衡敢以爲言。且兩事並陳，聽者尤不之疑耳。先謙曰：官本「象也」作「象辭」。

衡爲少傅數年，數上疏陳便宜，及朝廷有政議，傅經以對，〔一〕言多法義。上以爲任公卿，〔二〕由是爲光禄勳、御史大夫。建昭三年，代韋玄成爲丞相，封樂安侯，食邑六百户。〔三〕

〔一〕師古曰：傳讀曰附。附，依也。

〔二〕師古曰：任，堪也。

〔三〕【補注】錢大昕曰：恩澤侯表作「六百四十七户」，此舉其成數耳。

元帝崩，成帝即位，衡上疏戒妃匹，勸經學威儀之則，曰：

陛下秉至孝，哀傷思慕不絶於心，未有游虞弋射之宴，〔一〕誠隆於慎終追遠，無窮已也。〔二〕竊願陛下雖聖性得之，〔三〕猶復加聖心焉。〔四〕詩云「煢煢在疚」，〔五〕言成王喪畢思慕，意氣未能平也，蓋所以就文武之業，崇大化之本也。〔六〕

〔一〕師古曰：虞與娛同。

〔二〕師古曰：慎終，慎孝道之終也。追遠，不忘本也。論語稱孔子：「慎終追遠，則民德歸厚矣。」故衡引之。【補注】王文彬曰：魯論曾子之言。顔引孔子，蓋誤。

〔三〕【補注】宋祁曰：「聖」字可删。

〔四〕師古曰：言天性已自然矣，又當加意也。

〔五〕師古曰：周頌閔予小子之詩。煢煢，憂貌也。疚，病也。【補注】先謙曰：官本「貌」下無「也」字。

〔六〕師古曰：就，成也。

臣又聞之師曰：〔一〕「妃匹之際，〔二〕生民之始，萬福之原。」婚姻之禮正，然後品物遂而天命全。〔三〕孔子論詩以關雎爲始，言太上者民之父母，〔四〕后夫人之行不侔乎天地，則無以奉神靈之統而理萬物之宜。〔五〕故詩曰：「窈窕淑女，君子好仇。」〔六〕言能致其貞淑，不貳其操，情欲之感無介乎容儀，〔七〕宴私之意不形乎動静，〔八〕夫然後可以配至尊而爲宗廟主。此綱紀之首，王教之端也，自上世已來，〔九〕三代興廢，未有不由此者也。願陛下詳覽得失盛衰之效以定大基，采有德，戒聲色，近嚴敬，遠技能。〔一〇〕

〔一〕【補注】蘇輿曰：據儒林傳，衡受詩后蒼。

〔二〕【補注】先謙曰：「妃匹」官本作「匹配」，引宋祁曰，「匹配」當作「妃匹」。

〔三〕師古曰：遂，成也。

〔四〕師古曰：太上，居尊上之位也。【補注】先謙曰：官本注末「也」作「者」。

〔五〕師古曰：侔，等也。

〔六〕師古曰：周南關雎之詩也。窈窕，幽閒也。仇，匹也。【補注】蘇輿曰：「仇」毛作「逑」，魯作「仇」。匡傳齊詩，據此知齊與魯同。

〔七〕服虔曰：不見色於容儀也。師古曰：介，繫也。言不以情欲繫心，而著於容儀者。【補注】宋祁曰：「無」當作「毋」。

〔八〕師古曰：形，見也。

〔九〕【補注】宋祁曰：「已」當作「以」。

〔一〇〕師古曰：無德之人，雖有技能則斥遠之。【補注】王文彬曰：技能，謂奇技淫巧。

竊見聖德純茂，專精詩書，好樂無厭。〔一〕臣衡材駑，〔二〕無以輔相善義，宣揚德音。〔三〕臣聞六經者，聖人所以統天地之心，著善惡之歸，明吉凶之分，通人道之正，〔四〕使不悖於其本性者也。〔五〕故審六蓺之指，則天人之理可得而和，草木昆蟲可得而育，此永永不易之道也。〔六〕及論語、孝經，聖人言行之要，宜究其意。〔七〕

〔一〕師古曰：樂音五教反。
〔二〕【補注】宋祁曰：蕭該作「材佽」。佽亦駑也。
〔三〕師古曰：相，助也。
〔四〕師古曰：分音扶問反。
〔五〕師古曰：悖，（乘）〔乖〕也，音布内反。
〔六〕師古曰：易，變也。
〔七〕師古曰：究，盡也。

臣又聞聖王之自爲動靜周旋，奉天承親，臨朝享臣，物有節文，以章人倫。〔一〕蓋欽翼祇栗，事天之容也；温恭敬遜，承親之禮也；〔二〕正躬嚴恪，臨衆之儀也；〔三〕嘉惠和説，饗下之顔也。〔四〕舉錯動作，物遵其儀，故形爲仁義，動爲法則。孔子曰：「德義可尊，容止可觀，進退可度，以臨其民，是以其民畏而愛之，則而象之。」〔五〕大雅云：「敬慎威儀，惟民之則。」〔六〕諸侯正月朝覲天子，天子惟道德，〔七〕昭穆穆以視之，〔八〕又觀以禮樂，饗醴乃歸。〔九〕故萬國莫不獲賜祉福，蒙化而成俗。今正月初幸路寢，臨朝賀，置酒以饗萬方，傳曰「君子慎始」，願陛下留神動靜之節，使羣下得望盛德休光，〔一〇〕以立基楨，〔一一〕天下幸甚！

〔一〕師古曰：物，事也。事事皆有節文。

〔二〕【補注】宋祁曰：浙本「禮」作「體」。

〔三〕師古曰：嚴讀曰儼。

〔四〕師古曰：説讀曰悦。饗，燕饗也。

〔五〕師古曰：孝經載孔子之言也。則，法也。象，似也。

〔六〕師古曰：抑之詩。

〔七〕【補注】先謙曰：惟，思念也。

〔八〕師古曰：昭，明也。穆穆，天子之容也。視讀曰示。

〔九〕師古曰：觀亦視也。饗醴，以醴酒饗也。

〔一〇〕師古曰：休，美也。

〔一一〕【補注】周壽昌曰：基，址也。楨，當牆兩端者也。基以立其址，楨以固其防，取義如此。

上敬納其言。頃之，衡復奏正南北郊，罷諸淫祀，語在郊祀志。

初，元帝時，中書令石顯用事，自前相韋玄成及衡皆畏顯，不敢失其意。至成帝初即位，衡乃與御史大夫甄譚共奏顯，〔一〕追條其舊惡，并及黨與。於是司隸校尉王尊劾奏：〔二〕「衡、譚居大臣位，知顯等專權埶，作威福，爲海内患害，不以時白奏行罰，而阿諛曲從，附下罔上，無大臣輔政之義，既奏顯等，不自陳不忠之罪，而反揚著先帝任用傾覆之徒，〔三〕罪至不道。」

有詔勿劾。衡慙懼，上疏謝罪，因稱病乞骸骨，上丞相樂安侯印綬。上報曰：「君以道德修明，位在三公，先帝委政，遂及朕躬。君遵修法度，勤勞公家，朕嘉與君同心合意，庶幾有成。今司隸校尉尊妄詆欺，加非於君，〔四〕朕甚閔焉。方下有司問狀，〔五〕君何疑而上書歸侯乞骸骨，是章朕之未燭也。〔六〕傳不云乎？『禮義不愆，何恤人之言！』〔七〕君其察焉。專精神，近醫藥，强食自愛。」因賜上尊酒、養牛。〔八〕衡起視事。上以新即位，褒優大臣，然羣下多是王尊者。衡嘿嘿不自安，每有水旱，風雨不時，連乞骸骨讓位。上輒以詔書慰撫，不許。

〔一〕【補注】劉奉世曰：「甄」當作「張」。沈欽韓曰：百官表、王尊傳皆作「張譚」，此誤。

〔二〕【補注】錢大昕曰：此奏已見尊傳，較此文爲詳。

〔三〕師古曰：著，明也。

〔四〕師古曰：詆，毀也，音丁禮反。

〔五〕師古曰：問司隸。

〔六〕師古曰：燭，照也。

〔七〕師古曰：愆，過也。恤，憂也。【補注】蘇輿曰：左昭四年傳引詩曰「禮義不愆，何恤於人言」，杜注「逸詩」。荀子正名篇引詩曰「禮義之不愆兮，何恤人之言兮」，楊注「逸詩也」。本書東方朔傳亦引作「詩云」，與荀子同，無兩「兮」字。此云傳，謂傳記有之，非謂左傳也。

〔八〕師古曰：上尊，解在薛廣德傳。

久之，衡子昌爲越騎校尉，醉殺人，繫詔獄。越騎官屬與昌弟且謀篡昌。〔一〕事發覺，衡免冠徒跣待罪，天子使謁者詔衡冠履。而有司奏衡專地盜土，衡竟坐免。

〔一〕師古曰：逆取曰簒。【補注】宋祁曰：注文「逆」監本作「奪」。

初，衡封僮之樂安鄉，〔一〕鄉本田隄封三千一百頃，〔二〕南以閩佰爲界。〔三〕初元元年，郡圖誤以閩佰爲平陵佰。積十餘歲，衡封〔四〕臨淮郡，遂封真平陵佰以爲界，多四百頃。至建始元年，郡乃定國界，上計簿，更定圖，言丞相府。〔五〕衡謂所親吏趙殷曰：〔六〕「主簿陸賜故居奏曹，習事，曉知國界，署集曹掾。」明年治計時，衡問殷國界事：「曹欲奈何？」殷曰：「賜以爲舉計，令郡實之。〔七〕恐郡不肯從實，可令家丞上書。」衡曰：「顧當得不耳，何至上書？」〔八〕亦不告曹使舉也，聽曹爲之。後賜與屬明〔九〕舉計曰：「案故圖，樂安鄉南以平陵佰爲界，不足故而以閩佰爲界，解何？」〔一〇〕郡即復以四百頃付樂安國。衡遣從史之僮，收取所還田租穀千餘石入衡家。〔一一〕司隸校尉駿、少府忠行廷尉事劾奏〔一二〕「衡監臨盜所主守直十金以上。〔一三〕春秋之義，諸侯不得專地，所以壹統尊法制也。衡位三公，輔國政，領計簿，知郡實，正國界，計簿已定而背法制，專地盜土以自益，及賜、明阿承衡意，猥舉郡計，亂減縣界，〔一四〕附下罔上，擅以地附益大臣，皆不道。」於是上可其奏，勿治，丞相免爲庶人，終於家。

〔一〕文穎曰：屬臨淮郡。【補注】先謙曰：官本「郡」作「鄉」。考證曰，當云屬臨淮郡。沈欽韓云，一統志樂安鄉在鳳陽府虹縣東北。

〔二〕師古曰：提封，舉其封界内之總數。

〔三〕師古曰：佰者，田之東西界也。閩者，佰之名也。佰音莫客反。【補注】宋祁曰：「佰」當作「陌」，注及下文並同。朱一新曰：佰即今陌字，古祇作「百」、作「佰」，韓延壽傳亦作「佰」。

〔四〕蘇林曰：平陵佰在閩佰南，誤十餘歲，衡乃始封此鄉。【補注】錢大昕曰：漢時郡國各有圖，至魏猶然。清河、平原爭界八年，更二刺史不決，孫禮請以烈祖初封平原時圖決之，是也。先謙曰：衡封，謂衡始封侯。

〔五〕【補注】先謙曰：郡言之。

〔六〕師古曰：所親，素所親任者。

〔七〕師古曰：舉發上計之簿，令郡故從平陵佰以爲定實。【補注】先謙曰：官本注「故」作「改」。

〔八〕師古曰：顧，念也。

〔九〕【補注】沈欽韓曰：集曹之屬，名明。

〔一〇〕師古曰：不足故者，不依故圖而滿足也。解何者，以分解此時意，猶今言分疏也。【補注】先謙曰：詰問郡不依故圖而以此爲解，是何意也。本書「何」字爲句。如周亞夫傳「君侯欲反何」，伍被傳「公獨以爲無福何」，汲黯傳「不早言之何」，皆其例也。顔説非。

〔一一〕【補注】錢大昕曰：衡以建昭三年封侯，距初元之元已十三年。又四歲，爲成帝建始元年，衡多收租入三歲矣。此租穀千餘石，即三歲中多收之數。郡初上計簿時還之官，至是乃復收之也。以是推之，列侯封户雖有定數，要以封界之廣狹，定租入之多寡，不專以户數爲定也。

〔一二〕【補注】錢大昕曰：公卿表，衡以建始三年十二月免相，而張忠爲少府在建始四年，不應有劾衡事。衡免相時，廷尉則何壽也。洪頤煊曰：恩澤侯表，衡以建始四年免。王商傳：「建始三年秋，京師民無故驚，言大水至。明年，商代匡衡爲丞相。」此傳是，公卿表誤也。

〔一三〕師古曰：十金以上，當時律定罪之次，若今律條言一尺以上，一匹以上。

〔一四〕師古曰：猥，曲也。【補注】宋祁曰：南本無「承」字，只云「阿丞相衡意」，浙本作「阿承」。

子咸亦明經，歷位九卿。〔一〕家世多爲博士者。

〔一〕【補注】錢大昕曰：咸字子期，元始三年爲左馮翊，見公卿表。

張禹字子文，河内軹人也，至禹父徙家蓮勺。〔一〕禹爲兒，數隨家至市，喜觀於卜相者前。〔二〕久之，頗曉其别蓍布卦意，〔三〕時從旁言。卜者愛之，又奇其面貌，謂禹父：「是兒多知，可令學經。」〔四〕及禹壯，至長安學，從沛郡施讎受易，琅邪王陽、膠東庸生問論語，既皆明習，有徒衆，舉爲郡文學。甘露中，諸儒薦禹，有詔太子太傅蕭望之問。〔五〕禹對易及論語大義，望之善焉，奏禹經學精習，有師法，可試事。〔六〕奏寢，罷歸故官。〔七〕久之，試爲博士。初元中，立皇太子，而博士鄭寬中以尚書授太子，薦言禹善論語。〔八〕詔令禹授太子論語，由是遷光禄大夫。數歲，出爲東平内史。

〔一〕師古曰：左馮翊縣名也，音輦酌。【補注】錢大昭曰：「白」當作「勺」。先謙曰：官本作「勺」。此傳寫之誤。

〔二〕師古曰：至其人之前而觀之。喜音許吏反。

〔三〕師古曰：别，分也，音彼列反。

〔四〕【補注】宋祁曰：「父」字下當有「曰」字。錢大昭曰：閩本有「曰」字。

〔五〕【補注】周壽昌曰：奉詔策問也。

〔六〕師古曰：試以職事也。
〔七〕師古曰：復謂不下也。
〔八〕【補注】宋祁曰：「善」字下疑有「説」字。

元帝崩，成帝即位，徵禹、寬中，皆以師賜爵關内侯，寬中食邑八百户，禹六百户。拜爲諸吏光禄大夫，秩中二千石，給事中，領尚書事。是時，帝舅陽平侯王鳳爲大將軍輔政專權，而上富於春秋，謙讓，方鄉經學，敬重師傅。〔一〕而禹與鳳並領尚書，内不自安，數病上書乞骸骨，欲退避鳳。上報曰：「朕以幼年執政，萬機懼失其中，君以道德爲師，故委國政。君何疑而數乞骸骨，忽忘雅素，欲避流言？〔二〕朕無聞焉。〔三〕君其固心致思，總秉諸事，推以孳孳，無違朕意。」〔四〕加賜黄金百斤、養牛、上尊酒，太官致餐，侍醫視疾，使者臨問。〔五〕禹惶恐，復起視事，河平四年，代王商爲丞相，封安昌侯。

〔一〕師古曰：鄉讀曰嚮。
〔二〕師古曰：雅素，故也。謂師傅故舊之恩。
〔三〕師古曰：不聞有毁短之言。
〔四〕【補注】宋祁曰：「無」當作「毋」。
〔五〕師古曰：侍醫，侍天子之醫。

爲相六歲，鴻嘉元年以老病乞骸骨，上加優再三，乃聽許。賜安車駟馬，黄金百斤，罷就第，以列侯朝朔望，位特進，見禮如丞相，置從事史五人，益封四百户。天子數加賞賜，前後數千萬。

禹爲人謹厚，内殖貨財，〔一〕家以田爲業。〔二〕及富貴，多買田至四百頃，皆涇、渭溉灌，極膏腴上賈。〔三〕它財物稱是。禹性習知音聲，内奢淫，身居大第，後堂理絲竹筦弦。〔四〕

〔一〕師古曰：殖，生也。
〔二〕【補注】宋祁曰：晏本「業」作「樂」。
〔三〕師古曰：賈讀曰價。
〔四〕如淳曰：今樂家五日一習樂爲理樂。師古曰：筦亦管字。【補注】劉敞曰：絲竹管絃等二物爾，於文爲駢。

禹成就弟子尤著者，淮陽彭宣至大司空，沛郡戴崇至少府九卿。宣爲人恭儉有法度，而崇愷弟多智，〔一〕二人異行。禹心親愛崇，敬宣而疏之。崇每候禹，常責師宜置酒設樂與弟子相娱。禹將崇入後堂飲食，婦女相對，優人筦弦鏗鏘極樂，昬夜乃罷。〔二〕而宣之來也，禹見之於便坐，〔三〕講論經義，日晏賜食，不過一肉巵酒相對。〔四〕宣未嘗得至後堂。及兩人皆聞知，各自得也。〔五〕

〔一〕師古曰：愷，樂也。弟，易也。言性和樂而簡易。
〔二〕師古曰：極樂，盡其歡樂之情。
〔三〕師古曰：便坐，謂非正寢，在於旁側可以延賓者也。坐音才卧反。

〔四〕師古曰：一豆之肉，一巵行酒。

〔五〕服虔曰：各自爲得宜。【補注】先謙曰：顧炎武云：「崇以禹爲親之，宣以禹爲敬之，故各自得。」

禹年老，自治冢塋，起祠室，好平陵肥牛亭部處地，〔一〕又近延陵，〔二〕奏請求之，上以賜禹，詔令平陵徙亭它所。曲陽侯根聞而爭之：「此地當平陵寢廟衣冠所出游道，〔三〕禹爲師傅，不遵謙讓，至求衣冠所游之道，又徙壞舊亭，重非所宜。〔四〕孔子稱『賜愛其羊，我愛其禮』，〔五〕宜更賜禹它地。」根雖爲舅，上敬重之不如禹，根言雖切，猶不見從，卒以肥牛亭地賜禹。根由是害禹寵，數毀惡之。〔六〕天子愈益敬厚禹。禹每病，輒以起居聞，〔七〕車駕自臨問之。上親拜禹牀下，禹頓首謝恩，歸誠，〔八〕言「老臣有四男一女，愛女甚於男，遠嫁爲張掖太守蕭咸妻，不勝父子私情，思與相近」。上即時徙咸爲弘農太守。又禹小子未有官，上臨候禹，禹數視其小子，上即禹牀下拜爲黄門郎，〔九〕給事中。

〔一〕師古曰：肥牛，亭名。欲得置亭處之地爲冢塋。

〔二〕【補注】宋祁曰：別本無「延」字，予謂當存「延」字。成帝營昌陵不成，更還延陵。

〔三〕【補注】先謙曰：游衣冠，詳叔孫通傳。

〔四〕師古曰：重音直用反。

〔五〕師古曰：論語云子貢欲去告朔之餼羊，孔子曰：「賜也，爾愛其羊，我愛其禮。」故引之。【補注】先謙曰：官本注無「孔」字。

〔六〕師古曰：惡謂言其過惡。

〔七〕師古曰：謂其食飲寢臥之增損。

〔八〕【補注】宋祁曰：「恩」字下當有「因」字。王念孫曰：宋說是也。「因歸誠」三字，下屬爲義。若無「因」字，則語意不完。此以恩、因二字相似，故寫者脱去「因」字耳。通典禮二十七有「因」字。

〔九〕【補注】宋祁曰：「郎」字上疑有「侍」字。

禹雖家居，以特進爲天子師，國家每有大政，必與定議。〔一〕永始、元延之間，日蝕地震尤數，吏民多上書言災異之應，譏切王氏專政所致。上懼變異數見，意頗然之，未有以明見，〔二〕乃車駕至禹弟，〔三〕辟左右，〔四〕親問禹以天變，因用吏民所言王氏事示禹。禹自見年老，子孫弱，又與曲陽侯不平，恐爲所怨。禹則謂上曰：〔五〕「春秋二百四十二年間，日蝕三十餘，地震五十六，〔六〕或爲諸侯相殺，或夷狄侵中國。災變之異深遠難見，故聖人罕言命，不語怪神。〔七〕性與天道，自子贛之屬不得聞，〔八〕何況淺見鄙儒之所言！〔九〕陛下宜修政事以善應之，與下同其福喜，此經義意也。〔一〇〕新學小生，亂道誤人，宜無信用，以經術斷之。」上雅信愛禹，由此不疑王氏。後曲陽侯根及諸王子弟聞知禹言，皆喜説，〔一一〕遂親就禹。〔一二〕禹見時有變異，若上體不安，擇日絜齋露蓍，〔一三〕正衣冠立筮，得吉卦則獻其占，如有不吉，禹爲感動憂色。〔一四〕

〔一〕師古曰：與讀曰豫。

〔二〕【補注】宋祁曰：「未」字上當有「而」字。

〔三〕【補注】先謙曰：官本作「第」。

〔四〕師古曰：辟讀曰闢。

〔五〕【補注】宋祁曰：「則」當作「即」。先謙曰：古則、即字通。

〔六〕【補注】宋祁曰：案，劉向傳「日蝕三十六，地震五」，今云「五十六」，疑衍「十六」兩字。今越本與別本無「十六」兩字。劉敞曰：案，春秋地震五耳，疑衍「十六」字。

〔七〕師古曰：罕，稀也。論語云「子罕言利與命與仁」，又曰「子不語怪力亂神」。

〔八〕師古曰：論語云「夫子之言性與天道，不可得而聞也」，謂孔子未嘗言性命之事及天道。

〔九〕【補注】先謙曰：官本「言」作「見」。

〔一〇〕【補注】先謙曰：官本作「福善」，引宋祁曰，「福善」越本作「福喜」。

〔一一〕師古曰：説讀曰悦。【補注】宋祁曰：「皆」當作「此」。

〔一二〕【補注】先謙曰：朱雲請上方劍斬禹，見雲傳。

〔一三〕服虔曰：露筮易蓍於星宿下，明日乃用。言得天氣也。師古曰：蓍，草名，筮者所用也，音式夷反。【補注】宋祁曰：「有」字上疑有「常」字。先謙曰：若，及也。官本注「露」下無「筮」字。

〔一四〕【補注】宋祁曰：「感動」字下疑有「有」字。

成帝崩，禹及事哀帝，建平二年薨，謚曰節侯。禹四子，長子宏嗣侯，官至太常，列於九卿。〔一〕三弟皆爲校尉散騎諸曹。

〔一〕【補注】先謙曰：宏字子夏，平帝元始二年爲太常，二月，貶爲越騎校尉，見公卿表。

初，禹爲師，以上難數對己問經，爲論語章句獻之。〔一〕始魯扶卿及夏侯勝、王陽、蕭望之、韋玄成皆説論語，篇第或異。禹先事王陽，後從庸生，采獲所安，〔二〕最後出而尊貴。諸儒爲之語曰：「欲爲論，念張文。」〔三〕由是學者多從張氏，餘家寖微。〔四〕

〔一〕【補注】周壽昌曰：藝文志論語家有魯安昌侯説二十一篇。

〔二〕【補注】先謙曰：謂文義所安。

〔三〕【補注】宋祁曰：監本、越本「欲」字下有「不」字。沈欽韓曰：論語集解序劉向言「安昌侯張禹本受魯論，兼講齊説，善者從之，號曰張侯論，爲世所貴」。案，此傳云「禹先事王陽，後從庸生」，然二人皆爲齊論，而藝文志直係張禹於魯論之下，志、傳不相蒙。傳爲疏。朱一新曰：論語序邢疏引漢書曰「欲不爲論，念張文」。阮元校勘記云宋本漢書有「不」字。周壽昌曰：念，背誦也。今猶云讀書爲念書。

〔四〕師古曰：寖，漸也。

孔光字子夏，孔子十四世之孫也。〔一〕孔子生伯魚鯉，〔二〕鯉生子思伋，〔三〕伋生子上帛，〔四〕帛生子家求，求生子真箕，〔五〕箕生子高穿。穿生順，〔六〕順爲魏相。順生鮒，鮒爲陳涉博士，死陳下。鮒弟子襄爲孝惠博士，長沙太傅。襄生忠，忠生武及安國，武生延年。〔七〕延年生霸，字次孺。霸生光焉。安國、延年皆以治尚書爲武帝博士。安國至臨淮太守。霸亦治尚書，事太傅夏侯勝，昭帝末年爲博士，宣帝時爲太中大夫，以選授皇太子經，遷詹事，〔八〕高密相。是時，諸侯王相在郡守上。〔九〕

〔一〕【補注】王鳴盛曰：十四世，連前後并及身總言之。後人言譜牒者當以此爲例。沈約宋書自序、蕭子顯南齊書序太祖道成先世例同。
〔二〕師古曰：名鯉，字伯魚。先言其字者，孔氏自爲譜諜，示尊其先也。下皆類此。
〔三〕師古曰：伋音級。
〔四〕【補注】宋祁曰：「帛」禮記作「白」，漢書作「帛」，古字通用。監本、浙本同。錢大昭曰：孔子世家作「白」。
〔五〕【補注】齊召南曰：案，子眞箕，史記作「箕，字子京」。
〔六〕【補注】齊召南曰：史記作「子愼」。
〔七〕【補注】宋祁曰：浙本、監本無「忠生」二字，於「安國」字下又添「忠」字，云「襄生忠武及安國，忠武生延年」。齊召南曰：史記云「武生延年及安國」，世次不同，必有一誤。
〔八〕【補注】先謙曰：百官表，詹事掌皇后太子家，成帝省併大長秋。
〔九〕【補注】錢大昭曰：漢制，王國相統衆官，尚有内史治國民，故在郡守上。至成帝時，省内史而令相治民，則與郡守等矣。

元帝即位，徵霸，以師賜爵關内侯，食邑八百户，號褒成君，〔一〕給事中，加賜黄金二百斤，第一區，徙名數于長安。〔二〕霸爲人謙退，不好權埶，常稱爵位泰過，何德以堪之！上欲致霸相位，自御史大夫貢禹卒，及薛廣德免，輒欲拜霸。霸讓位，自陳至三，上深知其至誠，乃弗用。〔三〕以是敬之，賞賜甚厚。及霸薨，上素服臨弔者再，至賜東園祕器錢帛，〔四〕策贈以列侯禮，〔五〕謚曰烈君。

〔一〕如淳曰：爲帝師，教令成就，故曰褒成君。【補注】宋祁曰：注文「爲帝師教令成就」當作「嘗爲帝師教帝令成就」。蘇輿曰：後王莽封孔子後孔均爲褒成侯，奉其祀。謚孔子爲褒成宣尼公。褒成之名即原於此。

〔二〕師古曰：名數，户籍也。

〔三〕【補注】宋祁曰：「三」字下當有「日」字。

〔四〕【補注】先謙曰：東園祕器解見霍光傳。

〔五〕【補注】宋祁曰：「贈」一作「賜」。

霸四子，長子福，嗣關内侯。〔一〕次子捷、捷弟喜皆列校尉諸曹。光，最少子也，經學尤明，年未二十，〔二〕舉爲議郎。光禄勳匡衡舉光方正，爲諫大夫。〔三〕坐議有不合，左遷虹長，〔四〕自免歸教授。成帝初即位，舉爲博士，數使録冤獄，行風俗，〔五〕振贍流民，奉使稱旨，〔六〕由是知名。是時，博士選三科，高第爲尚書，〔七〕次爲刺史，其不通政事，以久次補諸侯太傅。光以高第爲尚書，觀故事品式，數歲明習漢制及法令。上甚信任之，轉爲僕射，尚書令。〔八〕有詔光周密謹慎，未嘗有過，〔九〕加諸吏官，〔一〇〕以子男放爲侍郎，給事黄門。數年，遷諸吏光禄大夫，秩中二千石，給事中，賜黄金百斤，領尚書事。後爲光禄勳，復領尚書，諸吏給事中如故。凡典樞機十餘年，守法度，修故事。上有所問，據經法以心所安而對，不希指苟合；〔一一〕如或不從，不敢强諫爭，以是久而安。〔一二〕時有所言，輒削草稿，〔一三〕以爲章主之過，以奸忠直，人臣大罪也。〔一四〕有所薦舉，唯恐其人之聞知。沐日歸休，兄弟妻子燕語，終不及朝省政事。或問光：「温室省中樹皆何木也？」〔一五〕光嘿不應，更答以它語，其不泄如是。光，帝師傅子，少以經行自著，進官蚤成。〔一六〕不結黨友，養游說，有求於人。既性自守，亦其勢然也。〔一七〕徙光禄勳爲御史大夫。

〔一〕【補注】宋祁曰：監、浙二本皆云「嗣爵」。
〔二〕【補注】宋祁曰：「二」一作「三」。
〔三〕【補注】先謙曰：官本「諫」下有「議」字。
〔四〕師古曰：不合，謂不合天子意也。虹，沛之縣也，音貢。【補注】先謙曰：官本注無「之」字。「虹」，地理作「㺋」，今泗州治。
〔五〕師古曰：行音下更反。
〔六〕【補注】宋祁曰：「旨」當作「意」，越本作「意」。
〔七〕【補注】先謙曰：官本無「第」字，引宋祁曰，監本、浙本作「三科高第」。
〔八〕師古曰：先爲僕射，後爲尚書令。
〔九〕【補注】宋祁曰：「有詔」字下當有「以」字。
〔一〇〕【補注】先謙曰：百官表，諸吏，加官，所加或尚書令。此其一證。
〔一一〕師古曰：希指，希望天子之旨意也。【補注】先謙曰：官本注無「之」字。
〔一二〕【補注】宋祁曰：浙本云「獲安」。
〔一三〕師古曰：言已繕事書，輒削壞其草。【補注】先謙曰：官本注「師古」作「服虔」，無「事」字，「草」下有「也」字。引宋祁曰，注文「繕」字下監本有「事」字。
〔一四〕師古曰：奸，求也。奸忠直之名也。奸音干。【補注】宋祁曰：注文「奸忠」當作「求忠」。王念孫曰：案，如師古說，則「忠直」下須加「之名」二字，而其義始明矣。漢紀孝成紀作「以訐爲忠直」，是也。「訐」字正承「章主之過」而言，且用論語「訐以爲直」之文。今本「訐」誤爲「奸」，又脱「爲」字耳。

〔一五〕晉灼曰：長樂宫中有温室殿。

〔一六〕師古曰：蚤（音）〔古〕早字。

〔一七〕師古曰：言以名父之子，學宦早成，不須黨援也。【補注】宋祁曰：注文「宦」字别本作「官」。

綏和中，上即位二十五年，無繼嗣，至親有同産弟中山孝王及同産弟子定陶王在。定陶王好學多材，於帝子行。〔一〕而王祖母傅太后陰爲王求漢嗣，私事趙皇后、昭儀及帝舅大司馬驃騎將軍王根，故皆勸上。上於是召丞相翟方進、御史大夫光、右將軍廉褒、後將軍朱博，皆引入禁中，議中山、定陶王誰宜爲嗣者。〔二〕方進、根以爲定陶王帝弟之子，禮曰「昆弟之子猶子也」，「爲其後者爲之子也」，定陶王宜爲嗣。褒、博皆如方進、根議。光獨以爲禮立嗣以親，中山王先帝之子，帝親弟也，以尚書盤庚殷之及王爲比，〔三〕中山王宜爲嗣。上以禮兄弟不相入廟，又皇后、昭儀欲立定陶王，故遂立爲太子。光以議不中意，左遷廷尉。〔四〕

〔一〕師古曰：行音胡浪反。【補注】宋祁曰：「於帝子行」越本云「於帝爲子行」。

〔二〕【補注】先謙曰：官本「宜」作「可」，引宋祁曰，「可」字越本作「宜」字。

〔三〕師古曰：兄終弟及也。比音必寐反。【補注】沈欽韓曰：盤庚爲陽甲之弟，受於兄，故云及王。

〔四〕師古曰：中，當也。

光久典尚書，練法令，號稱詳平。時定陵侯淳于長坐大逆誅，長小妻迺始等六人皆以長事未發覺時棄去，或更嫁。及長事發，丞相方進、大司空武議，〔一〕以爲「令，犯法者各以法時律令論之，〔二〕明有所訖也。〔三〕長犯大逆時，迺始等見爲長妻，已有當坐之罪，與身犯法無異。後乃弃去，於法無以解。〔四〕請論」。光議以爲「大逆無道，父母妻子同産無少長皆弃市，欲懲後犯法者也。〔五〕夫婦之道，有義則合，無義則離。長未自知當坐大逆之法，〔六〕而弃去迺始等，或更嫁，義已絶，而欲以爲長妻論殺之，名不正，不當坐」。有詔光議是。

〔一〕師古曰：翟方進及何武。
〔二〕師古曰：此其引令條之文也。法時謂始犯法之時也。【補注】先謙曰：官本注「其」作「具」。
〔三〕師古曰：訖，止也。
〔四〕師古曰：解，免也。
〔五〕師古曰：懲，創止也。【補注】先謙曰：官本無「後」字，引宋祁曰，監本正文「懲」字下有「後」字。
〔六〕【補注】先謙曰：官本無「自」字，引宋祁曰「知」字上當有「自」字。

是歲，右將軍褒、後將軍博坐定陵、紅陽侯〔一〕皆免爲庶人。以光爲左將軍，居右將軍官職，執金吾王咸爲右將軍，居後將軍官職。罷後將軍官。數月，丞相方進薨，召左將軍光，當拜，已刻侯印書贊，〔二〕上暴崩，即其夜於大行前拜受丞相博山侯印綬。

〔一〕師古曰：廉褒、朱博坐與淳于長、王立交厚也。

〔二〕師古曰：贊，進也，延進而拜之。書贊者，書贊辭於策也。

哀帝初即位，躬行儉約，省減諸用，政事由己出，朝廷翕然，望至治焉。褒賞大臣，益封光千户。時成帝母太皇太后自居長樂宫，而帝祖母定陶傅太后在國邸，有詔問丞相、大司空：「定陶共王太后宜當何居？」光素聞傅太后爲人剛暴，長於權謀，自帝在襁緥而養長教道至於成人，帝之立又有力。光心恐傅太后與政事，〔一〕不欲令與帝旦夕相近，即議以爲定陶太后宜改築宫。大司空何武曰：「可居北宫。」上從武言。北宫有紫房復道通未央宫，〔二〕傅太后果從復道朝夕至帝所，求欲稱尊號，貴寵其親屬，使上不得直道而行。〔三〕頃之，太后從弟子傅遷在左右尤傾邪，上免官遣歸故郡。傅太后怒，上不得已復留遷。光與大司空師丹奏言：「詔書『侍中駙馬都尉遷巧佞無義，漏泄不忠，國之賊也，免歸故郡』。復有詔止。天下疑惑，無所取信，虧損聖德，誠不小愆。陛下以變異連見，避正殿，見羣臣，思求其故，至今未有所改。〔四〕臣請歸遷故郡，以銷姦黨，應天戒。」卒不得遣，復爲侍中。脅於傅太后，皆此類也。

〔一〕師古曰：與讀曰豫。
〔二〕師古曰：復讀曰複。
〔三〕師古曰：不得依正直之道。【補注】先謙曰：官本無「而」字，引宋祁曰，「行」字上監本有「而」字。
〔四〕師古曰：舊有不善之事，皆未改除。

又傅太后欲與成帝母俱稱尊號，羣下多順指，言母以子貴，宜立尊號以厚孝道。唯師丹與光持不可。〔一〕上重違大臣正議，〔二〕又内迫傅太后，猗違者連歲。〔三〕丹以罪免，〔四〕而朱博代爲大司空。光自先帝時議繼嗣有持異之隙矣，又重忤傅太后指，〔五〕由是傅氏在位者與朱博爲表裏，共毁譖光。後數月遂策免光曰：「丞相者，朕之股肱，所與共承宗廟，統理海内，〔六〕輔朕之不逮以治天下也。朕既不明，災異重仍，〔七〕日月無光，山崩河決，五星失行，是章朕之不德而股肱之不良也。〔八〕君前爲御史大夫，輔翼先帝，〔九〕出入八年，卒無忠言嘉謀，今相朕，出入三年，憂國之風復無聞焉。陰陽錯謬，歲比不登，〔一〇〕天下空虚，百姓饑饉，父子分散，流離道路，以十萬數。而百官羣職曠廢，〔一一〕姦軌放縱，盜賊並起，或攻官寺，殺長吏。數以問君，君無怵惕憂懼之意，對毋能爲。〔一二〕是以羣卿大夫咸惰哉莫以爲意，咎由君焉。君秉社稷之重，總百僚之任，上無以匡朕之闕，下不能綏安百姓。書不云乎？『毋曠庶官，天工人其代之。』〔一三〕於虖！〔一四〕君其上丞相博山侯印綬，罷歸。」〔一五〕

〔一〕蘇林曰：執持不可。【補注】先謙曰：官本注末有「也」字。

〔二〕師古曰：重，難也。

〔三〕如淳曰：不決事之言也。師古曰：猗違猶依違耳。猗音於奇反。【補注】先謙曰：官本無「耳」字。猗、依通假字。

〔四〕【補注】宋祁曰：「丹」字下當有「先」字。

〔五〕師古曰：重音直用反。【補注】宋祁曰：「又」字上當有「後」字。先謙曰：官本注無「音」字。

〔六〕師古曰：共讀曰恭。

〔七〕師古曰：仍，頻也。重音直用反。
〔八〕師古曰：章，明也。
〔九〕【補注】先謙曰：官本「輔翼」作「翼輔」。
〔一〇〕師古曰：比，頻也。
〔一一〕師古曰：曠，空也。
〔一二〕師古曰：言盜賊不能爲害。
〔一三〕師古曰：虞書咎繇謩之辭也。位非其人，是爲空官。言人代天理官，不可以天官私非其材。
〔一四〕師古曰：於讀曰烏。虖讀曰呼。
〔一五〕師古曰：漢舊儀云丞相有它過，使者奉策書，即時步出府，乘棧車歸田里。【補注】周壽昌曰：據朱博傳知亦免爲庶人也。

光退閒里，杜門自守。〔一〕而朱博代爲丞相，數月，坐承傅太后指妄奏事自殺。平當代爲丞相，數月薨。王嘉復爲丞相，〔二〕數諫爭忤指，旬歲間閱三相，〔三〕議者皆以爲不及光。上由是思之。

〔一〕師古曰：杜，塞也。
〔二〕【補注】宋祁曰：「復」字下當有「代」字。
〔三〕師古曰：閱猶歷也。【補注】王文彬曰：「旬歲」乃「三歲」之誤。公卿表建平二年四月，光免，歷建平三年、四年，至元壽元年三月，王嘉下獄死，恰三歲。

會元壽元年正月朔日有蝕之，後十餘日傅太后崩，是月徵光詣公車，問日蝕事。光對曰：「臣聞日者，衆陽之宗，人君之表，至尊之象。君德衰微，陰道盛彊，侵蔽陽明，則日蝕應之。書曰『羞用五事』，『建用皇極』。〔一〕如貌、言、視、聽、思失，〔二〕大中之道不立，則咎徵薦臻，六極屢降。皇之不極，是爲大中不立，其傳曰『時則有日月亂行』，謂朓、側匿，〔三〕甚則薄蝕是也。又曰『六沴之作』，〔四〕歲之朝曰三朝，〔五〕其應至重。乃正月辛丑朔日有蝕之，變見三朝之會。上天聰明，苟無其事，變不虛生。書曰『惟先假王正厥事』，〔六〕言異變之來，起事有不正也。臣聞師曰，天右與王者，〔七〕故災異數見，以譴告之，欲其改更。若不畏懼，有以塞除，而輕忽簡誣，則凶罰加焉，其至可必。〔八〕詩曰：『敬之敬之，天惟顯思，命不易哉！』〔九〕又曰：『畏天之威，于時保之。』〔一〇〕皆謂不懼者凶，懼之則吉也。陛下聖德聰明，兢兢業業，〔一一〕承順天戒，敬畏變異，勤心虛己，延見羣臣，思求其故，然後敕躬自約，總正萬事，放遠讒說之黨，援納斷斷之介，〔一二〕退去貪殘之徒，進用賢良之吏，平刑罰，薄賦斂，恩澤加於百姓，誠爲政之大本，應變之至務也。天下幸甚。書曰『天既付命正厥德』，〔一三〕言正德以順天也。又曰『天棐諶辭』，〔一四〕言有誠道，天輔之也。明承順天道在於崇德博施，加精致誠，孳孳而已。〔一五〕俗之祈禳小數，終無益於應天塞異，銷禍興福，〔一六〕較然甚明，無可疑惑。」〔一七〕

〔一〕師古曰：周書洪範之言。羞，進也。皇，大也。極，中也。

〔二〕師古曰：如，若也。【補注】先謙曰：官本注末無「也」字。

〔三〕孟康曰：眺，行疾也。側匿，行遲也。師古曰：眺音吐了反。【補注】宋祁曰：浙本有兩「亂行」字。眺，案書曰「眺晦而日見西方」也，蕭該音丑召反。先謙曰：官本正文、注「匿」皆作「慝」。慝、匿同字。

〔四〕師古曰：沴，惡氣也，音戾。【補注】宋祁曰：韋昭云，沴，謂皇極五行之氣相沴戾不和，音持軫反。服虔曰，沴音戾。

〔五〕師古曰：歲之朝，月之朝，日之朝，故曰三朝。

〔六〕師古曰：商書高宗肜日之辭也。假，至也。言先代至道之王必正其事。

〔七〕師古曰：右讀曰佑。佑，助也。【補注】宋祁曰：「右」景祐本作「左」，注亦作「左」。予案，王商傳「擁佑太子」注：「佑，助也。」凡右爲親，左爲遠，故左遷、左道皆離背去正之義，不得訓左爲助也。王念孫曰：案，子京改「左」爲「右」，而各本皆從之，非也。古無佐字，但作左。説文：「左，則箇切。ナ手相左也，ナ，則可切。徐鍇本譌作「手ナ相左也」。徐鉉改爲「手相左助也」，尤非，今訂正。从ナ工。」爾雅曰：「詔、亮、左、右、相，導也。詔、相、導、左、右、助，勴也。左、右，亮也。」凡經典中佐佑字皆作左右。師古注韋玄成傳、師丹傳并云：「左右，助也。左讀曰佐。右讀曰佑。」子京不知左爲古佐字，故有此謬説。

〔八〕師古曰：言輕忽天戒，簡傲欺誣者，其罰必至。

〔九〕師古曰：周頌敬之篇。顯，明也。思，辭也。言天甚明察，宜敬之，以承受天命甚難。【補注】宋祁曰：浙本注云「師古曰：周頌敬之篇也。敬，肅也。顯，明也。思，辭也。言天甚明察，宜敬以承之，受天命甚難也」。先謙曰：官本注末有「也」字。

〔一〇〕師古曰：周頌我將之詩。言必敬天之威，於是乃得安。

〔一一〕師古曰：兢兢，戒也。業業，危也。

〔一二〕師古曰：援，引也。斷斷，專壹之貌。介謂一介之人。援音爰。【補注】周壽昌曰：書秦誓「如有一介臣，斷斷猗」。先謙曰：尚書「庶頑讒説」。

〔一三〕師古曰：商書高宗肜日之辭。言既受天命，宜正其德。

〔一四〕師古曰：周書大誥之辭。棐，輔也。諶，誠也。諶辭，至誠之辭也。棐音匪。諶音上林反。

〔一五〕師古曰：孳孳，不怠也。孳音兹。

〔一六〕師古曰：祈，求福也。禳，除禍也。

〔一七〕師古曰：較，明貌也，音角。【補注】先謙曰：官本注「也」作「較」。

書奏，上説，〔一〕賜光束帛，拜爲光禄大夫，秩中二千石，給事中，位次丞相。〔二〕詔光舉可尚書令者封上，光謝曰：「臣以朽材，前比歷位典大職，卒無尺寸之效，〔三〕幸免罪誅，全保首領，今復拔擢，備内朝臣，與聞政事。〔四〕臣光智謀淺短，犬馬齒截，〔五〕誠恐一旦顛仆，無以報稱。〔六〕竊見國家故事，尚書以久次轉遷，非有踔絶之能，不相踰越。〔七〕尚書僕射敞，公正勤職，通敏於事，可尚書令。謹封上。」敞以舉故，爲東平太守。〔八〕敞姓成公，東海人也。〔九〕

〔一〕師古曰：説讀曰悦。

〔二〕【補注】周壽昌曰：罷相復起，降秩拜官，漢相中僅見。

〔三〕師古曰：卒，終也。【補注】宋祁曰：「謝」字上當有「固」字。「前比歷位典大職」，考本、越本、邵本並作「前所歷位天職」。

〔四〕師古曰：與讀曰豫。

〔五〕師古曰：截，老也，讀與耋同。今書本有作截字者，俗寫誤也。

〔六〕師古曰：稱，副也。

〔七〕師古曰：踔，高遠也，音竹角反。

〔八〕【補注】宋祁曰：「舉」字上當有「光」字。錢大昭曰：王國有相，無太守，此言太守者，東平王雲以建平三年有罪國除，至開明嗣封，在元始元年，其間爲郡者四五年，敞爲郡守正當其時。

〔九〕【補注】錢大昭曰：廣韻作「東郡人」。

光爲大夫月餘，丞相嘉下獄死，〔一〕御史大夫賈延免。光復爲御史大夫，二月復丞相，〔二〕復故國博山侯。上乃知光前免非其罪，以過近臣毀短光者，〔三〕復免傅嘉，〔四〕曰：「前爲侍中，毀譖仁賢，誣愬大臣，令俊艾者久失其位。〔五〕嘉傾覆巧僞，挾姦以罔上，崇黨以蔽朝，傷善以肆意。〔六〕詩不云乎？『讒人罔極，交亂四國。』〔七〕其免嘉爲庶人，歸故郡。」

〔一〕師古曰：王嘉也。

〔二〕【補注】先謙曰：官本「復」作「爲」，是。

〔三〕【補注】先謙曰：過，責也。

〔四〕【補注】先謙曰：官本無「復」字，引宋祁曰「免」字上當有「復」字。

〔五〕師古曰：艾讀曰乂。

〔六〕師古曰：肆，極也。

〔七〕師古曰：小雅青蠅之詩，解在車千秋傳。

明年，定三公官，光更爲大司徒。會哀帝崩，太皇太后以新都侯王莽爲大司馬，徵立中山王，是爲平帝。帝年幼，太后稱制，委政於莽。初，哀帝罷黜王氏，故太后與莽怨丁、傅、董賢之黨。莽以光爲舊相名儒，天下所信，太后敬之，備禮事光。所欲搏擊，輒爲草，以太后指風光令上之，〔一〕厓眥莫不誅傷。〔二〕莽權日盛，光憂懼不知所出，上書乞骸骨。莽白太后：「帝幼少，宜置師傅。」徙光爲帝太傅，位四輔，給事中，領宿衞供養，行内〔三〕署門户，省服御食物。〔四〕明年，徙爲太師，〔五〕而莽爲太傅。光常稱疾，不敢與莽並。有詔朝朔望，領城門兵。莽又風羣臣奏莽功德，稱宰衡，位在諸侯王上，百官統焉。〔六〕光愈恐，固稱疾辭位。太后詔曰：「太師光，聖人之後，先師之子，德行純淑，道術通明，居四輔職，輔道于帝。〔七〕今年耆有疾，俊艾大臣，惟國之重，其猶不可以闕焉。〔八〕書曰『無遺耇老』，〔九〕國之將興，尊師而重傅。其令太師毋朝，十日一賜餐。賜太師靈壽杖，〔一〇〕黄門令爲太師省中坐置几，太師入省中用杖，賜餐十七物，〔一一〕然後歸老于第，官屬按職如故。」〔一二〕

〔一〕師古曰：謂文書之藁草也。風讀曰諷。次下亦同。【補注】先謙曰：官本注無「也」字。

〔二〕師古曰：厓音崖。眥音漬。厓又音五懈反。眥又音仕懈反。解具在杜欽傳。【補注】宋祁曰：學林云：「史記游俠傳曰『以睚眦殺人』，此用『厓』者，省文也。」何焯曰：細尋莽傳，當元始初政，非光爲言，則莽猶不能必得之於元后也。

〔三〕師古曰：行内，行在所之内中，猶言禁中也。【補注】胡三省曰：「行内署門户」當爲一句，此宿衞事也；「省服御食物」，則供養事也：文理甚明。師古誤斷其句，因曲爲之説耳。沈欽韓曰：王莽傳，更始將史諶行諸署，與此同義。

〔四〕師古曰：省，視也。

〔五〕【補注】周壽昌曰：百官表「太師、太保皆古官，平帝元始元年皆初置」，即指此事。光薨後，惟馬宫爲之，旋廢，自是至後漢不拜。後漢末，董卓始拜此官。

〔六〕【補注】宋祁曰：「統」字上當有「總」字。

〔七〕師古曰：道讀曰導。

〔八〕師古曰：艾讀曰乂。

〔九〕師古曰：周書召誥之辭也。言不遺老成之人也。

〔一〇〕孟康曰：扶老杖也。服虔曰：靈壽，木名。師古曰：木似竹，有枝節，長不過八九尺，圍三四寸，自然有合杖制，不須削治也。【補注】先謙曰：官本「毋」作「每」，是。「似竹」二字在「削」上。

〔一一〕師古曰：食具有十七種物。

〔一二〕師古曰：言十日一入朝，受此寵禮。它日則常在家自養，而其屬官依常各行職務。

光凡爲御史大夫、丞相各再，壹爲大司徒、太傅、太師，歷三世，居公輔位前後十七年。自爲尚書，止不教授，後爲卿，時會門下大生講問疑難，舉大義云。〔一〕其弟子多成就爲博士大夫者，見師居大位，幾得其助力，〔二〕光終無所薦舉，至或怨之。其公如此。

〔一〕【補注】蘇輿曰：大生，猶言高弟。

〔二〕師古曰：幾讀曰冀。

光年七十，元始五年薨。莽白太后，使九卿策贈以太師博山侯印綬，賜乘輿祕器，金錢雜帛。少府供張，諫大夫持節與謁者二人使護喪事，博士護行禮。太后亦遣中謁者持節視喪。公卿百官會弔送葬。載以乘輿轀輬及副各一乘，〔一〕羽林孤兒諸生合四百人輓送，車萬餘兩，道路皆舉音以過喪。〔二〕將作穿復土，可甲卒五百人，〔三〕起墳如大將軍王鳳制度。謚曰簡烈侯。

〔一〕師古曰：轀輬車及副各一乘也。轀輬解具在霍光傳。【補注】宋祁曰：「轀輬」下當有「車」字。注文同。

〔二〕師古曰：喪到之處，行道之人皆舉音哭，須過乃止。

〔三〕【補注】劉奉世曰：「可」字疑非。王念孫曰：「可甲」當爲「河東」字之誤也。此謂將作穿復土，用河東卒五百人。霍光傳云「發三河卒，穿復土」，與此事同一例。御覽禮儀部三十二引此正作「河東卒」。

初，光以丞相封，後益封，凡食邑萬一千户。〔一〕病甚，上書讓還七千户，及還所賜一弟。〔二〕

〔一〕【補注】宋祁曰：「益」字上當有「再」字。

〔二〕【補注】宋祁曰：「一」字當刪。先謙曰：官本「弟」作「第」。

子放嗣。莽篡位後，以光兄子永爲大司馬，封侯。昆弟子至卿大夫四五人。始光父霸以初元元年爲關内侯食邑。霸上書求奉孔子祭祀，元帝下詔曰：「其令師褒成君關内侯霸以所食邑八百户祀孔子焉。」故霸還長子福名數於魯，〔一〕奉夫子祀。霸薨，子福嗣。福薨，子房嗣。房薨，子莽嗣。元始元年，封周公、孔子後爲列侯，食邑各二千户。莽更封爲褒成侯，後避王莽，更名均。〔二〕

〔一〕【補注】先謙曰：官本「長」下有「安」字，引宋祁曰：「江南、淳化本作『長安』，浙本無『安』字。晏公論羡『安』字甚堅。浙本作『遷長子福名數於魯』。案，霸既詔許以八百户祀孔子，即是令長子福還名數於魯，以千八百户爲祀矣。雖浙本作『遷』，遷與還小異而大同。言長安則後人妄添，且復終始無義。昔潁川陳彭年亦以『安』字爲衍。龔子曰，長，如字。凡以『安』爲衍字者，誤以『長』爲長幼之長也。福雖霸之長子，然此傳前言霸於魯『徙名數於長安』，此言『還長安子福名數』，其義自明，無可疑者。當從江南本。」王念孫云：「案，陳、晏、宋説皆是也。或引龔説以此傳前言霸徙名數於長安，故此言還長安子福名數，其説殊謬不足辯。景祐本及御覽禮儀部四所引並作『長子福』，無『安』字。」

〔二〕【補注】先謙曰：光尊敬董賢，哀帝拜光兩兄子官事見賢傳。

馬宮字游卿，東海戚人也。治春秋嚴氏，〔一〕以射策甲科爲郎，遷楚長史，免官。後爲丞相史司直。師丹薦宮行能高絜，遷廷尉平，〔二〕青州刺史，汝南、九江太守，所在見稱。徵爲詹事，光祿勳，右將軍，代孔光爲大司徒，封扶德侯。光爲太師薨，宮復代光爲太師，兼司徒官。

〔一〕【補注】周壽昌曰：儒林傳，眭孟弟子以嚴彭祖、顔安樂爲明。安樂授淮陽泠豐，豐授馬宮。春秋自分嚴氏、顔氏兩家學。此當云治春秋顔氏，不當云嚴氏也。

〔二〕【補注】先謙曰：百官表，廷尉左、右、平秩皆六百石，宣帝置。

初，宮哀帝時與丞相御史雜議帝祖母傅太后謚，及元始中，王莽發傅太后陵徙歸定陶，以民葬之，追誅前議者。宮爲莽所厚，獨不及，内慙懼，上書謝罪乞骸骨。莽以太皇太后詔賜宮策曰：「太師大司徒扶德侯上書言『前以光禄勳議故定陶共王母謚，曰「婦人以夫爵尊爲號，謚宜曰孝元傅皇后，稱渭陵東園」。臣知妾不得體君，〔一〕卑不得敵尊，而希指雷同，詭經辟説，〔二〕以惑誤上。爲臣不忠，當伏斧鉞之誅，幸蒙洒心自新，〔三〕又令得保首領。伏自惟念，入稱四輔，出備三公，爵爲列侯，誠無顔復望闕廷，無心復居官府，無宜復食國邑。願上太師大司徒扶德侯印綬，避賢者路』。下君章有司，皆以爲四輔之職爲國維綱，三公之任鼎足承君，不有鮮明固守，無以居位。如君言至誠可聽，惟君之惡在洒心前，不敢文過，朕甚多之，〔四〕不奪君之爵邑，以著『自古皆有死』之義。〔五〕其上太師大司徒印綬使者，以侯就弟。」〔六〕王莽篡位，以宮爲太子師，卒官。

〔一〕【補注】錢大昭曰：「臣」疑當作「誠」。

〔二〕師古曰：詭，違。辟讀曰僻。

〔三〕師古曰：洒音先禮反。

〔四〕師古曰：多猶重也。

〔五〕孟康曰：以宮上書不文過爲信，不奪其爵邑。師古曰：論語載孔子言曰「自古皆有死，民無信不立」，故引之。

〔六〕【補注】先謙曰：官本「弟」作「第」。

本姓馬矢，宮仕學，稱馬氏云。〔一〕

〔一〕【補注】何焯曰：宮與平晏事莽，尤儒之賤者，著此以別於他馬。沈欽韓曰：「矢」疑「適」之轉變，漢有執金吾馬適建，無緣取馬糞爲姓。

贊曰：自孝武興學，公孫弘以儒相，其後蔡義、韋賢、玄成、匡衡、張禹、翟方進、孔光、平當、馬宮及當子晏咸以儒宗居宰相位，服儒衣冠，〔一〕傳先王語，其醞藉可也，〔二〕然皆持禄保位，被阿諛之譏。彼以古人之迹見繩，烏能勝其任乎！〔三〕

〔一〕孟康曰：方領逢掖之衣。

〔二〕師古曰：醞藉，謂如醞釀及薦藉，道其寬博重厚也。醞音於問反。藉音才夜反。【補注】吴仁傑曰：義縱傳「少温藉」，顔注「言無所含容也」。案，醞藉之音，大概言有所緣飾，非直情徑行者耳。傳一作「醞」，一作「温」，而記禮者亦作「温」。禮器曰：「禮有擯詔，樂有相步，温之至也。」皇侃云温謂承藉，凡玉以物緼裹承藉，君子亦以威儀擯相以自承藉。易曰：「藉用白茅，无咎。苟錯諸地而可矣。藉之用茅，何咎之有！」疏謂「薦獻之物，藉以潔白之茅」。合禮、易二義論之，温藉之意顯矣。先謙曰：醞藉説詳薛廣德傳。吴説非。

〔三〕如淳曰：迹謂既明且哲也。繩謂抨彈之也。師古曰：古人之迹，謂直道以事人也。烏，何也。抨音普耕反。【補注】宋祁曰：注文「抨彈」字書曰：「抨，彈也。抨音迮莖反。」何焯曰：古人之迹，謂以道事君不可則止。

王商史丹傳第五十二

王商字子威，涿郡蠡吾人也，〔一〕徙杜陵。商父武，武兄無故，皆以宣帝舅封。無故爲平昌侯，武爲樂昌侯。語在外戚傳。

〔一〕師古曰：蠡音禮。

商少爲太子中庶子，以肅敬敦厚稱。父薨，商嗣爲侯，推財以分異母諸弟，身無所受，居喪哀慽。〔一〕於是大臣薦商行可以厲羣臣，義足以厚風俗，宜備近臣。繇是擢爲諸曹侍中中郎將。〔二〕元帝時，至右將軍、光禄大夫。是時，定陶共王愛幸，幾代太子。〔三〕商爲外戚重臣輔政，擁佑太子，頗有力焉。〔四〕

〔一〕【補注】宋祁曰：「慽」疑作「戚」。周壽昌曰：説文「慽，憂也」，即慼字。

〔二〕師古曰：繇讀與由同。【補注】先謙曰：爲中郎將而加諸曹侍中也。加諸曹得受尚書事，加侍中得出入禁中。

〔三〕師古曰：共讀曰恭。幾音鉅依反。【補注】先謙曰：官本無「音」字，引宋祁曰，注文「鉅」字上當有「音」字。

〔四〕師古曰：佑，助也。

元帝崩，成帝即位，甚敬重商，徙爲左將軍。而帝元舅大司馬大將軍王鳳顓權，行多驕僭。商論議不能平鳳，鳳知之，亦疏商。建始三年秋，京師民無故相驚，言大水至，百姓奔走相蹂躪，〔一〕長安中大亂。〔二〕天子親御前殿，召公卿議。大將軍鳳以爲太后與上及後宮可御船，令吏民上長安城以避水。羣臣皆從鳳議。左將軍商獨曰：「自古無道之國，水猶不冒城郭。〔三〕今政治和平，世無兵革，上下相安，何因當有大水一日暴至？此必訛言也，〔四〕不宜令上城，重驚百姓。」〔五〕上乃止。有頃，長安中稍定，問之，果訛言。上於是美壯商之固守，數稱其議。而鳳大慙，自恨失言。

〔一〕師古曰：蹂，踐也。躪，轢也。蹂音人九反。躪音藺。【補注】先謙曰：官本注「人」上無「音」字，引宋祁曰，注文「人」字上當有「音」字。

〔二〕【補注】先謙曰：官本「長安」上有正文「老弱號呼」四字，注文「師古曰呼音火故反」八字，此本脱。

〔三〕師古曰：冒，蒙覆也。

〔四〕師古曰：訛，僞也。

〔五〕師古曰：重音直用反。

明年，商代匡衡爲丞相，益封千户，天子甚尊任之。爲人多質有威重，〔一〕長八尺餘，身體鴻大，容貌甚過絶人。河平四年，單于來朝，引見白虎殿。〔二〕丞相商坐未央廷中，單于前，拜謁商。〔三〕商起，離席與言，單于仰視商貌，大畏之，遷延卻退。天子聞而歎曰：「此真漢相矣！」

〔一〕師古曰：多質，言不爲文飾。

〔二〕師古曰：在未央宫中。

〔三〕師古曰：單于將見天子，而經未央廷中過也。

初，大將軍鳳連昏楊肜爲琅邪太守，〔一〕其郡有災害十四，已上。商部屬按問，〔二〕鳳以曉商〔三〕曰：「災異天事，非人力所爲。肜素善吏，宜以爲後。」〔四〕商不聽，竟奏免肜，奏果寢不下，〔五〕鳳重以是怨商，〔六〕陰求其短，使人上書言商閨門内事。〔七〕天子以爲暗昧之過，不足以傷大臣，鳳固爭，下其事司隸。〔八〕

〔一〕如淳曰：連昏者，婚家之婚親也。

〔二〕如淳曰：部屬猶差次，差次其屬令治之。【補注】宋祁曰：「已」字疑作「以」，「按」字疑作「案」。沈欽韓曰：如説非也。續志「東曹主二千石長吏遷除及軍吏」。案，丙吉敕東曹案邊長吏，蓋郡國皆東曹所部，屬者，其掾屬也。

〔三〕師古曰：告語也。

〔四〕師古曰：且勿按問也。【補注】宋祁曰：注文「按」疑作「案」。

〔五〕【補注】宋祁曰：「寖」疑作「寑」。

〔六〕師古曰：重音直用反。

〔七〕【補注】周壽昌曰：即下張匡對中所云頻陽耿定上書也。

〔八〕【補注】先謙曰：此在成帝初。不言司隸校尉，省文。

先是皇太后嘗詔問商女，欲以備後宮。時女病，商意亦難之，以病對，不入。及商以閨門事見考，自知爲鳳所中，〔一〕惶怖，更欲内女爲援，乃因新幸李婕妤家白見其女。

〔一〕師古曰：中，傷也，音竹仲反。

會日有蝕之，太中大夫蜀郡張匡，其人佞巧，上書願對近臣陳日蝕咎。下朝者〔一〕左將軍丹等問匡，〔二〕對曰：「竊見丞相商作威作福，從外制中，取必於上，〔三〕性殘賊不仁，〔四〕遣票輕吏微求人罪，〔五〕欲以立威，天下患苦之。前頻陽耿定上書言商與父傅通，及女弟淫亂，〔六〕奴殺其私夫，疑商教使。〔七〕章下有司，商私怨懟。〔八〕商子俊欲上書告商，俊妻左將軍丹女，持其書以示丹，丹惡其父子乖迕，〔九〕爲女求去。商不盡忠納善以輔至德，知聖主崇孝，遠别不親，〔一〇〕後庭之事皆受命皇太后，太后前聞商有女，欲以備後宮，商言有固疾，後有耿定事，更詭道因李貴人家内女。〔一一〕執左道以亂政，〔一二〕誣罔詩大臣節，〔一三〕故應是而日蝕。周書曰：『以左道事君者誅。』〔一四〕易曰：『日中見昧，則折其右肱。』〔一五〕往者丞相周勃再建大功，及孝文時纖介怨恨，而日爲之蝕，於是退勃使就國，卒無怵愁憂。〔一六〕今商無尺寸之功，而有三世之寵，〔一七〕身位三公，宗族爲列侯、吏二千石、侍中諸曹，給事禁門内，連昏諸侯王，權寵至盛。審有内亂殺人怨懟之端，宜窮意考問。〔一八〕臣聞秦丞相吕不韋見王無子，意欲有秦國，即求好女以爲妻，陰知其有身而獻之王，産始皇帝。及楚相春申君亦見王無子，心利楚國即獻有身妻而產懷王。〔一九〕自漢興幾遭呂、霍之患，〔二〇〕今商有不仁之性，乃因怨以內女，其姦謀未可測度。前孝景世七國反，將軍周亞夫以爲即得雒陽劇孟關東非漢之有。今商宗族權埶，合貲鉅萬計，私奴以千數，非特劇孟匹夫之徒也。且失道之至，親戚畔之，閨門內亂，父子相訐，〔二一〕而欲使之宣明聖化，調和海內，豈不謬哉！商視事五年，官職陵夷而大惡著於百姓，甚虧損盛德，有鼎折足之凶。〔二二〕臣愚以爲聖主富於春秋，即位以來，未有懲姦之威，加以繼嗣未立，大異並見，尤宜誅討不忠，以遏未然。〔二三〕行之一人，則海內震動，百姦之路塞矣。」

〔一〕文穎曰：令下朝者平之也。孟康曰：中朝臣也。師古曰：文說是也。下音胡稼反。

〔二〕師古曰：史丹也。【補注】劉攽曰：「下朝者左將軍丹等」都是一句。上以匡章下丹等，令問匡也。王嘉傳亦有一下朝者。劉奉世曰：孟說是也。時左將軍等俱謂之中朝，當屬下句，云下朝者左將軍丹等問，而後云匡對曰。齊召南曰：案，攽及奉世說是。師古誤斷「下朝者」爲句。上文張匡願對近臣陳日蝕咎，所謂近臣，即指中朝將軍、侍中等官也。周壽昌曰：匡衡傳「事下太子太傅蕭望之、少府梁丘賀問」，朱博傳「有詔左將軍彭宣與中朝者雜問」，與此句例同。

〔三〕師古曰：意欲所行必果之。

〔四〕【補注】宋祁曰：「性」字上疑有「稟」字。

〔五〕師古曰：票，疾也。微謂私求之也。票音頻妙反，又音匹妙反。

〔六〕師古曰：傅謂傅婢也。

〔七〕師古曰：私夫，女弟之私與姦通者。

〔八〕師古曰：懟音直類反。【補注】宋祁曰：懟，該音直遂反。

〔九〕師古曰：迕，逆也。

〔一〇〕師古曰：遠離女色而分別之，故云不親也。【補注】劉敞曰：當斷「不親後庭之事」爲句，乃不煩注釋矣。劉攽說同。齊召南曰：劉說是。王文彬曰：遠，遠色。別，別嫌。顔以分別爲說，未當。

〔一一〕師古曰：詭，違也。【補注】沈欽韓曰：後漢妃妾稱貴人始此。

〔一二〕師古曰：左道，僻左之道，謂不正。【補注】王文彬曰：語本禮王制。

〔一三〕師古曰：誖，乖也，音布内反。

〔一四〕師古曰：逸書也。

〔一五〕蘇林曰：日者，君之象，中者，明之盛，盛而昧，折去右肱之臣，用無咎也。師古曰：此豐卦九三爻辭。【補注】宋祁曰：易作「見沬」，王弼云，沬，微昧之明也。王觀國云，昧與沬義同。蘇輿曰：王莽傳引亦作「昧」，不作「沬」。易釋文云鄭作「昧」，與此合。服虔說易昧義云日中而昬也。案，此引以證日蝕，莽傳引以指日中黑氣，知服說是。西漢舊義子夏傳以爲星之小者，字林以爲斗杓後星，皆爲異訓。今易無「則」字，王觀國學林九引此傳亦無，疑衍文。據蘇注，似正文元有「无咎」二字。先謙曰：官本注「君」上有「人」字。

〔一六〕師古曰：卒，終也。愁，古惕字。【補注】宋祁曰：勃傳及天文志、五行志皆無是事，疑匡妄爲此言，以害商爾。愁與惕同，二字文雖異，其音訓則一。

〔一七〕師古曰：自宣帝至成帝，凡三主。

〔一八〕【補注】錢大昭曰：「意」當作「竟」。南監本、閩本不誤。先謙曰：官本作「竟」。

〔一九〕【補注】劉攽曰：春申君獻妾所生子乃幽王，非懷王也。疑匡自誤，非傳者之失。

〔二〇〕師古曰：幾音鉅依反。

〔二一〕師古曰：訐，告斥其罪也，音居謁反。【補注】宋祁曰：訐，蕭該音九列反，引字林「面相斥罪也」。浙本音居又反。

〔二二〕師古曰：易鼎卦九四爻辭曰：「鼎折足，覆公餗，其形渥，凶。」餗，鼎實也，謂所亨之物也。渥，厚也。言鼎折其足，則覆喪其實，喻大臣非其任，則虧敗國典，故宜加以厚刑。

〔二三〕師古曰：遏，止也。未然，謂未有其事，恐將然也。

於是左將軍丹等奏：「商位三公，爵列侯，親受詔策爲天下師，不遵法度以翼國家，〔一〕而回辟下媚以進其私，〔二〕執左道以亂政，爲臣不忠，罔上不道，甫刑之辟，皆爲上戮，罪名明白。臣請詔謁者召商詣若盧詔獄。」〔三〕上素重商，知匡言多險，制曰「弗治」。鳳固爭之，於是制詔御史：「蓋丞相以德輔翼國家，典領百寮，協和萬國，爲職任莫重焉。今樂昌侯商爲丞相，出入五年，未聞忠言嘉謀，而有不忠執左道之辜，〔四〕陷于大辟。前商女弟内行不修，奴賊殺人，疑商教使，爲商重臣，故抑而不窮。今或言商不以自悔而反怨懟，朕甚傷之。惟商與先帝有外親，未忍致于理。其赦商罪。使者收丞相印綬。」

〔一〕師古曰：翼，助也。

〔二〕師古曰：回，衺也。辟讀曰僻。

〔三〕孟康曰：若盧，獄名，屬少府，黄門内寺是也。【補注】先謙曰：若盧説詳百官表。

〔四〕【補注】宋祁曰：「而」字下疑有「乃」字。

商免相三日，發病歐血薨，〔一〕謚曰戾侯。而商子弟親屬爲駙馬都尉、侍中、中常侍、諸曹大夫郎吏者，皆出補吏，莫得留給事宿衛者。有司奏商罪過未決，請除國邑。有詔〔二〕長子安嗣爵爲樂昌侯，至長樂衛尉、光禄勳。

〔一〕【補注】先謙曰：官本「歐」作「歐」。

〔二〕【補注】先謙曰：下有脱文。

商死後，連年日蝕地震，直臣京兆尹王章上封事召見，訟商忠直無罪，言鳳顓權蔽主。鳳竟以法誅章，語在元后傳。至元始中，王莽爲安漢公，誅不附己者，樂昌侯安見被以罪，自殺，國除。〔一〕

〔一〕師古曰：被，加也，音皮義反。

史丹字君仲，魯國人也，徙杜陵。祖父恭有女弟，武帝時爲衛太子良娣，産悼皇考。皇考者，孝宣帝父也。宣帝微時依倚史氏。〔一〕語在史良娣傳。及宣帝即尊位，〔二〕恭已死，三子，高、曾、玄。曾、玄皆以外屬舊恩封，曾爲將陵侯，〔三〕玄平臺侯。〔四〕高侍中貴幸，以發舉反者大司馬霍禹功封樂陵侯。〔五〕宣帝疾病，拜高爲大司馬車騎將軍，領尚書事。帝崩，太子襲尊號，是爲孝元帝。高輔政五年，乞骸骨，賜安車駟馬黄金，罷就第。薨，謚曰安侯。

〔一〕師古曰：倚音於綺反。【補注】先謙曰：官本無「音」字，引宋祁曰，注文「倚」字下當有「音」字。
〔二〕【補注】先謙曰：官本無「尊」字，引宋祁曰，監本作「即尊位」。
〔三〕【補注】沈欽韓曰：褚補侯表：「將陵侯史子回，封二千六百户。」
〔四〕【補注】沈欽韓曰：表云字子叔，侯，二千五百户。先謙曰：官本「玄」下有「爲」字。
〔五〕【補注】沈欽韓曰：表云高字子長，封三千五百户。

自元帝爲太子時，丹以父高任爲中庶子，侍從十餘年。元帝即位，爲駙馬都尉侍中，出常驂乘，甚有寵。上以丹舊臣，皇考外屬，親信之，詔丹護太子家。是時，傅昭儀子定陶共王有材蓺，子母俱愛幸，而太子頗有酒色之失，母王皇后無寵。

建昭之間，〔一〕元帝被疾，不親政事，留好音樂。〔二〕或置鼙鼓殿下，〔三〕天子自臨軒檻上，隤銅丸以擿鼓，〔四〕聲中嚴鼓之節。〔五〕後宮及左右習知音者莫能爲而定陶王亦能之，上數稱其材。丹進曰：「凡所謂材者，敏而好學，温故知新，〔六〕皇太子是也。若乃器人於絲竹鼓鼙之間，則是陳惠、李微高於匡衡，可相國也。」〔七〕於是上嘿然而咲。〔八〕其後，中山哀王薨，〔九〕太子前弔。哀王者，帝之少弟，與太子遊學相長大。〔一〇〕上望見太子，感念哀王，悲不能自止。太子既至前，不哀。上大恨曰：「安有人不慈仁而可奉宗廟爲民父母者乎！」上以責謂丹。〔一一〕丹免冠謝上曰：「臣誠見陛下哀痛中山王，至以感損。向者太子當進見，臣竊戒屬毋涕泣，感傷陛下。〔一二〕罪乃在臣，當死。」上以爲然，意乃解。丹之輔相，皆此類也。

〔一〕【補注】宋祁曰：「間」考作「後」，越本作「後」。
〔二〕孟康曰：留意於音樂也。
〔三〕師古曰：鞞本騎上之鼓，音步迷反。
〔四〕師古曰：檻軒，闌版也。隤，下也。擿，投也。隤音頽。擿音持益反。一曰，擿，搥也，音丁歷反。磓音丁回反。【補注】沈欽韓曰：管子宙合篇：「鼓之有椁，擿擋則擊。」先謙曰：官本注無「軒」字。注末有「韋昭曰擿持歷反如淳音嫡」十一字。「搥」作「磓」，誤。
〔五〕李奇曰：莊嚴之鼓節也。晉灼曰：疾擊之鼓也。師古曰：李説是也。
〔六〕師古曰：敏，速疾也。温，厚也。温故，厚蓄故事也。
〔七〕如淳曰：器人，取人器能也。陳惠、李微是時好音者也。服虔曰：二人皆黄門鼓吹也。
〔八〕師古曰：唉，古笑字。
〔九〕【補注】先謙曰：官本考證曰，案，建昭四年事也。
〔一〇〕師古曰：同處同養以至於壯大。【補注】先謙曰：官本「同養」作「長養」，是。
〔一一〕師古曰：謂者，告語也。
〔一二〕師古曰：屬音之欲反。

竟寧元年，上寢疾，傅昭儀及定陶王常在左右，而皇后、太子希得進見。〔一〕上疾稍侵，意忽忽不平，〔二〕數問尚書以景帝時立膠東王故事。是時，太子長舅陽平侯王鳳爲衛尉、侍中，與皇后、太子皆憂，不知所出。〔三〕丹以親密臣得侍視疾，候上間獨寢時，丹直入卧内，頓首伏青蒲上，〔四〕涕泣言曰：「皇太子以適長立，積十餘年，〔五〕名號繫於百姓，天下莫不歸心臣子。〔六〕見定陶王雅素愛幸，今者道路流言，爲國生意，以爲太子有動摇之議。審若此，公卿以下必以死爭，不奉詔。臣願先賜死以示羣臣！」天子素仁，不忍見丹涕泣，言又切至，上意大感，喟然太息曰：「吾日困劣，而太子、兩王幼少，意中戀戀，亦何不念乎！然無有此議。且皇后謹慎，先帝又愛太子，吾豈可違指！駙馬都尉安所受此語？」〔七〕丹即卻，頓首曰：「愚臣妄聞，罪當死！」〔八〕上因納，謂丹曰：〔九〕「吾病寖加，恐不能自還。〔一〇〕善輔道太子，毋違我意！」〔一一〕丹嘘唏而起。〔一二〕太子由是遂爲嗣矣。

〔一〕【補注】王念孫曰：或無「后」字。景祐本「皇」下有「后」字，是也。「皇后、太子希得進見」，正對上文「傅昭儀及定陶王常在左右」言之，下文「皇后、太子皆憂」，又承此句言之，則當有「后」字明矣。若但言太子希得進見，則文偏而不具。御覽人事部九十三引此正作「皇后太子」。通鑑同。元后傳亦云「皇后自有子後，希復進見」。先謙曰：官本無「后」，下同。

〔二〕師古曰：稍侵，言漸篤也。平，和也。

〔三〕師古曰：不知計所出。

〔四〕服虔曰：青緣蒲席也。應劭曰：以青規地曰青蒲，自非皇后不得至此。孟康曰：以蒲青爲席，用蔽地也。師古曰：應説是也。

〔五〕師古曰：適讀曰嫡。

〔六〕師古曰：自託爲臣子。【補注】劉奉世曰：「臣子」宜屬下句，不當斷之。陽夏公謂，如顔讀亦雅。先謙曰：通鑑胡注：「以下文大意觀之，顔注是。」

〔七〕師古曰：安，焉也。

〔八〕師古曰：卻，退也，離青蒲上。

〔九〕【補注】周壽昌曰：上因納丹毋動搖太子之言，而諭之。

〔一〇〕師古曰：寖，漸也。不自還者，言當遂至崩亡也。還讀曰旋。

〔一一〕師古曰：道讀曰導。

〔一二〕師古曰：噓音虛。唏音許既反。

元帝竟崩，成帝初即位，擢丹爲長樂衞尉，遷右將軍，賜爵關内侯，食邑三百户，給事中，後徙左將軍、光祿大夫。〔一〕鴻嘉元年，上遂下詔曰：「夫褒有德，賞元功，古今通義也。左將軍丹往時導朕以忠正，〔二〕秉義醇壹，舊德茂焉。其封丹爲武陽侯，國東海郯之武彊聚，户千一百。」〔三〕

〔一〕【補注】宋祁曰：「徙」字下當有「丹」字。

〔二〕【補注】先謙曰：官本「忠」作「中」。

〔三〕如淳曰：聚，字喻反。聚，邑居也。

丹爲人足知，愷弟愛人，〔一〕貌若儻蕩不備，〔二〕然心甚謹密，故尤得信於上。丹兄嗣父爵爲侯，讓不受分。〔三〕丹盡得父財，身又食大國邑，重以舊恩，數見褒賞，〔四〕賞賜累千金，僮奴以百數，後房妻妾數十人，内奢淫，好飲酒，極滋味聲色之樂。爲將軍前後十六年，永始中病乞骸骨，〔五〕上賜策曰：「左將軍寢病不衰，〔六〕願歸治疾，朕愍以官職之事久留將軍，使躬不瘳。使光禄勳賜將軍黄金五十斤，安車駟馬，其上將軍印綬。宜專精神，務近醫藥，以輔不衰。」

〔一〕師古曰：愷，樂也。弟，易也。言有和樂簡易之德。

〔二〕師古曰：儻蕩，疏誕無檢也。

〔三〕【補注】齊召南曰：案，表丹兄名術，即樂陵嚴侯也。

〔四〕師古曰：重音直用反。

〔五〕【補注】周壽昌曰：案，百官表在永始三年。

〔六〕師古曰：言病不損也。

丹歸第數月薨，謚曰頃侯。有子男女二十人，九男皆以丹任並爲侍中諸曹，親近在左右。史氏凡四人侯，至卿大夫二千石者十餘人，皆訖王莽乃絶，唯將陵侯曾無子，絶於身云。〔一〕

〔一〕【補注】沈欽韓曰：褚補表：「妻宜君，故成王孫，嫉妒，絞殺侍婢四十餘人，盗斷婦人初産子臂膝以爲媚道。爲人所上書言，論弃市。子回以外家故，不失侯。」

傅喜字稚游，河内温人也，哀帝祖母定陶傅太后從父弟。少好學問，有志行。哀帝立爲太子，成帝選喜爲太子庶子。哀帝初即位，以喜爲衛尉，遷右將軍。是時，王莽爲大司馬，乞骸骨，避帝外家。上既聽莽退，衆庶歸望於喜。喜從弟孔鄉侯晏親與喜等，〔一〕而女爲皇后。又帝舅陽安侯丁明，皆親以外屬封。〔一〕喜執謙稱疾。傅太后始與政事，喜數諫之，〔二〕由是傅太后不欲令喜輔政。上於是用左將軍師丹代王莽爲大司馬，賜喜黄金百斤，上將軍印綬，以光禄大夫養病。

〔一〕如淳曰：俱傅太后從父弟也。
〔二〕【補注】劉攽曰：「親」當作「新」。
〔三〕師古曰：與讀曰豫。

大司空何武、尚書令唐林皆上書言：「喜行義修絜，忠誠憂國，内輔之臣也。今以寖病，一旦遣歸，衆庶失望，皆曰傅氏賢子，以論議不合於定陶太后故退，百寮莫不爲國恨之。忠臣，社稷之衞，魯以季友治亂，〔一〕楚以子玉輕重，〔二〕魏以無忌折衝，〔三〕項以范增存亡。故楚跨有南土，帶甲百萬，鄰國不以爲難，子玉爲將，則文公側席而坐，及其死也，君臣相慶。〔四〕百萬之衆，不如一賢，故秦行千金以間廉頗，〔五〕漢散萬金以疏亞父。〔六〕喜立於朝，陛下之光煇，傅氏之廢興也。」〔七〕上亦自重之。明年正月，乃徙師丹爲大司空，而拜喜爲大司馬，封高武侯。

〔一〕師古曰：謂季氏亡，則魯不昌。
〔二〕師古曰：謂楚殺子玉而晉侯喜可知。
〔三〕師古曰：信陵君。

〔四〕師古曰：已解在上也。【補注】先謙曰：官本無「也」字。

〔五〕師古曰：趙孝成王七年，秦與趙兵相距長平。趙將廉頗固壁不戰，秦乃使人反間於趙，曰：「秦之所惡，獨畏趙奢之子趙括爲將耳。」趙王信之，因以括爲將，代廉頗，而括軍遂敗，數十萬之衆降秦，秦皆阬之。【補注】宋祁曰：注末當有「於長平」〔二〕〔三〕字。

〔六〕師古曰：事在陳平傳。

〔七〕如淳曰：傅喜顯則傅氏興，其廢亦如之。晉灼曰：用喜於陛下有光明，而傅氏之廢復得興也。師古曰：如説是也。

丁、傅驕奢，皆嫉喜之恭儉。又傅太后欲求稱尊號，與成帝母齊尊，喜與丞相孔光、大司空師丹共執正議。傅太后大怒，上不得已，先免師丹以感動喜，喜終不順。後數月，遂策免喜曰：「君輔政出入三年，〔一〕未有昭然匡朕不逮，而本朝大臣遂其姦心，〔二〕咎由君焉。其上大司馬印綬，就第。」傅太后又自詔丞相御史曰：「高武侯喜無功而封，内懷不忠，附下罔上，與故大司空丹同心背畔，放命圮族，〔三〕虧損德化，罪惡雖在赦前，不宜奉朝請，其遣就國。」後又欲奪喜侯，上亦不聽。

〔一〕【補注】蘇輿曰：漢世君字上下通稱，此君稱臣也。王章傳章女云「我君素剛，先死者必君」，此子稱父也。

〔二〕師古曰：遂，成也，申也。

〔三〕應劭曰：放弃教令，毁其族類。【補注】先謙曰：尚書作「方」，今文作「放」。馬、鄭、王皆依今文讀方爲放，方與放文異義同。亦見朱博傳。

喜在國三歲餘，哀帝崩，平帝即位，王莽用事，免傅氏官爵歸故郡，晏將妻子徙合浦。莽白太后下詔曰：「高武侯喜姿性端慤，論議忠直，〔一〕雖與故定陶太后有屬，終不順指從邪，介然守節，以故斥逐就國。傳不云乎？『歲寒然後知松柏之後凋也。』〔二〕其還喜長安，以故高安侯莫府賜喜，〔三〕位特進，奉朝請。」喜雖外見襃賞，孤立憂懼，後復遣就國，以壽終。莽賜謚曰貞侯。子嗣，莽敗乃絶。〔四〕

〔一〕師古曰：慤，謹也，音口角反。

〔二〕師古曰：論語載孔子之言，以喻有節操之人也。

〔三〕【補注】錢大昕曰：高安侯謂董賢也。漢制，將軍出征有莫府，而列將軍在京師者，亦有莫府之稱：霍光薨，中二千石治莫府冢上，霍光傳。楊敞給事大將軍莫府，楊敞傳。張安世以衞將軍莫府長史遷，辭去之官，安世問以過失，張安世傳。蔡義以明經給事大將軍莫府，蔡義傳。杜欽在大將軍莫府，馮野王傳。王商以特進，領城門兵，置莫府，得舉吏如將軍，元后傳。大將軍王鳳秉政，陳咸薦蕭育、朱博除莫府屬，朱博傳。王鳳奏陳湯爲從事中郎，莫府事壹決於湯，陳湯傳。張放爲侍中中郎將，監平樂屯兵，置莫府，儀比將軍，本傳。楊興說史高曰，以將軍之莫府，海内莫不卬望。匡衡傳。是也。董賢嘗爲大司馬衞將軍，後雖去將軍號，而司馬亦典兵之官，故居第稱莫府。

〔四〕師古曰：史不得其子名也。【補注】齊召南曰：案，表高武侯傳喜「封十五年，薨。建國二年，侯勁嗣」。然則，喜子名勁。史特以無關緊要，故略之，非不得其子名也。王念孫曰：此文傳寫脱「勁」字耳，非史失其名也。

贊曰：自宣、元、成、哀外戚興者，許、史、三王、丁、傅之家，〔一〕皆重侯累將，窮貴極富，見其位矣，未見其人也。〔二〕陽平之王多有材能，好事慕名，〔三〕其埶尤盛，曠貴最久。〔四〕然至於莽，亦以覆國。王商有剛毅節，廢黜以憂死，非其罪也。史丹父子相繼，高以重厚，位至三公。丹之輔道副主，掩惡揚美，傅會善意，〔五〕雖宿儒達士，無以加焉。及其歷房闥，入臥内，推至誠，犯顏色，動寤萬乘，轉移大謀，卒成太子，安母后之位。「無言不讎」，終獲忠貞之報。〔六〕傅喜守節不傾，亦蒙後凋之賞。哀、平際會，禍福速哉！

〔一〕師古曰：三王，謂邛成侯及商、鳳三家也。【補注】周壽昌曰：邛成，宣帝王后之族。王奉光、王舜、王駿、王章、王咸諸人。陽平之王，元帝王后之族。王禁、王鳳、王崇、王譚、王商、王立、王根、王逢時、王音、王莽諸人，涿郡之王，史皇孫之妻黨。王武、王無故皆以宣帝舅封侯，商則武子，與謚景武侯之王商又別。

〔二〕師古曰：言無善人也。

〔三〕【補注】宋祁曰：「事」當作「士」。

〔四〕師古曰：陽平謂王鳳之家也。言居非其位，是爲曠官，故云曠貴。

〔五〕師古曰：道讀曰導。傅讀曰附。【補注】周壽昌曰：禮「天子之元子」注，儲君，副主也。

〔六〕師古曰：大雅抑之詩曰：「無言不讎，無德不報。」故贊引之以喻丹也。【補注】先謙曰：官本注無「曰」字、「也」字。

薛宣朱博傳第五十三

薛宣字贛君，東海郯人也。〔一〕少爲廷尉書佐、都船獄史。〔二〕後以大司農斗食屬察廉，補不其丞。〔三〕琅邪太守趙貢行縣，〔四〕見宣，甚説其能。〔五〕從宣歷行屬縣，〔六〕還至府，令妻子與相見，戒曰：「贛君至丞相，我兩子亦中丞相史。」察宣廉，遷樂浪都尉丞。〔七〕幽州刺史舉茂材，爲宛句令。〔八〕大將軍王鳳聞其能，薦宣爲長安令，治果有名，以明習文法詔補御史中丞。

〔一〕師古曰：贛音貢。郯音談。【補注】宋祁曰：贛，如淳音鉗。

〔二〕【補注】先謙曰：官本「史」作「吏」，引宋祁曰，「吏」疑是「史」。齊召南云，案百官表，中尉屬官有都船令丞。先謙案，如淳注，治水官也。

〔三〕師古曰：斗食者，禄少，一歲不滿百石，計日以斗爲數也。不其，縣名也。其音基。【補注】宋祁曰：注文「也」字當删。先謙曰：不其，琅邪縣，今萊州府即墨縣西南。

〔四〕師古曰：行音下更反。其下亦同。【補注】先謙曰：官本無「音」字，引宋祁曰，注文「行」字下當有「音」字。

〔五〕師古曰：説讀曰悦。

〔六〕師古曰：以宣自從也。

〔七〕師古曰：趙貢察舉宣，故得遷也。樂音洛。浪音郎。【補注】先謙曰：官本考證云：「地理志樂浪郡有兩都尉，其南部都尉治昭明縣，東部都尉治不而縣。」

〔八〕師古曰：樂浪屬幽州，故爲刺史所舉也。宛音於元反。句音劬。【補注】先謙曰：官本「宛」下無「音」字，引宋祁曰，注文「宛」字下當有「音」字。志作「冤句」，濟陰縣，今曹州府荷澤縣西南。

是時，成帝初即位，宣爲中丞，執法殿中，外總部刺史，上疏曰：「陛下至德仁厚，哀閔元元，躬有日仄之勞，而亡佚豫之樂，〔一〕允執聖道，刑罰惟中，〔二〕然而嘉氣尚凝，陰陽不和，〔三〕是臣下未稱，而聖化獨有不洽者也。〔四〕臣竊伏思其一端，殆吏多苛政，政教煩碎，大率咎在部刺史，或不循守條職，〔五〕舉錯各以其意，多與郡縣事，〔六〕至開私門，聽讒佞，以求吏民過失，譴呵及細微，責義不量力。〔七〕郡縣相迫促，亦内相刻，流至衆庶。是故鄉黨闕於嘉賓之懽，九族忘其親親之恩，飲食周急之厚彌衰，送往勞來之禮不行。〔八〕夫人道不通，則陰陽否鬲，〔九〕和氣不興，未必不由此也。詩云：『民之失德，乾餱以愆。』〔一〇〕鄙語曰：『苛政不親，煩苦傷恩。』方刺史奏事時，宜明申敕，〔一一〕使昭然知本朝之要務。臣愚不知治道，唯明主察焉。」上嘉納之。

〔一〕師古曰：周書亡逸之篇稱文王之德曰「至于日中仄，弗皇暇食」，宣引此言也。仄，古側字也。佚與逸同。

〔二〕師古曰：允，信也。中音竹仲反。【補注】先謙曰：官本無「音」字，引宋祁曰，注文「竹」字上當有「音」字。

〔三〕師古曰：凝謂不通也。

〔四〕【補注】先謙曰：「獨」疑「猶」字之誤。

〔五〕師古曰：刺史所察，本有六條，今則踰越故事，信意舉劾，妄爲苛刻也。六條解在百官公卿表。
〔六〕師古曰：錯，置也，音千故反。與讀曰豫。豫，干也。
〔七〕師古曰：言求備於人。
〔八〕師古曰：勞音郎到反。來音郎代反。【補注】先謙曰：官本無二「音」字，引宋祁曰，注文「勞」字下，「來」字下並當有「音」字。
〔九〕師古曰：否，閉也，音皮鄙反。鬲與隔同。
〔一〇〕師古曰：小雅伐木之詩也。餱，食也，解在元紀。餱音侯。
〔一一〕師古曰：申，束也，謂約束也。

宣數言政事便宜，舉奏部刺史郡國二千石，所貶退稱進，白黑分明，〔一〕繇是知名。〔二〕出爲臨淮太守，政教大行。〔三〕會陳留郡有大賊廢亂，〔四〕上徙宣爲陳留太守，盜賊禁止，吏民敬其威信。入守左馮翊，滿歲稱職爲真。

〔一〕師古曰：稱，舉也。白黑，猶言清濁也。
〔二〕師古曰：繇讀與由同。
〔三〕【補注】沈欽韓曰：御覽四百九十六風俗通曰：「臨淮有一人，持一匹縑到市賣之。道遇雨，披戴。後人求共庇蔭，授與一頭。雨霽，當別，因共爭，各云我縑，詣府自言。丞相薛宣劾實，兩人莫肯首服。宣曰：『縑直數百錢耳，何足紛紛自致縣官？』呼騎吏中斷縑，各與半，使追聽之。後人曰受恩，前撮之，縑主稱怨。宣曰：『然，固知當爾。』因詰責之，具服。縑悉還本主。」
〔四〕師古曰：廢亂者，政教不行也。

始高陵令陽湛、〔一〕櫟陽令謝游皆貪猾不遜，持郡短長，前二千石數案不能竟。〔二〕及宣視事，詣府謁，宣設酒飯與相對，接待甚備。已而陰求其罪臧，具得所受取。宣察湛有改節敬宣之效，乃手自牒書，條其姦臧，〔三〕封與湛曰：「吏民條言君如牒，或議以爲疑於主守盜。〔四〕馮翊敬重令，又念十金法重，不忍相暴章。〔五〕故密以手書相曉，欲君自圖進退，可復伸眉於後。〔六〕即無其事，復封還記，得爲君分明之。」〔七〕湛自知罪臧皆應記，〔八〕而宣辭語溫潤，無傷害意。湛即時解印綬付吏，爲記謝宣，終無怨言。而櫟陽令游自以大儒有名，輕宣。宣獨移書顯責之曰：「告櫟陽令：吏民言令治行煩苛，適罰作使千人以上；〔九〕賊取錢財數十萬，給爲非法；〔一〇〕賣買聽任富吏，賈數不可知。〔一一〕證驗以明白，欲遣吏考案，恐負舉者，恥辱儒士，〔一二〕故使掾平鐫令。〔一三〕孔子曰：『陳力就列，不能者止。』〔一四〕令詳思之，方調守。」〔一五〕游得檄，亦解印綬去。

〔一〕【補注】先謙曰：官本「陽」作「楊」。

〔二〕師古曰：雖每案驗之，不能窮竟其事。【補注】宋祁曰：「謝」疑作「尉」字。

〔三〕師古曰：牒書，謂書於簡牒也。

〔四〕孟康曰：法有主守盜，斷官錢自入己也。【補注】宋祁曰：注文「也」字當删。

〔五〕師古曰：依當時律條，臧直十金則至重罪。【補注】周壽昌曰：漢律科吏贓至十金即死罪。馮野王傳，池陽令並素行貪汙，野王部督郵掾趙都案驗其主守盜十金罪，收捕，並不首吏，都格殺；翟義傳，宛令劉立以主守盜十金，賊殺不辜，義部掾夏恢等收縛立，傳送鄧獄：皆可證。

〔六〕師古曰：伸眉，言無憂也。且令自去職，不廢其後更爲官。

〔七〕師古曰：記謂所與湛書也。分明，謂考問使知清白也。宣恐其距諱，即欲驗治之。

〔八〕師古曰：與宣書記相當。

〔九〕師古曰：適讀曰謫。

〔一〇〕師古曰：言斂取錢財，以供給興造非法之用。【補注】宋祁曰：「賊」字浙本作「賦」字。王念孫曰：浙本是也。賦、賊字相似，據注云「斂取錢財」，則當作「賦」明矣。

〔一一〕師古曰：賈讀曰價。

〔一二〕師古曰：游本因薦舉得官，而身又是儒者，故云然。【補注】宋祁曰：「以明」疑作「已」。洪頤煊曰：負舉者，即今所謂罪坐舉主也。陳湯傳，富平侯張勃舉湯，「司隸奏湯無循行，勃選舉故不以實，坐削二百户」，何武傳，「坐舉方正，所舉者召見，槃辟雅拜，坐左遷楚内史」，皆其證。先謙曰：以、已字通。

〔一三〕如淳曰：平鐫，激切使之自知過也。晉灼曰：王常爲光武鐫説其將帥。此爲徐以微言鐫鑿遣之也。師古曰：平，掾之名。鐫謂琢鑿也。鐫音子全反。【補注】先謙曰：官本考證引蕭該音義云：「案晉灼之意，引鐫與之言，能無説乎？」出論語「巽（語）〔與〕之言」，蓋依鄧展鐫音子緣反，與此引晉灼不同。先謙案：官本「此爲」作「此謂」。

〔一四〕師古曰：論語載孔子之答冉有、季路之言也。列，次也。言自審己之力用而就官次，不能則退。

〔一五〕師古曰：言欲選人且代游守令職。

又頻陽縣北當上郡、西河，〔一〕爲數郡湊，多盜賊。其令平陵薛恭，本縣孝者，〔二〕功次稍遷，未嘗治民，職不辦。而粟邑縣小，辟在山中，〔三〕民謹樸易治。令鉅鹿尹賞，久郡用事吏，爲樓煩長，〔四〕舉茂材，遷在粟。宣即以令奏賞與恭換縣。〔五〕二人視事數月，而兩縣皆治。宣因移書勞免之曰：〔六〕「昔孟公綽優於趙魏而不宜滕薛，〔七〕故或以德顯，或以功舉，〔八〕『君子之道，焉可憮也！』〔九〕屬縣各有賢君，馮翊垂拱蒙成。〔一〇〕願勉所職，卒功業。」〔一一〕

〔一〕【補注】先謙曰：頻陽在今西安府富平縣東北五十里。

〔二〕【補注】先謙曰：此以孝薦舉，即諸帝紀所載孝者是也。

〔三〕師古曰：辟讀曰僻。【補注】先謙曰：粟邑在今同州府白水縣西北八十里。

〔四〕【補注】錢大昭曰：地理志樓煩屬雁門郡。

〔五〕師古曰：時令條有材不稱職得改之。【補注】錢大昭曰：後漢第五種拜高密侯相，以能換爲衞相。今縣令有人地兩不相宜者，上官奏請交易其任，爲對調。古人謂之换縣。

〔六〕【補注】先謙曰：免、勉通借。官本作「勉」。

〔七〕師古曰：孟公綽，魯大夫也。論語云：「孔子曰：孟公綽爲趙魏老則優，不可以爲滕薛大夫。」言器能各有所施也。趙魏，晉之卿族。老謂家之長相也。滕薛，小國諸侯也。

〔八〕【補注】先謙曰：禮文王世子：「或以德進，或以事舉。」

〔九〕蘇林曰：憮，同也，兼也。晉灼曰：憮音誣。師古曰：論語載子夏之言。謂行業不同，所守各異，唯聖人爲能體備之。【補注】先謙曰：官本考證引蕭該曰：「學林云『此傳直用憮字以當誣字耳。憮有空之義，可借與誣字通用』。」

〔一〇〕師古曰：自言端拱無爲而受縣之成功。

〔一一〕師古曰：卒，終也。

宣得郡中吏民罪名，輒召告其縣長吏，使自行罰。曉曰：「府所以不自發舉者，不欲代縣治，奪賢令長名也。」長吏莫不喜懼，免冠謝宣歸恩受戒者。

宣爲吏賞罰明，用法平而必行，所居皆有條教可紀，多仁恕愛利。〔一〕池陽令舉廉吏獄掾王立，府未及召，聞立受囚家錢。宣責讓縣，縣案驗獄掾，乃其妻獨受繫者錢萬六千，受之再宿，獄掾實不知。掾慙恐自殺。宣聞之，移書池陽曰：「縣所舉廉吏獄掾王立，家私受財，而立不知，殺身以自明。立誠廉士，甚可閔惜！其以府決曹掾書立之柩，以顯其魂。〔二〕府掾史素與立相知者，皆予送葬。」

〔一〕師古曰：愛人而安利也。

〔二〕師古曰：以此職追贈。

及日至休吏，〔一〕賊曹掾張扶獨不肯休，坐曹治事。宣出教曰：「蓋禮貴和，人道尚通。日至，吏以令休，所繇來久。〔二〕曹雖有公職事，家亦望私恩意。掾宜從衆，歸對妻子，設酒肴，請鄰里，壹笑相樂，〔三〕斯亦可矣！」扶慙愧。官屬善之。

〔一〕師古曰：冬夏至之日不省官事，故休吏。

〔二〕師古曰：繇讀與由同。由，從也。

〔三〕應劭曰：以壺矢相樂也。晉灼曰：書篆形「壹笑」字象壺矢，因曰壺矢。此說非也。師古曰：晉說是也。壹笑，謂一爲歡笑耳。笑，古笑字也。【補注】錢大昕曰：説文無「笑」字，徐鉉本增。「笑」亦不知所從，當即「芺蓟」之「芺」。説文：「媄，从女，芺聲，女子笑也。」「莞爾」之莞亦從艸，明芺即古笑字矣。漢隸從竹從艸之字皆省作卄，後人往往相亂。如「著作」字當從竹而反從艸，「笑語」字當從艸而反從竹，皆由隸省而譌也。隸書艸在上者或變爲兩點一畫，故班史或作「关」。

宣爲人好威儀，進止雍容，甚可觀也。性密靜有思，〔一〕思省吏職，求其便安。〔二〕下至財用筆研，皆爲設方略，利用而省費。〔三〕吏民稱之，郡中清靜。遷爲少府，共張職辦。〔四〕

〔一〕師古曰：有智思也，音先寺反。

〔二〕師古曰：省，視也。

〔三〕師古曰：利，便也。省，減也。便於用而減於費也。省音所領反。【補注】先謙曰：官本注無「音」字。

〔四〕師古曰：共讀曰供，音居用反。張音竹亮反。【補注】先謙曰：公卿表陽朔四年，宣爲少府，二月遷。

月餘，御史大夫于永卒，谷永上疏曰：「帝王之德莫大於知人，知人則百僚任職，天工不曠。〔一〕故皋陶曰：『知人則哲，能官人。』〔二〕御史大夫内承本朝之風化，外佐丞相統理天下，任重職大，非庸材所能堪。今當選於羣卿，以充其缺。得其人則萬姓欣喜，百僚説服；〔三〕不得其人則大職墮斁，王功不興。〔四〕虞帝之明，在兹壹舉，可不致詳！竊見少府宣，材茂行絜，達於從政，〔五〕前爲御史中丞，執憲轂下，〔六〕不吐剛茹柔，〔七〕舉錯時當；〔八〕出守臨淮、陳留二郡稱治；爲左馮翊，崇教養善，威德並行，衆職修理，姦軌絶息，辭訟者歷年不至丞相府，赦後餘盜賊什分三輔之一。〔九〕功效卓爾，自左内史初置以來未嘗有也。〔一〇〕孔子曰：『如有所譽，其有所試。』〔一一〕宣考績功課，簡在兩府，〔一二〕不敢過稱以奸欺誣之辠。〔一三〕臣聞賢材莫大於治人，宣已有效。其法律任廷尉有餘，經術文雅足以謀王體，斷國論；身兼數器，有

『退食自公』之節。〔一四〕宣無私黨游説之助，臣恐陛下忽於羔羊之詩，舍公實之臣，任華虛之譽，是用越職，陳宣行能，唯陛下留神考察。」上然之，遂以宣爲御史大夫。

〔一〕師古曰：工，官也。曠，空也。

〔二〕師古曰：虞書皋陶謩之辭也。哲，智也。無所不知，故能官人也。

〔三〕師古曰：説讀曰悦。

〔四〕師古曰：墮，毁也。斁，壞也。墮音火規反。斁音丁固反。

〔五〕【補注】錢大昕曰：嚴延年傳「雖冉有、子貢通藝於從政，不能絶也」，通與達同。後漢書郎顗傳稱「黄瓊果於從政」，周澤傳稱「孫堪清廉，果於從政」，吴志士燮傳「達於從政」，漢人引論語皆如此讀。

〔六〕師古曰：言在天子輦轂之下。

〔七〕師古曰：大雅蒸人之詩云「惟仲山甫，剛亦不吐，柔亦不茹」，言其平正也。茹，食也，音人庶反。【補注】先謙曰：官本注「蒸人」作「烝民」。

〔八〕師古曰：言其合時而當理也。當音丁浪反。

〔九〕文穎曰：減三輔之賊什九也。

〔一〇〕師古曰：馮翊本左内史之地，故云然。

〔一一〕師古曰：論語載孔子之言也。所以言譽人者，必當試之以事。

〔一二〕師古曰：簡，大也，一曰明也。兩府，丞相、御史府也。

〔一三〕師古曰：過稱，謂踰其實而妄稱譽之也。奸，犯也，音干。

〔一四〕師古曰：自，從也。召南羔羊之詩，美在位皆節儉正直。其詩曰：「退食自公，委蛇委蛇。」言卿大夫履行清潔，減退膳食，率從公道也。

數月，代張禹爲丞相，封高陽侯，食邑千户。〔一〕宣除趙貢兩子爲史。貢者，趙廣漢之兄子也，爲吏亦有能名。宣爲相，〔二〕府辭訟例不滿萬錢不爲移書，後皆遵用薛侯故事。〔三〕然官屬譏其煩碎無大體，不稱賢也。時天子好儒雅，宣經術又淺，上亦輕焉。久之，廣漢郡盜賊羣起，丞相御史遣掾史逐捕不能克。上乃拜河東都尉趙護爲廣漢太守，以軍法從事。數月，斬其渠帥鄭躬，〔四〕降者數千人，乃平。〔五〕會邛成太后崩，喪事倉卒，吏賦斂以趨辦。〔六〕其後上聞之，以過丞相御史，〔七〕遂册免宣曰：「君爲丞相，出入六年，忠孝之行，率先百僚，朕無聞焉。〔八〕朕既不明，變異數見，歲比不登，倉廩空虚，〔九〕百姓飢饉，流離道路，疾疫死者以萬數，人至相食，盜賊並興，羣職曠廢，是朕之不德而股肱不良也。乃者廣漢羣盜横恣，殘賊吏民，朕惻然傷之，數以問君，君對輒不如其實。西州鬲絶，幾不爲郡。〔一〇〕三輔賦斂無度，酷吏並緣爲姦，〔一一〕侵擾百姓，詔君案驗，復無欲得事實之意。九卿以下，咸承風指，同時陷于謾欺之辜，咎繇君焉！〔一二〕有司法君領職解嫚，〔一三〕開謾欺之路，傷薄風化，無以帥示四方。不忍致君于理，其上丞相高陽侯印綬，罷歸。」

〔一〕【補注】先謙曰：公卿表，宣爲御史大夫在鴻嘉元年正月癸巳，爲丞相在四月庚辰。

〔二〕【補注】周壽昌曰：或以「相府」連讀，非也。「府」字屬下句，上守馮翊時自言「府所以不自發舉者」亦「府」字冠首，可證。

〔三〕【補注】沈欽韓曰：潛夫論愛日篇：「郡縣既加冤枉，州司不治，遠詣公府。公府不能昭察真僞，則但欲罷以久困之資，故猥説一科，令此注百日，乃爲移書，其不滿百日，輒更造數，字有訛。甚違召伯頌棠之義。」又云：「公府不能察，而苟欲以錢刀課之，則貧弱少貨者終無以曠旬滿祈。豪富饒錢者，〔取〕客使往，可盈千日，非徒百也。」觀王氏所論，則知公府理訟例納錢貨，又須百日，乃傳證決遣也。納錢者，亦周官「鈞金束矢」之遺意，而其弊至於小民無告。沿及東京，猶循其故，宣之相業可鄙矣。

〔四〕師古曰：渠，大也。

〔五〕【補注】先謙曰：官本考證云：「成紀，鴻嘉三年，廣漢男子鄭躬等自號山君。四年，趙護擊之，遷護爲執金吾。公卿表，護字子夏，以元延元年爲執金吾。」

〔六〕師古曰：邛成太后，宣帝王皇后也。趨讀曰趣。言苟取辦。

〔七〕【補注】先謙曰：過，責也。

〔八〕師古曰：不聞其有此行也。

〔九〕師古曰：比，頻也。登，成也。年穀不成。【補注】宋祁曰：多「朕既不（成）〔明〕」止「空虚」十六字。

〔一〇〕師古曰：鬲與隔同。幾音鉅依反。

〔一一〕師古曰：並音步浪反。

〔一二〕師古曰：謾，誑也，音慢，又音莫干反。繇讀與由同。

〔一三〕師古曰：法謂據法以劾也。解讀曰懈。嫚與慢同。

初，宣爲丞相，而翟方進爲司直。宣知方進名儒，有宰相器，深結厚焉。後方進竟代爲丞相，思宣舊恩，宣免後二歲，薦宣明習文法，練國制度，〔一〕前所坐過薄，可復進用。上徵宣，復爵高陽侯，加寵特進，位次師安昌侯，〔一〕給事中，視尚書事。宣復尊重。任政數年，後坐善定陵侯淳于長罷就第。

〔一〕師古曰：練猶熟也。言其詳熟。

〔二〕【補注】先謙曰：張禹也。

初，宣有兩弟，明、修。明至南陽太守。修歷郡守、京兆尹、少府，善交接，得州里之稱。後母常從修居官。宣爲丞相時，修爲臨菑令，宣迎後母，修不遣。後母病死，修去官持服。宣謂修三年服少能行之者，兄弟相駮不可，〔一〕修遂竟服，〔二〕繇是兄弟不和。〔三〕

〔一〕師古曰：駮者，執意不同，猶如色之間雜。

〔二〕【補注】先謙曰：竟服，終三年。

〔三〕師古曰：繇讀與由同。

久之，哀帝初即位，博士申咸給事中，亦東海人也，毀宣不供養行喪服，薄於骨肉，前以不忠孝免，不宜復列封侯在朝省。宣子况爲右曹侍郎，數聞其語，賕客楊明，欲令創咸面目，使不居位。〔一〕會司隸缺，况恐咸爲之，遂令明遮斫咸宫門外，斷鼻脣，身八創。

〔一〕師古曰：創謂傷之也，音初良反。其下並同。【補注】先謙曰：官本考證引蕭該音義云：「賕，韋昭曰行貨財以有求於人曰賕，字林以財枉法相謝曰賕，音巨又反。該案，今人亦爲求音。」

事下有司，御史中丞衆等奏：〔一〕「況朝臣，父故宰相，再封列侯，不相敕丞化，〔二〕而骨肉相疑，疑咸受修言以謗毀宣。咸所言皆宣行迹，衆人所共見，公家所宜聞。況知咸給事中，恐爲司隸舉奏宣，而公令明等迫切宮闕，要遮創戮近臣於大道人衆中，欲以鬲塞聰明，杜絕論議之端。〔三〕桀黠無所畏忌，萬衆讙譁，流聞四方，不與凡民忿怒爭鬭者同。臣聞敬近臣，爲近主也。禮，下公門，式路馬，〔四〕君畜産且猶敬之。春秋之義，意惡功遂，不免於誅，〔五〕上浸之源不可長也。〔六〕況首爲惡，明手傷，功意俱惡，〔七〕皆大不敬。明當以重論，及況皆弃市。」廷尉直〔八〕以爲「律曰：『鬭以刃傷人，完爲城旦，其賊加罪一等，與謀者同罪。』詔書無以詆欺成罪。〔九〕傳曰：『遇人不以義而見疻者，與痏人之罪鈞，惡不直也。』〔一〇〕咸厚善修，而數稱宣惡，流聞不誼，不可謂直。〔一一〕況以故傷咸，計謀已定，後聞置司隸，因前謀而趣明，〔一二〕非以恐咸爲司隸故造謀也。本爭私變，雖於掖門外傷咸道中，與凡民爭鬭無異。殺人者死，傷人者刑，古今之通道，三代所不易也。孔子曰：『必也正名。』名不正，則至於刑罰不中；刑罰不中，而民無所錯手足。〔一三〕今以況爲首惡，明手傷爲大不敬，公私無差。春秋之義，原心定罪。〔一四〕原況以父見謗發忿怒，無它大惡。加詆欺，輯小過成大辟，〔一五〕陷死刑，違明詔，恐非法意，不可施行。聖王不以怒增刑。明當以賊傷人不直，〔一六〕況與謀者皆爵減完爲城旦。」〔一七〕上以問公卿議臣。丞相孔光、大司空師丹以中丞議是，自將軍以下至博士議郎皆是廷尉。況竟減罪一等，〔一八〕徙敦煌。宣坐免爲庶人，〔一九〕歸故郡，卒於家。

〔一〕【補注】先謙曰：衆其名。

〔二〕【補注】宋祁曰：「丞」當作「承」。先謙曰：丞、承通借，不必改作。釋名，敕，飭也。言不能互相警飭，宣承聖化。

〔三〕師古曰：鬲與隔同。杜，塞也。

〔四〕師古曰：過公門則下車，見路馬則撫式，蓋崇敬也。式，車前横木。

〔五〕師古曰：遂，成也。言舉意不善，雖有成功猶加誅。

〔六〕師古曰：浸，近也。言傷戮大臣，有所逼近也。浸字或作侵。侵，犯也，其義兩通。長音竹兩反。

〔七〕孟康曰：手傷人爲功，使人行傷人者爲意。【補注】王念孫曰：「手傷」下原有「人」字。况首爲惡，明手傷人，相對爲文。今本脱「人」字，則文義不明而句法亦不協矣。據孟注「手傷人爲功，使人行傷人者爲意」，則正文本作「手傷人」明矣。通典刑四無「人」字，則所見本已誤。漢紀孝哀紀有「人」字。王文彬曰：手傷即是傷人，班省文，非脱也。文義甚明，不煩四字爲句。觀下文亦作「手傷」，不加「人」字，即其證。

〔八〕【補注】齊召南曰：案公卿表，即廷尉麗真也。真字與直字相近而誤缺筆耳。

〔九〕師古曰：詆，毁也，音丁禮反。

〔一〇〕應劭曰：以杖手毆擊人，剥其皮膚，腫起青黑而無創瘢者，律謂疻痏。遇人不以義爲不直，雖見毆與毆人罪同也。師古曰：疻音侈。痏音鮪。【補注】先謙曰：官本考證引蕭該音義曰：「案，晋灼曰，疻音侈，侈，裂也。韋昭曰，疻謂毁傷也，疻音胥地反。説文『疻，毆傷也』。手支反，又思詣反。痏，説文『痏，病也』。該案，三倉云，痏，瘡也，音如鮪魚之鮪。」王念孫云：「案正文之『痏人』本作『疻人』。『遇人不以義而見疻者，與疻人之罪鈞』，兩『疻』字上下相應。應注云『雖見毆與毆人罪同』，兩『毆』字亦上下相應。若下句變『疻』言『痏』，則與上句不相應矣。應云『律謂之疻痏』，此是引律以釋正文『疻』字，非釋『痏』字也。師古曰『痏音鮪』，自爲應注『痏』字作音，非爲正文作音也。凡師古注爲舊注作音者，全部皆然，不可枚舉。後人不察，遂謂正文内有『痏』字，而改『疻人』爲『痏人』，斯爲謬矣。師古注急就篇云『毆人皮膚腫起曰疻，毆傷曰痏』，是疻、痏大同而小異，又不得徑改『疻人』爲『痏人』也。白帖四十八、九十二并作『遇人不以義而見疻者與疻人之罪鈞』。通典刑四同。」先謙案：官本注「歐」並作「毆」。

〔一一〕師古曰：言咸爲修而毁宣，是不誼而不直。

〔一二〕師古曰：趣讀曰促。

〔一三〕師古曰：論語載孔子之言也。錯，置也，音千故反。

〔一四〕師古曰：原謂尋其本也。

〔一五〕師古曰：輯與集同。集，合也。

〔一六〕師古曰：以其受賕也。

〔一七〕師古曰：以其身有爵級，故得減罪而爲完也。況身及同謀之人，皆從此科。

〔一八〕【補注】宋祁曰：「罪」字上當有「死」字。

〔一九〕【補注】周壽昌曰：漢相免爲庶人終者，匡衡及宣。

宣子惠亦至二千石。始惠爲彭城令，宣從臨淮遷至陳留，過其縣，橋梁郵亭不修。〔一〕宣心知惠不能，留彭城數日，案行舍中，處置什器，〔二〕觀視園菜，終不問惠以吏事。惠自知治縣不稱宣意，遣門下掾送宣至陳留，令掾進見，自從其所問宣不教戒惠吏職之意。〔三〕宣笑曰：「吏道以法令爲師，可問而知。及能與不能，自有資材，何可學也？」衆人傳稱，以宣言爲然。

〔一〕師古曰：郵，行書之舍，亦如今之驛及行道館舍也，音尤。

〔二〕師古曰：處，安也。什器，爲生之具也，解在平紀。

〔三〕師古曰：若自出其意，不云惠使之言。

初，宣後封爲侯時，妻死，而敬武長公主寡居，〔一〕上令宣尚焉。及宣免歸故郡，公主留京師。後宣卒，主上書願還宣葬延陵，奏可。況私從敦煌歸長安，會赦，因留與主私亂。〔二〕哀帝外家丁、傅貴，主附事之，而疏王氏。元始中，莽自尊爲安漢公，主又出言非莽。而況與吕寬相善，及寬事覺時，莽并治況，發揚其罪，使使者以太皇太后詔賜主藥。主怒曰：「劉氏孤弱，王氏擅朝，排擠宗室，〔三〕且嫂何與取妹，披抉其閨門而殺之？」〔四〕使者迫守主，〔五〕遂飲藥死。況梟首於市。白太后云主暴病薨。太后欲臨其喪，〔六〕莽固爭，乃止。

〔一〕【補注】朱一新曰：公主本嫁營平侯趙欽，欽薨，主無子。見趙充國傳。

〔二〕【補注】周壽昌曰：主，宣帝女。外戚傳，宣帝有一館陶主，爲華倢伃所生，其敬武姊耶？即敬武爲宣帝末年所生，至平帝初元已五十餘，若元始中將六十，乃留子與亂乎？漢末政雖不綱，清議尚嚴，矧與莽不協，必遭刻治，乃主薨後，太后猶欲親臨其喪，其無失德，亦可證矣。此因主平日出言非莽，莽恨畏誣衊之。觀莽傳云「窮治吕寬獄，內及敬武公主」，固欲致主死，並死其子薛況也。史氏襲莽舊聞，不將年事審正，以辨其非，不得謂非巨戾也。

〔三〕師古曰：擠，墜也，音子詣反。【補注】宋祁曰：擠，玉篇云子詣、子稽二切。

〔四〕師古曰：敬武公主，宣帝女也，故謂元后爲嫂。披，發也。抉，挑也。與讀曰豫。豫，干也。言此事不干於嫂也。抉音一穴反。挑音它凋反。【補注】宋祁曰：抉，字林曰，抉，挑也，音一穴反。蕭該案，左傳云「鄒人紇抉之以出門者」，又曰「以杙抉其傷」。王念孫曰：與讀如字。何與，猶何爲也。古者謂爲曰與。說見釋詞。主與況私亂，而莽矯元后詔賜之死，故主怒曰「嫂何爲取妹，披抉其閨門而殺之」也。師古讀與爲豫，而以「且嫂何與」絶句，則與下文義不相屬矣。先謙曰：官本注「一穴」作「古穴」。

〔五〕師古曰：守而逼之。

〔六〕【補注】王先慎曰：觀此，莽知誣公主姦不合情理，未敢公白太后。

朱博字子元，杜陵人也。家貧，少時給事縣，爲亭長，好客少年，捕搏敢行。〔一〕稍遷爲功曹，伉俠好交，〔二〕隨從士大夫，不避風雨。是時，前將軍望之子蕭育、御史大夫萬年子陳咸以公卿子著材知名，博皆友之矣。時諸陵縣屬太常，〔三〕博以太常掾察廉，補安陵丞。後去官入京兆，歷曹史列掾，出爲督郵書掾，〔四〕所部職辦，郡中稱之。

〔一〕師古曰：好賓客及少年而追捕擊搏無所避也。【補注】錢大昕曰：「捕搏」當爲「蒲博」之誤。師古解爲追捕擊搏，非也。王文彬曰：好客少年，好結少年爲客也，不當分釋。若客屬賓客，則下「好交」爲複文矣。

〔二〕師古曰：伉，健也，音口浪反。

〔三〕【補注】錢大昭曰：元帝永光元年改屬三輔。

〔四〕【補注】沈欽韓曰：韋昭辨釋名曰，言督郵書掾者，郵，過也；此官不自造書，主督上官所下所過之書也。劉昭輿服志注：「東晉猶有郵驛共置，承受旁郡縣文書。有郵有驛，行傳以相付。縣置屋二區。有承驛吏，皆條所受書，每月言上州郡。」風俗通曰：「今吏郵書掾、府督郵職掌此。」案，督郵本以主郵書爲職，因得糾劾長吏耳。

而陳咸爲御史中丞，坐漏泄省中語下獄。博去吏，間步至廷尉中，〔一〕候伺咸事。咸掠治困篤，博詐得爲醫入獄，得見咸，具知其所坐罪。博出獄，又變姓名，爲咸驗治數百，〔一〕卒免咸死罪。咸得論出，而博以此顯名，爲郡功曹。

〔一〕師古曰：去吏，自解職也。間步，謂步行而伺間隙以去。【補注】王念孫曰：案「候司」在下文，則此非伺間隙之謂也。間者，私也。謂私步至廷尉中也。古謂私爲間。

〔二〕師古曰：謂被掠笞也。

久之，成帝即位，大將軍王鳳秉政，奏請陳咸爲長史。咸薦蕭育、朱博除莫府屬，鳳甚奇之，舉博櫟陽令，徙雲陽、平陵〔三〕〔二〕縣，以高弟入爲長安令。〔一〕京師治理，遷冀州刺史。

〔一〕【補注】先謙曰：官本「弟」作「第」。

博本武吏，不更文法，〔一〕及爲刺史行部，〔二〕吏民數百人遮道自言，官寺盡滿。從事白請且留此縣録見諸自言者，事畢乃發，欲以觀試博。博心知之，告外趣駕。〔三〕既白駕辦，博出就車見自言者，使從事明敕告吏民：「欲言縣丞尉者，刺史不察黄綬，各自詣郡。〔四〕欲言二千石墨綬長吏者，使者行部還，詣治所。〔五〕其民爲吏所冤，及言盜賊辭訟事，各使屬其部從事。」〔六〕博駐車決遣，四五百人皆罷去，如神。吏民大驚，不意博應事變乃至於此。後博徐問，果老從事教民聚會。博殺此吏，州郡畏博威嚴。徙爲并州刺史、護漕都尉，遷琅邪太守。

〔一〕師古曰：更，歷也，音工衡反。

〔二〕師古曰：行音下更反。
〔三〕師古曰：趣讀曰促。
〔四〕師古曰：丞尉職卑，皆黄綬。
〔五〕師古曰：治所，刺史所止理事處。【補注】宋祁曰：楊本并别本云「使者還部」，越本無「使者」二字。周壽昌曰：治所，平時刺史所居之治也，非行部時所止，故必俟其行部還，始令詣之也。下云各使屬其部從事，方是行部時所治。續志，冀州刺史治在高邑，前漢爲部，屬常山。
〔六〕師古曰：屬，委也，音之欲反。

齊郡舒緩養名，〔一〕博新視事，右曹掾史皆移病臥。〔二〕博問其故，對言「惶恐！〔三〕故事二千石新到，輒遣吏存問致意，乃敢起職。」〔四〕博奮髯抵几曰：〔五〕「觀齊兒欲以此爲俗邪！」乃召見諸曹史書佐及縣大吏，選視其可用者，出教置之。〔六〕皆斥罷諸病吏，白巾走出府門。郡中大驚。頃之，門下掾贛遂耆老大儒，教授數百人，拜起舒遲。博出教主簿：〔七〕「贛老生不習吏禮，主簿且教拜起，閑習乃止。」又敕功曹：「官屬多褒衣大袑，〔八〕不中節度，自今掾史衣皆令去地三寸。」博尤不愛諸生，所至郡輒罷去議曹，曰：「豈可復置謀曹邪！」文學儒吏時有奏記稱説云云。博見謂曰：「如太守漢吏，奉三尺律令以從事耳，亡奈生所言聖人道何也！〔九〕且持此道歸，堯舜君出，爲陳説之。」其折逆人如此。視事數年，大改其俗，掾史禮節如楚、趙吏。

〔一〕師古曰：言齊人之俗，其性遲緩，多自高大以養名聲。

〔二〕師古曰：右曹，上曹也。移病，謂移書言病也，一曰以病而移居也。

〔三〕師古曰：言懼新太守之威。【補注】周壽昌曰：慚於欲太守存問始起，故以「惶恐」二字先之，猶奏記之先言主臣，皆發語辭也。顔云懼新太守之威，非是。若誠懼，則無以下云云。

〔四〕【補注】周壽昌曰：起職，言起而就職也。明凌氏諸本「職」字上有「就」字，後人加之。

〔五〕師古曰：髯，頰毛也。抵，擊也，音紙。

〔六〕師古曰：皆新補置，以代移病者。

〔七〕師古曰：以此教告主簿。

〔八〕師古曰：衵音紹，謂大袴也。【補注】先謙曰：官本考證引蕭該音義云：「案，韋昭曰『袴上曰衵，音黍矯反』。鄧展音紹。」

〔九〕師古曰：言不能用。

博治郡，常令屬縣各用其豪桀以爲大吏，文武從宜。〔一〕縣有劇賊及它非常，博輒移書以詭責之。其盡力有效，必加厚賞；懷詐不稱，誅罰輒行。〔二〕以是豪强慹服。〔三〕姑幕縣有羣輩八人報仇廷中，皆不得。〔四〕長吏自繫書言府，〔五〕賊曹掾史自白請至姑幕。事留不出。功曹諸掾即皆自白，復不出。於是府丞詣閤，博乃見丞掾曰：「以爲縣自有長吏，府未嘗與也，丞掾謂府當與之邪？」〔六〕閤下書佐入，博口占檄文曰：〔七〕「府告姑幕令丞：言賊發不得，〔八〕有書。〔九〕檄到，令丞就職，游徼王卿力有餘，如律令！」〔一〇〕王卿得敕惶怖，親屬失色，晝夜馳騖，〔一一〕十餘日間捕得五人。博復移書曰：「王卿憂公甚效！檄到，齎伐閲詣府。〔一二〕部掾以下亦可用，漸盡其餘矣。」〔一三〕其操持下，皆此類也。

〔一〕師古曰：各因其材而任之。

〔二〕師古曰：稱，副也。

〔三〕師古曰：慹音之涉反。【補注】周壽昌曰：説文：「慹，悑也。從心，執聲。」「悑」，一作「怖」。莊子曰「子方慹然似非人」，注「不動貌，與讋通，失氣也」。

〔四〕師古曰：於縣廷之中報仇殺人，而其賊亡，捕不得也。【補注】先謙曰：姑幕在今青州府諸城縣五十里。官本注「亡」上有「皆」字。「捕」下有「之」字。

〔五〕【補注】先謙曰：以書上白。

〔六〕師古曰：與讀皆曰豫。

〔七〕師古曰：隱度其言口授之。占音之贍反。

〔八〕【補注】先謙曰：不得解具上。

〔九〕師古曰：言已得縣之文書如此。

〔一〇〕師古曰：游徼職主捕盜賊，故云如律令。【補注】周壽昌曰：「如律令」三字，漢制官府文移中常語。史記儒林傳太常臧、博士平等議末云「請著功令，佗如律令」。文選載陳琳爲袁紹檄豫州文末云「如律令」。東觀餘論載漢破羌檄皆有之。漢聞憙長韓仁銘碑末亦有「如律令」三字。本傳前云「如太守漢吏，奉三尺律令」，下云「三尺律令，人事出其中」，皆不專指捕盜賊也。顏注泥。

〔一一〕【補注】先謙曰：官本考證引蕭該音義云，字書曰，騖，亂馳也。

〔一二〕師古曰：伐，功勞也。閱，所經歷也。【補注】先謙曰：官本考證引蕭該音義云，字林曰，閱其數也。

〔一三〕師古曰：部掾，所部之掾也。【補注】何焯曰：以未獲三人責部掾以下也。先謙曰：用猶以也。

以高弟入守左馮翊，〔一〕滿歲爲真。其治左馮翊，文理聰明殊不及薛宣，而多武譎，網絡張設，少愛利，敢誅殺。〔二〕然亦縱舍，時有大貸，〔三〕下吏以此爲盡力。

〔一〕【補注】先謙曰：官本「弟」作「第」。

〔二〕師古曰：言少仁愛而不能便利於人。

〔三〕師古曰：縱，放也。舍，置也。貸謂寬假於下也，音吐戴反。

長陵大姓尚方禁〔一〕少時嘗盜人妻，見斫，創著其頰。府功曹受賂，白除禁調守尉。博聞知，以它事召見，視其面，果有瘢。〔二〕博辟左右問禁：〔三〕「是何等創也？」禁自知情得，〔四〕叩頭服狀。博笑曰：「大丈夫固時有是。〔五〕馮翊欲洒卿恥，抆拭用禁，〔六〕能自效不？」禁且喜且懼，對曰：「必死！」〔七〕博因敕禁：「毋得泄語，有便宜，輒記言。」〔八〕因親信之以爲耳目。禁晨夜發起部中盜賊及它伏姦，有功效。博擢禁連守縣令。久之，召見功曹，閉閤數責以禁等事，〔九〕與筆札使自記，〔一〇〕「積受取一錢以上，無得有所匿。〔一一〕欺謾半言，斷頭矣！」〔一二〕功曹惶怖，具自疏姦臧，大小不敢隱。博知其對以實，乃令就席，受敕自改而已。投刀使削所記，遣出就職。功曹後常戰栗，不敢蹉跌，〔一三〕博遂成就之。〔一四〕

〔一〕師古曰：姓尚方，名禁。

〔二〕師古曰：瘢，創痕也，音盤。痕音胡恩反。

〔三〕師古曰：辟讀曰闢。

〔四〕師古曰：言其得被斫之情狀。

〔五〕師古曰：言情欲之事，人所不免。【補注】王念孫曰：「大」字後人所加。禁以盜人妻見斫，面有瘢，故博笑謂之曰「丈夫固時有是」。據顔注云「言情欲之事人所不免」，則不得言「大丈夫」明矣。景祐本及白帖四十一引此皆無「大」字。

〔六〕師古曰：抆拭，摩也。洒音先禮反。抆音文粉反。【補注】王念孫曰：「禁」當爲「卿」。此涉上下文「禁」字而誤也。「欲洒卿恥，抆拭用卿」，兩「卿」字上下相承。白帖四十一、四十八引此並作「用卿」。

〔七〕師古曰：言盡死力也。

〔八〕師古曰：不令泄抆拭之言，而外有便宜之事，爲書記以言於博。

〔九〕【補注】先謙曰：如受禁賂之類。

〔一〇〕【補注】朱一新曰：「便」監本作「使」，是。先謙曰：官本作「使」。

〔一一〕師古曰：積累前後受取之事。

〔一二〕師古曰：謾，誑也，音慢，又音莫連反。

〔一三〕師古曰：蹉音千何反。跌音徒結反。

〔一四〕師古曰：言進達也。

遷爲大司農。歲餘，坐小法，左遷犍爲太守。先是南蠻若兒數爲寇盜，〔一〕博厚結其昆弟，使爲反間，襲殺之，〔二〕郡中清。

〔一〕師古曰：若兒，其豪長之名。

〔二〕師古曰：間音居莧反。

徙爲山陽太守，病免官。復徵爲光禄大夫，遷廷尉，職典決疑，當讞平天下獄。〔一〕博恐爲官屬所誣，視事，召見正監典法掾史，謂曰：「廷尉本起於武吏，不通法律，幸有衆賢，亦何憂！然廷尉治郡斷獄以來且二十年，亦獨耳剽日久，〔二〕三尺律令，人事出其中。〔三〕掾史試與正監共撰前世決事吏議難知者數十事，持以問廷尉，得諸君覆意之。」〔四〕正監以爲博苟强，意未必能然，即共條白焉。博皆召掾史，並坐而問，爲平處其輕重，十中八九。〔五〕官屬咸服博之疏略，材過人也。每遷徙易官，所到輒出奇譎如此，以明示下爲不可欺者。

〔一〕【補注】先謙曰：典，主也。言其職固如此。
〔二〕師古曰：剽，劫也，猶言行聽也。剽音頻妙反。【補注】先謙曰：若今諺云剽學。
〔三〕師古曰：言可以人情知之。
〔四〕如淳曰：但欲用意覆之，不近法律事故也。師古曰：覆音芳目反。【補注】先謙曰：官本「得」下有「爲」字，此脱。意猶揣也。如如説，當云意覆，不當作「覆意」矣。
〔五〕師古曰：中音竹仲反。

久之，遷後將軍，與紅陽侯立相善。立有罪就國，有司奏立黨友，博坐免。後歲餘，哀帝即位，以博名臣，召見，起家復爲光禄大夫，遷爲京兆尹，數月超爲大司空。

初，漢興襲秦官，置丞相、御史大夫、太尉。至武帝罷太尉，始置大司馬以冠將軍之號，非有印綬官屬也。及成帝時，何武爲九卿，建言「古者民樸事約，〔一〕國之輔佐必得賢聖，然猶則天三光，備三公官，各有分職。〔一〕今末俗文弊，政事煩多，〔二〕宰相之材不能及古，而丞相獨兼三公之事，所以久廢而不治也。宜建三公官，定卿大夫之任，分職授政，以考功效」。其後上以問師安昌侯張禹，禹以爲然。時曲陽侯王根爲大司馬票騎將軍，而何武爲御史大夫。於是上賜曲陽侯根大司馬印綬，置官屬，罷票騎將軍官，以御史大夫何武爲大司空，封列侯，皆增奉如丞相，〔四〕以備三公官焉。議者多以爲古今異制，漢自天子之號下至佐史皆不同於古，而獨改三公，職事難分明，無益於治亂。〔五〕是時御史府吏舍百餘區井水皆竭；又其府中列柏樹，常有野烏數千棲宿其上，晨去暮來，號曰「朝夕烏」，烏去不來者數月，長老異之。〔六〕後二歲餘，朱博爲大司空，奏言「帝王之道不必相襲，各繇時務。〔七〕高皇帝以聖德受命，建立鴻業，置御史大夫，位次丞相，典正法度，以職相參，總領百官，上下相監臨，歷載二百年，天下安寧。今更爲大司空，與丞相同位，未獲嘉祐。故事，選郡國守相高第爲中二千石，選中二千石爲御史大夫，任職者爲丞相，位次有序，所以尊聖德，重國相也。今中二千石未更御史大夫而爲丞相，〔八〕權輕，非所以重國政也。臣愚以爲大司空官可罷，復置御史大夫，遵奉舊制。臣願盡力，以御史大夫爲百僚率。」哀帝從之，乃更拜博爲御史大夫。會大司馬喜免，〔九〕以陽安侯丁明爲大司馬衞將軍，置官屬，大司馬冠號如故事。後四歲，哀帝遂改丞相爲大司徒，復置大司空、大司馬焉。

〔一〕師古曰：立此議而奏之也。約，少也。

〔三〕師古曰：則，法也。三光，日、月、星也。分音扶問反。
〔三〕【補注】先謙曰：官本「文」作「之」，引宋祁曰，「之」監本、邵本作「之」，校本作「文」。
〔四〕師古曰：奉音扶用反。【補注】先謙曰：官本注在「焉」下。
〔五〕【補注】何焯曰：王莽、蘇綽、宋神宗皆昧此理。然何武謂不可以丞相獨兼三公之事，則可採也。
〔六〕師古曰：史言此者，著御史大夫之職當休廢也。【補注】宋祁曰：顏之推云：「漢書：『御史府中列柏樹，常有野鳥數千，棲宿其上，晨去暮來，號「朝夕鳥」』，而文士往往作烏鳶用之。」浙本亦作「烏」。予謂「烏」字當作「鳥」字。沈欽韓曰：顏氏家訓文章篇「朝夕鳥」文士往往誤作烏鳶用之，其説非也。惟烏喜集廟宇聽事，人不之怪，不當爲野鳥。唐書柳仲郢傳「自拜諫議後，每遷官，羣烏大集於昇平里第，廷尉樹戟架皆滿」，此豈可亦目爲野鳥也？周壽昌曰：顏氏當日所見漢書或傳鈔偶誤，宋氏取此孤證，欲改古書，未可信也。考御史府稱烏署見唐制書，烏府、烏臺見白六帖。唐張良器有烏臺賦云「門凌晨而豸出，樹夕陽而烏來」，正用此事。是唐以來漢書皆作「烏」益可證。先謙曰：宋引顏説前兩「烏」字當作「鳥」。
〔七〕師古曰：繇讀與由同。
〔八〕師古曰：更，經也，音工衡反。
〔九〕【補注】宋祁曰：「喜」字上當有「傅」字。

初，何武爲大司空，又與丞相方進共奏言：「古選諸侯賢者以爲州伯，書曰『咨十有二牧』，〔一〕所以廣聰明，燭幽隱也。今部刺史居牧伯之位，秉一州之統，選第大吏，所薦位高至九卿，所惡立退，任重職大。春秋之義，用貴治賤，不以卑臨尊。刺史位下大夫，而臨二千石，輕重不相準，失位次之序。臣請罷刺史，更置州牧，以應古制。」奏可。及博奏復御史大夫官，〔二〕又奏言：「漢家至德溥大，宇内萬里，〔三〕立置郡縣。部刺史奉使典州，督察郡國，吏民安寧。故事，居部九歲舉爲守相，其有異材功效著者輒登擢，秩卑而賞厚，咸勸功樂進。〔四〕前丞相方進奏罷刺史，更置州牧，秩真二千石，位次九卿。九卿缺，以高弟補，〔五〕其中材則苟自守而已，恐功效陵夷，〔六〕姦軌不禁。臣請罷州牧，置刺史如故。」〔七〕奏可。

〔二〕師古曰：虞書舜典之辭也。【補注】宋祁曰：浙本云「咨十有二牧配哉」。

〔三〕【補注】宋祁曰：「復」字下當有「置」字。

〔三〕師古曰：溥與普同。

〔四〕師古曰：勸功，自勸勉而立功也。【補注】何焯曰：每歲盡，詣京都奏事，則天下之情上通。居部九歲，則所部利病周知。中興以後，但因計吏，不復自詣京師，與天子隔遠，權寄輕矣。翟方進傳，爲朔方刺史，「再三奏事，遷爲丞相司直」，是有異材功效著者輒登擢，不必滿九歲限也。何武爲揚州刺史五歲，入爲丞相司直。前此，則黄霸爲揚州刺史三歲，遷潁川太守。

〔五〕【補注】先謙曰：官本「弟」作「第」。

〔六〕師古曰：陵夷，漸廢替。

〔七〕【補注】何焯曰：罷刺史而置州牧，東漢遂以此亡，非特功效陵夷也。博議是。當合後書百官志注中劉昭語觀之。

博爲人廉儉，不好酒色游宴。自微賤至富貴，食不重味，案上不過三桮。夜寢早起，妻希見其面。有一女，無男。然好樂士大夫，爲郡守九卿，賓客滿門，欲仕宦者薦舉之，欲報仇怨者解劍以帶之。其趨事待士如是，博以此自立，然終用敗。〔一〕

〔一〕【補注】何焯曰：博快吏，趙京兆尹、扶風之亞，少與蕭、陳結交，慕用爲俠，未有不致敗者，況位逾其量乎。

初，哀帝祖母定陶太后〔一〕欲求稱尊號，太后從弟高武侯傅喜爲大司馬，與丞相孔光、大司空師丹共持正議。孔鄉侯傅晏亦太后從弟，諂諛欲順指，會博新徵用爲京兆尹，與交結，謀成尊號，以廣孝道。繇是師丹先免，〔二〕博代爲大司空，數燕見奏封事，言「丞相光志在自守，不能憂國；大司馬喜至尊至親，阿黨大臣，無益政治」。上遂罷喜遣就國，免光爲庶人，以博代光爲丞相，封陽鄉侯，食邑二千户。〔三〕博上書讓曰：「故事封丞相不滿千户，而獨臣過制，誠慙懼，願還千户。」上許焉。傅太后怨傅喜不已，使孔鄉侯晏風丞相，令奏免喜侯。〔四〕博受詔，與御史大夫趙玄議，玄言：「事已前決，得無不宜？」〔五〕博曰：「已許孔鄉侯有指。匹夫相要，尚相得死，〔六〕何況至尊？博唯有死耳！」玄即許可。博惡獨斥奏喜，以故大司空氾鄉侯何武前亦坐過免就國，〔七〕事與喜相似，即并奏：「喜、武前在位，皆無益於治，雖已退免，爵土之封非所當得也。請皆免爲庶人。」上知傅太后素常怨喜，疑博、玄承指，即召玄詣尚書問狀。〔八〕玄辭服，有詔左將軍彭宣與中朝者雜問。宣等劾奏：「博宰相，玄上卿，晏以外親封位特進，股肱大臣，上所信任，不思竭誠奉公，務廣恩化，爲百寮先，皆知喜、武前已蒙恩詔決，事更三赦，〔九〕博執左道虧損上恩，以結信貴戚，背君鄉臣，〔一〇〕傾亂政治，姦人之雄，〔一一〕附下罔上，爲臣不忠不道；玄知博所言非法，枉義附從，大不敬；晏與博議免喜，失禮不敬。臣請詔謁者召博、玄、晏詣廷尉詔獄。」制曰：「將軍、中二千石、二千石、諸大夫、博士、議郎議。」右將軍蟜望等四十四人〔一二〕以爲「如宣等言，可許」。諫大夫龔勝等十四人以爲「春秋之義，姦以事君，常刑不舍。〔一三〕魯大夫叔孫僑如欲顓公室，譖其族兄季孫行父於晉，晉執囚行父以亂魯國，春秋重而書之。〔一四〕今晏放命圮族，〔一五〕干亂朝政，要大臣以罔上，本造計謀，〔一六〕職爲亂階，〔一七〕宜與博玄同罪，罪皆不道。」上減玄死罪三等，削晏户四分之一，假謁者節召丞相詣廷尉詔獄。博自殺，國除。

〔一〕【補注】宋祁曰：「陶」字下當有「傅」字。

〔二〕師古曰：繇讀與由同。

〔三〕【補注】先謙曰：官本考證云：「案表作『楊鄉』，又下文『願還千户』表作『還千五十户』。」

〔四〕師古曰：風讀曰諷。

〔五〕師古曰：得無，猶言無乃也。

〔六〕【補注】王念孫曰：「尚相得死」，文不成義。通鑑漢紀二十六同。當依漢紀孝哀紀作「尚得相死」。

〔七〕師古曰：氾音凡。

〔八〕【補注】先謙曰：通鑑胡注：「丞相、御史同奏而獨召問玄者，以博强毅多權詐，難遽得其情，而玄易以窮詰也。」

〔九〕師古曰：詔已罷官，事又經三赦也。更音工衡反。【補注】先謙曰：詔決即上文所稱事已前決也。

〔一〇〕師古曰：鄉讀曰嚮。

〔一一〕【補注】沈欽韓曰：説苑指武篇，孔子誅少正卯曰「此姦人之雄也」。

〔一二〕師古曰：蟜音矯。【補注】齊召南曰：案，此哀帝建平二年八月事。據公卿表，光禄勳丁望爲左將軍，執金吾公孫禄爲右將軍，至三年，蟜望始爲右將軍。此文似應云左將軍。先謙曰：官本考證引蕭該案，「吕靖曰，蟜，毒蟲也，已兆反。今借以爲矯字，此蓋古字無定耳。」周壽昌云：「禮檀弓『蟜固不脱齊衰而入見』，通志氏族略『漢有逸人蟜慎』，據此，則蟜之受姓舊矣，殆國語有蟜氏之後裔歟。」

〔一三〕師古曰：舍，置也。

〔一四〕師古曰：僑如，叔孫宣伯也。行父，季文子也。宣伯通於成公之母穆姜，欲去季孟而取其室，使告晉曰：「魯之有季孟，猶晉之有欒范也，政令於是乎成。今其謀曰晉政多門，不可從也。若欲得志於魯，請止行父而殺之。不然，歸必畔矣。」晉人執文子于苕丘。事在成十六年。

〔一五〕【補注】先謙曰：解見傅喜傳。

〔一六〕【補注】蘇輿曰：本猶始也。

〔一七〕師古曰：此引詩小雅巧言之章也。職，主也。階者，基之漸也。

初，博以御史爲丞相，封陽鄉侯，玄以少府爲御史大夫，並拜於前殿，延登受策，有音如鍾聲。語在五行志。

贊曰：薛宣、朱博皆起佐史，歷位以登宰相。宣所在而治，爲世吏師，及居大位，以苛察失名，〔一〕器誠有極也。〔二〕博馳騁進取，不師道德，已亡可言，〔三〕又見孝成之世委任大臣，假借用權。〔四〕世主已更，好惡異前，〔五〕復附丁、傅，稱順孔鄉。〔六〕事發見詰，遂陷誣罔，辭窮情得，仰藥飲鴆。〔七〕孔子曰：「久矣哉，由之行詐也！」博亦然哉！〔八〕

〔一〕師古曰：苛，副也。【補注】先謙曰：官本作「苛，細也」，是。此緣下稱「副也」而誤。

〔二〕【補注】宋祁曰：別本「有」字下有「所」字。

〔三〕師古曰：言其事行不足可道也。

〔四〕鄧展曰：假音休假。借音以物借人。【補注】宋祁曰：注末當有「之借」二字。「借」，蕭該謂本作「藉」字，若作「借」，何煩更云音以物借人之借？蓋傳寫之繆。何焯曰：贊得其隱，如王鳳之陷王商，廢馮野王是也。

〔五〕師古曰：更，改也。

〔六〕師古曰：稱，副也。副其所求而順其意也。稱音尺孕反。

〔七〕師古曰：仰藥謂仰頭而飲藥也。【補注】先謙曰：與傳互文見事。

〔八〕師古曰：論語云子疾病，子路使門人爲臣。子曰：「久矣哉，由之行詐也！無臣而爲有臣，吾誰欺？欺天乎？」故贊引之。

翟方進傳第五十四

翟方進字子威，汝南上蔡人也。家世微賤，至方進父翟公，好學，爲郡文學。方進年十二三，失父孤學，〔一〕給事太守府爲小史，號遲頓不及事，〔二〕數爲掾史所詈辱。方進自傷，乃從汝南蔡父相問己能所宜。〔三〕蔡父大奇其形貌，謂曰：「小史有封侯骨，當以經術進，努力爲諸生學問。」〔四〕方進既厭爲小史，聞蔡父言，心喜，因病歸家，辭其後母，欲西至京師受經。母憐其幼，〔五〕隨之長安，織屨以給方進讀，經博士受春秋。〔六〕積十餘年，經學明習，徒衆日廣，諸儒稱之。以射策甲科爲郎。二三歲，舉明經，遷議郎。

〔一〕【補注】周壽昌曰：孤學，猶言獨學。無父教之，獨學無所成也。一曰，孤學猶棄學。吴語「以心孤句踐」，注：「孤，棄也。」

〔二〕師古曰：頓讀曰鈍。

〔三〕師古曰：言從何術藝可以自達。

〔四〕【補注】先謙曰：官本有「淳化本努作怒」六字。

〔五〕【補注】宋祁曰：於「母」字上疑有「後」字。

〔六〕【補注】先謙曰：官本考證云：「案，儒林傳，方進受穀梁春秋於尹更始，又兼左氏春秋。」案，「讀」字斷句。經猶歷也。

是時宿儒有清河胡常，〔一〕與方進同經。〔二〕常爲先進，名譽出方進下，〔三〕心害其能，論議不右方進。〔四〕方進知之，候伺常大都授時，〔五〕遣門下諸生至常所問大義疑難，因記其說。如是者久之，常知方進之宗讓己，〔六〕內不自得，〔七〕其後居士大夫之間未嘗不稱述方進，遂相親友。

〔一〕師古曰：宿，久舊也。

〔二〕【補注】蘇輿曰：同習經也。京房傳亦云五鹿充宗與房同經。

〔三〕師古曰：常宦學雖在前，而名譽不及方進。

〔四〕師古曰：毀短也。【補注】劉攽曰：多一「論」字。

〔五〕師古曰：都授，謂總集諸生大講授也。【補注】王引之曰：「大」字涉注文「大講授」而衍。都即大也，不當更有「大」字。廣雅：「都，大也。」五行志「豕出圂，壞都竈」，師古注：「都竈，烝炊之大竈也。」武五子傳「將軍都郎羽林」，注：「都，大也。謂大會試之。」鄭吉傳「故號都護」，注：「都猶大也，總也。」漢紀孝成紀有「大」字，亦後人依誤本漢書加之。據師古注云「都授，謂總集諸生大講授」，則正文本無「大」字。

〔六〕師古曰：宗，尊也。

〔七〕【補注】先謙曰：猶言不自安。

河平中，方進轉爲博士。數年，遷朔方刺史，居官不煩苛，所察應條輒舉，〔一〕甚有威名。

再三奏事，〔二〕遷爲丞相司直。從上甘泉，行馳道中，司隸校尉陳慶〔三〕劾奏方進没入車馬。既至甘泉宫，會殿中，慶與廷尉范延壽語，〔四〕時慶有章劾，自道：「行事以贖論，〔五〕今尚書持我事來，當於此決。前我爲尚書時，嘗有所奏事，忽忘之，留月餘。」〔六〕方進於是舉劾慶曰：「案慶奉使刺舉大臣，故爲尚書，知機事周密壹統，明主躬親不解。〔七〕慶有罪未伏誅，無恐懼心，豫自設不坐之比。〔八〕又暴揚尚書事，言遲疾無所在，〔九〕虧損聖德之聰明，奉詔不謹，皆不敬。〔一〇〕臣謹以劾。」慶坐免官。

〔一〕【補注】蘇輿曰：應條，謂應科條。吏有無狀如科條所禁者，察出輒舉奏也。下云「上以方進所舉應科」義同。

〔二〕師古曰：刺史歲盡輒奏事京師也。

〔三〕【補注】先謙曰：官本考證云：「公卿表，慶字君卿。後方進爲丞相時，慶以琅邪太守入爲廷尉，一年徙爲長樂少府。」

〔四〕【補注】先謙曰：官本考證云：「公卿表，延壽字子路，安成人，河平二年以北海太守入爲廷尉，八年卒。」

〔五〕師古曰：當祭泰畤時，行事有闕失，罪合贖。【補注】劉敞曰：漢時人言行事、成事皆請已行已成事也。王充書亦有之。又下文所謂「自設不坐之比」是也。

〔六〕師古曰：言此者，冀尚書忘己之事不奏。【補注】劉敞曰：予謂非冀尚書忘己不奏也，言及之耳。尋下文可見。

〔七〕師古曰：解讀曰懈。

〔八〕師古曰：比，例也，音必寐反。【補注】蘇輿曰：謂慶自云當論贖也，猶今日坐事者非大故輒抵銷。但慶自設比例非上意。

〔九〕【補注】蘇輿曰：言遲疾無定，即上所云忽忘留月餘也。

〔一〇〕師古曰：既自云不坐，又言遲疾無所在，此之二條於法皆爲不敬。

會北地浩商爲義渠長所捕，亡，〔一〕長取其母，與豭豬連繫都亭下。〔二〕商兄弟會賓客，自稱司隸掾、長安縣尉，殺義渠長妻子六人，亡。丞相、御史請遣掾史與司隸校尉、部刺史并力逐捕，察無狀者，〔三〕奏可。司隸校尉涓勳奏言：〔四〕「春秋之義，王人微者序乎諸侯之上，尊王命也。臣幸得奉使，以督察公卿以下爲職，〔五〕今丞相宣〔六〕請遣掾史，以宰士督察天子奉使命大夫，〔七〕甚誖逆順之理。〔八〕宣本不師受經術，〔九〕因事以立姦威。案浩商所犯，一家之禍耳，而宣欲專權作威，迺害於迺國，不可之大者。〔一〇〕願下中朝特進列侯、將軍以下，正國法度。」〔一一〕議者以爲丞相掾不宜移書督趣司隸。〔一二〕會浩商捕得伏誅，家屬徙合浦。

〔一〕師古曰：義渠，北地之縣也。商被縣長捕而逃亡。【補注】先謙曰：義渠在今慶陽府寧州西北。公卿表「縣滅萬户爲長」。

〔二〕師古曰：以深辱之。豭，牡豕也，音家。

〔三〕師古曰：無狀，謂商及義渠長本狀之違曲也。【補注】劉攽曰：謂察司隸、刺史捕賊之無狀者，故下文云「以宰士督察奉使命大夫」。先謙曰：此遣掾史督趣司隸，故以「并力」爲詞。逐捕亡賊，察義渠長無狀之情實。顔注未析，劉説尤非。既與司隸、刺史并力逐捕，又反察其無狀乎？

〔四〕【補注】錢大昭曰：廣韻：「涓，姓。列仙傳有齊人涓子」。

〔五〕師古曰：督，視也。【補注】先謙曰：公卿表「司隸督大姦猾」，續志「掌察舉百官以下及京師近郡犯法者」。

〔六〕【補注】先謙曰：薛宣。

〔七〕師古曰：謂丞相掾史爲宰士者，言其宰相之屬官，而位爲士也。奉使命大夫，謂司隸也。
〔八〕師古曰：誖，乖也，音布内反。【補注】先謙曰：言其不當以掾督趣。
〔九〕【補注】蘇輿曰：宣傳云：宣經術淺，上亦輕焉。蓋自董仲舒、公孫弘、兒寬等以經術緣飾吏事，見重武帝，遂成一代風尚，而大臣不通經術者，往往見之劾章矣。
〔一〇〕師古曰：周書洪範云「臣之有作福作威，迺凶于迺國，害于厥躬」，故引之。【補注】先謙曰：官本「迺」並作「乃」，引宋祁曰，「乃」監本作「迺」，姚本删。
〔一一〕【補注】周壽昌曰：案，漢舊儀，丞相爲外朝。此劾丞相，故請下中朝議也。
〔一二〕師古曰：趣讀曰促。

故事，司隸校尉位在司直下，初除，謁兩府，〔一〕其有所會，居中二千石前，與司直並迎丞相、御史。初，方進新視事，而涓勳亦初拜爲司隸，不肯謁丞相、御史大夫，後朝會相見，禮節又倨。〔二〕方進陰察之，勳私過光禄勳辛慶忌，又出逢帝舅成都侯商道路，下車立，頴過，乃就車。〔三〕於是方進舉奏其狀，因曰：「臣聞國家之興，尊尊而敬長，〔四〕爵位上下之禮，王道綱紀。〔五〕春秋之義，尊上公謂之宰，海内無不統焉。〔六〕丞相進見聖主，御坐爲起，在輿爲下。〔七〕羣臣宜皆承順聖化，以視四方。〔八〕勳吏二千石，幸得奉使，不遵禮儀，輕謾宰相，賤易上卿，〔九〕而又詘節失度，邪諂無常，〔一〇〕色厲内荏。〔一一〕墮國體，〔一二〕亂朝廷之序，不宜處位。臣請下丞相免勳。」

〔一〕師古曰：丞相及御史也。

〔二〕師古曰：倨，傲也。
〔三〕師古曰：須，待也。
〔四〕【補注】宋祁曰：楊本複有「敬長」二字。
〔五〕師古曰：言王道綱紀以尊卑上下之禮爲大也。
〔六〕【補注】蘇輿曰：穀梁僖九年傳「天子之宰，通于四海」。方進習穀梁，故用其義。
〔七〕師古曰：漢舊儀云，皇帝見丞相起，謁者贊稱曰：「皇帝爲丞相起。」起立乃坐。皇帝在道，丞相迎謁，謁者贊稱曰：「皇帝爲丞相下輿。」立乃升車。【補注】先謙曰：注「立乃升車」上，以上文「起立」例之，似當更有「下輿」二字。
〔八〕師古曰：視讀曰示。
〔九〕師古曰：謾讀與慢同。易音弋豉反。
〔一〇〕師古曰：讇，古諂字也。私過辛慶忌，見王商而下車，是邪諂也。
〔一一〕應劭曰：荏，屈橈也。師古曰：論語稱孔子曰：「色厲而內荏，譬諸小人，其猶穿窬之盜也與！」言外色莊厲而內懷荏弱，故方進引以爲言。
〔一二〕師古曰：墮，毀也，音火規反。

時太中大夫平當給事中，奏言「方進國之司直，不自敕正以先羣下，前親犯令行馳道中，司隸慶平心舉劾，方進不自責悔而內挾私恨，伺記慶之從容語言，〔一〕以詆欺成罪。〔二〕後丞相宣以一不道賊，〔三〕請遣掾督趣司隸校尉，司隸校尉勳自奏暴於朝廷，今方進復舉奏勳。議者以爲方進不以道德輔正丞相，苟阿助大臣，欲必勝立威，〔四〕宜抑絕其原。〔五〕勳素行公直，姦人所惡，可少寬假，使遂其功名」。上以方進所舉應科，不得用逆詐廢正法，〔六〕遂貶勳爲

昌陵令。方進旬歲間免兩司隸，〔七〕朝廷由是憚之。丞相宣甚器重焉，常誡掾史：「謹事司直，翟君必在相位，不久。」〔八〕

〔一〕師古曰：從音七容反。

〔二〕師古曰：詆，毀也，音丁禮反。

〔三〕如淳曰：律，殺不辜一家三人爲不道。【補注】先謙曰：謂浩商。

〔四〕師古曰：必勝，必取勝。

〔五〕【補注】蘇輿曰：言互劾取勝之風不可長。

〔六〕師古曰：逆詐者，謂以詐意逆猜人也。逆，迎也。論語曰子「不逆詐」。【補注】先謙曰：官本注「曰」字在「子」下，是。

〔七〕師古曰：旬，遍也，滿也。旬歲，猶言滿歲也，若十日之一周。

〔八〕【補注】蘇輿曰：言遷擢必速。

是時起昌陵，營作陵邑，貴戚近臣子弟賓客多辜榷爲姦利者，〔一〕方進部掾史覆案，發大姦贓數千萬。上以爲任公卿，〔二〕欲試以治民，徙方進爲京兆尹，博擊豪彊，〔三〕京師畏之。時胡常爲青州刺史，聞之，與方進書曰：「竊聞政令甚明，爲京兆能，則恐有所不宜。」〔四〕方進心知所謂，其後少弛威嚴。〔五〕

〔一〕師古曰：榷，專也。辜榷者，言已自專之，它人取者輒有辜罪。【補注】宋祁曰：學林云，辜榷者乃阻障而獨阻其利。後漢靈帝紀，光和四年「豪右辜榷，馬一匹至二百萬」，章懷注引前書音義曰：「辜，障也。謂障餘人賣買而自取其利。」此訓是也。師古以謂他人取者輒有辜罪，此訓迂矣。

〔二〕師古曰：任，堪也。

〔三〕【補注】先謙曰：「博」官本作「搏」，是。

〔四〕師古曰：言當犯迕貴戚而見毀。【補注】先謙曰：官本注末有「也」字。

〔五〕師古曰：弛，解也。

居官三歲，永始二年遷御史大夫。數月，會丞相薛宣坐廣漢盜賊羣起及太皇太后喪時三輔吏並徵發爲姦，〔一〕免爲庶人。方進亦坐爲京兆尹時奉喪事煩擾百姓，左遷執金吾。二十餘日，丞相官缺，羣臣多舉方進，上亦器其能，遂擢方進爲丞相，封高陵侯，食邑千户。身既富貴，而後母尚在，方進内行修飾，供養甚篤。〔二〕及後母終，既葬三十六日，除服起視事，以爲身備漢相，不敢踰國家之制。〔三〕爲相公絜，請託不行郡國。〔四〕持法刻深，舉奏牧守九卿，峻文深詆，〔五〕中傷者尤多。如陳咸、朱博、蕭育、逢信、孫閎之屬，〔六〕皆京師世家，以材能少歷牧守列卿，知名當世，而方進特立後起，十餘年間至宰相，據法以彈咸等，皆罷退之。

〔一〕師古曰：並音步浪反。

〔二〕師古曰：飾，謹也。篤，厚也。

〔三〕師古曰：漢制自文帝遺詔之後，國家遵以爲常。大功十五日，小功十四日，緦麻七日。方進自以大臣，故云不敢踰制。【補注】何焯曰：後書安帝紀，元初三年「初聽大臣、二千石、刺史行三年喪」，注云：「文帝遺詔以日易月，於後大臣遂以爲常，至此復遵古制。」方進之事是其徵也。沈欽韓曰：三十六日，既葬後，則不計未葬前月日。舊唐書張柬之傳：「弘文館直學士王玄感著論云『三年之喪，合三十六月』。」豈誤會漢以日易月歟？

〔四〕師古曰：言不以私事託於四方郡國。

〔五〕師古曰：詆，毁也，音丁禮反。

〔六〕【補注】周壽昌曰：逢信字少子，平陵人。

初，咸最先進，自元帝初爲御史中丞顯名朝廷矣。成帝初即位，擢爲部刺史，歷楚國、北海、東郡太守。〔一〕陽朔中，京兆尹王章譏切大臣，而薦琅邪太守馮野王可代大將軍王鳳輔政，東郡太守陳咸可御史大夫。是時方進甫從博士爲刺史云。〔二〕後方進爲京兆尹，咸從南陽太守入爲少府，與方進厚善。先是逢信已從高弟郡守歷京兆、太僕爲衛尉矣，〔三〕官簿皆在方進之右。〔四〕及御史大夫缺，三人皆名卿，俱在選中，而方進得之。會丞相宣有事與方進相連，上使五二千石雜問丞相、御史，〔五〕咸詰責方進，冀得其處，方進心恨。初大將軍鳳奏除陳湯爲中郎，與從事。〔六〕鳳薨後，從弟車騎將軍音〔七〕代鳳輔政，亦厚湯。逢信、陳咸皆與湯善，湯數稱之於鳳、音所。久之，音薨，鳳弟成都侯商復爲大司馬衛將軍輔政。商素憎陳湯，白其罪過，下有司案驗，遂免湯，徙敦煌。時方進新爲丞相，陳咸内懼不安，乃令小冠杜子夏〔八〕往觀其意，微自解説。〔九〕子夏既過方進，揣知其指，不敢發言。〔一〇〕居亡何，〔一一〕方進奏咸與逢信「邪枉貪汙，營私多欲。皆知陳湯姦佞傾覆，利口不軌，而親交賂遺，以求薦舉。後爲少府，數饋遺湯。信、咸幸得備九卿，不思盡忠正身，内自知行辟亡功效，〔一二〕而官媚邪臣，欲以徼幸，苟得亡恥。孔子曰：『鄙夫可與事君也與哉！』〔一二〕咸、信之謂也。過惡暴見，不宜處位，臣請免以示天下。」奏可。

〔一〕【補注】錢大昕曰：楚國不當有太守，當從陳咸傳作「楚內史」。

〔二〕師古曰：甫，始也。

〔三〕【補注】先謙曰：官本「弟」作「第」。

〔四〕師古曰：簿謂伐閱也。簿音主簿之簿。【補注】宋祁曰：「官簿」一作「薄」。王念孫曰：案，說文無「簿」字，則一本作「薄」，是也。今漢書中「簿」字無作「薄」者，此一本作「薄」乃古字之僅存者。漢郃陽令曹全碑「諸國禮遺且二百萬，悉以薄官」，其字正作「薄」。又各碑中「主簿」字作「薄」者不可枚舉，是古字以薄爲簿也。朱一新曰：觀師古云「音主簿之簿」，則所見本「簿」作「薄」無疑。

〔五〕晉灼曰：大臣獄重，故以秩二千石五人詰責之。

〔六〕師古曰：每有政事皆與謀之而行也。

〔七〕【補注】宋祁曰：邵本無「從」字。

〔八〕【補注】先謙曰：杜欽也。見本傳。

〔九〕師古曰：解說，猶今言分疏。

〔一〇〕師古曰：揣謂探求之，音初委反。【補注】先謙曰：官本考證引蕭該曰：「揣，案集解音曰揣音喘。說文曰，喘，疾息也，尺兗反。說文，揣，量也，初委反，又丁果反。方言曰，揣，試也。郭璞曰，揣，度試之也。」該謂今讀揣音初委反。

〔一一〕師古曰：無何，猶言無幾，謂少時。

〔一二〕師古曰：辟讀曰僻。

〔一三〕師古曰：論語載孔子之言也，謂鄙夫不可與事君也。與哉，與讀曰歟。【補注】先謙曰：官本注無「不」字。

後二歲餘，詔舉方正直言之士，紅陽侯立舉咸對策，拜爲光祿大夫給事中。方進復奏：「咸前爲九卿，坐爲貪邪免，自知罪惡暴陳，依託紅陽侯立徼幸，有司莫敢舉奏。冒濁苟容，〔一〕不顧恥辱，不當蒙方正舉，備內朝臣。」并劾紅陽侯立選舉故不以實。有詔免咸，勿劾立。

〔一〕師古曰：冒，貪蔽也。

後數年，皇太后姊子侍中衞尉定陵侯淳于長有罪，上以太后故，免官勿治罪。有司奏請遣長就國，長以金錢與立，立上封事爲長求留曰：「陛下既託文以皇太后故，〔一〕誠不可更有它計。」〔二〕後長陰事發，遂下獄。〔三〕方進劾立「懷姦邪，亂朝政，欲傾誤要主上，狡猾不道，請下獄」。上曰：「紅陽侯，朕之舅，不忍致法，遣就國。」於是方進復奏立黨友曰：「立素行積爲不善，衆人所共知。邪臣自結，附託爲黨，庶幾立與政事，欲獲其利。〔四〕今立斥逐就國，所交結尤著者，不宜備大臣，爲郡守。案後將軍朱博、鉅鹿太守孫閎、故光祿大夫陳咸與立交通厚善，相與爲腹心，有背公死黨之信，〔五〕欲相攀援，死而後已；〔六〕皆內有不仁之性，而外有儁材，過絕於人，〔七〕勇猛果敢，處事不疑，所居皆尚殘賊酷虐，苛刻慘毒以立威，而亡纖介愛利之風。〔八〕天下所共知，愚者猶惑。孔子曰：『人而不仁如禮何！人而不仁如樂何！』〔九〕言不仁之人，亡所施用；不仁而多材，國之患也。此三人皆内懷姦猾，國之所患，而深相與結，信於貴戚姦臣，此國家大憂，大臣所宜没身而爭也。〔一〇〕昔季孫行父有言曰：〔一一〕『見有善於君者愛之，若孝子之養父母也；見不善者誅之，若鷹鸇之逐鳥爵也。』〔一二〕翅翼雖傷，不避也。貴戚彊黨之衆誠難犯，犯之，衆敵並怨，善惡相冒。〔一三〕臣幸得備宰相，不敢不盡死。請免博、閎，咸歸故郡，以銷姦雄之黨，絶羣邪之望。」奏可。咸既廢錮，〔一四〕復徙故郡，以憂發疾而死。〔一五〕

〔一〕蘇林曰：託於詔文也。
〔二〕師古曰：言不宜遣長就國。
〔三〕【補注】宋祁曰：浙本云「陰事發遂下獄」。先謙曰：宋引浙本與今本同，疑所見本異也。
〔四〕師古曰：與讀曰豫。
〔五〕師古曰：死黨，盡死力於朋黨也。
〔六〕師古曰：援，引也。已，止也。援音爰。
〔七〕【補注】先謙曰：官本有「倫」字，引宋祁曰：「一作『於人』，無『倫』字。監本有『倫』字。」
〔八〕師古曰：愛利，謂仁愛而欲安利人也。
〔九〕師古曰：論語載孔子之言也。言用不仁之人，則禮樂廢壞。
〔一〇〕師古曰：没，盡也。【補注】蘇輿曰：猶云盡死力爭。

〔一一〕【補注】宋祁曰：「父」疑作「甫」。

〔一二〕師古曰：事見左氏傳。行父，魯卿季文子也。鸇似鷂而小，今謂之土鸇。音之然反。【補注】周壽昌曰：案西漢文中無引左氏者，獨方進奏中引此數句，緣方進好爲左氏學。韋賢傳中始見劉歆等引左氏傳，此尚在前也。左傳、毛詩平帝時始立學官，僅見於儒林傳贊。王文彬曰：左文十八年傳作「見有禮於君者，事之；見無禮於君者，誅之」，文稍異。蘇輿曰：朱博傳，龔勝之議「春秋之義，姦以事君，常刑不赦」云云，亦左傳義也。

〔一三〕師古曰：冒，覆蔽也。

〔一四〕【補注】宋祁曰：姚本「既」作「知」。

〔一五〕【補注】宋祁曰：監本、楊本云「以憂發疾而死」，別本越本云「以憂死」。錢大昭曰：閩本無「發疾而」三字。

方進知能有餘，兼通文法吏事，以儒雅緣飭法律，〔一〕號爲通明相，天子甚器重之，奏事亡不當意，内求人主微指以固其位。初，定陵侯淳于長雖外戚，然以能謀議爲九卿，新用事，方進獨與長交，稱薦之。〔二〕及長坐大逆誅，諸所厚善皆坐長免，上以方進大臣，又素重之，爲隱諱。方進内慙，上疏謝罪乞骸骨。上報曰：「定陵侯長已伏其辜，君雖交通，傳不云乎，朝過夕改，君子與之，〔三〕君何疑焉？其專心壹意毋怠，近醫藥以自持。」〔四〕方進乃起視事，條奏長所厚善京兆尹孫寶、右扶風蕭育，刺史二千石以上免二十餘人，其見任如此。

〔一〕【補注】錢大昭曰：「飭」閩本作「飾」。

〔二〕【補注】錢大昭曰：潛夫論云，翟方進稱淳于長，而不能薦一士。

〔三〕師古曰：與，許也。

〔四〕【補注】宋祁曰：監本有「近」字，别本無。

方進雖受穀梁，然好左氏傳、天文星曆，其左氏則國師劉歆，星曆則長安令田終術師也。〔一〕厚李尋，以爲議曹。〔二〕爲相九歲，綏和二年春熒惑守心，尋奏記言：「應變之權，君侯所自明。往者數白，三光垂象，變動見端，〔三〕山川水泉，反理視患，〔四〕民人訛謡，斥事感名。〔五〕三者既效，可爲寒心。今提揚眉，矢貫中，〔六〕狼奮角，弓且張，〔七〕金歷庫，土逆度，〔八〕輔湛没，火守舍，〔九〕萬歲之期，近慎朝暮。〔一〇〕上無惻怛濟世之功，下無推讓避賢之效，欲當大位，爲具臣以全身，難矣！〔一一〕大責日加，安得但保斥逐之戮？〔一二〕闔府三百餘人，唯君侯擇其中，與盡節轉凶。」〔一三〕

〔一〕如淳曰：劉歆及田終術二人皆受學於方進。

〔二〕【補注】先謙曰：互見尋傳。

〔三〕張晏曰：九年之中而日三食，月朓側匿，星孛營室、東井，熒惑守心。【補注】先謙曰：白告方進。

〔四〕張晏曰：元延中，岷山崩，壅江，江水不流。山地之鎮，宜固而崩，水逆流，反於常理，所以示人患也。師古曰：視讀曰示。

〔五〕如淳曰：斥事，井水溢之事也。有言溢者，後果井溢。感名，「燕燕尾涏涏」是也。【補注】宋祁曰：注文「井」監作「并」。先謙曰：官本注「涏涏」作「涎涎」。

〔六〕服虔曰：提，攝提星也。揚眉，揚其芒角也。矢，枉矢也。孟康曰：綏和元年正月，枉矢從東南入北斗攝提與北斗杓建寅貫攝提中是也。張晏曰：矢，一星。貫中者，謂正直弧中也。【補注】齊召南曰：孟注是也。如張說，則與下文狼弓複矣。沈欽韓曰：天中記：「春秋元命苞曰『天有攝提，人有兩眉爲人表候。陽立於二，故眉長二寸』。注『攝提兩星頰曲，人眉似之』。」

〔七〕張晏曰：狼，一星。奮角者，有芒角也。狼芒角則盜賊起。天弓九星不欲明，明猶張也，兵起之象。

〔八〕張晏曰：庫二十星在軫南。金，太白也，歷武庫則兵起。土，鎮星也。逆度，逆行也。

〔九〕張晏曰：北斗第四星旁一小星曰輔，沈没不見，則天下之兵銷。三十日爲守舍，謂日月所經宿舍也。一曰火守舍，熒惑守心。師古曰：湛讀曰沈。【補注】周壽昌曰：天文志：「輔星明近，輔臣親强；斥小，疏弱。」史記正義：「輔，大臣之象也。占欲其小而明；若大而明，則臣奪君政；小而不明，則臣不任職；明大與斗合，國兵暴起；暗而遠斗，臣不死則奪。」此明言湛没，爲方進將死之占。張注不合。

〔一〇〕師古曰：萬歲之期，謂死也。慎朝暮者，言其事在朝夕。【補注】王鳴盛曰：萬歲之期，意謂宫車晏駕，故郎賁麗欲以此災移於宰相也。朱一新曰：賁麗但言大臣宜當之，不言可移於相，則萬歲之解，仍當從顔注。古人稱萬歲不必專指君上。顧炎武日知録已詳言之。

〔一一〕師古曰：具，謂具位之臣，無功德也。【補注】先謙曰：官本注「謂」作「臣」，是。

〔一二〕師古曰：言其事重，不但斥逐而已也。【補注】劉敞曰：案「勠」改「戮」。

〔一三〕師古曰：三百餘人，謂丞相之官屬也。

方進憂之，不知所出。會郎賁麗善爲星，〔一〕言大臣宜當之。〔二〕上乃召見方進。還歸，未及引決，上遂賜册曰：「皇帝問丞相：君有孔子之慮，孟賁之勇，朕嘉與君同心一意，庶幾有成。惟君登位，於今十年，災害並臻，民被飢餓，加以疾疫溺死，關門牡開，〔三〕失國守備，盜賊黨輩。〔四〕吏民殘賊，毆殺良民，〔五〕斷獄歲歲多前。〔六〕上書言事，交錯道路，懷姦朋黨，相爲隱蔽，皆亡忠慮，羣下兇兇，更相嫉妒，〔七〕其咎安在？觀君之治，無欲輔朕富民便安元元之念。間者郡國穀雖頗孰，〔八〕百姓不足者尚衆，前去城郭，〔九〕未能盡還，夙夜未嘗忘焉。朕惟往時之用，與今一也，〔一〇〕百僚用度各有數。君不量多少，一聽羣下言，用度不足，奏請一切增賦，税城郭堧及園田，過更，筭馬牛羊，〔一一〕增益鹽鐵，變更無常。〔一二〕朕既不明，隨奏許可。使議者以爲不便，〔一三〕制詔下君，君云賣酒醪，後請止。未盡月，復奏議令賣酒醪。〔一四〕朕誠怪君，何持容容之計，無忠固意，〔一五〕將何以輔朕帥道羣下？而欲久蒙顯尊之位，豈不難哉！〔一六〕傳曰：『高而不危，所以長守貴也。』〔一七〕欲退君位，尚未忍。君其孰念詳計，塞絶姦原，憂國如家，務便百姓以輔朕。朕既已改，君其自思，强食慎職。使尚書令賜君上尊酒十石，養牛一，君審處焉。」

〔一〕師古曰：賁，姓也。麗，名也。賁音肥。

〔二〕【補注】周壽昌曰：爲上言也。時在綏和二年春，熒惑守心，故賁麗言之。二月，方進自殺，三月而帝亦晏駕矣。案，熒惑所居之宿，國受殃。心爲明堂，其大星爲天王。占曰，火犯心，王者惡之，故成帝欲殺方進以應星變也。

〔三〕張晏曰：元延元年，章門、函谷門牡自亡。【補注】宋祁曰：案，五行志注，晉灼曰，章城門，「西出南頭第一門也。牡，是出籥者」。師古曰：「牡所以下閉者，以鐵爲之，非出籥也。」

〔四〕師古曰：黨衆多。【補注】宋祁曰：監本、浙本作「盜黨羣輩」，姚本作「盜賊羣輩」。

〔五〕師古曰：毆，擊也，音一口反。

〔六〕【補注】先謙曰：謂每歲加增。

〔七〕師古曰：更音工衡反。

〔八〕師古曰：間謂近者以來也。【補注】先謙曰：官本無「也」字。

〔九〕【補注】先謙曰：謂流亡。

〔一〇〕師古曰：謂財用也。

〔一一〕張晏曰：一切，權時也。堧，城郭旁地。園田入多，益其税也。百人爲卒，取一人所贍常爲之月用二千，使人直之，謂之過更。又牛馬羊頭數出税，算千輸二十也。師古曰：堧音人緣反，解在食貨志。【補注】沈欽韓曰：所謂算及六畜也。

〔一二〕【補注】何焯曰：此禍之及民者，詔書已詳，故史不重敘。

〔一三〕【補注】錢大昭曰：「使」南監本、閩本作「後」。先謙曰：官本「使」作「後」。

〔一四〕【補注】沈欽韓曰：官自賣之也。

〔一五〕師古曰：容容，隨衆上下也。

〔一六〕師古曰：蒙，冒也。

〔一七〕師古曰：孝經之言也。

方進即日自殺。〔一〕上祕之，遣九卿册贈以丞相高陵侯印綬，賜乘輿祕器，少府供張，柱檻皆衣素。〔二〕天子親臨弔者數至，禮賜異於它相故事。〔三〕謚曰恭侯。長子宣嗣。

〔一〕如淳曰：漢儀注有天地大變，天下大過，皇帝使侍中持節乘四白馬，賜上尊酒十斛，牛一頭，策告殃咎。使者去半道，丞相即上病。使者還，未白事，尚書以丞相不起病聞。

〔二〕師古曰：柱，屋柱也。檻，軒前闌版也。皆以白素衣之。【補注】何焯曰：以方進塞變，故祕之而加殊禮。

〔三〕師古曰：漢舊儀云丞相有疾，皇帝法駕親至問疾，從西門入。即薨，移居第中，車駕往弔，贈棺、棺斂具，賜錢、葬地。葬日，公卿已下會葬焉。【補注】宋祁曰：注文「已」字當作「也」。先謙曰：官本贈、賜互易。宋説「當作也」，「也」當爲「以」。

宣字太伯，亦明經篤行，君子人也。及方進在，爲關都尉、南郡太守。〔一〕

〔一〕師古曰：言方進未死之時宣已爲此官。

少子曰義。義字文仲，少以父任爲郎，稍遷諸曹，年二十出爲南陽都尉。宛令劉立與曲陽侯爲婚，〔一〕又素著名州郡，輕義年少。義行太守事，行縣至宛，〔二〕丞相史在傳舍。立持酒肴謁丞相史，對飲未訖，〔三〕會義亦往，外吏白都尉方至，立語言自若。〔四〕須臾義至，内謁徑入，〔五〕立乃走下。義既還，大怒，陽以他事召立至，以主守盜十金，賊殺不辜，部掾夏恢等收縛立，傳送鄧獄。〔六〕恢亦以宛大縣，恐見篡奪，白義可因隨後行縣送鄧。〔七〕義曰：「欲令都尉自送，則如勿收邪！」〔八〕載環宛市乃送，〔九〕吏民不敢動，威震南陽。

〔一〕【補注】先謙曰：曲陽侯王根。

〔二〕師古曰：行音下更反。其下并同。

〔三〕【補注】宋祁曰：相對飲。浙本無「相」字。景祐本無「飲」字。

〔四〕師古曰：自若言如故。【補注】宋祁曰：「自」監本作「目」。

〔五〕師古曰：内謁，猶今之通名也。【補注】周壽昌曰：内讀若納。

〔六〕師古曰：部分其掾而遣之。鄧亦南陽之縣。【補注】錢大昭曰：薛宣傳云十金法重，是也。沈欽韓曰：地理志，鄧縣，南陽都尉治所。

〔七〕師古曰：因太守行縣，以立自隨，即送鄧之獄。

〔八〕師古曰：言若都尉自送至獄，不如本不收治。【補注】錢大昭曰：公羊隱元年傳「如勿與而已矣」，何休注云，如即不如，齊人語。左僖二十年傳「若愛重傷，則如勿傷，愛其二毛，則如服焉」與此同義。王念孫曰：師古以如勿收爲不如勿收，則與邪字語意不合。余謂如猶將也。言汝欲令都尉自送，則將勿收邪！古者如與將同義，説見釋詞。先謙曰：王説是。

〔九〕師古曰：環，繞也，音下串反。

立家輕騎馳從武關入語曲陽侯，曲陽侯白成帝，帝以問丞相。方進遣吏敕義出宛令。宛令已出，吏還白狀。方進曰：「小兒未知爲吏也，其意以爲入獄當輒死矣。」〔一〕

〔一〕師古曰：謂其不知立有所恃挾以自免脱。

後義坐法免，起家而爲弘農太守，遷河(南)〔內〕太守，青州牧。所居著名，有父風烈。徙爲東郡太守。

數歲，平帝崩，王莽居攝，義心惡之，乃謂姊子上蔡陳豐曰：「新都侯攝天子位，號令天下，故擇宗室幼稚者以爲孺子，依託周公輔成王之義，且以觀望，〔一〕必代漢家，其漸可見。方今宗室衰弱，外無彊蕃，天下傾首服從，莫能亢扞國難。吾幸得備宰相子，身守大郡，父子受漢厚恩，義當爲國討賊，以安社稷。欲舉兵西誅不當攝者，選宗室子孫輔而立之。設令時命不成，死國埋名，猶可以不慙於先帝。〔二〕今欲發之，乃肯從我乎？」〔三〕豐年十八，勇壯，許諾。

〔一〕師古曰：言漸試天下人心。

〔二〕師古曰：埋名，謂身埋而名立。【補注】蘇輿曰：埋名，即以身殉名之意。爲國而死，爲名而埋也。

〔三〕師古曰：乃，汝也。

義遂與東郡都尉劉宇、嚴鄉侯劉信、信弟武平侯劉璜結謀。及東郡王孫慶素有勇略，以明兵法，徵在京師，義乃詐移書以重罪傳逮慶。〔一〕於是以九月都試日〔二〕斬觀令，〔三〕因勒其車騎材官士，募郡中勇敢，部署將帥。嚴鄉侯信者，東平王雲子也。雲誅死，信兄開明嗣爲王，薨，無子，而信子匡復立爲王，故義舉兵并東平，立信爲天子。義自號大司馬柱天大將軍，以東平王傅蘇隆爲丞相，中尉皋丹爲御史大夫，移檄郡國，言莽鴆殺孝平皇帝，矯攝尊號，今天子已立，共行天罰。〔四〕郡國皆震，比至山陽，衆十餘萬。〔五〕

〔一〕師古曰：追赴獄也。

〔二〕如淳曰：太守、都尉、令長、丞尉會都試，課殿最也。【補注】齊召南曰：案，都試日，即講武日也，故下文云「勒車騎材官」。漢制，常以秋行都試。韓延壽傳最詳。如淳以課殿最解之，非是。

〔三〕文穎曰：觀，縣名。師古曰：音工喚反。【補注】先謙曰：觀，東郡縣，在今曹州府觀城縣西。

〔四〕師古曰：共讀曰恭。
〔五〕師古曰：比音必寐反。

莽聞之，大懼，乃拜其黨親〔一〕輕車將軍成武侯孫建爲奮武將軍，光禄勳成都侯王邑爲虎牙將軍，明義侯王駿爲强弩將軍，春王城門校尉王況爲震威將軍，〔二〕宗伯忠孝侯劉宏爲奮衝將軍，〔三〕中少府建威侯王昌爲中堅將軍，〔四〕中郎將震羌侯竇兄爲奮威將軍，〔五〕凡七人，自擇除關西人爲校尉軍吏，將關東甲卒，發奔命以擊義焉。復以太僕武讓爲積弩將軍屯函谷關，將作大匠蒙鄉侯逯並爲横壄將軍屯武關，〔六〕羲和紅休侯劉歆爲揚武將軍屯宛，太保後丞丞陽侯甄邯爲大將軍屯霸上，〔七〕常鄉侯王惲爲車騎將軍屯平樂館，〔八〕騎都尉王晏爲建威將軍屯城北，城門校尉趙恢爲城門將軍，皆勒兵自備。〔九〕

〔一〕【補注】先謙曰：胡注：「孫建、劉宏、竇況，莽之黨；王邑、王駿、王況、王昌，莽之親。」
〔二〕師古曰：春王，長安城東出北頭第一門也。本名宣平門，莽更改焉。【補注】先謙曰：胡注：「漢城門校尉，掌十二城門。觀此，則莽改官名，十二城門各置城門校尉。」
〔三〕【補注】先謙曰：莽更宗正爲宗伯。
〔四〕【補注】先謙曰：胡注：「中少府，長樂少府也，以職在宫中，故曰中少府。」
〔五〕師古曰：兄讀曰況。
〔六〕師古曰：逯，姓也。並，名也。逯音禄，又音鹿。今東郡有逯姓，二音並行。書本逯字或作逮。今河朔有逮姓，自呼音徒戴反，其義兩通。【補注】先謙曰：官本「禄」作「録」，「行」作「得」。

〔七〕師古曰：丞陽侯音烝。【補注】先謙曰：官本「霸」作「灞」。
〔八〕【補注】先謙曰：館、觀通作。
〔九〕【補注】宋祁曰：「兵」字下疑有「以」字。

莽日抱孺子謂羣臣而稱曰：〔一〕「昔成王幼，周公攝政，而管蔡挾禄父以畔，〔二〕今翟義亦挾劉信而作亂。自古大聖猶懼此，況臣莽之斗筲！」〔三〕羣臣皆曰：「不遭此變，不章聖德。」莽於是依周書作大誥，〔四〕曰：

〔一〕【補注】朱一新曰：北監本「謂」作「會」，是。先謙曰：官本作「會」。通鑑同。
〔二〕師古曰：禄父，紂子也。父讀曰甫。
〔三〕師古曰：斗筲，自喻材器小也，解在公孫劉田傳。
〔四〕師古曰：武王崩，周公相成王而三監、淮夷叛，周公作大誥。莽自比周公，故依放其事。【補注】先謙曰：莽作大誥皆用今文尚書説。

惟居攝二年十月甲子，攝皇帝若曰：〔一〕大誥道諸侯王、三公、列侯于汝卿大夫、元士御事。〔二〕不弔，天降喪于趙、傅、丁、董。〔三〕洪惟我幼沖孺子，當承繼嗣無疆大歷服事，〔四〕予未遭其明悊能道民於安，況其能往知天命！〔五〕熙！我念孺子，若涉淵水，〔六〕予惟往求朕所濟度，奔走〔七〕以傅近奉承高皇帝所受命，〔八〕予豈敢自比於前人乎！〔九〕天降威明，用寧帝室，遺我居攝寶龜。〔一〇〕太皇太后以丹石之符，乃紹天明意，〔一一〕詔予即命居攝踐祚，如周公故事。

〔一〕【補注】先謙曰：書稱「王若曰」，此稱「攝皇帝若曰」，足證書之王是周公代王，與史記鄭注合。

〔二〕應劭曰：言以大道告於諸侯以下也。御事，主事也。【補注】先謙曰：書「猷，大誥爾多邦」，釋文，馬本作「大誥繇爾多邦」。孔疏，鄭本「猷」在「誥」下。案：釋詁、方言繇、猷並訓道，知莽用今文，與馬、鄭同。應注「道」在「告」上，非其義也。

〔三〕應劭曰：趙飛燕、傅太后、丁太后、董賢也。師古曰：不弔，言不爲天所弔閔。降，下也。【補注】宋祁曰：注文「閔」字下疑有「也」字。先謙曰：書有「不少延」三字，此省文。

〔四〕師古曰：洪，大也。惟，思也。沖，稚也。大思幼稚孺子，當承繼漢家無竟之歷，服行政事。

〔五〕師古曰：予，莽自稱也。言不遭遇明智之人以自輔佐，而道百姓於安，蓋爲謙辭也。道讀曰導。【補注】錢大昭曰：書作「弗造哲」，遭、造古字通。甫刑「兩造具備」，史記作「遭」。文侯之命「嗣造天丕愆」，孔傳訓「遭」。下文「予遭天役」，書作「造」。

〔六〕師古曰：熙，歎辭。【補注】錢大昕曰：大誥「熙」作「已」，已蓋熙省文。先謙曰：惠棟云：「梓材『已，若茲監』，已讀爲熙，歎辭也。」段玉裁云：「熙、已皆即今之嘻字。下文『已』亦作『熙』。」

〔七〕師古曰：言我當求所以濟度之，故奔走盡力，不憚勤勞。【補注】王念孫曰：師古以「奔走」屬上讀。案「奔走」二字與涉水義不相屬，當以「予惟往求朕所濟度」爲句。此效經文之「予惟往求朕攸濟」也。「奔走以傅近奉承高皇帝所受命」爲句。奔與賁，傅與敷，古字通用。此效經文之「敷賁敷前人受命」也。莽大誥皆用今文尚書，疑今文無上「敷」字，但作「奔傅前人受命」。而莽以奔爲奔走，傅爲傅近，亦用今文説也。皮錫瑞曰：王説是。漢書武紀，詔曰「若涉淵水，未知所濟」；魏志，潘勗作策命魏公曰「若涉淵水，非君攸濟」，知今文皆於「濟」字絕句。

〔八〕師古曰：傅讀曰附。近音其靳反。

〔九〕師古曰：前人謂周公。【補注】先謙曰：書作「茲不忘大功，予不敢閉于」。段玉裁云：「以莽誥證之，今文『閉』作

「比」，無「于」字。」先謙案，莽言不敢自比高皇帝，猶周公不敢比文王，顔説非。

〔一〇〕師古曰：威明，猶言明威也。遺音弋季反。【補注】先謙曰：據傳則書稱用寧王亦謂王室也。

〔一一〕師古曰：紹，承也。

反虜故東郡太守翟義擅興師動衆，曰「有大難于西土，西土人亦不靖」。〔一〕於是動嚴鄉侯信，誕敢犯祖亂宗之序。〔二〕天降威遺我寶龜，固知我國有呰災，使民不安，〔三〕是天反復右我漢國也。〔四〕粤其聞日，〔五〕宗室之儁有四百人，〔六〕民獻儀九萬夫，〔七〕予敬以終於此謀繼嗣圖功。〔八〕我有大事，休，予卜并吉，〔九〕故我出大將告郡太守、諸侯相、令、長曰：「予得吉卜，予惟以汝于伐東郡嚴鄉逋播臣。」〔一〇〕尒國君或者無不反曰：「難大，民亦不靜，亦惟在帝宮諸侯宗室，於小子族父，敬不可征。」〔一一〕帝不違卜，〔一二〕故予爲沖人長思厥難曰：「烏虖！義、信所犯，誠動鰥寡，哀哉！」〔一三〕予遭天役遺，大解難於予身，以爲孺子，不身自卹。〔一四〕

〔一〕師古曰：曰者，述翟義之言云爾也。西土謂西京也，言在東郡之西也。【補注】先謙曰：據傳則書之「曰有大艱于西土」是述管叔之言也。西土即謂鎬京，大艱謂不利於孺子也。

〔二〕師古曰：誕，大也。【補注】王引之曰：當作「誕敢犯亂祖宗之序」。先謙曰：據傳則書以「越茲蠢殷小腆」爲句。「誕敢紀其敘」，「紀」是「犯」之譌。

〔三〕師古曰：呰，病也。言天所以降威遺龜者，知國有災病，義、信當反，天下不安之故也。呰讀與疵同。【補注】洪頤煊曰：以今大誥證之，「遺我寶龜」四字當涉上文而衍。唐本已誤。先謙曰：官本考證引蕭該曰：「呰，韋昭音疵。

呰字別有音，於地理志及序傳中已具也。」先謙案，書作「疵」。

〔四〕師古曰：復音扶目反。右讀曰祐。【補注】先謙曰：據傳則書「曰予復反鄙我周邦」〔七〕〔八〕字爲一句。曰者，設爲天言。復反，猶反復。「鄙」當作「啚」，啚，嗇也。嗇，愛濇也。愛之，斯助之，與此右助同意。兼采俞樾、皮錫瑞說。

〔五〕孟康曰：翟義反書上聞日也。師古曰：粤，發語辭也。【補注】先謙曰：官本「日」作「曰」，引宋祁曰，景本「曰」作「日」。皮錫瑞云：「書『今蠢今翼日』五字難通，據傳今文有異。」

〔六〕孟康曰：諸劉見在者。

〔七〕孟康曰：民之表儀，謂賢者。【補注】王引之曰：正文本作「民儀九萬夫」，今本「儀」上有「獻」字者，後人據古文大誥加之也。下文師古注「我用此宗室之儁及獻儀者共謀圖國事」，則師古所見本已有「獻」字。然考孟注及下文皆言「民之表儀」，而不言「民獻」，下文曰「亦惟宗室之俊，民之表儀」。則此句内本無「獻」字明矣。案，古文大誥「民獻有十夫」傳訓獻爲賢，大傳作「民儀有十夫」。孟康曰「民之表儀，謂賢者」。廣雅亦曰「儀，賢也」，蓋皆用今文尚書說也。古聲儀與獻通。周官司尊彝「鬱齊獻酌」，鄭司農讀獻爲儀。郭璞爾雅音轙，音儀。說文：「轙，从車，義聲。或作钀，从金，獻聲。」皆其證也。漢斥彰長田君碑「安惠黎儀，伐討姦輕」，泰山都尉孔宙碑「乃綏二縣，黎儀以康」，堂邑令費鳳碑「黎儀瘁傷，泣涕連漉」，黎儀即皋陶謨之「萬邦黎獻」也。漢碑多用經文，此三碑皆言黎儀，則皋陶謨之黎獻，今文必作「黎儀」矣。然則，今文之民儀，即古文之民獻。王莽本用今文，故曰「民儀九萬夫」。今據古文加入「獻」字，「民獻儀九萬夫」斯爲不詞矣。班固竇車騎將軍北征頌「民儀響慕，羣英景附」，亦用今文也。

〔八〕師古曰：我用此宗室之儁及獻儀者共謀圖國事，終成其功。【補注】先謙曰：據傳則書「予翼」之「翼」當訓敬。今文多一「終」字。

〔九〕師古曰：大事，戎事也。言人謀既從，卜又并吉，是爲美也。

〔一〇〕師古曰：逋，亡也。播，散也。

〔一一〕師古曰：言尒等國君或有言曰，禍難既大，衆庶不安，又劉信國之宗室，於孺子爲族父，當加禮敬，不可征討。【補注】先謙曰：據傳「於小子族父」則書今文「越予小子考」句絶。管叔羣弟皆王諸父，故云考也。

〔一二〕師古曰：卜既得吉，天命不違。【補注】皮錫瑞曰：莽誥於書「王宫室」、「王」等字皆易爲「帝」。此文義同，周稱王，漢稱帝也。顔説以爲天帝，非。先謙曰：據傳，書「王害不違卜」，今文無「害」字。

〔一三〕師古曰：無妻無夫之人亦同受其害，故可哀哉。【補注】先謙曰：據傳，書「肆予沖人永思艱」，「予」下當有「爲」字。

〔一四〕師古曰：言天以漢家役事遺我，而令身解其難，故我征伐以爲孺子除亂，非自憂己身也。【補注】先謙曰：據顔注從「遺」字絶句。

予義彼國君泉陵侯上書〔一〕曰：「成王幼弱，周公踐天子位以治天下，六年，朝諸侯於明堂，制禮樂，班度量，而天下大服。〔二〕太皇太后承順天心，成居攝之義。皇太子爲孝平皇帝子，〔三〕年在繦褓，宜且爲子，知爲人子道，令皇太后得加慈母恩。畜養成就，加元服，然後復予明辟。」〔四〕

〔一〕應劭曰：泉陵侯，劉慶也。上書令莽行天子事。【補注】齊召南曰：案「泉陵」王子侯表作「衆陵」，據地理志泉陵侯國屬零陵郡，則此文是，表誤也。皮錫瑞曰：義彼，謂義其人。江聲云，義讀爲儀，儀度也。非。

〔二〕師古曰：班謂布行也。【補注】王文彬曰：禮明堂位之文。

〔三〕師古曰：皇太子即謂孺子。

〔四〕師古曰：辟，君也。以明君之事還孺子。【補注】皮錫瑞曰：據莽擬經文，則書「綏予曰，無毖于恤，不可不成乃寧考圖功」，必以爲周公設爲國君尉己之言，謂無勞于憂，不可不成寧考之謀績也。先謙曰：官本「予」作「子」，是。

熙！爲我孺子之故，〔一〕予惟趙、傅、丁、董之亂，遏絶繼嗣，變剝適庶，危亂漢朝，以成三戹，〔二〕隊極厥命。〔三〕烏虖！害其可不旅力同心戒之哉！〔四〕予不敢僭上帝命。〔五〕天休於安帝室，興我漢國，惟卜用克綏受兹命。〔六〕今天其相民，況亦惟卜用！〔七〕

〔一〕師古曰：重歎而言。

〔二〕晉灼曰：古厄字。服虔曰：厄，會也，謂三七二百一十歲。師古曰：適讀曰嫡。【補注】劉奉世曰：戹者，國統三絶也。

〔三〕師古曰：隊，隕也。極，盡也。

〔四〕師古曰：害讀曰曷。曷，何也。旅，陳也。

〔五〕師古曰：僭，不信也。言順天命而征討。【補注】先謙曰：書「僭」作「替」。段玉裁云，篇末云「天命不僭」。此作「僭」爲長。

〔六〕師古曰：言天美於興復漢國，故我惟用卜吉，能安受此命。【補注】先謙曰：據此，書「天休于寧王」亦謂安王室，與上寧王同訓。「惟卜用」上無「寧王」二字也。

〔七〕師古曰：言天道當思助人，況更用卜，吉可知矣。

太皇太后肇有元城沙鹿之右，〔一〕陰精女主聖明之祥，〔二〕配元生成，以興我天下之符，遂獲西王母之應，〔三〕神靈之徵，〔四〕以祐我帝室，以安我大宗，〔五〕以紹我後嗣，以繼我漢功。厥害適統不宗元緒者，辟不違親，辜不避戚。〔六〕夫豈不愛？亦惟帝室。〔七〕是以廣立王侯，並建曾玄，俾屏我京師，綏撫宇内；〔八〕博徵儒生，講道於廷，論序乖繆，制禮作樂，同律度量，混壹風俗；〔九〕正天地之位，昭郊宗之禮，定五時廟祧，咸秩亡文；〔一〇〕建靈臺，立明堂，設辟雍，張太學，尊中宗、高宗之號。〔一一〕昔我高宗崇德建武，克綏西域，以受白虎威勝之瑞，〔一二〕天地判合，乾坤序德。〔一三〕太皇太后臨政，有龜龍麟鳳之應，五德嘉符，相因而備。河圖雒書遠自昆侖，出於重壄。〔一四〕古讖著言，肆今享實。〔一五〕此乃皇天上帝所以安我帝室，俾我成就洪烈也。〔一六〕烏虖！天用威輔漢始而大大矣。〔一七〕爾有惟舊人泉陵侯之言，爾不克遠省，爾豈知太皇太后若此勤哉！〔一八〕

〔一〕張晏曰：沙鹿在元城縣。春秋時沙鹿崩，王莽以爲元后之祥，語在元后傳。師古曰：右讀曰祐。

〔二〕李奇曰：李親懷元后，夢月入懷，陰精女主之祥。

〔三〕孟康曰：民傳祀西王母之應也。

〔四〕師古曰：徵，證也。

〔五〕【補注】先謙曰：官本「大」作「太」。

〔六〕師古曰：其有害國之正統，不尊大緒者，當速加刑辟，不避親戚。適讀曰嫡。

〔七〕師古曰：非不愛此人，但爲帝室不得止。【補注】王文彬曰：左昭元年傳：「周公殺管叔而蔡蔡叔，夫豈不愛？王室故也。」此襲用其文。

〔八〕師古曰：屏謂蔽捍其難也。

〔九〕師古曰：混亦同也，音胡本反。

〔一〇〕孟康曰：諸廢祀無文籍皆祭之。

〔一一〕服虔曰：宣帝、元帝也。

〔一二〕應劭曰：元帝誅滅郅支單于，懷輯西域，時有獻白虎者，所以威遠勝猛也。

〔一三〕師古曰：言元帝既有威德，太后又兆符應，則是天地乾坤夫妻之義相配合也。判之言片也。

〔一四〕師古曰：昆侖，河所出；重壄，洛所出。皆有圖書，故本言之。壄，古野字。

〔一五〕師古曰：肆，故也。言有其識，故今當其實。

〔一六〕師古曰：洪，大也。烈，業也。

〔一七〕師古曰：言因此難更以强大。【補注】朱一新曰：北監本「用」作「明」，是。先謙曰：據此，知書「弼我丕丕基」，基訓始。

〔一八〕師古曰：言爾當思久舊之人泉陵侯所言，爾不克遠省識古事，豈知太后之勤乎？【補注】先謙曰：書「不」作「丕」，丕、不同字。今文作「不」，於義爲優。「爾知寧王若勤哉」，鄭注以受命曰寧王，指文王言。此以太皇太后代寧王，是今文亦不盡以寧王爲安王室也。

天毖勞我成功所，〔一〕予不敢不極卒安皇帝之所圖事。〔二〕肆予告我諸侯王公列侯卿大夫元士御事：〔三〕天輔誠辭，〔四〕天其累我以民，予害敢不於祖宗安人圖功所終？〔五〕天亦惟勞我民，若有疾，予害敢不於祖宗所受休輔？〔六〕予聞孝子善繼人之意，忠臣善成人之事。予思若考作室，厥子堂而構之；〔七〕厥父菑，厥子播而穫之。〔八〕予害敢不於身撫祖宗之所受大命？〔九〕若祖宗乃有效湯武伐厥子，民長其勸弗救。〔一〇〕烏虖肆哉！〔一一〕諸侯王公列侯卿大夫元士御事，其勉助國道明！〔一二〕亦惟宗室之俊，民之表儀，迪知上帝命。〔一三〕况今天降定于漢國，惟大囏人翟義、劉信大逆，欲相伐於厥室，豈亦知命之不易乎？〔一四〕予永念曰天惟喪翟義、劉信，若嗇夫，予害敢不終予晦？〔一五〕天亦惟休於祖宗，予害其極卜，害敢不卜從？〔一六〕率寧人有旨疆土，況今卜并吉！〔一七〕故予大以爾東征，命不僭差，〔一八〕卜陳惟若此。〔一九〕

〔一〕孟康曰：天慎勞我國家成功之所在。【補注】先謙曰：書「天閟毖我成功所」，段玉裁云，閟、毖不當複用，閟是衍文。今文多「勞」字。

〔二〕師古曰：卒，終也。言我不敢不終祖宗之業，安帝室所謀之事。

〔三〕師古曰：肆，陳也，陳其理而告之。【補注】先謙曰：顏訓肆爲陳，陳在「予」上，不詞。當依上文訓故。告者，曉諭之，與書「化誘」義同。

〔四〕師古曰：言有至誠之辭則爲天所輔。【補注】皮錫瑞曰：孔光傳引書曰「天棐誠辭」，言有誠道天輔之也。與此義合。

〔五〕師古曰：累，託也。言天以百姓託我，我曷敢不謀終祖宗安人之功也。累音力瑞反。害讀曰曷。下皆類此。【補注】先謙曰：書「其考我民」，此增字釋之，使人易曉也。江聲云：「淮南氾論『夏后氏之璜，不能無考』，又，説林訓『白璧有考，不得爲寶』，是考有疵累之義。」先謙案，顏訓累爲託，猶今人言以此累汝矣。書前「寧人」此易爲「祖宗安人」，下文則直作「祖宗」，不云「安人」，知今文訓義亦隨文變改也。

〔六〕師古曰：言天欲撫勞我衆，衆若有疾苦，我曷敢不順祖宗之意，休息而輔助之。勞，來到反。【補注】先謙曰：書「天亦惟用勤毖我民」，段玉裁云，據此，今文無「毖」字。「攸受休畢」，「畢」當爲「弼」，故此易爲「輔」。

〔七〕師古曰：父有作室之意，則子當築室而御名勞檫以成之。【補注】朱一新曰：「御名」即「構」字，宋避高宗諱。先謙曰：官本注「築室」作「築堂」，是。「御名」二字作「構」。

〔八〕師古曰：父菑耕其田，子當布種而收穫之。反土爲菑。一曰田一歲曰菑。

〔九〕師古曰：作室農人猶不弃其本業，我於今日不得有避而不征討叛逆也。

〔一〇〕師古曰：譬有人來伐其子，而長養彼心，反勸助之，弗救其子者，正以子惡故也。言湯武疾惡，其心亦然，今所征討不得避親，當以公義。【補注】先謙曰：官本注「正」作「止」。言若漢家祖宗在上，乃有義信等，效湯武伐其子孫，爾等爲民之長者，其可相勸弗救乎？段玉裁云：「書作『乃有友伐厥子』，此易『友』爲『效湯武』者，㕛、爻二字音形相亂。今文蓋作爻，而説者云爻者效也，效湯武也，故莽用其説。」

〔一一〕師古曰：肆，陳也，勸令陳力。

〔一二〕師古曰：道，由也。言當由於明智之事，以助國也。【補注】先謙曰：書「爽邦由哲」，孫星衍云：「方言、廣雅『爽，猛也』。猛、孟聲近，釋詁『孟，勉也』。説文『爽，明也』，明都即孟諸，明、孟字通，是明亦勉也。故莽誥易『爽』爲『勉』。」

〔一三〕師古曰：迪亦道也，言當遵道而知天命。【補注】錢大昭曰：此下脱正文「粤天輔誠爾不得易定」九字，又脱注文「師古曰粤詞也天道輔誠爾不得改易天之定命」十九字。南監本、閩本皆有，惟汲古本脱。王念孫曰：不言「易天之定命」而言「易定」，則文義不明。余謂「定」當爲「𠋩」。説文「𠋩，古文法」，字形與定相似而誤。大誥作「爾時罔敢易法」是其證。朱一新曰：北監本不脱。先謙曰：官本不脱。下文「降戾」作「降定」，則此作「不得易定」義自貫注，似不必改「定」爲「法」。疑古文法字亦當爲「定」，轉因形近而誤也。

〔一四〕師古曰：言義、信不知天命不可改易，乃大爲艱難以干國紀，是自相謀誅伐其室也。囏，古艱字。【補注】先謙曰：書「誕鄰胥伐于厥室」，據此，知今文以大逆訓誕鄰也。孫星衍云：「説文『遴，行難也』，或作『僯』。僯、鄰蓋通借字。誕鄰即大難也。」

〔一五〕師古曰：畜夫治田，志除草穢。天之欲喪義、信，事亦如之。我當順天以終竟田晦之事。

〔一六〕師古曰：言天美祖宗之事，我何其極卜法，敢不往從，言必從也。【補注】先謙曰：官本下「卜」作「于」。江聲云：「予曷爲究極之於卜哉？以爾衆心不安。今既卜矣，曷敢不惟卜是從乎？」先謙案，據莽誥，書「敢弗于從」亦訓敢不卜從。顔依僞孔傳訓爲往從，非。

〔一七〕師古曰：言循祖宗之業，務在安人而美疆土，況今卜并吉乎！言不可不從也。【補注】先謙曰：據莽誥，則書指亦同，旨訓美。

〔一八〕師古曰：言必信之矣。

〔一九〕師古曰：卜兆陳列惟如此。【補注】先謙曰：官本作「兆陳」，引宋祁曰，邵本「兆」作「卜」。

乃遣大夫〔桓〕〔一〕譚等〔二〕班行諭告當反位孺子之意。還，封譚爲明告里附城。〔三〕

〔一〕淵聖御名。

〔二〕【補注】周壽昌曰：據後書桓譚傳，譚爲掌樂大夫。先謙曰：官本「淵聖御名」作「桓」。

〔三〕師古曰：明告者，以其出使能明告諭於外也。附城，云如古附庸也。

諸將東破陳留菑，〔一〕與義會戰，破之，斬劉璜首。莽大喜，復下詔曰：「太皇太后遭家不造，國統三絶，〔二〕絶輒復續，恩莫厚焉，信莫立焉。孝平皇帝短命蚤崩，〔三〕幼嗣孺沖，詔予居攝。予承明詔，奉社稷之任，持大宗之重，〔四〕養六尺之託，受天下之寄，〔五〕戰戰兢兢，不敢安息。伏念太皇太后惟經藝分析，王道離散，〔六〕漢家制作之業獨未成就，故博徵儒士，大興典制，備物致用，立功成器，以爲天下利。王道粲然，基業既著，千載之廢，百世之遺，於今乃成，道德庶幾於唐虞，功烈比齊於殷周。〔七〕今翟義、劉信等謀反大逆，流言惑衆，欲以簒位，賊害我孺子，罪深於管蔡，惡甚於禽獸。信父故東平王雲，不孝不謹，親毒殺其父思王，名曰鉅鼠，〔八〕後雲竟坐大逆誅死。義父故丞相方進，險詖陰賊，〔九〕兄宣靜言令色，外巧內嫉，〔一〇〕所殺鄉邑汝南者數十人。今積惡二家，迷惑相得，此時命當殄，天所滅也。義始發兵，上書言宇、信等與東平相輔謀反，〔一一〕執捕械繫，欲以威民，先自相被以反逆大惡，〔一二〕轉相捕械，此其破殄之明證也。已捕斬斷信二子穀鄉侯章、德廣侯鮪，義母練、兄宣、親屬二十四人皆磔暴於長安都市四通之衢。當其斬時，觀者重疊，〔一三〕天氣和清，可謂當矣。命遣大將軍共行皇天之罰，〔一四〕討海內之讎，功效著焉，予甚嘉之。司馬法不云乎？『賞不踰時。』欲民速覩爲善之利也。今先封車騎都尉孫賢等五十五人皆爲列侯，戶邑之數別下。遣使者持黃金印、赤韍縌、朱輪車，即軍中拜授。」〔一五〕因大赦天下。

〔一〕孟康曰：菑，故戴國，在梁，後屬陳留，今曰考城。【補注】錢大昭曰：「破」字誤。南監本、閩本作「至」。先謙曰：官本作「至」。

〔二〕師古曰：謂成帝、哀帝、平帝皆無子矣。【補注】先謙曰：官本「矣」作「也」。

〔三〕師古曰：蚤，古早字。

〔四〕【補注】先謙曰：官本「大」作「太」。

〔五〕【補注】宋祁曰：監本、楊本、郭本「託」作「孤」。別本云「養六尺之孤託受天下之寄」。

〔六〕師古曰：惟，思也。【補注】宋祁曰：姚本「散」作「㪔」。

〔七〕師古曰：烈，業也。

〔八〕師古曰：鉅，大也。莽誣雲呼其父曰鉅鼠也。

〔九〕師古曰：詖，佞也，音彼義反。

〔一〇〕師古曰：靜，安也。令，善也。言其陽爲安靜之言，外有善色，而實嫉害也。【補注】王念孫曰：靜言令色，即巧言令色，下文「外巧」二字統承靜言令色言之，則靜非安靜之謂也。古文尚書秦誓「惟截截善諞言」今文作「惟諓諓善靜言」。漢書皆用今文，故作「靜言」也。「靜」字或作「竫」，又作「靖」。文十二年公羊傳引書作「惟諓諓善竫言」。王注楚辭九辯曰「竫言，諓諓而無信」，又注九歎曰「諓諓，讒言貌也」，引書曰「諓諓靖言」。潛夫論救邊篇「諓諓善靖」。並字異而義同。越語「又安知是諓諓者乎」，賈逵注「諓諓，巧言也」。見公羊釋文。而今文尚書曰「惟諓諓善靜言」，是靜言即巧言也。師古不見今文，故訓靜言爲安靜之言，而加「陽爲」二字以足其義。

〔一一〕師古曰：輔者，東平王相之名也。【補注】劉奉世曰：義發兵時，東平相蘇隆。此輔未喻，或者當爲傅聲之誤也。宋祁曰：前云以東平王傅蘇隆爲丞相。

〔一二〕師古曰：被，加也，音皮義反。

〔一三〕師古曰：言人多而聚積。

〔一四〕師古曰：共讀曰恭。

〔一五〕服虔曰：綖即今之綬也。師古曰：韍，所以繫印也。綖者，系也，謂逆受之也。即，就也。韍音弗。綖音逆。【補注】宋祁曰：注文「系」字上當有「其」字。

於是吏士精鋭遂攻圍義於圉城，破之，義與劉信弃軍庸亡。〔一〕至固始界中捕得義，尸磔陳都市。〔二〕卒不得信。

〔一〕孟康曰：謂挺身逃亡，如奴庸也。

〔三〕【補注】沈欽韓曰：古今注：「平陵東，翟義門人所作也。王莽殺義，義門人作歌以怨之。」

初，三輔聞翟義起，自茂陵以西至汧二十三縣盜賊並發，趙明、霍鴻等自稱將軍，攻燒官寺，殺右輔都尉及斄令，〔一〕劫略吏民，衆十餘萬，火見未央宮前殿。莽晝夜抱孺子禱宗廟。復拜衛尉王級爲虎賁將軍，大鴻臚望鄉侯閻遷爲折衝將軍，與甄邯、王晏西擊趙明等。正月，虎牙將軍王邑等自關東還，便引兵西。彊弩將軍王駿以無功免，揚武將軍劉歆歸故官。復以邑弟侍中王奇爲揚武將軍，城門將軍趙恢爲彊弩將軍，中郎將李棽爲厭難將軍，〔二〕復將兵西。二月，明等殄滅，諸縣悉平，還師振旅。莽乃置酒白虎殿，勞饗將帥，大封拜。先是益州蠻夷及金城塞外羌反畔，時州郡擊破之。莽乃并録，以小大爲差，封侯伯子男凡三百九十五人，曰「皆以奮怒，東指西擊，羌寇蠻盜，反虜逆賊，不得旋踵，應時殄滅，天下咸服」之功封云。〔三〕莽於是自謂大得天人之助，至其年十二月，遂即真矣。

〔一〕師古曰：斄讀曰邰。

〔二〕師古曰：棽音所林反。【補注】宋祁曰：服虔棽音禁，如淳音琴，説文丑心反，晉灼音參，參音森。

〔三〕【補注】周壽昌曰：言其敘功封爵策命如此云爾。

初，義所收宛令劉立聞義舉兵，上書願備軍吏爲國討賊，内報私怨。莽擢立爲陳留太守，封明德侯。

始，義兄宣居長安，先義未發，家數有怪，〔一〕夜聞哭聲，聽之不知所在。宣教授諸生滿堂，有狗從外入，齧其中庭羣鴈數十，比驚救之，已皆斷頭。〔一〕狗走出門，求不知處。宣大惡之，謂後母曰：「東郡太守文仲素俶儻，〔三〕今數有惡怪，恐有妄爲而大禍至也。〔四〕大夫人可歸，爲弃去宣家者〔五〕以避害。」母不肯去，後數月敗。

〔一〕師古曰：言義未發兵之前。

〔二〕師古曰：比音必寐反。【補注】王引之曰：鴈者，鵝也，故曰「中庭羣鴈」。古謂鵝爲鴈，説見經義述聞周官「膳用六牲」下。

〔三〕師古曰：俶音土歷反。

〔四〕【補注】宋祁曰：「恐有」當作「恐其」。

〔五〕師古曰：言歸其本族，自絶於翟氏。【補注】先謙曰：官本注在「以避害」下。

莽盡壞義第宅，汙池之。〔一〕發父方進及先祖冢在汝南者，燒其棺柩，夷滅三族，〔二〕誅及種嗣，至皆同坑，以棘五毒并葬之。〔三〕而下詔曰：「蓋聞古者伐不敬，取其鱷鯢築武軍，封以爲大戮，於是乎有京觀以懲淫慝。〔四〕乃者反虜劉信、翟義誖逆作亂於東，而芒竹羣盜趙明、霍鴻造逆西土，〔五〕遣武將征討，咸伏其辜。惟信、義等始發自濮陽，結姦無鹽，〔六〕殄滅於圉。趙明依阻槐里環隄，〔七〕霍鴻負倚盩厔芒竹，〔八〕咸用破碎，亡有餘類。其取反虜逆賊之鱷鯢，聚之通路之旁，濮陽、無鹽、圉、槐里、盩厔凡五所，〔九〕各方六丈，高六尺，築爲武軍，封以爲大戮，薦樹之棘。〔一〇〕建表木，高丈六尺。〔一一〕書曰『反虜逆賊鱷鯢』，在所長吏常以秋循行，〔一二〕勿令壞敗，以懲淫慝焉。」

〔一〕師古曰：汙，停水也，音烏。

〔二〕【補注】沈欽韓曰：全唐文七百三十〔三〕〔一二〕載長孫修漢丞相翟公重建碑表：「猗氏城西五里曰漢故丞相翟子威之墓。公本汝南上蔡人，歸葬本郡。值東郡之敗，其餘子孫逃難西遷，改於此。故諸孫代爲河東猗氏人。」

〔三〕如淳曰：野葛、狼毒之屬也。

〔四〕師古曰：此左傳載楚莊王之辭也。鱷鯢，大魚爲害者也。以此比敵人之勇桀者。京，高丘也。觀謂如闕形也。懲，創乂也。慝，惡也。鱷，古鯨字，音其京反。鯢音五奚反。觀音工喚反。【補注】先謙曰：官本注「乂」作「艾」。胡注：「崔豹古今注『鯨，大者長千里，小者數丈。一生數萬子。常以五六月就岸生子，至七八月導從其子還大海中。鼓浪成雷，噴沫成雨，水族驚畏，一皆逃匿莫敢當，其雌曰鯢，大者亦長千里』。蓋鯨鯢有力，能驅食小魚，故以喻夫强暴而淩弱者，而導從數萬子，跋扈大海中，亦有渠魁之義。鱷，古鯨字。」

〔五〕師古曰：芒竹在盩厔南界，芒水之曲而多竹林也，即中司竹園是其地矣。芒音亡。【補注】沈欽韓曰：渭水注：「芒水出南山芒谷，北逕盩厔縣之竹圃中。」長安志：「司竹監在盩厔縣東南三十里。」晉地道記：「司竹都尉治鄠縣。其園周百里，以供國。」隋義寧元年，唐高祖起兵，其第三女平陽公主舉兵於司竹園，號娘子軍。先謙曰：官本注「中」作「今」，是。

〔六〕【補注】洪頤煊曰：義守東郡，并東平。濮陽，東郡治。無鹽，東平治。

〔七〕師古曰：槐里縣界其中，有環曲之隄，而明依之以自固也。【補注】沈欽韓曰：渭水注：「晉太康中，始平郡治槐里，其城遞帶防陸，舊渠尚在，即漢書所謂『槐里環隄』者也。」長安志：「興平縣百頃泊、宋泊、曲泊並有蒲魚之利。隋開皇十五年，各築隄防護。槐里故城在縣東南十里。」

〔八〕師古曰：負，恃也。倚音於綺反。

〔九〕【補注】先謙曰：胡注：「濮陽、無鹽、圉，義黨之尸。槐里、盩厔，明、鴻黨之尸。」

〔一〇〕師古曰：薦讀曰荐。荐，重也，聚也。【補注】先謙曰：官本考證引蕭該音義曰：「字林作『栫』，柴木擁也，在見反。」該案，今作『薦』字者，借以爲『栫』字。」

〔一一〕師古曰：表者，所以標明也。

〔一二〕師古曰：行音下更反。

初，汝南舊有鴻隙大陂，郡以爲饒，〔一〕成帝時，關東數水，陂溢爲害。方進爲相，與御史大夫孔光共遣掾行事，〔二〕以爲決去陂水，其地肥美，省隄防費而無水憂，遂奏罷之。及翟氏滅，鄉里歸惡，言方進請陂下良田不得而奏罷陂云。王莽時常枯旱，郡中追怨方進，童謡曰：「壞陂誰？翟子威。飯我豆食羹芋魁。〔三〕反乎覆，陂當復。〔四〕誰云者？兩黄鵠。」〔五〕

〔一〕師古曰：鴻隙，陂名，藉其溉灌及魚鼈萑蒲之利，以多財用。【補注】沈欽韓曰：明志汝寧府汝陽縣東有鴻卻陂。

〔二〕師古曰：行音下更反。【補注】錢大昭曰：「事」當作「視」，南監本、閩本不誤。先謙曰：官本作「視」。

〔三〕師古曰：言田無溉灌，不生秔稻，又無黍稷，但有豆及芋也。豆食者，豆爲飯也。羹芋魁者，以芋根爲羹也。飯音扶晚反。食音飤。【補注】先謙曰：官本注「不生」上有「而」字。

〔四〕師古曰：事之反覆無常，言禍兮福所倚。

〔五〕師古曰：託言有神來告之。

司徒掾班彪曰：「丞相方進以孤童攜老母，羈旅入京師，身爲儒宗，致位宰相，盛矣。當

莽之起，蓋乘天威，雖有賁育，奚益於敵？〔一〕義不量力，懷忠憤發，以隕其宗，悲夫！」〔二〕

〔一〕師古曰：賁謂孟賁，育謂夏育，皆古之勇士。言得之無益，不能敵莽也。賁音奔。

〔二〕【補注】沈欽韓曰：潛夫論本政篇：「自成帝以降，至於莽，公卿列侯下訖令尉，大小之官，十萬人，惟安衆侯劉崇、東郡太守翟義思事君之禮，義勇奮發，欲誅莽，功雖不成，志節可紀。」御覽陳羣汝潁士論曰：「潁川士雖嫉惡，未有如汝南翟文仲破家爲國者也。」

谷永杜鄴傳第五十五

谷永字子雲，長安人也。父吉，爲衛司馬，〔一〕使送郅支單于侍子，〔二〕爲郅支所殺，語在陳湯傳。永少爲長安小史，後博學經書。建昭中，御史大夫繁延壽〔三〕聞其有茂材，除補屬，舉爲太常丞，〔四〕數上疏言得失。

〔一〕【補注】先謙曰：百官表，衛司馬，衛尉屬官。

〔二〕師古曰：爲使而送之還本國也。郅音質。

〔三〕師古曰：即李延壽也。一姓繁，音蒲何反。【補注】先謙曰：公卿表，建昭三年，衛尉李延壽爲御史大夫，三年卒。一姓繁。

〔四〕【補注】先謙曰：續志：「太常丞比千石，掌凡行禮及祭祀小事，總署曹事。」

建始三年冬，日食地震同日俱發，詔舉方正直言極諫之士，〔一〕太常陽城侯劉慶忌〔二〕舉永待詔公車。對曰：

〔一〕【補注】沈欽韓曰：杜欽傳云「舉賢良方正」。帝紀亦有「賢良」字。

〔二〕【補注】先謙曰：官本考證云：「慶忌，陽城侯劉德之孫安民之子，自宗正徙爲太常。」案，慶忌爲太常在建始二年，任五年免。

陛下秉至聖之純德，懼天地之戒異，飭身修政，納問公卿，〔一〕又下明詔，帥舉直言，〔二〕燕見紬繹，以求咎愆，〔三〕使臣等得造明朝，承聖問。〔四〕臣材朽學淺，不通政事。竊聞明王即位，正五事，建大中，以承天心，〔五〕則庶徵序於下，日月理於上；〔六〕如人君淫溺後宮，般樂游田，〔七〕五事失於躬，大中之道不立，則咎徵降而六極至。〔八〕凡災異之發，各象過失，以類告人。乃十二月朔戊申，日食婺女之分地，震蕭牆之內，〔九〕二者同日俱發，以丁寧陛下，〔一〇〕厥咎不遠，宜厚求諸身。〔一一〕意豈陛下志在閨門，未卹政事，不慎舉錯，〔一二〕婁失中與？〔一三〕內寵大盛，女不遵道，嫉妒專上，妨繼嗣與？古之王者廢五事之中，失夫婦之紀，妻妾得意，謁行於內，埶行於外，至覆傾國家，或亂陰陽。〔一四〕昔褒姒用國，宗周以喪；〔一五〕閻妻驕扇，日以不臧。〔一六〕此其效也。經曰：「皇極，皇建其有極。」〔一七〕傳曰：「皇之不極，是謂不建，時則有日月亂行。」

〔一〕師古曰：飭與敕同。敕，整也。【補注】先謙曰：官本注在「修政」下。

〔二〕師古曰：帥舉，謂公卿守相皆令舉也。帥字或作師。師，衆也。【補注】何焯曰：作「師舉」爲是。蘇輿曰：作「帥」是也。帥與率同。儀禮「帥」古文作「率」，本書多言「率意」，見文紀。又言「悉意」，帥、率、悉三字聲義得相通。悉，盡也。帥舉，猶言悉舉矣。揚雄傳「帥與之同苦樂」，與此義同。

〔三〕師古曰：紬讀曰抽。紬繹者，引其端緒也。【補注】先謙曰：官本此下有「韋昭曰繹陳也」六字。

〔四〕師古曰：造，至也，音千到反。

〔五〕師古曰：五事，貌、言、視、聽、思也。大中即皇極也。解在五行志。

〔六〕師古曰：庶，衆也。徵，證也。

〔七〕師古曰：如，若也。般讀與盤同。

〔八〕師古曰：六極，謂一曰凶短折，二曰疾，三曰憂，四曰貧，五曰惡，六曰弱。

〔九〕師古曰：蕭牆，屏牆也，解在五行志。

〔一〇〕師古曰：丁寧，謂再三告示也。

〔一一〕師古曰：厚猶深也。

〔一二〕師古曰：志在閨門，謂留心於女色也。錯，置也，音千故反。【補注】錢大昭曰：此及下文「意豈將軍忘湛漸之義」皆當讀爲抑。

〔一三〕師古曰：婁，古屢字也。與讀曰歟。下皆類此。

〔一四〕師古曰：謁，請也。内則所請必行，外則擅其權力，言女寵盛也。【補注】先謙曰：或、惑同。

〔一五〕師古曰：褒姒，褒人所獻之女也。幽王惑之，卒有犬戎之禍。

〔一六〕師古曰：閻，嬖寵之族也。扇，熾也。臧，善也。魯詩小雅十月之交篇曰「此日而食，于何不臧」，又曰「閻妻扇方處」，言厲王無道，内寵熾盛，政化失理，故致災異，日爲之食，爲不善也。【補注】先謙曰：官本考證引蕭該音義曰「劉氏曰，閻音淫。該案，毛詩作『豔』」。齊召南云：「案，毛詩説豔妻即指褒姒，此另指一人，蓋齊、魯、韓三家詩字句本有不同，不可執毛詩以難三家也。班婕妤亦曰『哀褒閻之爲郵』。」錢大昭云：「永用魯詩，故爲『閻』。魯詩以閻妻爲厲王后，鄭箋從之。詩正義引中候擿雒貳云『昌受符，厲倡嬖，期十之世權在相』，又曰『剡者配姬以放賢，山崩水潰納小人，家伯罔主異載震』。既言昌受符爲王命之始，即云期十之世，自文數之至厲王，除文王爲十世也。剡、豔古今字耳。以剡對姬，爲其姓，以此知非褒姒也。本傳下文永又言『幽王惑於褒姒，周德降亡』，又云『抑褒、閻之亂』，褒、閻對舉，魯説爲長。」

〔一七〕師古曰：周書洪範之辭也。皇，大也。極，中也。大立其有中，所以行九疇之義也。

陛下踐至尊之祚爲天下主，奉帝王之職以統羣生，方内之治亂，在陛下所執。〔一〕誠留意於正身，勉强於力行，損燕私之閒以勞天下，〔二〕放去淫溺之樂，罷歸倡優之笑，〔三〕絕卻不享之義，慎節游田之虞，〔四〕起居有常，循禮而動，躬親政事，致行無倦，安服若性。〔五〕經曰：「繼自今嗣王，其毋淫于酒，毋逸于游田，惟正之共。」〔六〕未有身治正而臣下邪者也。

〔一〕師古曰：方内，四方之内也。

〔二〕師古曰：損，減也。閒讀曰閑。勞，憂也。

〔三〕師古曰：笑，古笑字。

〔四〕師古曰：卻，退也。享，當也。言所爲不善，不當天心也。一曰天不祐之，不歆享其祀也。虞與娛同。【補注】錢大昕曰：義，古儀字。書洛誥「享多儀，儀不及物」。曰「不享」，謂當卻貢獻而不受也，與下文「不享上帝」義自不同。師古兩解皆誤。先謙曰：官本注末有「應劭曰享呼庚反」七字。

〔五〕師古曰：致，至也。安心而服行之，如天性自然也。

〔六〕師古曰：周書無逸之辭也。言從今以往，繼業嗣立之王毋過欲於酒，毋放於田獵，惟宜正身恭己也。共讀曰恭。

【補注】先謙曰：官本注「曰恭」作「與恭同」。

夫妻之際，王事綱紀，安危之機，聖王所致慎也。〔一〕昔舜飭正二女，以崇至德；〔二〕楚莊忍絶丹姬，以成伯功；〔三〕幽王惑於褒姒，周德降亡；魯桓脅於齊女，社稷以傾。〔四〕誠修後宮之政，明尊卑之序，貴者不得嫉妒專寵，以絶驕嫚之端，抑褒、閻之亂，賤者咸得秩進，各得厥職，〔五〕以廣繼嗣之統，息白華之怨，〔六〕後宮親屬，饒之以財，勿與政事，〔七〕以遠皇父之類，損妻黨之權，〔八〕未有閨門治而天下亂者也。

〔一〕【補注】宋祁曰：南本無「致」字。别本作「之所慎也」。

〔二〕師古曰：虞書堯典云「釐降二女于嬀汭，嬪于虞」。謂堯以二女妻舜，觀其治家，欲使治國，而舜謹敕正躬以待二女，其德益崇，遂受堯禪也。飭與敕同。

〔三〕應劭曰：楚莊王得丹姬，三月不聽朝。保申諫，忍絶不復見，乃勤政事，遂爲盟主也。師古曰：丹姬是楚文王姬也。莊王用申公巫臣之諫，不納夏姬。谷永集「丹」字作「夏」，是也。今此傳作「丹」，轉寫誤耳。應氏就而謬釋，非本實也。伯讀曰霸。【補注】沈欽韓曰：吕覽直諫篇、説苑正諫篇並云丹之姬是荆文王事，正諫篇又云「莊王立鼓鐘之間，左伏陽姬，右擁越姬」，未知谷永所用何等。作「夏姬」文義亦順。

〔四〕師古曰：解並在五行志。

〔五〕師古曰：秩，次也。以次而進御也。

〔六〕師古曰：詩小雅白華之篇也。幽王惑於褒姒而黜申后，故國人作此詩以刺之。永言此者，譏成帝專寵趙昭儀也。【補注】劉奉世曰：案，永後疏云「建始、河平，許、班之事，傾動前朝，今之後起，天所不享」，則建始四年未當有趙昭儀也。

〔七〕師古曰：與讀曰豫。

〔八〕師古曰：皇父，周卿士也。小雅十月之交詩曰「皇父卿士，番惟司徒」，刺厲王淫於色，故皇父之屬因嬖寵而爲官也。遠音(千)〔于〕萬反。父讀曰甫。

治遠自近始，習善在左右。昔龍筦納言，而帝命惟允；〔一〕四輔既備，成王靡有過事。〔二〕誠敕正左右齊栗之臣，〔三〕戴金貂之飾、執常伯之職者，〔四〕皆使學先王之道，知君臣之義，濟濟謹孚，無敖戲驕恣之過，〔五〕則左右肅艾，〔六〕羣僚仰法，化流四方。經曰：「亦惟先正克左右。」〔七〕未有左右正而百官枉者也。〔八〕

〔一〕師古曰：龍，舜臣名也。筦字與管同。管，主也。虞書舜典曰，帝曰：「龍，命汝作納言，夙夜出納朕命，惟允。」允，信也。

〔二〕師古曰：四輔，謂左輔、右弼、前疑、後丞也。周書洛誥稱成王曰：「誕保文武受命，亂爲四輔。」

〔三〕孟康曰：左右，謂尚書官也。齊栗，言其整齊萬事，嘗戰栗謹敬也。【補注】何焯曰：齊當讀側加反。先謙曰：官本注無「謂」字。「嘗」作「常」，是。

〔四〕師古曰：常伯，侍中也。伯，長也，常使長事者也。一曰常任使之人，此爲長也。

〔五〕師古曰：孚，信也。

〔六〕師古曰：肅，敬也。艾讀曰乂。乂，治也。

〔七〕師古曰：周書君牙之辭也。言王者欲正百官，要在能先正其左右近臣也。【補注】齊召南曰：案君牙篇作「亦惟先王之臣克左右，亂四方」，蓋今本之誤。孔安國傳作「先正」，是也。其下文又曰「乃惟由先正舊典時式」，即指此

「先正」矣，證以此傳尤明。所可疑者，西都祇行伏生今文，今文缺君牙篇，惟孔安國古文有之。然則，谷永亦嘗見古文尚書者邪？王念孫曰：案顔、齊二説皆非也。此所引乃文侯之命，非晚出古文之君牙。師古誤記耳。

〔八〕師古曰：枉，曲也。

治天下者尊賢考功則治，簡賢違功則亂。〔一〕誠審思治人之術，歡樂得賢之福，論材選士，必試於職，明度量以程能，考功實以定德，〔二〕無用比周之虚譽，毋聽浸潤之譖愬，〔三〕則抱功修職之吏無蔽傷之憂，比周邪僞之徒不得即工，〔四〕小人日銷，俊艾日隆。〔五〕經曰：「三載考績，三考黜陟幽明。」〔六〕又曰：「九德咸事，俊艾在官。」〔七〕未有功賞得於前衆賢布於官而不治者也。

〔一〕師古曰：簡，略也，謂輕慢也。

〔二〕師古曰：程，效也。【補注】先謙曰：官本注在「能」下。

〔三〕師古曰：比周，言阿黨親密也。浸潤，積漸之深也。比音頻寐反。

〔四〕李奇曰：即，就也。工，官也。

〔五〕師古曰：艾讀曰乂。其下亦同。

〔六〕師古曰：虞書舜典之辭也。言居官者三年一考其功，三考則退其幽闇無功者，升其昭明有功者。

〔七〕師古曰：虞書咎繇謨之辭也。言使九德之人皆用事，俊桀治能之士並在官也。九德，謂寬而栗，柔而立，願而恭，亂而敬，擾而毅，直而温，簡而廉，剛而塞，强而義。

堯遭洪水之災，天下分絶爲十二州，制遠之道微，〔一〕而無乖畔之難者，德厚恩深，無怨於下也。秦居平土，一夫大呼而海内崩析者，〔一〕刑罰深酷，吏行殘賊也。夫違天害德，爲上取怨於下，莫甚乎殘賊之吏。誠放退殘賊酷暴之吏一廢勿用，〔二〕益選温良上德之士以親萬姓，〔四〕平刑釋宽以理民命，〔五〕務省繇役，毋奪民時，薄收賦税，毋殫民財，〔六〕使天下黎元咸安家樂業，不苦踰時之役，〔七〕不患苛暴之政，不疾酷烈之吏，〔八〕雖有唐堯之大災，民無離上之心。〔九〕經曰：「懷保小人，惠于鰥寡。」〔一〇〕未有德厚吏良而民畔者也。

〔一〕孟康曰：本九州，洪水隔分，更爲十二州，處所離遠，相制之道微也。師古曰：十二州謂冀、兖、豫、青、徐、荆、揚、雍、梁、幽、并、營也。【補注】先謙曰：堯時分十二州，詳地理志。

〔二〕師古曰：呼音火故反。

〔三〕【補注】先謙曰：官本「一」作「錮」。

〔四〕師古曰：親謂愛養之。

〔五〕師古曰：釋，解也。

〔六〕師古曰：殫，盡也，音單。

〔七〕師古曰：古者行役不踰時。時謂三月，是爲一月。【補注】先謙曰：官本作「是爲一時」，是。

〔八〕師古曰：言免此疾患。

〔九〕師古曰：堯遭洪水，故云大災。

〔一〇〕師古曰：周書無逸之辭也。懷，和也。保，安也。【補注】蘇輿曰：此今文尚書，與石經同。

臣聞災異，皇天所以譴告人君過失，猶嚴父之明誡。畏懼敬改，則禍銷福降；忽然簡易，則咎罰不除。經曰：「饗用五福，畏用六極。」〔一〕傳曰：「六沴作見，若不共御，六罰既侵，六極其下。」〔二〕今三年之間，災異鋒起，小大畢具，所行不享上帝，〔三〕上帝不豫，〔四〕炳然甚著。不求之身，無所改正，疏舉廣謀，又不用其言，〔五〕是循不享之迹，無謝過之實也，天責愈深。此五者，王事之綱紀，南面之急務，唯陛下留神。

〔一〕師古曰：周書洪範之辭。饗，當也。言所行當於天心，則降以五福；若所爲不善，則以六極畏罰之。五福，一曰壽，二曰富，三曰康寧，四曰攸好德，五曰考終命。六極之解已具於前。

〔二〕師古曰：此洪範之傳也。沴，災氣也。共讀曰恭。御讀曰禦。言敬而修德以禦災。【補注】沈欽韓曰：五行傳作「六伐」。伐、罰義同。

〔三〕師古曰：享，當也。不當天心。

〔四〕師古曰：豫，悦也。

〔五〕晉灼曰：疏，遠也。

對奏，天子異焉，特召見永。

其夏，皆令諸方正對策，語在杜欽傳。永對畢，因曰：「臣前幸得條對災異之效，禍亂所極，言關於聖聽。書陳於前，陛下委棄不納，而更使方正對策，背可懼之大異，問不急之常論，廢承天之至言，角無用之虚文，〔一〕欲末殺災異，滿讕誣天，〔二〕是故皇天勃然發怒，甲己之間暴風三溱，拔樹折木，〔三〕此天至明不可欺之效也。」上特復問永，永對曰：「日食地震，皇后貴妾專寵所致。」語在五行志。

〔一〕師古曰：角，竟也。【補注】宋祁曰：「竟」疑作「競」。

〔二〕師古曰：末殺，埽滅也。滿讕謂欺罔也。殺音先曷反。讕音來亶反。【補注】沈欽韓曰：淮南俶真訓「獨浮游無方之外，不與物相弊撥」。注：「弊撥，猶雜糅。弊音跛涉之跛。撥讀楚人言殺。」釋名「摩娑猶末殺也，手上下之言也」，與弊撥音義同。滿，母官切，義同謾。說文：「讕，詆讕也。」先謙曰：官本考證引蕭該曰，滿讕或音漫。

〔三〕師古曰：自甲至己，凡六日也。溱與臻同。臻，至也。

是時，上初即位，謙讓委政元舅大將軍王鳳，議者多歸咎焉。永知鳳方見柄用，〔一〕陰欲自託，乃復曰：

〔一〕師古曰：言任用之授以權也。

方今四夷賓服，皆爲臣妾，北無薰粥冒頓之患，〔一〕南無趙佗、呂嘉之難，三垂晏然，靡有兵革之警。〔二〕諸侯大者乃食數縣，漢吏制其權柄，不得有爲，亡吳、楚、燕、梁之埶。〔三〕百官盤互，親疏相錯，〔四〕骨肉大臣有申伯之忠，〔五〕洞洞屬屬，小心畏忌，〔六〕無重合、安陽、博陸之亂。〔七〕三者無毛髮之辜，不可歸咎諸舅。此欲以政事過差丞相父子、中尚書宦官，〔八〕檻塞大異，皆瞽說欺天者也。〔九〕竊恐陛下舍昭昭之白過，忽天地之明戒，聽晻昧之瞽說，〔一〇〕歸咎乎無辜，倚異乎政事，〔一一〕重失天心，〔一二〕不可之大

者也。〔一三〕

〔一〕師古曰：粥音戈六反。【補注】先謙曰：官本「戈」作「弋」。

〔二〕師古曰：晏，安也。

〔三〕【補注】先謙曰：燕、梁，燕王旦、梁孝王也。

〔四〕師古曰：盤互，盤結而交互也。錯，間雜也。「互」字或作「牙」，言如豕牙之盤曲，犬牙之相入也。【補注】何焯曰：互，古字作㸦，與牙不同，顔後解頗乖小學。沈欽韓曰：廣韻互俗作㸦，非古字。

〔五〕師古曰：申伯，周申后之父。【補注】先謙曰：通鑑胡注「申伯，宣王之舅。谷永以之況王鳳也」。

〔六〕師古曰：洞洞，驚肅也。屬屬，專謹也。洞音動。屬音之欲反。

〔七〕師古曰：重合，莽通；安陽，上官桀；博陸，霍禹也。

〔八〕【補注】朱一新曰：「此」當爲「比」。

〔九〕師古曰：檻，義取檻柙之檻。檻猶閉也，其字從木。瞽說，言不中道，若無目之人也。【補注】宋祁曰：蘇林曰「濫，氾也」。淳音作檻，閉也。晉灼曰「於義，蘇音是」。該案：「蘇『濫氾』者，字林曰，濫，氾濫也。濫音力暫反。如淳曰『檻閉』者，字林曰，檻，櫳也。一曰圈也。丁斬反，又力甘反。」「宦官」或無「宦」字。顔注文「閑」字，越本作「閉」。蘇輿曰：文選西京賦薛注「檻，闌也」。廣雅「闌，遮也」。檻塞猶遮塞，若今云搪塞矣。諸說皆未了。京房傳「惟陛下毋使臣塞涌水之異」義同。漢時天地有變，輒譴大臣以塞當之。如成帝殺翟方進，終無解於晏駕之厄。是則信災異之害也。唯永此言意在媚王氏，無足取耳。先謙曰：官本注「閉」作「閑」，據宋注所見本作「閑」。

〔一〇〕師古曰：舍謂留也。晻字與暗同。又音一感反。【補注】沈欽韓曰：韓詩外傳「士欲行義白名」，說苑立節篇作「著名」。此「白過」亦即著明之過也。先謙曰：下文「白罪」亦同。胡注，舍，置也，讀曰捨。

〔一一〕師古曰：倚，依也，音於綺反。次下亦同。

〔一二〕師古曰：重音直用反。

〔一三〕師古曰：此則爲大不可也。

陛下即位，委任遵舊，〔一〕未有過政。元年正月，白氣較然起乎東方，〔二〕至其四月，黄濁四塞，覆冒京師，申以大水，著以震蝕。〔三〕各有占應，相爲表裏，百官庶事〔四〕無所歸倚，陛下獨不怪與？〔五〕白氣起東方，賤人將興之表也；黄濁冒京師，王道微絶之應也。夫賤人當起而京師道微，二者已醜。〔六〕陛下誠深察愚臣之言，致懼天地之異，長思宗廟之計，改往反過，抗湛溺之意，解偏駮之愛，〔七〕奮乾剛之威，平天覆之施，使列妾得人人更進，猶尚未足也，〔八〕急復益納宜子婦人，毋擇好醜，毋避嘗字，〔九〕毋論年齒。推法言之，陛下得繼嗣於微賤之間，乃反爲福。得繼嗣而已，母非有賤也。〔一〇〕後宫女史使令有直意者，廣求於微賤之間，〔一一〕以遇天所開右，〔一二〕慰釋皇太后之憂愠，〔一三〕解謝上帝之譴怒，則繼嗣蕃滋，災異訖息。〔一四〕陛下則不深察愚臣之言，〔一五〕忽於天地之戒，咎根不除，水雨之災，山石之異，〔一六〕將發不久；〔一七〕發則災異已極，天變成形，臣雖欲捐身關策，不及事已。〔一八〕

〔一〕【補注】先謙曰：官本「委」作「逶」，引宋祁曰「逶」或作「委」。

〔二〕師古曰：較，明貌。【補注】先謙曰：官本「貌」下有「也」字，引宋祁曰，注文「也」字當删。

〔三〕師古曰：申，重也。著，明也。

〔四〕【補注】先謙曰：官本「事」作「士」，是。
〔五〕師古曰：倚音於綺反。與讀曰歟。
〔六〕師古曰：已，甚也。【補注】王文彬曰：禮學記「比物醜類」，鄭注「醜猶比也」。言二者之徵兆已相連比而見也。顏訓已爲甚，則解醜爲醜恥之義，似非。
〔七〕師古曰：抗，舉也。湛讀曰沈。駮，不周普也。
〔八〕師古曰：更，互也，音工衡反。
〔九〕如淳曰：王鳳上小妻弟以納後宮，以嘗字乳。王章言之，坐死。今永及此，爲鳳洗前過也。【補注】劉奉世曰：案王章言事坐誅在陽朔初，而永此對乃是建始四年，則非爲鳳而言也。然觀永前後之文，實若爲鳳。但班固於此對後乃云「永爲上第擢爲光祿大夫」，則同是建始四年中事也。先謙曰：胡注：「此時，鳳蓋已納張美人於後宮，故永爲之言。若王章指言鳳過，則在陽朔初也。」周壽昌云：「案，章對言，聞張美人未嘗任身就館也。是嘗字之説亦誤。考漢初，高帝納薄后生文帝，景帝王后先在民間嫁金姓生一女，景帝納之，生武帝。漢世祖宗家法如此，故永敢爲此言。」
〔一〇〕師古曰：苟得子耳，勿論其母之貴賤。【補注】蘇輿曰：公羊傳所謂母以子貴也。
〔一一〕師古曰：求，當也。令音力成反。【補注】先謙曰：官本注「求」作「直」，是。胡注引同。又引鄭玄云，女史，女奴曉書者。使令，給役後宮無爵秩者也。
〔一二〕師古曰：右讀曰佑。佑，助也。【補注】蘇輿曰：開右即啟佑，避景帝諱。
〔一三〕師古曰：釋，散也。【補注】蘇輿曰：「慰」當作「尉」。本書從心者皆後人加之。
〔一四〕師古曰：蕃，多也。訖，止也。蕃音扶元反。
〔一五〕【補注】王念孫曰：案，則不深察，若不深察也。古者則與若同義。説見釋詞。

〔一六〕【補注】沈欽韓曰：隋五行志，洪範傳曰：「石自高隕者，君將有危殆也。」
〔一七〕【補注】蘇輿曰：言不久將發也，與翟方進傳「必在相位不久」同一語例。
〔一八〕師古曰：言禍敗既成，不可如何也。已，語終辭也。【補注】先謙曰：關策，白通其計策於上前。

疏賤之臣，至敢直陳天意，斥譏帷幄之私，欲間離貴后盛妾，〔一〕自知忤心逆耳，必不免於湯鑊之誅。此天保右漢家，使臣敢直言也。〔二〕三上封事，然後得召；待詔一旬，然後得見。夫由疏賤納至忠，甚苦；〔三〕由至尊聞天意，甚難。語不可露，願具書所言，因侍中奏陛下，以示腹心大臣。〔四〕腹心大臣以爲非天意，臣當伏妄言之誅；即以爲誠天意也，〔五〕奈何忘國家大本，背天意而從欲！〔六〕唯陛下省察熟念，厚爲宗廟計。

〔一〕師古曰：間音居莧反。
〔二〕師古曰：右讀曰佑。
〔三〕師古曰：由，從也。苦，勞苦也。
〔四〕如淳曰：永爲鳳言，而言示腹心大臣，無不可矣。
〔五〕【補注】先謙曰：官本「即」作「則」，引宋祁曰，「則」字姚本改作「即」。蘇輿云，則、即字通，并訓若。
〔六〕師古曰：從讀曰縱。

時對者數十人，〔一〕永與杜欽爲上第焉。上皆以其書示後宮。後上嘗賜許皇后書，采永言以責之，語在外戚傳。

〔一〕【補注】先謙曰：官本「十」作「千」，引宋祁曰，姚本改「千」作「十」。

永既陰爲大將軍鳳説矣，能實最高，由是擢爲光禄大夫。永奏書謝鳳曰：〔一〕「永斗筲之材，〔二〕質薄學朽，無一日之雅，左右之介，〔三〕將軍説其狂言，〔四〕擢之皂衣之吏，〔五〕廁之爭臣之末，不聽浸潤之譖，不食膚受之愬，〔六〕雖齊桓晉文用士篤密，察父悊兄覆育子弟，誠無以加！〔七〕昔豫子吞炭壞形以奉見異，〔八〕齊客隕首公門以報恩施，〔九〕知氏、孟嘗猶有死士，何況將軍之門！」鳳遂厚之。

〔一〕【補注】沈欽韓曰：著此者，賤其拜爵公朝，謝恩私室也。

〔二〕師古曰：筲，竹器也。斗筲，喻小而不大也。解在公孫劉田傳。筲音所交反。

〔三〕師古曰：雅，素也。介，紹也。言非宿素之交，又無介紹而進也。

〔四〕師古曰：説讀曰悦。

〔五〕【補注】沈欽韓曰：永爲太常丞，掌祭祀小事。續志：「祀宗廟諸祀，冠長冠，服袀玄。」張敞云「備皂衣二十餘年」，亦謂侍祠服之，非朝衣也。

〔六〕師古曰：食猶受納也。膚受，謂初入皮膚至骨髓，言其深也。【補注】先謙曰：官本無「初」字。

〔七〕師古曰：察，明也。悊，智也。

〔八〕師古曰：豫讓也。爲智伯報讎，欲殺趙襄子，恐人識之，故吞炭以變其聲，釁面以壞其形，云「智伯國士遇我」故也。

〔九〕師古曰：舍人魏子三收邑入，不與孟嘗。孟嘗怒之，魏子曰：「假與賢者。」齊湣王受讒，孟嘗出奔，魏子所與粟賢者到宮門自剄，以明孟嘗之心。【補注】沈欽韓曰：此當爲北郭騷自刎以白晏子事。見晏子雜篇及呂覽士節、説苑復恩篇。師古所引，見史記孟嘗君傳。一事而傳異也。

數年，出爲安定太守。時上諸舅皆修經書，任政事。平阿侯譚年次當繼大將軍鳳輔政，尤與永善。陽朔中，鳳薨。鳳病困，薦從弟御史大夫音以自代。上從之，以音爲大司馬車騎將軍，領尚書事，〔一〕而平阿侯譚位特進，領城門兵。永聞之，與譚書曰：「君侯躬周召之德，執管晏之操，〔二〕敬賢下士，樂善不倦，〔三〕宜在上將久矣，以大將軍在，故抑鬱於家，不得舒憤。今大將軍不幸蚤薨，〔四〕絫親疏，序材能，宜在君侯。〔五〕拜吏之日，京師士大夫悵然失望。此皆永等愚劣，不能褎揚萬一。〔六〕屬聞以特進領城門兵，〔七〕是則車騎將軍秉政雍容于内，而至戚賢舅執管籥於外也。愚竊不爲君侯喜。宜深辭職，自陳淺薄不足以固城門之守，收太伯之讓，保謙謙之路，〔八〕闔門高枕，爲知者首。願君侯與博覽者參之，〔九〕小子爲君侯安此。」〔一〇〕譚得其書大感，遂辭讓不受領城門職。由是譚、音相與不平。

〔一〕【補注】先謙曰：陽朔三年。
〔二〕師古曰：召讀曰邵，其下亦同。
〔三〕師古曰：下音胡亞反。
〔四〕師古曰：蚤，古早字。
〔五〕師古曰：絫，古累字。累親疏，謂積累其次而討之。
〔六〕師古曰：言萬分之一。【補注】王文彬曰：官本作「萬分」。以下文「報塞萬分」證之，疑作「萬分」者是。
〔七〕師古曰：屬，近也，音之欲反。【補注】蘇輿曰：屬猶頃也。史丹傳「臣竊戒屬毋涕泣」義同。

〔八〕師古曰：太伯，王季之兄也，讓不爲嗣而適吳越。
〔九〕師古曰：參詳其事。
〔一〇〕【補注】周壽昌曰：書中自稱小子始此。

永遠爲郡吏，恐爲音所危，病滿三月免。音奏請永補營軍司馬，永數謝罪自陳，得轉爲長史。

音用從舅越親輔政，威權損於鳳時。永復說音曰：「將軍履上將之位，食膏腴之都，任周召之職，擁天下之樞，〔一〕可謂富貴之極，〔二〕人臣無二，天下之責四面至矣，將何以居之？宜夙夜孳孳，〔三〕執伊尹之彊德，以守職匡上，誅惡不避親愛，舉善不避仇讎，以章至公，立信四方。〔四〕篤行三者，乃可以長堪重任，久享盛寵。〔五〕太白出西方六十日，法當參天，今已過期，〔六〕尚在桑榆之間，〔七〕質弱而行遲，形小而光微。〔八〕熒惑角怒明大，逆行守尾。其逆，常也；〔九〕守尾，變也。意豈將軍忘湛漸之義，委曲從順，〔一〇〕所執不彊，不廣用士，尚有好惡之忌，蕩蕩之德未純，〔一一〕方與將相大臣乖離之萌也？何故始襲司馬之號，俄而金火並有此變？上天至明，不虛見異，唯將軍畏之慎之，深思其故，改求其路，以享天意。」音猶不平，薦永爲護苑使者。〔一二〕

〔一〕師古曰：擁，持也。
〔二〕【補注】宋祁曰：「之」疑作「至」。

〔三〕師古曰：孳孳，不怠也。孳與孜同。

〔四〕師古曰：章，明也。

〔五〕師古曰：篤，厚也。享，當也。

〔六〕服虔曰：太白出，當居天三分之一。已過期，言其行遲，在戌亥之間。

〔七〕【補注】沈欽韓曰：天官書：「太白出而留桑榆間，疾其下國。上而疾，未盡其日，過參天，疾其對國。」

〔八〕如淳曰：言其行遲象王音也。永見音爲司馬，以疏間親，自以位過，故以太白喻司馬，司馬主兵故也。是永之佞曲從苟合也。

〔九〕【補注】宋祁曰：「常」字下疑有「道」字。先謙曰：常、變對文，不當有「道」字。

〔一〇〕師古曰：湛讀曰沈。漸讀曰潛。周書洪範曰「沈潛剛克」，言人性沈密謂潛深者，行之以剛則能堪也，故激勸之云爾。【補注】周壽昌曰：左傳文五年引商書曰「沈漸剛克」，杜注「沈漸，猶滯溺也」。釋文「漸，以廉反」。史記宋世家亦引作「沈漸」。先謙曰：官本注「謂」作「而」，是。

〔一一〕師古曰：此永自知有忤於音，故以斯言自救解。

〔一二〕【補注】沈欽韓曰：典護牧苑在西北邊郡者。

音薨，成都侯商代爲大司馬衛將軍，〔一〕永乃遷爲涼州刺史。奏事京師訖，當之部，〔二〕時有黑龍見東萊，上使尚書問永，受所欲言。〔三〕永對曰：

〔一〕【補注】先謙曰：永始二年。

〔二〕【補注】先謙曰：通鑑胡注：「漢制諸州刺史常以八月循行所部，録囚徒，考殿最，歲盡詣京師奏事。」

〔三〕師古曰：永有所言，令尚書即受之。

臣聞王天下有國家者，患在上有危亡之事，而危亡之言不得上聞；如使危亡之言輒上聞，〔一〕則商周不易姓而迭興，三正不變改而更用。〔二〕夏商之將亡也，行道之人皆知之，〔三〕晏然自以若天有日莫能危，〔四〕是故惡日廣而不自知，大命傾而不寤。易曰：「危者有其安者也，亡者保其存者也。」〔五〕陛下誠垂寬明之聽，無忌諱之誅，使芻蕘之臣得盡所聞於前，〔六〕不懼於後患，直言之路開，則四方衆賢不遠千里，輻湊陳忠，羣臣之上願，社稷之長福也。

〔一〕師古曰：如，若也。有即上聞。

〔二〕師古曰：迭音徒結反。更音工衡反。【補注】王念孫曰：案，變、改、更三字，語意重疊，「改」當爲「政」。謂變其政而更用之也。變政與易姓對文。此因字形相似而誤。

〔三〕師古曰：凡在道路行者也。

〔四〕師古曰：自謂如日在天而無有能傷危也。【補注】先謙曰：胡注，尚書大傳曰：「桀云，天之有日，猶吾之有民。日有亡哉？日亡吾亦亡矣。」

〔五〕師古曰：下繫之辭也。言安必思危，存不忘亡，乃得保其安存。【補注】先謙曰：今易作「危者安其位者也」。

〔六〕【補注】先謙曰：胡注：「刈草曰芻。采薪曰蕘。文王詢于芻蕘。」

漢家行夏正，夏正色黑，黑龍，同姓之象也。〔一〕龍陽德，由小之大，〔二〕故爲王者瑞應。未知同姓有見本朝無繼嗣之慶，多危殆之隙，欲因擾亂舉兵而起者邪？將動心冀爲後者，殘賊不仁，若廣陵、昌邑之類？〔三〕臣愚不能處也。〔四〕元年九月黑龍見，〔五〕其晦，日有食之。今年二月己未夜星隕，〔六〕乙酉，日有食之。六月之間，大異四發，二而同月，〔七〕三代之末，春秋之亂，未嘗有也。臣聞三代所以隕社稷喪宗廟者，皆由婦人與羣惡沈湎於酒。書曰：「乃用婦人之言，自絶于天」；〔八〕「四方之逋逃多罪，是宗是長，是信是使」。〔九〕詩云：「燎之方陽，寧或滅之？赫赫宗周，褒姒威之！」〔一〇〕易曰：「濡其首，有孚失是。」〔一一〕秦所以二世十六年而亡者，〔一二〕養生泰奢，奉終泰厚也。二者陛下兼而有之，臣請略陳其效。

〔一〕張晏曰：夏以建寅爲正，萬物在地中，色黑，今黑龍見，同姓象也。【補注】先謙曰：李光地云，永爲異姓游説。漢以火德王，如何更以黑龍爲同姓？案，漢以火王，水滅火，異姓爲陰類。此則王氏傾國之兆。

〔二〕師古曰：言因小以至大。

〔三〕【補注】先謙曰：廣陵王胥，昌邑王賀。

〔四〕師古曰：處謂斷決也。

〔五〕【補注】宋祁曰：「元年」當作「去年」。沈欽韓曰：成紀永始二年詔曰「乃者龍見於東萊」，與此同在元年。荀紀編於二年冬，彼誤也。

〔六〕【補注】錢大昕曰：五行志、成紀「己未」皆作「癸未」。沈欽韓曰：癸未與乙酉相距二日，此誤。

〔七〕【補注】先謙曰：官本重「二」字。

〔八〕師古曰：今文周書泰誓之辭。婦人，妲己。言紂用妲己之言，自取殄滅，非天絶之。

〔九〕師古曰：亦泰誓之辭也。宗，尊也。言紂容納逃亡多罪之人，親信使用，尊而長之。

〔一〇〕師古曰：小雅正月之詩。威亦滅也。言火燎方熾，寧有能滅之者乎？而宗周之盛，乃爲褒姒所滅，怨其甚也。威音呼悦反。【補注】先謙曰：官本「寧」作「能」，引宋祁曰，説文曰「威，滅也。从火，戌聲」。火死乃戌，陽氣至戌而盡。音許滅反。姚本「能」作「寧」。注文「盛」作「熾」。王念孫云：「案，師古此注，殆沿鄭箋之誤。此引詩作『能或滅之』，非謂寧有能滅之者也。案，能者乃也。言燎火方熾，而乃有滅之者，以喻赫赫之宗周而竟爲褒姒所滅也。能字古讀若耐，説見唐韻正。聲與乃相近，故義亦相同。左昭十二年傳『中美能黄，上美爲元，下美則裳』，能、爲、則三字相對爲文，能者乃也。言中美乃黄，上美爲元，下美則裳也。孫子謀攻篇『故用兵之法，十則圍之，五則攻之，倍則分之，敵則能戰，少則能守，不若則能避之』，言敵則乃戰，少則乃守，不若則乃避之也。魏策，奉陽君約魏，魏王將封其子，謂魏王曰：『王嘗身濟漳，朝邯鄲，抱葛、薛、陰、成以爲趙養邑，而趙無爲王有也。王能又封其子河陽姑密乎？臣爲王不敢也。』言王乃又封其子乎？臣爲王不取也。史記淮陰侯傳『今韓信兵號數萬，其實不過數千，能千里而襲我，亦以罷極』，言韓信兵不過數千，乃千里而襲我，亦已疲極也。太史公序『佞幸傳非獨色愛，能亦各有所長』，言非獨以色見愛，乃亦各有所長也。列女傳賢明傳『先王以不斜之故能至於此』，言以不斜之故乃至於此也。能與乃義同，故二字可以互用。後漢書荀爽傳，陳便宜策曰：『鳥則雄者鳴雊，雌能順服；獸則牡爲唱導，牝乃相從是也。』能與乃同義，故又可以通用。淮南人間篇『此何遽不能爲福乎』，藝文類聚禮部下引此『能』作『乃』。漢書匈奴傳『東援海代，南取江淮，然後乃備』，漢紀『乃』作『能』是也。能與寧一聲之轉，故此作『能或滅之』，毛詩作『寧或滅之』。宋云姚本「能」作「寧」。此依毛詩改也。寧亦乃也。鄭箋誤解寧字。」説見經義述聞「寧或滅之」下。

〔一一〕師古曰：未濟上九爻辭也。言耽樂無節，飲酒濡首，有信之道於是遂失也。濡，濕也。

〔一二〕【補注】先謙曰：胡注：「秦始皇二十六年初并天下，三十七年崩，二世三年而亡，其有天下財十六年。」

易曰「在中餽，無攸遂」，〔一一〕言婦人不得與事也。〔一二〕詩曰「懿厥悊婦，爲梟爲鴟」；

「匪降自天，生自婦人」。〔三〕建始、河平之際，許、班之貴，頃動前朝，〔四〕熏灼四方，賞賜無量，空虚内臧，女寵至極，不可上矣；〔五〕今之後起，天所不饗，什倍於前。〔六〕廢先帝法度，聽用其言，官秩不當，縱釋王誅，〔七〕驕其親屬，假之威權，從横亂政，〔八〕刺舉之吏，莫敢奉憲。又以掖庭獄大爲亂阱，〔九〕榜箠瘖於炮格，〔一〇〕絶滅人命，主爲趙、李報德復怨，〔一一〕反除白罪，建治正吏，〔一二〕多繫無辜，掠立迫恐，〔一三〕至爲人起責，分利受謝。〔一四〕生入死出者，不可勝數。是以日食再既，〔一五〕以昭其辜。〔一六〕

〔一〕師古曰：家人六二爻辭也。餽與饋同。饋，食也。言婦人之道居中主食，遜順而已，無所必遂。【補注】王文彬曰：遂，成也。言婦道無成。

〔二〕師古曰：與讀曰豫。

〔三〕師古曰：大雅瞻卬之詩。懿，美也。悊，智也。言幽王以悊婦爲美，實乃爲梟鴟也。婦謂褒姒也。梟鴟，惡聲之鳥，故以諭焉。又言此禍亂非從天而下，以寵褒姒之故，生此災耳。【補注】先謙曰：今詩「匪」上有「亂」字，據顔注當有。

〔四〕師古曰：許皇后及班婕妤之家。

〔五〕師古曰：上猶加也。

〔六〕如淳曰：謂趙、李本從卑賤起也。

〔七〕師古曰：縱，放也。釋，解也。王誅，謂王法當誅者。

〔八〕師古曰：從音子用反。横音胡孟反。

〔九〕師古曰：穿地爲坑阱以拘繫人也。亂者，言其非正而又多也。阱音材性反。【補注】劉奉世曰：言設獄陷人如阱耳。

〔一〇〕師古曰：瘠，痛也。炮格，紂所作刑也。膏塗銅柱，加之以火上，令罪人行其上，輒墮炭中，笑而以爲樂。瘠音千感反。【補注】先謙曰：官本「格」作「烙」，「火」下無「上」字。考證引蕭該音義曰，榜音彭。王念孫云：「『炮格』本作『炮格』。格音古伯反，不音洛，故師古曰膏塗銅柱，此句釋格字。加之火上，令罪人行其上，輒墮炭中。此三句釋炮字。江鄰幾雜志引漢書正作『炮格』。今諸書皆作『炮烙』者，後人不知古義而改之也。」沈欽韓云：「呂覽過理篇『糟丘、酒池、肉圃，爲格』，高注：『格，以銅爲之，布火其下，以人置上。人爛，墜火而死，笑之以爲樂。』御覽八十四桓子新論曰：『紂無道，爛金爲格。』諸書皆訛爲『炮烙』。」

〔一一〕師古曰：復亦報也，音扶福反。

〔一二〕師古曰：反讀曰幡。罪之明白者反而除之，吏之公正者建議劾治也。【補注】王念孫曰：建治二字義不相屬。師古以爲建議劾治，此曲爲之説也。「建」當爲「逮」。逮，捕也。言罪之明白者，則反而除之；吏之公正者，則逮而治之也。王莽傳「莽遣三公大夫逮治黨與」。隸書「建」或作「逮」，見漢北海相景君銘郎中鄭固碑。與逮相似，故逮譌作建。

〔一三〕師古曰：掠，笞服之，立其罪名。

〔一四〕師古曰：言富賈有錢，假託其名，代之爲主，放與它人，以取利息而共分之，或受報謝，别取財物。【補注】沈欽韓曰：唐置捉錢令史，爲官生息，似之。

〔一五〕孟康曰：既，盡也。【補注】先謙曰：官本注併在「其辜」下。

〔一六〕師古曰：昭，明也。

王者必先自絶，然后天絶之。陛下棄萬乘之至貴，樂家人之賤事，〔一〕厭高美之尊號，好匹夫之卑字，〔二〕崇聚僄輕無義小人以爲私客，〔三〕數離深宮之固，挺身晨夜，與羣小相隨，〔四〕烏集雜會，飲醉吏民之家，〔五〕亂服共坐，流湎媟嫚，溷殽無別，閔免遁樂，晝夜在路。〔六〕典門户奉宿衛之臣執干戈而守空宮，公卿百僚不知陛下所在，積數年矣。

〔一〕師古曰：謂私畜田及奴婢財物。
〔二〕孟康曰：成帝好微行，更作私字以相呼。【補注】周壽昌曰：帝與張放微行，自稱富平侯家，時有張公子之謡。
〔三〕師古曰：僄，疾也，音頻妙反，又音匹妙反。
〔四〕師古曰：挺，引也，音大鼎反。
〔五〕師古曰：言聚散不恆，如烏鳥之集。【補注】先謙曰：通鑑「飲醉」作「醉飽」。
〔六〕師古曰：閔免猶黽勉也。遁，流遁也。【補注】先謙曰：胡注引師古曰「黽勉，言不息也。遁，流遁也，言流遁爲樂」，與此異。

王者以民爲基，民以財爲本，財竭則下畔，下畔則上亡。是以明王愛養基本，不敢窮極，使民如承大祭。〔一〕今陛下輕奪民財，不愛民力，聽邪臣之計，去高敞初陵，捐十年功緒，〔二〕改作昌陵，反天地之性，因下爲高，積土爲山，發徒起邑，並治宮館，大興繇役，重增賦斂，徵法如雨，〔三〕役百乾谿，費疑驪山，〔四〕靡敝天下，〔五〕五年不成而後反故。又廣旰營表，〔六〕發人冢墓，斷截骸骨，暴揚尸柩。百姓財竭力盡，愁恨感天，災異婁降，饑饉仍臻。〔七〕流散冗食，餧死於道，以百萬數。〔八〕公家無一年之畜，百姓無旬日之儲，〔九〕

上下俱匱，無以相救。詩云：「殷監不遠，在夏后之世。」〔一〇〕願陛下追觀夏、商、周、秦所以失之，以鏡考己行。〔一一〕有不合者，臣當伏妄言之誅！〔一二〕

〔一〕師古曰：言常畏慎。

〔二〕師古曰：緒，謂功作之端次。

〔三〕師古曰：言其多也。【補注】先謙曰：官本「法」作「發」，是。

〔四〕師古曰：疑讀曰儗。儗，比也。言勞役之功百倍於楚靈王，費財之廣比於秦始皇。【補注】宋祁曰：史記楚世家：「靈王樂乾谿不能去也，國人苦役。」沈欽韓曰：繁露王道篇：「楚靈王內罷其衆。乾谿有物，女水女同汝。盡，則見；女水滿，則不見。靈王舉發其國而役，三年不罷，楚國大怨。」

〔五〕師古曰：靡，散也，音式皮反。

〔六〕晉灼曰：盱音吁。盱，大也。【補注】宋祁曰：姚本注末有「廣大營表」四字。

〔七〕師古曰：婁，古屢字也。仍，頻也。

〔八〕師古曰：宂亦散也。餧，餓也。宂音人勇反。餧音乃賄反。

〔九〕師古曰：畜讀曰蓄。

〔一〇〕師古曰：大雅蕩之詩也。

〔一一〕師古曰：鏡謂監照之。考，校也。

〔一二〕師古曰：言上之所爲，違於節儉，皆與永言同。【補注】先謙曰：言所行與前代失天下之事合，非謂與永言同也。顔注誤。

漢興九世，百九十餘載，繼體之主七，皆承天順道，遵先祖法度，或以中興，或以治安。至於陛下，獨違道縱欲，輕身妄行，當盛壯之隆，無繼嗣之福，有危亡之憂，積失君道，不合天意，亦已多矣。爲人後嗣，守人功業，如此，豈不負哉！方今社稷宗廟禍福安危之機在於陛下，陛下誠肯發明聖之德，昭然遠寤，畏此上天之威怒，深懼危亡之徵兆，蕩滌邪辟之惡志，〔一〕厲精致政，專心反道，〔二〕絶羣小之私客，免不正之詔除，〔三〕悉罷北宮私奴車馬媠出之具，〔四〕克己復禮，毋貳微行出飲之過，〔五〕以防迫切之禍，深惟日食再既之意，抑損椒房玉堂之盛寵，〔六〕毋聽後宮之請謁，除掖庭之亂獄，去炮格之陷阱，〔七〕誅戮邪佞之臣及左右執左道以事上者，以塞天下之望，且寢初陵之作，止諸繕治宮室，闕更減賦，盡休力役，〔八〕存卹振捄困乏之人，以弭遠方，〔九〕厲崇忠直，放退殘賊，無使素餐之吏久尸厚禄，以次貫行，固執無違，〔一〇〕夙夜孳孳，婁省無怠，〔一一〕舊衍畢改，新德既章，〔一二〕纖介之邪不復載心，〔一三〕則赫赫大異庶幾可銷，天命去就庶幾可復，〔一四〕社稷宗廟庶幾可保。唯陛下留神反覆，熟省臣言。臣幸得備邊部之吏，不知本朝失得，瞽言觸忌諱，罪當萬死。

〔一〕師古曰：辟讀曰僻。

〔二〕師古曰：反猶還也。

〔三〕師古曰：除謂除補爲官者。

〔四〕師古曰：媠亦惰字耳。惰出，惰游也。【補注】宋祁曰：姚本「媠」作「婧」，音又，耦也。蕭該音義「媠」作「婧」，音侑。王念孫曰：案，婧出二字義不相屬。師古强訓爲惰游，非也。當依蕭該本作「婧出」。説文：「婧，耦也。从女，有聲。讀若祐。或从人作侑。」然則，婧出者，耦出也。車馬耦出，謂與北宫私奴共乘車馬而出也。上文云「陛下挺身晨夜，與羣小相隨閔免遁樂，晝夜在路」，故此云「絶羣小之私客，悉罷北宫私奴車馬婧出之具」也。婧與婧字相似，世人多見婧，少見婧，故「婧」譌爲「婧」矣。

〔五〕師古曰：貳謂重爲之也。論語稱孔子云顔回「不貳過」。

〔六〕師古曰：椒房，皇后所居。玉堂，嬖幸之舍也。【補注】何焯曰：時嬖倖小人亦有參錯於玉堂待詔之中者，故並舉椒房玉堂言之。周壽昌曰：揚雄解謿曰「歷金門，上玉堂」。注，晉灼曰黄圖有大玉堂、小玉堂殿。是玉堂非止一處也。

〔七〕【補注】先謙曰：官本「格」作「烙」。

〔八〕師古曰：闕亦謂減削之。更謂更卒也，音工衡反。

〔九〕師古曰：捄，古救字也。弭，安也。

〔一〇〕師古曰：貫，聯續也。謂上所陳衆條諸事，宜次第相續行之，不當更違異也。貫音工端反。【補注】宋祁曰：「工端反」當作「工斷反」。王念孫曰：案，貫可訓爲聯，不可訓爲續。今案，貫行，猶言服行，謂以次服行之也。後書光武十王傳「奉承貫行」義與此同。爾雅「服、貫，事也」，廣雅「服、貫，行也」，是貫與服、行同義。

〔一一〕師古曰：婁，古屢字也。屢省，屢自觀省也。

〔一二〕師古曰：章，明也。

〔一三〕【補注】宋祁曰：「載」當作「惑」。

〔一四〕師古曰：去就者，言去離無德而就有德。

成帝性寬而好文辭，又久無繼嗣，數爲微行，多近幸小臣，趙、李從微賤專寵，皆皇太后與諸舅夙夜所常憂。至親難數言，故推永等使因天變而切諫，勸上納用之。永自知有内應，展意無所依違，〔一〕每言事輒見答禮。〔二〕至上此對，上大怒。衛將軍商密擿永令發去。〔三〕上使侍御史收永，敕過交道廐者勿追。〔四〕御史不及永，還，上意亦解，自悔。〔五〕明年，徵永爲太中大夫，遷光禄大夫給事中。

〔一〕師古曰：展，申也。

〔二〕師古曰：加禮而答之。

〔三〕師古曰：擿謂發動之，音它歷反。

〔四〕晉灼曰：交道廐去長安六十里，近延陵。

〔五〕【補注】先謙曰：悔遣收永也。

元延元年，爲北地太守。時災異尤數，永當之官，上使衛尉淳于長受永所欲言。永對曰：

臣永幸得以愚朽之材爲太中大夫，備拾遺之臣，從朝者之後，進不能盡思納忠輔宣聖德，退無被堅執鋭討不義之功，猥蒙厚恩，仍遷至北地太守。絶命隕首，身膏草野，〔一〕不足以報塞萬分。陛下聖德寬仁，不遺易忘之臣，〔二〕垂周文之聽，下及芻蕘之愚，有詔使衛尉受臣永所欲言。臣聞事君之義，有言責者盡其忠，〔三〕有官守者修其職。臣永幸得免於言責之辜，有官守之任，〔四〕當畢力遵職，養綏百姓而已，〔五〕不宜復關得失之辭。忠臣之於上，志在過厚，是故遠不違君，死不忘國。昔史魚既没，餘忠未訖，委柩後寢，以屍達誠；〔六〕汲黯身外思内，發憤舒憂，遺言李息。〔七〕經曰：「雖爾身在外，乃心無不在王室。」〔八〕臣永幸得給事中出入三年，雖執干戈守邊垂，思慕之心常存於省闥，是以敢越郡吏之職，陳累年之憂。

〔一〕【補注】錢大昭曰：「草野」南監本、閩本并作「野草」。先謙曰：官本作「野草」。

〔二〕師古曰：易忘，言其微賤不足記也。

〔三〕師古曰：謂職當諫爭。

〔四〕師古曰：言不爲諫官，但郡守耳。

〔五〕師古曰：綏，安也。

〔六〕如淳曰：禮，大夫殯於正室，士於適室。韓非曰史魚卒，委柩後寢，衞君弔而問之，曰：「不能進蘧伯玉，退彌子瑕，以屍諫也。」

〔七〕師古曰：謂論張湯也，事見黯傳。

〔八〕師古曰：周書康王之誥也。言諸蕃屏之臣，身雖在外，其心常當忠篤而在王室。

臣聞天生蒸民，不能相治，〔一〕爲立王者以統理之，方制海内非爲天子，列土封疆非爲諸侯，皆以爲民也。垂三統，列三正，去無道，開有德，不私一姓，明天下乃天下之天下，非一人之天下也。王者躬行道德，承順天地，博愛仁恕，恩及行葦，〔二〕籍税取民不過常法，宫室車服不踰制度，事節財足，黎庶和睦，則卦氣理效，五徵時序，〔三〕百姓壽考，庶屮蕃滋，〔四〕符瑞並降，以昭保右。〔五〕失道妄行，逆天暴物，窮奢極欲，湛湎荒淫，〔六〕婦言是從，誅逐仁賢，離逖骨肉，羣小用事，〔七〕峻刑重賦，百姓愁怨，則卦氣悖亂，咎徵著郵，〔八〕上天震怒，災異婁降，日月薄食，五星失行，山崩川潰，水泉踊出，妖孽並見，〔九〕茀星耀光，〔一〇〕饑饉荐臻，百姓短折，萬物夭傷。終不改寤，惡洽變備，〔一一〕不復譴告，更命有德。〔一二〕詩云：「乃眷西顧，此惟予宅。」〔一三〕

〔一〕師古曰：蒸，衆也。

〔二〕師古曰：詩大雅行葦之篇曰「敦彼行葦，牛羊勿踐履」，言政化所及，仁道霑被，雖草木至賤，無所殘傷。

〔三〕【補注】先謙曰：胡注：「五徵即洪範之八庶徵，曰雨，曰暘，曰寒，曰燠，曰風也。」

〔四〕師古曰：庶，衆也。屮，古草字也。蕃，多也，音扶元反。

〔五〕師古曰：保，安也。右，助也。言爲天所安助也。右讀曰佑。

〔六〕師古曰：湛讀曰沈。

〔七〕師古曰：逖，遠也。

〔八〕師古曰：悖，乖也。郵字與尤同。尤，過也。悖音布内反。【補注】先謙曰：胡注：「洪範之常雨、常暘、常燠、常寒、常風爲咎徵著明也。天見咎徵，以明著人君之過也。」

〔九〕【補注】先謙曰：胡注：「洪範五行傳，草木之異謂之妖，蟲豸之異謂之孽。」

〔一〇〕師古曰：茀與孛同，音步内反。

〔一一〕【補注】沈欽韓曰：一切經音義六引蒼頡篇「洽，徧徹也」。

〔一二〕【補注】先謙曰：如魯哀禍大，天不降譴是也。

〔一三〕師古曰：大雅皇矣之詩也。言天以殷紂爲惡不變，乃眷然西顧，見文王之德而與之宅居也。

夫去惡奪弱，遷命賢聖，天地之常經，百王之所同也。加以功德有厚薄，期質有修短，時世有中季，天道有盛衰。〔一〕陛下承八世之功業，〔二〕當陽數之標季，〔三〕涉三七之節紀，〔四〕遭无妄之卦運，〔五〕直百六之災阸，〔六〕三難異科，雜焉同會。〔七〕建始元年以來二十載間，羣災大異，交錯鋒起，多於春秋所書，八世著記，久不塞除，〔八〕重以今年正月己亥朔日有食之，〔九〕三朝之會，〔一〇〕四月丁酉四方衆星白晝流隕，七月辛未彗星橫天。乘三難之際會，畜衆多之災異，〔一一〕因之以饑饉，接之以不贍。彗星，極異也，土精所生，流隕之應出於飢變之後，兵亂作矣，厥期不久，隆德積善，懼不克濟。〔一二〕內則爲深宮後庭將有驕臣悍妾醉酒狂悖卒起之敗，〔一三〕北宮苑囿街巷之中臣妾之家幽閒之處〔一四〕徵舒、崔杼之亂；〔一五〕外則爲諸夏下土將有樊並、蘇令、陳勝、項梁奮臂之禍。〔一六〕內亂朝暮，日戒諸夏，〔一七〕舉兵以火角爲期。〔一八〕安危之分界，宗廟之至憂，〔一九〕臣永所以破膽寒心，〔二〇〕豫言之累年。下有其萌，然後變見於上，〔二一〕可不致慎！

〔一〕師古曰：中讀曰仲。

〔二〕【補注】先謙曰：八世，高、惠、文、景、武、昭、宣、元。

〔三〕孟康曰：陽九之末季也。師古曰：標音必遙反。

〔四〕孟康曰：至平帝乃三七二百一十歲之厄，今已涉向其節紀。

〔五〕應劭曰：天必先雲而後雷，雷而後雨，而今無雲而雷。无妄者，無所望也。萬物无所望於天，災異之最大者也。師古曰：取易之无妄卦爲義。【補注】沈欽韓曰：易稽覽圖：「无妄九月，天下無雲而雷。三十日之外，雷行。夜從西南正東北位。」此，應劭所據也。案，京房六日七分圖，无妄爲九月卦。九月雷已收聲，無雲而雷，故爲大災。隋五行志：「無雲而雷。京房易飛候曰：『國將易君，下人不静，小人先命。國凶，有甲兵。』」論衡寒温篇：「案易無妄之應，水旱之至，自有期節。」劉淵林吴都賦注：「易無妄曰，災氣有九，陽厄陰厄，則律曆志所謂陽九也。」虞氏易曰：「京氏及俗儒以无妄爲大旱之卦，萬物皆死，無所復望也，失之遠矣。有无妄然後可畜不死明矣。」是漢以前師説並以无妄卦爲惡運，至虞乃始據經文正之。師古但云以无妄卦爲義，亦至陋矣。先謙曰：胡注引項安世曰，古妄與望通，秦漢言無妄，皆无望也。朱英之説黄歇與揚子法言皆然，故太玄以去準无妄謂其無所復望也。在易則自爲誠妄之妄。

〔六〕師古曰：直，當也。【補注】先謙曰：百六之阸解詳律曆志。

〔七〕師古曰：雜謂相參也。一曰雜音先合反。雜焉，總萃貌。【補注】先謙曰：三七之紀一難也，无妄之運二難也，百六之阸三難也。

〔八〕李奇曰：高祖以來至元帝，著記災異未塞除也。【補注】先謙曰：李説非也。言災異多於春秋所書及八世著記。

〔九〕師古曰：重音直用反。

〔一〇〕師古曰：歲月日三者之始，故云三朝。【補注】王念孫曰：案，「三朝」上原有「於」字。於猶在也。言日食在三朝之會也。今脱去「於」字，則上下義不相屬。後書班固傳注、文選東都賦注、鮑照數詩注引此并作「日有食之於三朝之會」。

〔一一〕師古曰：畜讀曰蓄。蓄，積聚也。

〔一二〕師古曰：修德積善尚恐不濟，況不隆不積者乎。

〔一三〕師古曰：卒讀曰猝。【補注】先謙曰：胡注：「驕臣指淳于長等，悍妾指趙昭儀姊弟也。」
〔一四〕師古曰：閒讀曰閑。
〔一五〕師古曰：陳夏徵舒殺其君平國，齊崔杼弑其君光。【補注】先謙曰：謂帝微行將有此禍。官本注「殺」作「弑」。
〔一六〕【補注】周壽昌曰：樊並、蘇令之亂皆永始三年事。
〔一七〕師古曰：内亂，則禍在朝暮；諸夏，則日戒有兵。
〔一八〕張晏曰：以熒惑芒角爲期。
〔一九〕師古曰：分音扶問反。
〔二〇〕師古曰：言懼甚。
〔二一〕師古曰：萌謂事之始生，如草木萌牙者也。【補注】先謙曰：官本「木」下有「之」字。

禍起細微，姦生所易。〔一〕願陛下正君臣之義，無復與羣小媟黷燕飲；〔二〕中黄門後庭素驕慢不謹嘗以醉酒失臣禮者，悉出勿留。勤三綱之嚴，修後宫之政，〔三〕抑遠驕妒之寵，崇近婉順之行，加惠失志之人，懷柔怨恨之心。〔四〕保至尊之重，秉帝王之威，朝覲法出而後駕，〔五〕陳兵清道而後行，無復輕身獨出，飲食臣妾之家。三者既除，内亂之路塞矣。〔六〕

〔一〕師古曰：易，輕也，音弋豉反。
〔二〕師古曰：媟，狎也。黷，汙也。
〔三〕師古曰：三綱，君臣、父子、夫婦也。【補注】先謙曰：胡注：「君爲臣綱，父爲子綱，夫爲婦綱，所謂嚴也。」

〔四〕師古曰：懷，和也。

〔五〕【補注】王念孫曰：「法出而後駕」當作「法駕而後出」，謂法駕既具而後出也。文紀如淳注「法駕者，侍中驂乘奉車郎御屬車三十六乘」。今本「駕」「出」二字互誤，則文不成義。漢紀孝成紀正作「朝覲法駕而後出」。

〔六〕【補注】先謙曰：胡注：「三者，謂微行、縱飲、好色也。」

諸夏舉兵，萌在民饑饉而吏不卹，興於百姓困而賦斂重，發於下怨離而上不知。〔一〕易曰：「屯其膏，小貞吉，大貞凶。」〔二〕傳曰：「飢而不損茲謂泰，厥災水，厥咎亡。」〔三〕訞辭曰：「關動牡飛，辟爲無道，臣爲非，厥咎亂臣謀篡。」〔四〕王者遭衰難之世，有飢饉之災，不損用而大自潤，故凶；百姓困貧無以共求，〔五〕愁悲怨恨，故水；城關守國之固，固將去焉，故牡飛。往年郡國二十一傷於水災，禾黍不入。今年蠶麥咸惡。百川沸騰，江河溢決，大水泛濫郡國十五有餘。〔六〕比年喪稼，〔七〕時過無宿麥。〔八〕百姓失業流散，羣輩守關。〔九〕大異較炳如彼，水災浩浩，黎庶窮困如此，宜損常税小自潤之時，〔一〇〕而有司奏請加賦，甚繆經義，逆於民心，布怨趨禍之道也。牡飛之狀，殆爲此發。古者穀不登虧膳，災婁至損服，凶年不塈塗，明王之制也。〔一一〕詩云：「凡民有喪，扶服捄之。」〔一二〕論語曰：「百姓不足，君孰予足？」〔一三〕臣願陛下勿許加賦之奏，益減大官、導官、中御府、均官、掌畜、廩犧用度，〔一四〕止尚方、織室、京師郡國工服官發輸造作，〔一五〕以助大司農。流恩廣施，振贍困乏，開關梁，內流民，恣所欲之，〔一六〕以救其急。立春，遣使者循行風俗，宣布聖德，〔一七〕存卹孤寡，問民所苦，勞二千石，〔一八〕敕勸耕桑，毋奪農時，以慰綏元元之心，防塞大姦之隙。〔一九〕諸夏之亂，庶幾可息。

〔一〕【補注】先謙曰：上言諸夏舉兵以火角爲期，又言兵萌及興與發之由，明其將然也。

〔二〕孟康曰：膏者所以潤人肌膚，爵祿亦所以養人者也。小貞，臣也。大貞，君也。遭屯難飢荒，君當開倉廩，振百姓，而反吝，則凶；臣吝嗇，則吉。論語曰：「出內之吝，謂之有司。」師古曰：易屯卦九五爻辭。

〔三〕師古曰：洪範傳之辭。【補注】錢大昕曰：案五行志乃京房易傳之文，非洪範傳文。顏注誤也。五行志「厥咎牡亡」，此傳脱「牡」字。周壽昌曰：觀下文「關動牡飛」，此傳寫奪之也。本傳云永於天官、京氏易最密。

〔四〕師古曰：易訞占之辭也。訞即妖字耳。【補注】沈欽韓曰：隋經籍志「梁周易妖占十三卷，京房撰」。御覽咎徵部多引京氏妖占。

〔五〕師古曰：共讀曰供。無以供在上之所求。

〔六〕【補注】宋祁曰：「十五」姚本作「五十」。

〔七〕師古曰：比，頻也。

〔八〕師古曰：時過者，失時不得種也。秋種夏收，故云宿麥。

〔九〕如淳曰：欲入就賤穀也。

〔一〇〕師古曰：言所潤益於己者當減小之。

〔一一〕師古曰：塈，如今仰泥屋也，音許既反。

〔一二〕師古曰：邶國谷風之詩。服音蒲北反。捄，古救字。

〔一三〕師古曰：論語載有若對魯哀公之辭也。言百姓不足，君安得獨足乎？【補注】先謙曰：予、與通借字。官本注無

「魯」字。

〔一四〕【補注】先謙曰：大官主膳食，導官主擇米，御府主宮婢作中衣服及補浣之屬，故曰中御府，與均官長丞並屬少府。掌畜主畜牧，屬右扶風。廩犧主藏穀養牲以供祭祀，屬左馮翊。

〔一五〕【補注】先謙曰：尚方、織室並屬少府，見百官表。工服官見貢禹傳。

〔一六〕師古曰：之，往也。

〔一七〕師古曰：行音下更反。【補注】先謙曰：官本注在「俗」下。

〔一八〕師古曰：勞，慰勉也。二千石，謂郡守、諸侯相也。音來到反。

〔一九〕師古曰：綏，安也。【補注】先謙曰：官本注在上句下。

臣聞上主可與爲善而不可與爲惡，下主可與爲惡而不可與爲善。陛下天然之性，疏通聰敏，上主之姿也。〔一〕少省愚臣之言，感寤三難，〔二〕深畏大異，定心爲善，捐忘邪志，毋貳舊愆，厲精致改，〔三〕至誠應天，則積異塞於上，禍亂伏於下，何憂患之有？竊恐陛下公志未專，私好頗存，尚愛羣小，不肯爲耳！

〔一〕師古曰：姿，材也。

〔二〕師古曰：省，視也。

〔三〕【補注】錢大昭曰：「改」南監本、閩本作「政」。先謙曰：官本作「政」。

對奏，天子甚感其言。

永於經書，汎爲疏達，〔一〕與杜欽、杜鄴略等，不能洽浹如劉向父子及揚雄也。其於天官、京氏易最密，故善言災異，前後所上四十餘事，略相反覆，專攻上身與後宮而已。〔二〕黨於王氏，上亦知之，不甚親信也。

〔一〕師古曰：汎，普也，音敷劍反。

〔二〕【補注】王念孫曰：攻字義不可通，「攻」當爲「政」字之誤也。政與正同。正，諫也。景十三王傳云「廣川王去師數諫正去」。王吉傳云「忠直數諫正」。鮑宣傳云「唐林數上疏諫正」。呂氏春秋慎大篇云「不可正諫」。說文作「證」，云「諫也」。齊策云「士尉以證靖郭君」。言永所諫正者唯在上身與後宮而已，不言王氏專權之事也。漢紀正作「正上身與後宮」。

永所居任職，〔一〕爲北地太守歲餘，衛將軍商薨，曲陽侯根爲票騎將軍，〔二〕薦永，徵入爲大司農。〔三〕歲餘，永病，三月，有司奏請免。故事，公卿病，輒賜告，至永獨即時免。〔四〕數月，卒於家。本名並，以尉氏樊並反，更名永云。

〔一〕師古曰：言所處之官皆稱職。

〔二〕【補注】先謙曰：元延元年。

〔三〕【補注】先謙曰：公卿表，元延四年。

〔四〕【補注】周壽昌曰：此即近世因病勒休之例。

杜鄴字子夏，本魏郡繁陽人也。祖父及父積功勞皆至郡守，武帝時徙茂陵。鄴少孤，其母張敞女。鄴壯，從敞子吉學問，得其家書。以孝廉爲郎。

與車騎將軍王音善。平阿侯譚不受城門職，後薨，上閔悔之，乃復令譚弟成都侯商位特進，領城門兵，得舉吏如將軍府。〔一〕鄴見音前與平阿有隙，即説音曰：「鄴聞人情，恩深者其養謹，愛至者其求詳。〔二〕夫戚而不見殊，孰能無怨？〔三〕此棠棣、角弓之詩所爲作也。〔四〕昔秦伯有千乘之國，而不能容其母弟，春秋亦書而譏焉。〔五〕周召則不然，〔六〕忠以相輔，義以相匡，同己之親，等己之尊，不以聖德獨兼國寵，又不爲長專受榮任，分職於陝，並爲弼疑。〔七〕故内無感恨之隙，外無侵侮之羞，〔八〕俱享天祐，兩荷高名者，蓋以此也。竊見成都侯以特進領城門兵，復有詔得舉吏如五府，〔九〕此明詔所欲寵也。將軍宜承順聖意，加異往時，每事凡議，必與及之，指爲誠發，出於將軍，則孰敢不説諭？〔一〇〕昔文侯寤大鴈之獻而父子益親，〔一一〕陳平共壹飯之籑而將相加驩，〔一二〕所接雖在楹階俎豆之間，其於爲國折衝厭難，豈不遠哉！〔一三〕竊慕倉唐、陸子之義，所白奥内，唯深察焉。」〔一四〕音甚嘉其言，由是與成都侯商親密，二人皆重鄴。後以病去郎。商爲大司馬衞將軍，除鄴主簿，以爲腹心，舉侍御史。哀帝即位，遷爲涼州刺史。鄴居職寬舒，少威嚴，數年以病免。

〔一〕【補注】先謙曰：漢制，列將軍置幕府，得舉吏。

〔二〕師古曰：詳，悉也。

〔三〕師古曰：戚，近也。殊謂異於疏也。

〔四〕師古曰：棠棣、角弓皆小雅篇名也。棠棣美燕兄弟，角弓刺不親九族也。

〔五〕師古曰：秦景公母弟公子鍼有寵於其父桓公，景公立，鍼懼而奔晉。事在昭元年，故經書「秦伯之弟鍼出奔晉」。傳曰「稱弟，罪秦伯也」。

〔六〕師古曰：言周公召公無私怨也。【補注】沈欽韓曰：召公，文王庶子，故鄴云然。先謙曰：胡注：「不然者，不爲秦伯之爲也。」

〔七〕師古曰：分職於陝，謂自陝以東周公主之，自陝以西，召公主之。陝即今陝州縣也，音式冉反。而説者妄云分郟是潁川郟縣，繆矣。弼疑，謂左輔右弼前疑後承也。【補注】先謙曰：官本「分郟」作「分陝」，「承」作「丞」。胡注：「陝從兩入，郟從兩人，人自不考耳。」

〔八〕師古曰：感音胡闇反。

〔九〕【補注】先謙曰：胡注：「丞相、御史及車騎左右將軍。」

〔一〇〕師古曰：言此之意指皆出忠誠，彼必和悦，無憂乖異也。説讀曰悦。

〔一一〕師古曰：魏文侯廢太子擊，立擊弟訢，封擊於中山，三年不往來。擊臣趙倉唐進大鴈於文侯，應對以禮，文侯感寤，廢訢而召立擊，父子更親也。【補注】周壽昌曰：錢泰吉云，「大鴈」宋本作「犬鴈」，是也。御覽一百四十六引説苑「魏太子擊使趙倉唐緤北犬奉晨鳧以獻」，七百七十九引韓詩外傳事更詳，此鄴語所本。李慈銘曰：文選四子講德論注引同。

〔一二〕師古曰：陳平用陸賈説，以五百金爲絳侯具食是也。共讀曰供。【補注】宋祁曰：「籑」景本作「饌」，舊本作「籑」。聲類曰「饌字或作籑」，晉灼同聲類。籑即饌字。蕭該音義曰「今人不識『籑』，逐易識作『饌』字耳」。

〔一三〕師古曰：厭音一葉反。

〔一四〕師古曰：奥内，室中隱奥之處也。【補注】王念孫曰：奥亦内也。奥内，猶隱奥也。謂所言隱奥，唯將軍深察之，非謂室中隱奥之處也。堯典「厥民奥」，今本作「隩」乃衞包所改，尚書撰異已辨之。書大傳「壇四奥」，鄭注并云「奥，内也」。昭十三年左傳「國有奧主」，正義「奧主，國内之主，字或作隩」。周語「宅居四隩」，韋注「隩，内也」。是奧、内二字同義。爾雅「厓内爲隩」，釋文烏到、於六二反。隩與奧亦同義。

是時，帝祖母定陶傅太后稱皇太太后，帝母丁姬稱帝太后，而皇后即傅太后從弟子也。傅氏侯者三人，丁氏侯者二人。又封傅太后同母弟子鄭業爲陽信侯。傅太后尤與政專權。〔一〕元壽元年正月朔，上以皇后父孔鄉侯傅晏爲大司馬衛將軍，而帝舅陽安侯丁明爲大司馬票騎將軍。臨拜，日食，詔舉方正直言。扶陽侯韋育舉鄴方正，〔二〕鄴對曰：

〔一〕師古曰：與讀曰豫。

〔二〕【補注】先謙曰：育，玄成孫寬子。

臣聞禽息憂國，碎首不恨；〔一〕卞和獻寶，刖足願之。〔二〕臣幸得奉直言之詔，無二者之危，敢不極陳！臣聞陽尊陰卑，卑者隨尊，尊者兼卑，天之道也。是以男雖賤，各爲其家陽；女雖貴，猶爲其國陰。故禮明三從之義，〔三〕雖有文母之德，必繫於子。〔四〕春秋不書紀侯之母，陰義殺也。〔五〕昔鄭伯隨姜氏之欲，終有叔段篡國之禍；周襄王内迫惠后之難，而遭居鄭之危。〔六〕漢興，吕太后權私親屬，又以外孫爲孝惠后，是時繼嗣不明，凡事多晻，〔七〕晝昏冬雷之變，不可勝載。竊見陛下行不偏之政，每事約儉，非禮不動，誠欲正身與天下更始也。然嘉瑞未應，而日食地震，民訛言行籌，傳相驚恐。〔八〕案春秋災異，以指象爲言語，〔九〕故在於得一類而達之也。日食，明陽爲陰所臨，坤卦乘離，明夷之象也。〔一〇〕坤以法地，爲土爲母，以安靜爲德。震，不陰之效也。〔一一〕占象甚明，臣敢不直言其事！

〔一〕應劭曰：禽息，秦大夫，薦百里奚而不見納。繆公出，當車以頭擊闑，腦乃播出，曰：「臣生無補於國而不如死也！」繆公感寤而用百里奚，秦以大治。

〔二〕師古曰：解在鄒陽傳。

〔三〕師古曰：謂婦人在家從父，既嫁從夫，夫死從子。【補注】宋祁曰：晏本無「國」字。

〔四〕師古曰：文母，文王之妃太姒也。【補注】劉奉世曰：文母，文王之母也，何預太姒？先謙曰：胡注：「劉說是。詩云『思齊太任，文王之母』。」周壽昌云：「毛詩亦右文母。傳曰『文母，太姒也』，列女傳云『太姒號曰文母』，本書元后傳稱爲新室文母，後書鄧隲傳『伏惟和熹皇后聖善之德，爲漢文母』，何敞傳『伏惟皇太后秉文母之操』，皆本周頌。蓋對上假哉皇考言，故稱文母；烈考爲武王，所謂繫之於子也。若是，太任則武之祖母，當云繫之於孫矣。顏注未誤。」

〔五〕師古曰：隱(三)〔二〕年「紀侯使(履)〔裂〕繻來逆女」。公羊傳曰「婚禮不稱主人」，主人謂壻也。「不稱母，母不通也。」殺謂減降也，音所例反。【補注】沈欽韓曰：繁露陽尊陰卑篇：「春秋之於昏禮，達宋公而不達紀侯之母，達陽而不達陰，以天道制人也。」

〔六〕師古曰：解並在前。

〔七〕師古曰：晻與暗同。

〔八〕【補注】蘇輿曰：傳、轉同字。

〔九〕師古曰：謂天不言，但以景象指意告喻人。

〔一〇〕應劭曰：明夷之卦：「上六，不明晦，初登于天，後入于地。」明夷者，明傷也。初登于天者，初爲天子，言以善聞于天也。後入于地者，傷賢害仁，佞惡在朝，必以惡終入于地也。

〔一一〕師古曰：言地當安靜而今乃震，是爲不遵陰道也。

昔曾子問從令之義，孔子曰：「是何言與！」〔一〕善閔子騫守禮不苟，從親所行，無非理者，故無可間也。〔二〕前大司馬新都侯莽退伏弟家，〔三〕以詔策決，復遣就國。高昌侯宏去蕃自絕，猶受封土。〔四〕制書侍中駙馬都尉遷不忠巧佞，免歸故郡，〔五〕間未旬月，則有詔還，〔六〕大臣奏正其罰，卒不得遣，而反兼官奉使，顯寵過故。〔七〕及陽信侯業，皆緣私君國，非功義所止。〔八〕諸外家昆弟無賢不肖，並侍帷幄，布在列位，〔九〕或典兵衛，或將軍屯，寵意并於一家，積貴之埶，世所希見所希聞也。至乃并置大司馬將軍之官。皇甫雖盛，三桓雖隆，魯爲作三軍，無以甚此。〔一〇〕當拜之日，晻然日食。〔一一〕不在前後，臨事而發者，明陛下謙遜無專，承指非一，所言輒聽，所欲輒隨，〔一二〕有罪惡者不坐辜罰，無功能者畢受官爵，流漸積猥，〔一三〕正尤在是，〔一四〕欲令昭昭以覺聖朝。昔詩人所刺，春秋所譏，指象如此，殆不在它。由後視前，忿邑非之，〔一五〕逮身所行，不自鏡見，則以爲可，計之過者。〔一六〕疏賤獨偏見，疑內亦有此類。〔一七〕天變不空，保右世主如此之至，奈何不應！〔一八〕

〔一〕師古曰：曾子問子：「從父之令，可謂孝乎？」孔子非之。事見孝經。與讀曰歟。

〔二〕師古曰：論語稱孔子曰「孝哉閔子騫，人不間於其父母昆弟之言」是也。間音居莧反。【補注】周壽昌曰：後書范升傳「升聞子以人不間於其父母爲孝，臣以下不非其君上爲忠」，又云「知而從令，則過大矣，是以不苟從令」，爲説與鄴言同。間訓非間，漢説此經如此。論語注引陳羣曰「言子騫上事父母，下順兄弟，動靜盡善，故人不得有非間之言」，猶作非間解。

〔三〕【補注】先謙曰：官本「弟」作「第」。

〔四〕師古曰：董宏也。

〔五〕師古曰：傳遷也。

〔六〕【補注】先謙曰：則、即字同。

〔七〕【補注】先謙曰：大臣孔光、師丹也。事詳光傳。

〔八〕師古曰：謂緣私恩而得封爵爲一國之君耳，非有功而侯也。【補注】王念孫曰：功與公同。公、私對文。言業緣私恩得封，非公義所在也。如顏説則功、義二字不相屬。先謙曰：業，鄭業。

〔九〕師古曰：不問賢與不肖，皆親近在位。

〔一〇〕【補注】先謙曰：胡注：「言周以皇甫爲卿士，魯三桓强盛，作三軍而三分公室，比丁傅無以甚也。」

〔一一〕師古曰：晻音烏感反。

〔一二〕師古曰：謂皆迫於太后也。

〔一三〕【補注】先謙曰：胡注：「猥，還也。其流漸至積還也。」

〔一四〕師古曰：尤，過也。言過惡正在於此。

〔一五〕師古曰：由，從也。邑，於邑也。

〔一六〕師古曰：逮，及也。鏡，鑒照也。自以所行爲可，是計策之誤也。

〔一七〕如淳曰：在外而賤，舉錯有過失，爲主上所疑也。師古曰：此説非也。言天子不自見其過。疏賤獨偏見，鄴自謂旁觀而見之也。疑内亦有此類，謂後宫嬖幸非理寵遇，亦有如傅遷、鄭業等妄受恩賞者。【補注】朱一新曰：偏見，蓋謙言所見之偏。

〔一八〕（應劭）〔師古〕曰：右讀曰佑。應謂應天戒而修德政。

臣聞野雞著怪，高宗深動；〔一〕大風暴過，成王怛然。〔二〕願陛下加致精誠，思承始初，事稽諸古，〔三〕以厭下心，〔四〕則黎庶羣生無不説喜，〔五〕上帝百神收還威怒，禎祥福禄何嫌不報！〔六〕

〔一〕師古曰：謂雉升鼎耳，故懼而修德，解在五行志。

〔二〕師古曰：謂成王信流言而疑周公，天乃雷電以風，禾盡偃，大木斯拔，王乃啟金縢之書，悔而還周公。

〔三〕師古曰：每事皆考於古昔。

〔四〕師古曰：厭，滿也，音一贍反。【補注】先謙曰：官本無注。

〔五〕師古曰：説讀曰悦。

〔六〕師古曰：嫌，疑也。

鄴未拜，病卒。〔一〕鄴言民訛言行籌，〔二〕及谷永言王者買私田，彗星隕石牡飛之占，語在五行志。

〔一〕【補注】沈欽韓曰：西京雜記：「杜子夏葬長安北四里，墓前種松柏樹五株，至今茂盛。」

〔二〕【補注】先謙曰：見五行志思心傳。

初，鄴從張吉學，吉子竦又幼孤，從鄴學問，亦著於世，尤長小學。〔一〕鄴子林，清靜好古，亦有雅材，建武中歷位列卿，至大司空。其正文字過於鄴、竦，故世言小學者由杜公。〔二〕

〔一〕師古曰：小學，謂文字之學也。周禮「八歲入小學，保氏教國子以六書」，故因名云。

〔二〕【補注】周壽昌曰：吉官至都尉，張敞傳無其名。竦幼孤，則吉蓋早世矣。郊祀志載敞辨汾脽寶鼎銘文。藝文志云蒼頡多古文，敞從齊人能正讀者受之。張氏世擅古文學，鄴則吉甥，至林著蒼頡訓纂、蒼頡故等篇。

贊曰：孝成之世，委政外家，諸舅持權，重於丁、傅在孝哀時。故杜鄴敢譏丁、傅，而欽、永不敢言王氏，其埶然也。及欽欲挹損鳳權，而鄴附會音、商。永陳三七之戒，斯爲忠焉，至其引申伯以阿鳳，隙平阿於車騎，〔一〕指金火以求合，〔二〕可謂諒不足而談有餘者。〔三〕孔子稱「友多聞」，三人近之矣。〔四〕

〔一〕師古曰：謂勸王譚不受城門之職。

〔二〕師古曰：謂陳金火之變說音云「蕩蕩之德未純」。冀音親己，忘舊怨也。

〔三〕師古曰：諒，信也。

〔四〕師古曰：孔子云：「友直，友諒，友多聞，益矣。」贊言杜鄴、杜欽、谷永無直諒之德，但多聞也。